여성, 권력과 정치

Anne Stevens 지음

김영신 옮김

명인문화사

여성, 권력과 정치

1쇄 펴낸 날_ 2010년 4월 28일
2쇄 펴낸 날_ 2015년 2월 28일

지은이_ Anne Stevens
옮긴이_ 김영신
펴낸이_ 박선영
펴낸곳_ 명인문화사

편 집_ 엄수정
표지디자인_ 최미영
교 정_ 이기청

등 록_ 제2005-77호(2005.11.10)
주 소_ 서울시 송파구 석촌동 58-24 미주빌딩 202호
이메일_ myunginbooks@hanmail.net
전 화_ 02)416-3059
팩 스_ 02)417-3095

ISBN_ 978-89-92803-18-2
가 격_ 20,000원

ⓒ 명인문화사

WOMEN, POWER AND POLITICS

Anne Stevens

First Published in English by Palgrave Macmillan, a Division of Macmillan Publishers Limited under the title Women, Power and Politics, 1st edition by Anne Stevens. This edition has been translated and published under licence from Palgrave Macmillan. The Authors have asserted their right to be identified as the author of this work.

Korean edition copyright 2010 by Myung In Publishers.

간략목차

서론 / 1

1 여성의 사회·경제적 지위 / 17

2 시민으로서의 여성 / 32

3 여성 유권자 / 73

4 여성과 대의제(도) / 99

5 여성대표의 비율 확대를 위한 전략 / 149

6 여성과 권력의 위상 / 181

7 페미니즘, 참여, 행동 / 215

8 여성은 정치를 변화시키는가? / 253

9 여성 정책: 평등고용정책 사례 / 293

결론 / 336

세부목차

글상자, 도표, 표 목차	vii
역자서문	ix
감사의 말씀	xi
약어 및 머리글자 목록	xiii

서 론 · 1
 이 책의 5가지 목적 · 1
 논의의 조건: 섹스와 젠더 · 7
 논의의 조건: 권력과 정치 · 14

제1장 여성의 사회·경제적 지위 · 17
 여성 인구 · 19
 여성과 가정 · 19
 여성의 교육과 고용 · 20
 여성의 시간 사용 · 29
 결론 · 30

제2장 시민으로서의 여성 · 32
 공적 영역과 사적 영역 · 34
 시민권의 개념 · 38

시민권의 양상: 공민권	41
시민권의 양상: 정치적 권리	50
여성의 사회권	58
시민권과 의무	68
결론	71

제3장 여성 유권자   73

투표 참여율	74
유권자의 선택	80
투표행태에 대한 설명	88
결론	96

제4장 여성과 대의제(도)   99

대의제의 본질	100
여성을 대표하기: 왜 그리고 무엇을?	105
여성대표의 비율	116
지방정부에서의 여성	118
여성 과소 대표성의 원인	120
여성대표의 비율에 영향을 끼치는 구조적 요인	124
여성의원 비율에 영향을 끼치는 문화·이데올로기적 요소	129
정계입문과 정계은퇴: '회전문 현상'	145
결론	147

제5장 여성대표의 비율 확대를 위한 전략   149

투표행태에 대한 정당의 반응	150
여성대표 비율 확대 전략	157
결론	178

제6장 여성과 권력의 위상   181

최고위직으로의 접근	186
의사결정권의 행사에 관한 조건	197
결론	213

제7장 페미니즘, 참여, 행동   215
    페미니스트 운동   216
    시민 사회에서의 제도화된 행동: 여성과 노동조합   233
    비제도적 행위   243

제8장 여성은 정치를 변화시키는가? 정치 이론과 실제   253
    상이한 행동 양식   254
    맥락이 중요하다: 정치기회구조   263
    여성 영향력의 성격: 여성은 여성을 위해 행동하는가?   285
    결론   290

제9장 여성 정책: 평등고용정책 사례   293
    평등고용정책의 초기   295
    정책형성 틀   298
    평등고용정책 – 동기와 수단   309
    정책 감시와 정책 집행   327
    평등고용정책: 결과   330
    결론   333

결론   336

추천문헌   341
참고문헌   347
찾아보기   373
번역자 소개   380

글상자, 도표, 표 목차

글상자

2.1	남녀평등 헌법수정안	43
2.2	수상의 납세신고서	49
2.3	여성의 권리	51
2.4	메리 스미스 탄원서	54
2.5	여성 고용 3세대: 저자의 가족 일화	66
3.1	사회·경제적 지위	81
3.2	성별 차이	83
3.3	딸과 좌파 성향 유권자	92
4.1	대의제의 모델	104
4.2	필요, 관심, 이해관계, 이념, 정체성	112
4.3	출마할 것인가? 말 것인가?	139
5.1	하원의원 선거의 여성후보 할당제	162
5.2	남녀 홀짝명부제와 자매결연	166
5.3	영국 노동당의 자발적 할당제	169
5.4	프랑스의 남녀동수법: 연대기	174
6.1	선구자: 세계 최초 여성총리 3명	188
6.2	미국 대선에 입후보한 여성들	196
6.3	장관과 아들	204
6.4	미국, 영국, 프랑스: 행정부의 여성 선구자들	212
7.1	그린햄 커먼의 여성들	224
7.2	여성과 환경운동: 두 명의 여성인물에 대한 초상 – 켈리와 부아네	248
8.1	여성의원과 영국 하원의 업무 관행	270

8.2	영국 지자체의 여성위원회	275
8.3	미국 의회에서 선구적인 여성에 관한 최근 사례	290
9.1	EU 조약을 통해 본 평등 권리	303
9.2	미국 평등고용법의 도래	311
9.3	여성주의 관료	323
9.4	드프렌 사건	325

도표

2.1	공과 사의 세 가지 영역	36
3.1	15개국 대상 성별·연령별 투표 불참률과 성별·교육수준별 투표 불참률	78
3.2	1970년대~1990년대 EU 6개국 성별 차이	85
4.1	국가별/연령별 여성 정치지도자에 대한 태도	135
5.1	단원제 의회나 하원에서 여성의 비율: 프랑스와 유럽	172
6.1	여성 고급공무원 비율	190
7.1	여성 노조 가입 비율	236

표

1.1	성별 취업률, 실업률, 파트타임 취업률	23
1.2	성별 임금 비율	26
4.1	국가별(유럽의회 포함) 여성의원 비율	115
4.2	지역별 여성의원 평균치(퍼센트)	117
4.3	2005년 지방자치기구의 여성 비율	121
4.4	유럽 10개국 1일 기준 가사노동 시간과 여성의원의 비율	133
6.1	1945년 이후 여성 국가원수, 총리	184
6.2	'리더십 타임' – 27개 선진국의 평균 근무 시간	203
9.1	평등고용정책 최초 도입/ 비준날짜	306
9.2	여성정책기구의 설치	318

역자서문

오늘날 여성의 사회활동은 보편적 현상으로 자리잡고 있으며, 정치참여 또한 꾸준히 확대되고 있다. 여성의 정치대표성을 제고하기 위한 정책은 국제기구 차원, 개별 국가정부 차원, 그리고 개별 정당차원에서 속속 도입되고 있다. 그러나 여성의 정치참여는 단순한 구호나 정치적 해법, 혹은 산술적 계산만으로는 실질적인 개선을 기약할 수 없는 의제임이 분명하다. 왜냐하면 여성의 정치참여는 여성을 둘러싼 다양한 사회적 요인들, 그중에서도 젠더(gender)라는 개념에 대한 이해를 전제로 하지 않고서는 올바른 이해를 얻기 힘들기 때문이다. 따라서 이 책은 다음의 네 가지 측면에서 의의가 크다고 할 수 있을 것이다.

첫째, 여성정치라는 문제를 정치와 젠더의 교차점에서 논의했다는 점에서 이 책의 가치를 찾을 수 있다. 이 책은 기존의 정치이론과 정치현상을 젠더라는 틀 안에서 재조명하고 있으며, 이를 통해 여성이 정치부문에서 적절한 대표성을 확보하지 못하고 있는 원인을 규명하고자 한다.

둘째, 이 책은 우리가 여성이라고 범주화하는 집단의 내부적 다양성, 즉 여성들 내부에서도 이해관계가 복잡하게 얽혀 있으며, 과연 무엇이 여성에게 최선인가 하는 질문에 대해서도 서로 다른 해석과 접근법이 존재하고 있음을 지적한다. 이와 같은 시각은 우리로 하여금 여성이라는 집단에 대한 섣부른 일반화와 이에 근거한 획일적 대책의 수립이라는 우를 범하지 않게 할 것이다.

셋째, 선진국들의 사례를 통해 우리는 우리나라 여성정치의 현주소를 되돌아보고 상황을 개선시킬 수 있는 혜안을 얻을 수 있을 것이다. 대의기관에서 남녀의 동등한 대표성을 명문화한 프랑스의 남녀동수법(Parity)이나 다른 유럽 국가의 여성할당제의 사례를 통해 우리는 양성평등에 대한 이들의 강력한 의지를 다시 한번 확인할 수 있을 것이다.

마지막으로 이 책은 정치학, 여성학을 연구하는 학생이나 학자들에게 정치는 무엇이며, 정치는 어떤 방식으로 연구되고 분석되며 설명되어야 하는지에 관한 대화에 참여하도록 유도하고 있다는 점에서, 충실한 정치학 입문서가 될 수 있을 것이다.

끝으로 이 책이 최종적으로 탈고될 때까지 인내와 기대로서 함께 해준 가족에게 감사의 말을 전하고 싶다. 번역을 통해 새롭게 알게 된 내용을 전할 때마다 관심있게 귀기울여준 남편, 짧지 않은 번역작업 기간 동안 엄마의 부재를 잘 이해해준 민서, 은서, 준서 세 딸에게 미래 정치의 화두는 '여성정치'임을 선언하는 이 책을 선물할 수 있게 되어서 감사하다. 또한 책의 선정에서부터 출판에 이르기까지 세심한 배려와 도움을 아끼지 않았던 명인문화사의 모든 분들과 박선영 대표께 감사의 마음을 전한다.

2010년 3월
수리산 기슭에서
김영신

감사의 말씀

20여 년 전 레이놀즈(Siân Reynolds) 교수는 일단의 여성학자를 모아 특강 시리즈를 제공할 수 있는 기회를 마련하였다(당시 강연은 『여성, 국가, 혁명(Women, State, Revolution)』이라는 제하의 책으로 출판이 되었다). 강연은 여성문제에 초점을 맞춘 다양한 강좌가 서섹스 대학교(University of Sussex)의 유럽학 연구의 교과목으로 도입되는 것을 기념하기 위한 것이었다. 저자는 이 강연에 참여한 경험과 이후에 서섹스 대학교 및 다른 2개 대학교에서 유사 강의를 담당한 경험을 통해 여성들이 어떻게 협력할 수 있는가 그리고 여성이슈에 대한 연구는 연구자나 학생들에게 무엇을 제공하여야 하는가에 대한 이해를 더욱 공고히 할 수 있었다. 나는 이 책을 통해 레이놀즈 교수에게, 그리고 서섹스 대학교와 애스톤 대학교에서 같이 일했던 다른 여성학자들에게 그들이 보여준 본보기와 용기에 대해 감사와 애정의 말씀을 전하고자 한다. 또한 나 자신을 포함한 랜달(Vicky Randall) 교수의 학문의 후배들은 랜달 교수의 연구에 힘입은 바가 크다. 그녀는 이 분야에서 선구사적인 서술로서, 내가 이 책의 서술에 대해 처음으로 말을 꺼냈을 때 용기를 북돋아 준 점에 대해 감사를 드린다.

당시 애스톤 대학교의 부총장을 역임하고 있었던 라이트(Michael Wright) 교수와 무레스(Dr Pamela Moores) 학장은 1년이라는 기간 동안 내가 모든 강의와 행정 업무에서부터 자유로울 수 있도록 배려해 주었다. 덕분에 나는 이 책을 쓸 수 있는 시간을 얻을 수 있었다. 나의 잦은 부재를 정말 관대하게 견뎌준 두 분과 애스톤 대학교의 동료들과 학생들에게도 감사를 전한다.

젠슨(Dr Janneke Jansen) 박사에게는 많은 정보를 제공해 준 것에 대해 감사를 드리며, 차일즈(Dr Sarah Childs) 박사, 드레이푸스(Françoise Dreyfus)교수, 미한(Elizabeth Meehan)교수, 시티븐스(Mary Stevens)와 두 명의 익명의 리뷰어들에게도 특별히 감사를 드린다. 이들은 이 책이 원고 단계에 있을 때 원문의 일부 혹은 전부를 읽고서 소중한 코멘트를 제공해 주었다.

스티븐스(Handley Stevens) 박사는 본서의 저작 전 과정을 함께 했다. 그는 나의 존재와 부재를 모두 다 견뎌 주었고 가사나 외부 업무를 포함한 여러 방면에서 나를 지지해 주었고 도움을 주었으며, 원고를 읽고 의견을 제시해 주었다. 모든 것에 대해 내가 얼마나 감사한지 그가 어렴풋이나마 알고 있기를 바랄 뿐 이다. 이 책의 출판을 맡아준 케네디(Steven Kennedy)와 나는 이 책이 과연 그의 강압의 결과인지 아니면 그의 교묘한 설득의 결과인지에 대해 의견을 서로 달리하고 있다. 분명한 점은 그의 확고한 지지, 현명하고 식견있는 조언과 흔들림 없는 용기와 우정이 없었다면 이 책은 시작도 못했을 것이고 끝을 맺을 수도 없었을 것이다. 이 모든 것에 대해 진심어린 감사를 드린다. 교열을 담당한 로즈(Valery Rose)와의 작업은 새로운 기쁨이었다. 마지막으로 이 책의 오류, 결점, 한계에 대해서는 저자 개인의 책임임을 밝힌다.

앤 스티븐즈
런던 & 버밍햄

약어 및 머리글자 목록

ALP	Australian Labour Party	호주노동당
CDU	Christlich Demokratische Union (Christian Democratic Union, Germany)	기독교민주연합
CEDAW	Convention on the Elimination of All Forms of Discrimination Against Woman	여성차별철폐협약
CFDT	Confédération Française Démocratique du Travail	프랑스 민주 노동연합
EC	European Communities	유럽공동체
ECJ	European Court of Justice	유럽사법재판소
EEOC	Equal Employment Opportunity Commission (USA)	평등고용추진위원회(미국)
EFILWC	European Foundation for the Improvement of Living and Working Conditions	삶의 질과 노동조건 개선을 위한 유럽재단
EMILY	'Early Money is Like Yeast'	에밀리리스트(초기자금은 이스트와 같은 효과를 가진다)
EOC	Equal Opportunities Commission (United Kingdom)	평등기회위원회(영국)
ERA	Equal Rights Amendment	남녀평등 헌법수정안
EU	European Union	유럽연합

FDP	Freie Demokratische Partei (Free Democratic Party, Germany)	자유민주당(독일)
GLC	Greater London Council	대런던 의회
HALDE	Haute Autorité de Lutte Contre les Discriminations et pour l'Egalité (Office for the Struggle against Discrimination and for Equality, France)	차별철폐국(프랑스)
IDEA	International Institute for Democracy and Electoral Assistance	민주주의 및 선거 지원을 위한 국제기구
ILO	International Labour Organization	국제노동기구
IPU	Inter Parliamentary Union	국제의원연맹
MEP	Member of the European Parliament	유럽의회 의원
MP	Member of Parliament	국회의원
MSP	Member of the Scottish Parliament	스코틀랜드의회 의원
NGO	Non-governmental organization	비정부기구
NIWC	Northern Ireland Women's Coalition	북아일랜드 여성연합
OECD	Organization for Economic and Co-operation and Development	경제협력개발기구
PR	Proportional representation	비례대표제
SPD	Sozialdemokratische Partei Deutschlands (Social Democratic Party, Germany)	사회민주당(독일)
UMP	Union pour un mouvement populaire (Union for a People's Movement, France)	대중운동연합(프랑스)
UN	United Nations	유엔
UNECE	United Nations Economic Commission for Europe	유엔유럽경제위원회

서 론

선진 자유민주주의국가에서 여성의 위치는 저자의 생애동안에도 상당한 변화를 겪었다. 여성의 경제적 지위와 정치 참여의 정도와 범위는 서로 연관성을 가지며 변화해 왔다. 이 책은 이들 국가의 정치구조와 권력 구조에 있어서 여성의 현 위치를 가늠해 보는데 목적이 있다. 이들 변화는 사회내에서 여성의 전반적 상황, 지위, 권력을 제고하는데 있어서 중요하였으며 일반적으로 유익한 변화였다고 이 책은 주장한다. 그러나 이들 변화와 이로 인한 결과는 언제나 충분히 이해되어 온 것도 아니며 종종 이들 변화는 어렵게 성취되었고 오늘날에도 여전히 지켜야할 필요가 있다. 이와 같은 주장을 통해 이 책은 현 상황을 가져온 제(諸) 경향들에 대해 조명해 보고 오늘날의 여성의 지위를 이해하는데 도움이 되는 설명 요인들을 논의하고자 한다. 이들 설명 요인에는 예를 들어 여성의 경제 활동에 있어서의 사회적 변화나 여성의 사회적 지위에 대한 남녀의 태도에 있어서의 변화 등이 포함된다. 또한 사회내에서 과연 여성의 지위와 역할은 어떠해야 하는지에 대한 규범적 (도덕적, 철학적) 견해와 의견들도 포함된다.

이 책의 5가지 목적

이 책의 첫 번째 목적은 오늘날 여성의 정치적 상황과 사회·경제적 상황을 개관하고 비교하는 것이다. 논의의 일관성과 명료성을 위해, 저자는 선진 자유민주주의국가의 사례에 한정하여 논의를 전개하도록 한다. 이 국가들은 경제협력개발기구(OECD: Economic Co-operation and Development)의 회원국들이다. 빈곤국이나 독재국가의 여성들의 역할과 위상도 선진국 여성들과 유사점이 많기는 하지만, 이는 단일 연구의 연구범위를 벗어나는 다양한 이슈들을 제기한다. 이 책은 특정 국가들을 대상으로 하는 정밀한 비교 연구로 의도된 것은 아니지만, 저자는 15개국을 선별하여 본서에서 제시된 표와 도표에서 주요 사례로 이용하였다. 이 국가들은 국가의 규모, 정치적 구조와 전통에 있어서 서로 다른 양상을 보이는 국가들로, 호주, 벨기에, 캐나다, 체코공화국, 프랑스, 독일, 헝가리, 이탈리아, 네덜란드, 노르웨이, 폴란드, 스페인, 스웨덴, 영국, 미국 등이다. 일반적으로, 본서에서 OECD 국가라는 용어는 경제적으로 선진화된 자유민주주의국가를 의미하는 것으로 사용된다.

이 책의 두 번째 목적은 여성의 정치 행위와 정치적 위상에 관련한 사안들에 대해서 손쉬운 입문서의 역할을 수행하는 것이다. 최근 들어 이 부문에 있어서의 연구와 출판은 미국을 필두로 여러 나라에서 급증하였고, 여기에는 다양한 이유가 존재한다.

- 1960년대부터 일명 '제 2물결(second-wave)' 페미니즘(제8장 참조)의 등장으로 인해 여성의 정치적 지위에 관련한 관심이 증가하고 있다.
- 후진국의 경제발전을 자극하는 요인에 관심을 두고 있던 학자들이 정치와 경제발전에 대한 여성의 공헌에 집중하기 시작하였다. 유엔(UN: United Nations)은 1975년을 국제여성의해(International Women's Year)로 선언하였고, 1976~1985년을 '평등, 발전, 평화를 위한 UN여성 10년(United Nations Decade for Women: Equality, Development and Peace)'으로 지정하였다. 세계여성대회(World Conference on Women)가 1975년, 1980년, 1985년, 1995년 개최됨에 따라, 대회를 거듭할수록 여성이슈에 관한 관심도 증가하게 되었다
- 미국 언론은 '여성의 해(the year of the woman)'라는 슬로건을 채택하

여 1992년 선거 캠페인을 보도하였다. 의회에서 여성의원의 숫자는 두 배로 증가하였고(5퍼센트에서 10퍼센트로 증가), "선거에 출마한 여성의 숫자는 기록적이었으며 여성유권자로부터 지지율 획득에 있어서도 기록적인 숫자를 보였다."[1]
- 1990년대에는 여성대표를 증가시키기 위한 전략에 관한 논의가 본격화되었다. 여기에는 1980년대 초반 이미 여성의원이 전체 의석의 24퍼센트(덴마크)에서 35퍼센트(노르웨이)를 차지하는 스칸디나비아 국가(덴마크, 핀란드, 노르웨이, 스웨덴)의 사례와 1982년부터 후보자 성별 할당제를 실시한 프랑스의 사례가 논의의 배경을 제공하였다.
- 정치학이 그동안 남성의(이들 남성들은 여성의 행동이나 여성의 존재[혹은 부재]라는 문제에 대해 무관심했으며, 여성에 대해 고정관념을 가지고 있었고 종종 여성에 대한 인식도 부족하였다) 영역이었다는 인식이 여성연구자, 여성학자, 여성 학생들 사이에서 확산되었다.[2] 오늘날에도 여전히 정치학은 남성 위주의 학문이고 여성의 인식을 받아들이는 데는 미온적이지만, 여성들은 점차 불균형을 시정하기 위해 노력하고 있으며 정치이론을 확장하고자 노력하고 있다.[3] 여성들은 또한 새로운 접근법과 개념들을 모색하고자 하고 있으며, 새로운 증거를 수집하거나 기존의 증거들을 새로운 시각에서 활용하고자 하고 있다.

이들 요소에 영향을 받은 학자들은(그들 중 상당수는 여성이었고 페미니스트 사상에 자극을 받은 사람들이었다) 여성의 정치 행위의 성격과 여

---

1) Georgia Duerst-Lahti and Dayna Verstegen, "Making Something of Absence: The 'Year of the Woman' and Women's Political Representation," in Georgia Duerst-Lahti and Rita Mae Kelly (ed.) *Power, Leadership and Governance* (Michigan, MI: University of Michigan Press, 1995), p. 221.
2) Joni Lovenduski, "Gendering Research in Political Science, " *American Review of Political Science*, No. 1, 1998, pp. 335-356; Vicky Randal, "Feminism," in David Marsh and Gerry Stoker (ed.), *Theory and Methods in Political Science* (Basingstoke: Palgrave Macmillan, 2002), pp. 109-130; Fiona Mackay, "Gender and Political Representation in the UK: the State of the Discipline," *British Journal of Politics and International Relations*, Vol. 6, No. 1, 2004, p. 99.
3) Lynne Bennie, *Survey of Political Studies 2002*, http://www.psa.ac.uk/psanews/0210/survey.htm.

성의 행위가 정치에 미치는 영향을 규정하고, 측정하며 설명하고자 하였다. 이와 같은 연구는 대부분 전문 보고서, 연구 논문, 상세 연구서 등의 형태로 나타나고 있다. 젠더정치와 국가 연구네트워크(Research Network on Gender Politics and the State) 소속 연구원들에 의한 연구가 그와 같은 예가 될 것이다.4) 그러나 이들 참고 문헌들이 항상 학생들이나 관심있는 일반 독자의 편의에 맞춰 제작된 것은 아니다. 따라서 입문서 단계의 개론서를 제공하기 위한 뜻있는 노력들이 있어왔다. 돌란, 덱만, 스워즈(Julie Dolan, Melissa Deckman and Michele Swers)나 애쉰과 레베크(Catherine Achin and Michele Lévêque)의 연구를 예로 들 수 있다.5) 그러나 이들 연구는 단일 국가(각각 미국과 프랑스를 연구 대상으로 하고 있다)의 사례에 집중하고 있다는 점에서 아쉬움이 남는다. 따라서 본서에서 다양한 국가를 논의의 대상으로 삼게 된 것은 먼저 제 개념들과 설명들을 다시 검토해 보고 비단 미국과 프랑스뿐만 아니라 다른 나라에서 이루어지고 있는 발전에 비추어 독자들로 하여금 자신이 속한 국가의 상황을 비판적으로 평가하도록 하고자 하는 바람에서였다.

이 책의 세 번째 목적은 독자들로 하여금 정치와 권력 구조에 있어서 여성의 위상을 논의하는데 있어서 핵심적인 개념들에 대해 비판적인 이해를 할 수 있도록 돕는 데 있다. 현재 사용되고 있는 중요 개념들 중의 상당수는 실제로 오늘날의 정치를 심도 깊게 그리고 분석적으로 논의하기 위해서는 필

---

4) Amy G. Mazur and Dorothy M. Stetson, *Comparative State Feminism* (Thousand Oaks, CA: Sage Publications, 1995); D. M. Stetson, *Abortion Politics, Women's Movement, and the Democratic State: A Comparative Study of State Feminism* (Oxford: Oxford University Press, 2001); Amy Z. Mazur, Theorizing Feminist *Policy* (Oxford: Oxford University Press, 2002); Joni C. Lovenduski, M. Duadagnini Baudino, P. Meier and D. Sainsbury (eds.), *State Feminism and the Political Representation of Women* (Cambridge: Cambridge University Press, 2005).

5) Julie Dolan, Melissa Deckman and Michele Swers, *Women and Politics: Paths to Power and Political Influence* (Upper Saddle River, NJ: Peason Prentice Hall, 2006); Catherine Achin and Michele Lévêque, *Femmes en Politque* (Paris: La Découverte, 2006).

수적인 개념들이다. 따라서 이와 관련한 2가지 목적은 먼저, 여성의 정치행위는 사회 내에서 정치와 권력의 작동에 관한 분석에 있어서 필수적 부분으로 논의되고 연구되어야 할 것임을 제안하고자 한다. 둘째, 이들 개념들이 여성 지위와 관련한 다양한 문제에 적용되는 양상을 고려함으로써 우리는 이들 개념을 재조명해 볼 수 있으리라 제안하고자 한다.

돌란 외 연구가 주목하고 있듯이, "자신에게 무엇이 최선인가라는 문제에 대해 여성들의 의견이 항상 일치하는 것은 아니다."[6] 여성들은 개인으로서 그리고 집단으로서 상당히 상이한 접근방식과 정책적 해결책을 가지고 있지만, 여성들은 모두 자신들이야 말로 여성을 위한 최선의 이해관계와 가장 근본적인 이해관계를 표명하고 있다고 주장할 것이다. 일부 경우 이와 같은 다양성, 예를 들어 영어권 국가와 동유럽 국가의 여성운동과 여성의 요구에 있어서 현저한 차이는 서로 다른 역사와 상황이 빚어낸 결과일 것이다.[7] 그러나, 이와 같은 차이는 남성과 여성 사이의 차이와 유사점에 대한 근본적인 딜레마를 반영하고 있다(pp. 9-14 참고). 이와 같은 딜레마가 갖는 영향과 이들 딜레마를 해결하기 위해 취한 다양한 접근방식에서 도출된 정치적 선택의 본질이야말로 이 책을 관통하는 논의의 주제이다. 따라서 이 책의 네 번째 목적은 여성들의 시각에 있어서 다양성을 강조하는 것이다. 이 책의 초국가적 접근방식 역시 여성들이 공유하는 이해관계를 부각하는 한편 여성들 사이에 존재하는 서로 다른 해석과 접근법을 강조하고자 의도된 것이다.

OECD 국가내 여성의 위상과 지위, 특히 여성의 정치적 지위와 공적인 지위 — 남성과 여성사이의 힘의 균형 — 는 결코 뿌리 깊은 것도 아니고 안정적인 것도 아니다. 지난 반세기 동안 정치 행위와 정치적 상호작용에 있어서 일부 해묵은 양식과 진동은 중대한 변화를 겪었다. 이들 변화의

---

6) Julie Dolan, Melissa Deckman and Michele Swers, *Women and Politics: Paths to Power and Political Influence*, p. 3.
7) Shana Penn, *Solidarity's Secret* (Ann Arbor, MI: University of Michigan Press, 2005), p. 3.

상당 부분은 여성의 정치적 역할의 변화를 수반하였다. 일례로 입법 기관에서 여성의 비율이 확대되었다(제4장과 5장 참조). 그럼에도 불구하고 여성과 남성의 적절한 행동에 대한 전통적 시각과 선입견은 긴 그림자를 드리우고 있다(제9장의 '일과 생활의 균형[work-life balance]'에 대한 정책 논의에서 내용이 제시된다). 저자는 선진 자유민주주의국가에서 여성의 사회적, 경제적, 정치적 위상의 제고와 이를 통한 여성의 임파워먼트(empowerment)는 바람직하고 유익한 변화라는 전제 하에 논의를 시작한다. 그러나 이와 같은 변화는 결코 쉽지 않으며 자동적으로 이루어지는 것도 아니다. "여성의 정치 참여는 강적에 맞서 이루어진다."[8] 즉 변화를 가져오고 변화를 실행하는데 관여한 남성과 여성 모두로부터 높은 수준의 용기와 결단력을 통해 변화가 이루어져 왔고, 그 변화는 저절로 부여된 것이 아니다.

앞에서 언급한 목적을 달성하는데 있어서, 이 책은 페미니스트 정치학의 범주에 속할 것이다. 페미니즘(feminism)은 이데올로기이며 태도이자 정치적 입장이다. 페미니즘은 무엇보다도 사회적 변화와 '여성의 지위와 권한의 강화'라는 목적을 가진 '비판적이고 분열적인 사회운동(critical and disruptive social movement)'으로 발전하였다.[9] 따라서 페미니즘은 무엇보다도 행동으로 귀결되는 일련의 사고방식이다. 동시에 페미니즘은 정치적 삶과 국가/정부의 행위에 대한 분석을 조명하고 판단하는 시각을 발생시킨다. 그러나 페미니즘에서 파생한 시각들조차도 다양하고 심지어 상호 충돌적일 수도 있다. 따라서 페미니즘적인 정치학은 "공동의 그러나 변화하는 의제를 둘러싼 발전적 대화로 보는 것이 가장 적절할 것이다."[10] 이

---

8) Barbara J. Nelson, Najma Chowdhury, Kathryn Carver, Nancy J. Johnson, and Paula O'Loughlin, "Redefining Politics: Patterns of Women's Engagement from a Global Perspective," in Barbara J. Nelson and Najma Chowdhury (ed.), *Women and Politics Worldwide* (New Haven: Yale University Press, 1994), p. 21.
9) Vicky Randal, "Feminism," p. 110.
10) Vicky Randall, "Feminism," p. 109.

들 의제에는 정치적 삶의 이해와 설명에 있어서 오랜기간 동안 핵심적 역할을 해온 개념, 이미지, 이론에 대한 재조명이 포함된다. 이들 개념, 이미지, 이론들은 정치인이라면 성별에 상관없이 남성적 특징과 행동양식을 공유한다는 남성위주의 가설을 근거로 형성되었고 따라서 편견과 선입견에 물들어 있었다.[11] 따라서 이 책의 또 한 가지 목적은 독자로 하여금 정치가 무엇인지, 정치는 어떤 방식으로 연구되고 분석되며 설명되어야 하는지에 관한 대화에 참여하도록 유도하는 것이다.

논의의 조건: 섹스와 젠더

여성과 정치에 관한 논의는 어김없이 최근 상당한 논란을 일으킨 용어의 사용을 수반한다. 많은 용어들이 공통적으로 사용되는 방식이나 이들 용어가 지칭하는 상황과 구조, 혹은 용어가 함축하는 점이 틀리기 때문에, 이 용어들을 담고 있는 '가방(baggage)'으로부터 논쟁이 발생한다. 이 책의 제목과 목적에서 언급한 바와 같이 여성은 적어도 일정 부분에서는 남성과 구별되며 남성과 다른 존재라는 이해가 존재하기 때문에, 남자(men)와 여자(women), 남성(male)과 여성(female), 남성다움(masculine)과 여성다움(feminine) 사이의 구별은 우리의 논의에 있어서 분명히 핵심적 사안이다. 일반적으로 우리는 사람들은 남성과 여성 중 하나의 범주에 속하는 것으로 이해한다. 그리고 사실 남성이냐 여성이냐의 판별은(대부분의 경우 이와 같은 판별은 쉽고 정확하게 이루어진다) 사람의 삶에서 발생하는 최초의 사건일 것이다. 이 책은 남성과 여성 사이에는 우리가 일상생활에서 인식하는 최소 수준의 기본적인 생물학적 차이가 존재하며 이러한 차이로 인해 우리

---

[11] Joni Lovenduski, "Gendering Research in Political Science," *American Review of Political Science*, No. 1, 1998, p. 333.

가 남성과 여성에 대해 논의하는 것이나 남성과 여성이라는 용어를 두 집단의 구성원에게 적용하는 것이 의미를 갖게 된다는 가정에서 출발한다.

그러나 위의 두 집단 중 어느 하나에 속한다는 것이 사실상 무엇을 의미하는가에 관한 추론이나 결론을 도출하고자 하는 순간 어려움은 발생한다. 남성과 여성의 구별은 정치적 맥락에서는 얼마나 중요한 것이며 적절한 것인가? 사람에게 무엇이 '자연스러운(natural)' 것인가에 대한 개념이나 '인간의 본성(human nature)'이란 무엇인가에 대한 개념은 사람들이 실제로 행동하는 방식과 사람들이 모름지기 지켜야할 행동방식에 대해 사고하는 정치학자들에게는 근원적인 문제이다. 그러나 남성과 여성의 생물학적인 차이가 사실상 사람의 '본성(nature)'을 결정하는데 있어서 어떤 영향을 끼치는가? 1980년대에는 연령이나 인종과 마찬가지로 사람을 특징짓는 요소로서의 생물학적 성인 섹스(sex)를 사회적으로 구성되는 성인 젠더(gender)와 구별하는데 논의의 초점이 맞추어져 있었다. 젠더란 남성(혹은 여성)이 된다는 것과 관련한 사회적 기대로부터 개인이 습득하는 정체성의 양상들이다. 이들 정체성의 양상들은 남성다움과 여성다움으로 분류되었다. 더욱이 젠더는 관계와 위계에서 표현되는 것으로 여겨졌다. 여성답다는 것(혹은 남성답다는 것)은 우리가 '행하는' 무엇인가이며 특정한 유형의 가치가 수반되는 것으로 이해되었다. 오늘날 선진국에서 주류를 이루는 가치란 대부분 남성 지배(masculine domination)와 양성 불평등(gender inequality)을 유지하고 이를 영구화하는 방식으로 '남성다움(masculine)'과 '여성다움(feminine)'을 정의하고 있다. 따라서 사회내에서 남성다움과 여성다움 사이의 관계는 '젠더 차이, 젠더 불평등, 젠더 위계'를 발생시킨다.[12] 남성들은 역사적으로 공적 권력을 장악해 왔기 때문에, '어느 여자보다 남성다움에 훨씬 많이 일치하는 남성들이' '남성다움을 수행할 수 있는' 자신의 능력을 이용하여 이익을 누려왔으며 자신들의 지배를 정당화할 수 있었다.[13]

---

12) Ann Orloff, "Gender in the Welfare State," *Annual Review of Sociology*, No. 22, 1996, p. 52.

사회관계속에서 수행되고 경험되는 젠더라는 개념은 구조와 제도내에서 정치가 작동하는 방식을 조명하는데 있어서 매우 유용한 개념이다. 비록 오클리(Ann Oakley)가 시사한 바와 같이 너무나 많은 학계의 논문들이 젠더란 여성만이 소유하는 특징이라고 제안하는 경향이 있었지만 말이다. 오클리는 "젠더는 여성의 지위를 설명하는데 도움을 주기 위해 고안되었다. 남성은 자신의 젠더에 대해 궁금해 하지도 않을 뿐만 아니라 자신의 젠더에 대해 설명할 필요도 없다"고 말한다.14) 이 책은 남성과 여성이 특정한 정치 상황에 존재하고 있는가(이것은 섹스에 대한 질문이 될 것이다)라는 질문뿐만 아니라 이들의 상호작용이 그 특정한 상황내에서 어떻게 젠더 관계를 형성하고 또 한편으로 젠더 관계에 의해 상호작용이 형성되는 지에 관한 중요한 질문을 제기하였던 연구자들의 연구를 광범위하게 인용한다.15)

본질주의 대 자율

젠더 개념이 극복하고자 하는 함정 중 하나는 소위 '본질주의(essentialism)'라는 함정이다. 본질주의는 특정한 범주에 속하는 사람들 모두가 '자연적으로(naturally)' 그리고 '필연적으로(inevitably)' 공유하게 되는 특징이 있다고 가정한다. 예를 들어 본질주의는 여성은 어머니가 될 수 있기 때문

---

13) Georgia Duerst-Lahti and R.M. Kelly (eds.), *Gender Power, Leadership and Governance* (Ann Arbor, MI: University of Michigan Press, 1995), p. 19; Kathleen B. Johns, *Compassionate Authority: Democracy and the Representation of Women* (New York: Routledge, 1993), p. 81; Joni Lovenduski, "Gendering Research in Political Science," p. 339; Mary Anne Borrelli, "Gender Politics and Change in the United States Cabinet: The Madeleine Korbel Albright and Janet Reno Appointments," in Sue Tolleson-Rinehart and Jyl J. Josephson (ed.), *Gender and American Politics: Women, Men, and the Political Process* (Armonk, NY: M.E. Sharpe, 2000), p. 187.
14) Ann Oakley, "A Brief History of Gender," in Ann Oakley and Juliet Mitchell (ed.), *Who's Afraid of Feminism? Seeing Through the Backlash* (London: Hamish Hamilton, 1997), p. 30.
15) Joni Lovenduski, "Gendering Research in Political Science," pp. 338-339; Vicky Randall, "Feminism," p. 124.

에 여성은 남성보다 '자연스럽게' 모성과 양육에 강하다고 주장한다. 여기에서부터 정치적인 영향력을 갖는 일반화가 도출된다. 여성이 자연적으로 더 모성애가 강하고 헌신적이라면, 여성의 위치는 가정이나 사적인 영역(제2장 참조)이 될 것이며 따라서 여성은 정치에는 적합하지 않는 존재라는 주장이 제기될 수 있다. 다른 한편으로 여성이 더 헌신적이라면, 여성들은 '자연스럽게' 더 도덕적인 존재일 것이며 이들이 정치를 한다면 정치가 발전할 것이라는 주장도 가능하다(제8장 참조).

역사적, 사회적, 문화적 영향이 모든 여성에게서 특정한 젠더 특징을 낳았다는 의견은 이와 같은 특징들이 여성의 생물학적 특징의 결과라는 주장만큼이나 본질주의적이다.16) '모든 여성은 남성과는 다른 삶의 경험을 공유하며' 이와 같은 삶의 경험은 정치적 입장의 근거가 된다는 주장을 펼쳤던 이론가들에 대해서는 이들이 본질주의의 함정에서 벗어나지 못하고 있다는 비판이 제기되었다.17) 따라서 우리는 사람들의 행동, 바램, 필요에 대해 주장을 할 때, 주장의 내용이 남성 집단 모두에게 혹은 여성 집단 모두에게 언제나 적용된다는 식의 일반화에 대해 주의해야 할 필요가 있다. 우리가 '사람'들은 이러이러 하다고 주장을 할 때 주의해야 할 필요가 있는 것과 마찬가지로(종종 여기에서 말하는 사람은 결국 남성이다[제2장 참조]), 우리가 여성에 대해 언급할 경우에도 결국 전체 여성이 아닌 일부 여성(주로 백인 중산층 교육받은 여성)을 전제로 이야기하고 있지 않은지 주의를 기울일 필요가 있다. 이것은 '보편주의(universalism)' 혹은 일반화로 불린다. 1980년대 이후 이와 같은 접근방식은 여성 집단 내에서도 서로 다른 경험, 바램, 필요를 발생시키는 요소들(예를 들어 여성의 민족, 인종, 성별)에 대해 자각한 여성들이 이와 같은 일반화를 배격함에 따라 비판을 받았다. 일반화에 관련하여

---

16) Judith Squires, *Gender in Political Theory* (Cambridge: Polity, 1999), p. 66.
17) Nancy Hartsock, "The Feminist Standpoint Revisited," in Nancy Hartsock (ed.), *The Feminist Standpoint Revisited and Other Essays* (Boulder, CO: Westview Press, 1998); Vicky Randall, "Feminism," p. 115

서는 이중의 어려움이 있다. 먼저 특정 사실이 모든 시기와 모든 장소에 적용된다는 식의 보편적 일반화를 피하는 것도 어렵고, 다른 한편으로 만약 여성과 남성을 범주화하여 우리가 어떤 언급을 할 때면 일정 수준의 본질론이나 일반화는 피할 수 없다는 점을 받아들이는 것도 어렵다. 이 책의 논의의 대상은 OECD 국가로 한정되어 있기 때문에 일정 수준의 일반화가 가능할 것이나 동시에 우리는 이들 국가들 사이에 존재하는 엄청난 다양성을 인정하는 바이다.

우리가 남성 혹은 여성으로서의 우리 자신에 대해 사고하는 것을 피할 수 없고 우리의 모습이 타인에 의해 보여지는 것을 피할 수 없다면, 우리는 과연 어느 정도까지 자율적 존재인가 하는 질문이 제기된다. 우리는 마음껏 '우리 자신'이 될 수 있을까? 여성은 '여성으로서의 사회화와 … 여성의 몸으로 살아가는 생물학적 사실(여기에는 적어도 월경, 임신, 수유가 있을 것이다)'로 인한 제약에서부터 헤어날 수 있을까?[18] 아마도 사회적으로나 정치적으로 자립적인 인간, 따라서 언제든 행위의 주체가 될 수 있는 인간이라는 개념은 '남성의 행동과 규범에 대해 특혜를 부여하는' 남성이 만든 구성물일 수도 있다.[19] 마찬가지로 우리는 여성을 위한 그 어떤 주장을 하기 위해서는 여성의 자율이라는 개념을 필요로 할지도 모른다. 스퀴어즈(Judith Squires)는 "대부분의 (페미니스트) 이론가들은 하나의 범주로서의 여성에 대해 생각해 보기 위해서 일종의 본질주의를 채택하는 동시에 여성의 법적 권리와 정치적 권리를 주창하기 위해서 일종의 자율이라는 개념을 지지하였다"고 언급한 바 있다.[20] 이 책의 논의도 이와 같은 입장을 채택한다.

---

18) Diamond and Nancy Hartsock, "Beyond Interests in Politics: A Comment on Virginia Sapiro's "When are Interests Interesting?" The Problem of Political Representation of Women," Anne Phillips (ed.), *Feminism and Politics* (Oxford: Oxford University Press, 1998), pp. 194-195.
19) Judith Squires, *Gender in Political Theory* (Cambridge: Polity, 1999), p. 68.
20) Judith Squires, *Gender in Political Theory*, p. 69.

차이와 평등

여성과 남성은 같기 때문에 정치적으로나 사회적으로 동일한 대우를 받을 자격이 있는가? 아니면 남녀는 다르기 때문에 사회적으로나 정치적으로 다른 접근방식과 어쩌면 다른 대우를 필요로 하는가? 이와 같은 질문은 오늘날 정치적으로 상당히 유의미한 질문들이다. 왜냐하면 이들 질문에 대한 상이한 입장은 많은 다른 사안들 중에서도 정치적 시민권(제2장 참조), 대표(제5장 참조), 정책(제9장 참조)에 관련한 사안에 대해 서로 다른 해답을 제안하고 있기 때문이다.

평등론을 고수하는 사람들은 공공 부문과 정치 부문에 있어서 남녀의 명백한 차이(difference)는 가부장제를 포함한 사회현상이 낳은 결과라고 주장한다. 가부장제는 모든 근대 국가의 특징으로서 남성이 체계적으로 여성을 지배하고 통제함으로써 정치적, 사회적, 경제적 재원이 여성에게 불리하게 배분되도록 하는 제도를 말한다.[21] 이들은 사람들 사이의 모든 차이를 부인하는 것은 아니다. 그러나 이와 같은 차이들이 남성과 여성 사이에서 만큼 남성들 사이에서도 크게 발생할 수 있다고 주장하면서 차이가 결코 불평등 대우의 원인이 되어서는 안된다고 주장한다. 따라서 인권과 정치적 권리는 성 중립적(gender-neutral)이어야 한다.

한편 여성들은 생리적으로 그리고 심리적으로 남성과는 다르며 이와 같은 차이는 사회내에서 그리고 정치 조직내에서 고려되어야 마땅하다고 주장하는 사람들도 있다. 이들은 여성을 마치 남성처럼 대우하는 유형의 평등은 적절하지 않다고 말한다. 바람직한 평등(Equality)이란 여성의 특징, 여성의 기여, 여성의 상황이 긍정적으로 인지되고 사회조직이 완전히 재편되어서 이들 여성의 특징, 기여, 상황이 온전히 수용되며 남성과 마찬가지로 존중되고 찬양되는 평등이다.

---

21) Michael S. Kimmel, *The Gendered Society* (Oxford: Oxford University Press, 2000), p. 2.

이와 같은 상이한 입장이 가져올 수 있는 실질적 결과는 다양하다. 비록 정치적 논의는 이와 같은 결과를 표면화시킬 만큼 명확하게 표출되지는 않지만 말이다. 이와 같은 상황의 명시적 예로서 모성이라는 문제가 근로기준법에서 어떻게 다루어지고 있는지를 살펴볼 수 있다. 육아에 있어서 남녀사이에 더욱 공평한 육아 분담과 육아 공유가 이루어지는 형식으로 평등이 이루어져야 한다는 압력이 거세지고 있다. 남녀 근로자 모두가 육아 휴직을 낼 수 있는 방향으로의 움직임을 예로 들 수 있을 것이다. 그러나 과연 임신과 출산이 여성의 정상적인 경험이자 사회의 지속에 대한 공헌으로 대우되어야 하며 이것은 남성의 경험과는 다른 방식으로 다루어져야 하는지, 아니면 임신과 출산은 신체적 사건과 징후를 수반하고 결근이 필요하다는 면에서 남성의 질병에 해당하는 경우로 간주되어야 하는 지에 대한 딜레마는 여전히 남아있다(비록 임신과 출산이 질병이나 질환은 아닐지라도 말이다).

이외에도 많은 딜레마가 존재한다. 남성과 여성은 본질적으로 다르다고 주장하는 사람들은 과연 이와 같은 차이가 어디에서부터 시작되어서 어디까지 이르는지 정의할 것을 종용받고 있다. 다른 한편으로는, 적어도 남성과 여성의 경험 중 일부는 실제로 다르다는 것을(예를 들어 남성은 임신할 수 없다) 기억하고 이와 같은 차이가 논의나 분석에 있어서 유의미할 경우 이 점을 인정하는 것이 적절하고도 도움이 된다.[22] 마찬가지로 우리가 남성과 여성은 동등하다고 주장한다면, 과연 이것은 남녀가 똑같거나 혹은 똑같아져야 한다는 것을 의미하는 것인가? 오히려 중요한 점은 다양한 종류의 정체성을 가진 사람들에게 동등한 사회적 가치를 부여하고 이들로 하여금 동등한 정치참여와 경제생활의 참여를 보장하는 것이다. 이 점이 바로 이 책의 일관된 주제이다. 따라서 러벤더스키(Joni Lovenduski)를 인용하여 이 책에 있어서 나의 입장을 간명하게 표현하고자 한다. "차이를 보상하고자 한다면 평등이 필요하고 평등을 달성하고자 한다면 차이가 인정되어야 한다."[23]

---

22) Vicky Randall, "Feminism," in David Marsh and Gerry Stoker (ed.), *Theory and Methods in Political Science* (Basingstoke: Palgrave macmillan, 2002).

논의의 조건: 권력과 정치

정치에 대한 정의는 다양하다. 그러나 모든 사람이 동의하는 바는 정치란 인간의 행위(인간이 수행하는 일)라는 점이며 다수의 사람들과의 관계를 수반하고 따라서 사회적 상황(사회적 상황이라 함은 한 사람 혹은 그 이상의 사람들로 이루어진 집단이나 공동체)내에서만 존재할 수 있다는 점이다. 사회내에서 여성의 지위라는 이슈는 여성이 맺고 있는 관계(즉 남성과의 관계뿐만 아니라 다른 여성과의 관계)의 문제이기 때문에, 정치는 여성지위에 있어서 중요한 요소이다. 우리가 '정치(politics)'라고 부르는 특정 관계는 권력의 사용을 수반한다. 권력이라는 개념은 서로 다른 이론적 접근방식을 취하는 학자들(예를 들어 실증주의, 다원론, 마르크스주의, 페미니즘)에 의해서 상당히 다양한 방식으로 정의되어 왔다. 권력에 대한 정의 중 보편적으로 사용되는 정의에 따르면, 간단히 말해서 권력은 관련된 상대방의 선호(preferences)와는 달리 자신이 원하는 방식으로 사건을 발생시키거나 혹은 발생시키지 않을 수 있는 개인이나 조직의 능력과 관련이 있다. 권력에 대한 이와 같은 개념화는 권력이 존재하는 곳에 항상 갈등의 가능성이 존재한다는 점을 인정한다. 개인과 조직의 신체적, 감정적, 심리적 필요가 언제나 그리고 필연적으로 양립이 가능한 것은 아니기 때문이다. 권력에 대한 룩스(Stephen Lukes)의 대단히 영향력 있고 급진적 정의는 여성의 지위에 특별히 관련이 있는 방식으로 논의를 진전시킨다. 룩스는 "가장 중요하고도 가장 음흉한 방식의 권력행사란 … 사람들로 하여금 기존 질서내에서 자신의 역할을 수용토록 하는 방식으로(이때 사람들은 별다른 대안이 없다고 생각해서 기존 질서를 받아들일 수도 있고 아니면 그렇게 하는 것이 자연스럽거나 그것이 도움이 된다고 생각하기 때문에 기존 질서를 수용하게 될

---

23) Joni Lovenduski, *Feminizing Politics* (Cambridge: Polity, 2005), p. 30.

것이다) 이들의 인식, 인지, 선호를 형성함으로써 이들이 불평을 품지(having) 않도록 하는 것"이라고 지적한다(저자 강조).24) 갈등은 잠재되어 있거나 '잠복 상태(latent)'에 있다가 사람들이 자신의 실질적 이해관계에 대해 더 잘 이해하게 되면 부상하게 될 것이다. 이것이 가능하게 하려면 사람들은 합리적이어야 되며, 우리가 이미 살펴본 바와 같이 자율적이어야 한다.25) 이와 같이 잠재적 갈등과 실질적 갈등을 회피, 억압, 예방, 대처, 해결하기 위해 채택하는 전략(이들 전략 중 일부는 상당히 뿌리가 깊다)이 바로 정치를 구성한다.26)

이와 같은 갈등과 전략의 결과가 바로 결정(decisions)이다. 이들 결정은 집단의 모든 구성원에 대해 구속력을 가지는 집단적 결정이며 결과적으로 사회를 형성한다. 또한 이와 같은 결정은 집단적 결정이기 때문에, 조직과 절차를 통해 이루어진다. 상당히 공식적인 결정(제7장 참조)도 있고 비공식적인 결정이나 임시적 결정도 있다. 이들 결정은 사회를 형성하는데 있어서 아주 중요한 역할을 하기 때문에, 이 책은 이와 같은 구조내에서의 여성의 위상에 관해 논의할 것이며, 정치는 공적인 활동을 포함한다는 정의하에서 논의를 진행한다. 나는 권력, 갈등, 갈등해결의 전략이 가장 친밀하고 개인적인 관계에서도 존재할 수 있다는 것을 부인하지 않는다. 이들 친밀한 관계가 남성과 여성 사이에 존재할 경우, 남성의 지배(p. 39 참고)를 선호하는 젠더 가치(gender values)가 지속된다면 이와 같은 관계내에서도 권력 요인들, 따라서 정치적 요인들이 존재하는 것이 가능해 진다. '개인적인 것이

---

24) Steven Lukes, *Power: A Radical View* (London and Basingstoke: Macmillan, 1974), p. 24.
25) Andrew Heywood, *Political Ideas and Concepts* (London and Basingstoke: Macmillan, 1994), p. 85.
26) Drude Dahlerup, "Overcoming the Barriers: an Approach to How Women's Issues are Kept from the Political Agenda," in Judith Stiehm (ed.), *Women's Views of the Political World of Men* (Dobbs Ferry, NY: Transnational Publishers, 1984), pp. 42-47; Jen Marchbank, "Power, Non-Decision Making and Gender," unpublished paper for Economic and Social Research Council Workshop, Ediburgh University 8 June 2005, p. 4.

정치적인 것(the personal is political)'이라는 구호를 만들어 냈던 1960~70년대 페미니스트들의 상황 인식은 여성의 지위에 관한 논의에 있어서 통찰력 있는 기여를 하였다. 그러나 이와 같은 상황에서 발생하는 이슈들은 공적인 행위와 관련된 이슈와는 사뭇 다르기 때문에 논의의 대상에서 제외된다.

   이 책의 제2장은 시민으로서 여성의 일반적 지위에 대해 고찰한다. 제3장, 4장, 5장에서는 여성과 대의정치의 공식 장치들이 논의될 것이다. 제6장과 7장에서는 의사결정에 있어서 여성의 영향력에 대한 논의가 전개된다. 특히 제6장은 정치 엘리트와 정책 결정의 권한이 있는 엘리트로서의 여성의 지위에 대해 살펴보고, 이와는 대조적으로 제7장에서는 여성의 공적인 정치 활동과 영향력이 전통적으로 국가의 정치조직으로 간주되는 공식적인 제도에만 한정된 것은 아니라는 주장이 제시된다. 제8장은 정치 영역에서의 여성의 활동이 과연 가시적인 영향을 가져왔는가 하는 어려운 문제에 대해 논의한다. 특히 여성의 상황, 지위, 권력의 향상을 포함한 사회의 개선이라는 결과를 가져왔는가를 논의할 것이다. 제9장에서는 변화의 본질, 방향, 어려움이라는 오늘날에도 진행 중인 주제를 조명해 줄 평등고용정책의 핵심 영역에 대한 실질적 사례 연구가 제시되어 있다. 이 책의 결론에서는 이들 주제에 대한 간략한 개요가 제시된다.

01

여성의 사회·경제적 지위

OECD 국가에서 여성의 정치적 위상과 최근 수 십 년 동안 발생한 변화는 여성의 사회·경제적 위상의 변화와 밀접한 관련을 맺고 있다. 여기에는 어느 정도 인과 관계가 작동한다. 즉 정치적 변화로 인해 여성들은 자신의 삶에 있어서 경제·사회적 여건에 영향을 끼칠 수 있는 위치에 있게 되었다. 또한 사회와 경제의 발전은 여성들의 정치적 지위향상에 대한 요구를 뒷받침 하고 있다. 이 장은 현대 사회의 사회·경제적 구조의 특징들을 간략하게 기술함으로써 뒤따라 이루어질 정치발전에 대한 논의의 출발점을 마련하고자 한다. 남성과 여성 사이에 업무 능력과 사회적 지위의 격차는 줄어들고 있고 일부 역전되기도 하였지만, 일반적으로 남성과 여성의 상황은 유사하기 보다는 상당한 차이를 보여주고 있다. 우리는 여기에서 순환 현상을 발견할 수 있다. 오늘날 여성의 지위는 상당부분 남성과 여성의 적절한 행동 양식과 관련된 선입견과 고정관념들(이들 고정관념은 밖으로 드러나지는 않지만 보편적이며, 사람들이 선뜻 인정을 하는 성질의 것도 아니며 심지어는 부의식적이기도 하다)의 산물이라고 볼 수 있다. 아울러 이와 같은 젠더 역할(gender roles)은 사회·경제적 구조에 의해 부과되며 강화된다. 이와 같은 상호작용의 영향은 강력하기 때문에 돌란, 덱만, 스웨즈(Dolan, Deckman and Swers)가 미국의 경우를 들어 논의하고 있듯이, 젠더 역할

은 오늘날에도 사회구조를 형성하고 있다.[1)]

　노동의 성별분리(sexual division of labour)라는 개념은 현대 사회가 발전해 온 방식을 설명하는데 도움이 된다. 전통적으로 여성의 활동 영역은 가정이라는 공간으로 제한되어 왔고, 여성의 주된 역할은 출생과 양육이었다. 이 과정에서 권력과 재원은 남성에게 편중되어 왔다. 그러나 이와 같은 구분은 다양한 방식으로 붕괴되고 있다.[2)] 특히 오늘날 시장주도적 자본주의 체제는 모든 사람을 생산의 요소(노동자)나 소비자로 동일하게 대우한다. 더욱이 과학의 발전으로 인해 어느 때 보다 여성들이 자신의 출산을 조절할 수 있는 능력이 신장되었다. 결과적으로 지난세기 후반부터 현세기에 걸쳐 젠더 문화(예를 들어 남성과 여성의 본질과 이들의 능력에 대한 근원적 가설들)나 젠더 질서(남성과 여성의 관계에 영향을 끼치는 노동시장이나 사회보장제도와 같은 사회적 구조)에 있어서 현격한 변화가 일어났다.[3)] 젠더 문화와 젠더 질서는 소위 젠더 구조(gender arrangement)나 젠더 계약(gender contract)을 형성한다.[4)] 젠더 구조/젠더 계약은 국가 사이에서 뿐만 아니라 동일 국가 내에서도 다양한 양상을 띠고 있다.[5)] 그러나 젠더 구조는 OECD 국가내에서 정치적 행위가 발생하는 토대를 제공하고 있으며 이것의 주요 특징 중 일부

---

1) Julie A. Dolan, Melissa M. Deckman and Michele L. Swers, *Women and Politics: Paths to Power and Power and Political Influence* (Upper Salle River, NJ: Pearson Prentice Hall, 2006), p. 6.
2) Sylvia Walby, *Gender Transformations* (London: Routedge, 1997), p. 2.
3) Birgit Pfall Effinger, "Gender Cultures and the Gender Arrangement-A Theoretical Framework for Cross-national Gender Research," *Innovation: The European Journal of Social Sciences*, Vol. 11, No. 2, 1998, p. 150.
4) Birgit Pfall Effinger, "Gender Cultures and the Gender Arrangement – A Theoretical Framework for Cross-national Gender Research," p. 150; Simon Duncan, "The Diverse worlds of European Patriarch," in Maria Dolars Garcia-Rowan and Janice Monk (eds.), *Women of the European Union* (London: Routledge, 1996), pp. 95-96; John MacInnes, "Analysing Patriarchy Capitalism and Women's Employment in Europe," *Innovation: The European Journal of Social Sciences*, Vol. 11, No. 2, 1995, p. 232.
5) John MacInnes, "Analysing Patriarchy Capitalism and Women's Employment in Europe," p. 232.

가 아래에서 논의 된다.

여성 인구

대체로 여성의 정치제도에의 참여가 적기 때문에, 정치분야에서 여성은 종종 소수집단으로 불린다. 하지만 실제로 여성은 이 책에서 중점적으로 논의되는 국가에서 인구의 다수를 차지하며 남성 인구보다 2~10퍼센트 많다. 여성 인구가 남성 인구보다 많은 이유는 여성이 남성 보다 훨씬 오래 산다는 점에서 찾아 볼 수 있다. 2003년 기준 OECD 국가에서 80세 이상의 인구를 살펴볼 때, 남성 100명당 여성은 180~265명이었던 반면, 5세에서 9세에 이르는 아동 중에는 모든 국가에서 남자 어린이의 수가 여자 어린이보다 많았다.[6]

여성과 가정

선진 민주주의국가에서 이루어지는 공식적인 정치행위와 공공정책의 대부분은, 사람은 가정에서 거주하고 가정은 일반적으로 혼인에 의해 묶여진 남성과 여성 그리고 부양가족(일반적으로 어린이나 노인)으로 구성된다는 기본 전제위에서 형성된다. 그러나 이와 같은 전제와 현실사이의 괴리가 점차 증가하고 있다.[7] 2000년 현재 관련 자료를 확보할 수 있는 국가들 대부분

---

6) United Nations Statistics Division, *Demographic and Social Statistics*, 2006, http://unstats.un.org/unsd/demographic/defalt.htm
7) Eurostat News release 59/2006 May; UNECE (United Nations Economic Commission for Europe) *Statistical Database: Gender and Social Statistics: Families and Households, 2006*, http://w3.unece.org/pxwed/Dialog/statfile1_new.asp

의 경우에서, 전체 가구의 20퍼센트 이상이 1인 가구인 것으로 확인이 되고 있다. 예를 들어 미국의 경우 1인 가구는 전체 가구의 26퍼센트를 차지하였다. 스페인만이 이 비율이 11퍼센트에 머물러 있어서 다른 국가들 보다 훨씬 낮았다. 2000년 미국의 경우, 부부로 이루어진 가구 중 28퍼센트는 자녀가 없었고, 2005년 유럽의 자료를 보면 전체 가구의 2/3가 아이가 없었으며 대부분의 EU국가에서 아이가 있는 가구의 10퍼센트 이상이 편부모 가구였다. 지난 20년 동안 편부모 가구의 비율은 스페인의 경우 3.5퍼센트, 네덜란드의 경우 12퍼센트 증가하였다.

    2000년 OECD 국가 중 14개국을 대상으로 한 연구는 미국만이 유일하게 전체 여성 중 절반이상(54퍼센트)이 현재 생존하는 배우자와 혼인 상태에 있다는 것을 보여주었다. 반면 노르웨이, 스웨덴, 영국에서는 이 비율이 40퍼센트 아래를 밑돌았다. 2005년 EU 통계를 보면 총 출생아의 2/3만이 혼인관계 내에서 출생하였다는 것을 알 수 있는데, 이는 많은 안정적인 가정들이 결혼 제도 밖에서 존재하고 있다는 점을 시사해 준다. 정치적으로 특별히 주목을 받았던 예로서는 2007년 프랑스 대선에서 사회당의 대선후보로 나왔던 루아얄(Ségolène Royal)을 들 수 있다. 루아얄은 사회당의 당수 올랑드(Francois Hollande)와 결혼을 하지 않고 동거하면서 4명의 자녀를 두었다. 오늘날 가정에서 여성이 차지하는 위치는 현대화로 촉발된 젠더 질서에 있어서의 변화를 반영하는 한편, 정치 분야에 있어서 여성의 위상변화를 뒷받침하는 새로운 관계가 형성되고 있음을 보여 준다.

여성의 교육과 고용

대부분의 선진 자유민주주의국가에서, 정치적 지위와 권리에 대한 여성의 요구는 교육에 대한 요구와 밀접한 관련을 맺어 왔다. 2세기 전, 초기 페미니스트 사상가 울스톤크래프트(Mary Wollstonecraft)는 남성들이 여성의 태생적 결함이라고 여겼던 많은 결함들, 특히 여성을 정치라는 장에 어울리지 않게 만드는 이와 같은 결함들이(울스톤크래프트 자신도 이와 같은 결함으로 인하여 여성들이 정치에는 어울리지 않는다는 점을 어느 정도 인정하였다) 사실은 여성의 교육에 있어서의 결핍 때문이라는 설득력 있는 주장을 내놓았다.[8] 만약 여성이 남성과 동일한 교육을 받는다면, 여성은 합리적 주체로서 정치에 참여할 수 있을 것이라고 그녀는 주장하였다. 정치적 권리를 얻기 위한 여성의 투쟁은 19세기에 이르러 본격화 되었는데, 이와 같은 투쟁의 역사는 교육권을 얻기 위한 투쟁과 밀접하게 관련을 맺고 있다. 21세기 초반 OECD 국가에서 이와 같은 투쟁은 대부분 성공을 거두었다. 선진 자유민주주의국가에서 3차 교육기관(대학)에서의 교육 기회가 확대되었고 여성의 참여도 이와 발맞추어 증가하였다. 대학교육의 확대와 대학교육을 받은 여성의 비율 증가는 오늘날 많은 여성들의 생애기간 동안 이루어졌다. OECD 통계에 따르면, 주요 서유럽 국가와 영어권 국가 중에서 캐나다, 스웨덴, 미국 등은 55~64세에 이르는 인구의 1/4이상이 대학 학위를 보유하고 있다. 캐나다와 스웨덴은 동일 연령대에서 대학 졸업을 한 여성의 숫자가 남성을 넘어서는 유일한 국가들이다. 통계의 대상이 된 모든 국가에서 25~34세에 이르는 사람들 중 적어도 1/4이상이 학사 학위를 보유하고 있고, 독일과 네덜란드를 제외한 모든 국가에서 학사 학위 보유자의 절반 혹은 그 이상이 여성이다. 폴란드, 헝가리, 노르웨이는 2004년 대학 졸업생 중 여성이 차지하는 비율이 63퍼센트로 비교 대상국 중 가장 높았다. 따라서 21세기에 들어서면서는 여성의 비율이 남성보다 다소 높아졌다. 그러나 각 전공 별로 여성의 비율은 상당한 편차를 보이고 있다. 관련 국가에서 인문학 전공 졸업생 중 여성이 차지하는 비율은 2/3~3/4에 육박하는 반면, 공학 분야에서는 여성의 비율이 1/3을 넘는 곳이 없었다. 다만 이탈리

---

[8] Mary Wollstonecraft, *Vindication of the Rights of Women*, 1792 초판의 개정판 (London: Penguin Books, 1975).

아와 스웨덴에서는 수학 전공 여학생의 비율이 1/3을 넘었다. 이와 같은 차이는 대학 졸업생들의 직업선택에 있어서 남녀간 차이를 가져오는 요인으로 작용하고 있으며, 과학기술 분야에 사회적 지위와 금전적 보상이 주어지는 사회에서는 특히 중대한 영향을 끼친다. 여성의 교육수준이 높을수록 전통적이고 가부장적 젠더 구조를 거부하는 경향이 높다는 증거는 상당히 많이 존재한다.9) 여성의 정치 참여 또한 그와 같은 결과중 하나일 것이다.

유급 고용된 여성의 비율 또한 현재 상당히 증가하였지만, 남성에 비해 이들이 실직을 할 비율은 여전히 조금더 높게 나타나고 있다. 또한 많은 국가에서 파트타임으로 일하는 여성의 비율이 남성보다 훨씬 높게 나타나고 있다(표 1-1 참조). 물론 여기에는 국가별로 상당한 편차가 존재한다. 남녀 모두가 풀타임으로 일을 하는 것이 정치적 의무였던 중앙 유럽과 동유럽 국가의 경우 공산주의 체제가 남긴 유산으로 인해, 성별에 상관없이 파트타임으로 일하는 비율이 지극히 낮게 나타나고 있다. 풀타임 고용은 여성이 자신의 정체성과 자기 가치에 대한 인식에 있어서 여전히 중요한 요소이다.10)

여성은 노동시장에 균일하게 분포되어 있지 않다. 여성은 특정 직업군에 밀집되어 있어서 이들 직업군에서 차지하는 비율이 높게 나타나고 있다. 27개 EU 회원국에서 전체 근로자의 75퍼센트 이상이 특정 성별이 해당 직업의 60퍼센트 이상을 차지하는 직종에서 일을 하고 있다. 이와 같은 현상은 수직적 성별분리(vertical segregation) 현상을 낳고 있다.

> OECD 국가에서 여성 노동인구의 대다수는 — 적어도 3/4 정도 — 114개 직업군 중에서 19개 직업군에 편중되어 있다. 이들 19개 직업군은 확연히 여성 지배적 직업군이며 여기에서 여성이 전체 일자리의 평균 70퍼센트

---

9) John MacInnes, "Analysing Patriarchy Capitalism and Women's Employment in Europe," p. 245.
10) Barbaba Einhorn, "Citizenship, Civil Society and Gender Mainstreaming: Contested Priorities in an Enlarging Europe," In conference on *Gendering Democracy in an Enlarged Europe*, Prague 20 June 2005; http://qub.ac.uk/egg/

표 1-1 성별 취업률, 실업률, 파트타임 취업률

국가	여성 취업률[1]	남성 취업률[1]	여성 실업률[2]	남성 실업률[2]	파트타임 취업 여성[3]	파트타임 취업 남성[3]
네덜란드	66.4	79.9	5.1	4.4	49.8	17.4
노르웨이	71.7	77.8	4.4	4.8	31.5	10.2
독일	59.6	71.2	10.3	8.9	25.8	4.9
미국(2004)	65.4	77.2	5.1	5.1	19*	8*
벨기에	53.8	68.3	9.5	7.6	21.7	4.9
스웨덴	70.4	74.4	7.7	7.9	26.6	7.5
스페인	51.2	75.2	12.2	7.1	12.3	3.2
영국	65.9	77.2	4.3	5.1	27.6	7.1
이탈리아	45.3	69.9	10.1	6.2	11.6	3
체코 공화국	56.3	73.3	9.8	6.5	4.5	1.2
캐나다	69.2	78.5	6.46	7.02	21.29	8.50
폴란드	46.8	58.9	19.1	16.6	6.2	4.1
프랑스	57.6	68.8	10.8	8.8	17.6	3.7
헝가리	51	63.1	7.4	7	2.9	1.5
호주	54.7	69.1	5.1	5.0	41*	16*

비고:
1. 15~64세에 이르는 연령 집단 중 비율(호주는 제외, 호주는 15세 이상 인구를 연령 집단으로 함).
2. 적극적으로 구직을 하고 있는 '경제 활동' 인구의 비율.
3. 자신을 파트타임 근로자로 신고한 전체 연령 집단(비고 1 참고)의 비율(*호주와 미국은 2004년 전체 취업 인구 중 비율).

출처: Eurostat (2006); Statistics Canada (2006); UN Statistics Division (2006a) 표 5b 등의 자료에서 취합하여 산출되었음.

를 차지한다. 모든 OECD 국가에서 많은 수의 여성이 판매직, 가사 도우미나 청소부, 비서, 화장품 판매(personal care)와 같은 직종이나 관련 직종에 종사하고 있다. 이보다 여성의 비율이 조금 낮은 직종으로는 초등학교와 중·고등학교 교사가 있다. … (반면) 남성 임금 노동자의 3/4는 114개 직업군 중에서 30개 직업군에 종사하고 있는데, 이 부문에서 남성의 비율은 평균 73퍼센트에 이른다. 운전수, 건설 노동자, 기술자, 고숙련 물리학 및 공학 기술자등이 대부분의 조사 대상국에서 남성들의 전형적인 직업군으로 나타났다.[11]

이와 같은 젠더 분리(gender segregation)는 아주 보편적인 현상이다. 1990년대 이전 유럽의 공산 체제 국가들도 공식적으로는 양성 평등(sexual equality)을 표방하였지만 성별에 따른 직종 분리는 이들 국가에서도 만연하였다.

> 광업, 금속학, 화학, 공작기계, 건설과 교통 부문은 — 이 부문의 사무, 행정, 연구 분야를 제외하고는 — 압도적으로 남성 지배적인 산업분야였다. 반면 경공업, 통신, 서비스 분야는 여성지배적인 산업분야로 남아있었다. … (이와 같은) 성별에 근거한 노동의 분리는 (1990년 이후) 체제 전환의 과정에서 더욱 악화되었다.[12]

비록 "교육수준이 높은 젊은 세대의 경우 구세대 보다는 직종별 분리 현상이 많이 해소되어 통합된 것처럼 보인다"는 증거가 일부 나타나고 있지만, 직업의 분리가 시간이 지남에 따라 실질적인 변화를 했다는 증거는 거의 없다.[13] 노동시장에서 성별 직종분리가 지속되고 있다는 점을 고려한다면, 정치 분야에서도 이와 같은 성별 분리가 존재한다는 것은 놀라운 사실이 아

---

11) OECD, *OECD Employment Outlook 2002-Surveying the Jobs Horizon*, 2002, p. 88. http://www.oecd.org/home/0,2605,en_2649_201185_1_1_1_1_1,00.html.
12) Barbara Einhorn, *Citizenship in an Enlarging Europe* (Basingstoke: Palgrave Mcmillan, 2006), p. 157.
13) OECD, *OECD Employment Outlook 2002-Surveying the Jobs Horizon*, p. 92.

니다(제4장과 5장 참조).

또 다른 유형의 분리 현상인 수평적 성별분리(horizontal segregation)는 상당히 자주 발생하는 사례로, 동일한 조직내에서 여성들이 하위직에 밀집되어 있는 현상을 가리킨다. 영국의 경우 관리직, 고급 공무원직, 전문직에서 여성이 차지하는 비율은 34퍼센트에 지나지 않는다.[14] 구동독에서는 통일이 있고 난 후, '남성 상사를 선호하는 서구의 조직구조 모델이 수입'된 결과 "여성들이 '군살을 뺀(slimmed down)' 기업 위계질서에서 내몰리게 되었다."[15] 기업과 산업엘리트와 정치 엘리트 여성에서의 지위는 서로를 반영하고 서로의 입지를 강화한다. 이 문제는 제6장에서 본격적으로 논의가 될 것이다.

표 1-2를 보자. 여기에 제시된 데이터는 지극히 대략적인 정보이며 1999년과 2005년 두 해를 비교하여 수치상의 변화를 보여주고 있기는 하지만, 우리는 여성의 임금 수준이 여전히 남성에 비해 뒤쳐져 있다는 사실을 확인할 수 있다.[16] 2004년 이전 EU 15개국을 대상으로 취합한 2000대 초반 자료를 보면 이와 같은 임금격차가 연령대별로 편차를 보이고 있음을 알 수 있다. 예를 들어 16~24세 연령 집단에서는 임금격차가 적었지만, 55~64세 연령 집단에서는 이 차이가 가장 크게 나타났다. 또한 임금격차는 교육 수준과 기술 수준에 따라 다르게 나타난다. 평균적으로 저숙련 저임금 직업군에서의 남녀의 임금격차가 고숙련 고임금 직업군의 남녀 임금격차 보다 적게 나타났다. 그러나 여성들은 여전히 최저 임금 직종에 밀집되어 있다. 27개 EU회원국에서 여성의 절반은 저임금 직업군에 종사하고 있고 여성의 20퍼센트만이 고소득 직업군에 종사하고 있는 반면, 이 수치

---

14) Equal Opportunities Commission, *Submission to the Women and work Commission: Part One: Occupational Segregation*, 2005, http://www.eoc.org.uk/pdf/WWC_occ_seg.pdf.
15) Barbara Einhorn, *Citizenship in an Enlarging Europe*, pp. 158-159.
16) EFILWC (European Foundation for the Improvement of Living and Working Conditions), *The Gender Pay gap: Background Paper*, 2006, p. 2, http://eurofound.europa.eu/pubdoc/2006/101/en/1/ef06101en.pdf.

표 1-2 성별 임금 비율(남성 대비 여성의 평균 임금)

	1999	2005
네덜란드	76	80.7
노르웨이	86	84.5
독일	73	75
미국	76.5	80.3 (2004)
벨기에	79.6	82.8
스웨덴	82	83
스페인	77.8	80.7
영국	82	82.9
이탈리아	94	81.2
체코 공화국	78	74.9
캐나다	71	70
폴란드	85	83
프랑스	75.8	85.8
헝가리	79	85
호주	81 (2001)	81

비고:
1. 모든 EU 회원국과 노르웨이의 경우, 위의 데이터는 '1주일에 15시간 이상 일을 하는' 16~64세 유급 근로자의 시간당 임금을 나타낸다. 미국과 호주의 경우, 위의 데이터는 16세 이상 풀타임 근로자의 시급을 나타내고, 캐나다의 경우는 풀타임 전년(full-year) 근로자에 관련된 것이다.

출처: Institute for Women's Policy Research (2005); European Industrial relations Observatory (2006); Australian Bureau of Statistics (2000/6); Statistics canada (2006) 데이터에서 산출.

는 남성의 경우 40퍼센트에 달한다.[17] 고소득 직종과 저소득 직종 사이에

---

17) EFILWC (European Foundation for the Improvement of Living and Working

임금 격차가 큰 국가에서는 성별 임금격차도 큰 것으로 나타났다.[18)

성별 임금격차에 관한 논의는 그동안 활발하게 진행되어 왔는데, 이와 같은 결과를 가져오는 원인으로 성별 직종분리가 하나의 요인으로 지적되어 왔다. 즉 여성이 고소득 직종에 진출하지 못하고 저소득 직종에 밀집되어 있다면, 여성의 평균 임금은 전체적으로 남성보다는 낮을 수밖에 없다. 일반적으로 여성의 비율이 높은 직종은 보수가 열악하다. 영국의 경우, "2001년 인구조사를 보면 여성이 5개 최저 임금 직종에 밀집되어 있다는 것을 확인할 수 있다."[19)] 또한 판매업, 청소업, 요식업과 같이 여성의 비율이 높은 저임금 직종의 경우 임금의 폭이 좁아서 직종내에서 임금 상승의 여지가 취약하다.[20)] 따라서 불평등 대우는 노동자 자신의 젠더(gender)때문이라기보다는 직업 자체의 젠더에 의해 발생한다.

역설적인 점은 성별 임금격차가 고숙련직과 관리직에서 종종 더 높게 나타난다는 점이다. 그 원인으로는 많은 국가에서 최저임금법의 도입으로 인해 최저 숙련직 여성의 임금이 동일 조건 남성의 임금 수준과 비슷한 수준으로 상향조정된 반면, 관리직의 경우 여성들이 관리직의 하단부에 위치하고 남성들은 관리직 중에서도 고위직이나 고소득직을 차지하는 있는 점을 들 수 있다.[21)]

Conditions), *Fourth European Working Conditions Survey*, 2006, http://eurofound.europa.eu/pubdoc/2006/78/1/ef078en.pdf.
18) European Commission, *Commission Staff Working Paper: Gender Pay Gaps in European Labour Markets*, SEC (2003), p. 14; Damian Grimshaw and Jill Rubery, *The Gender Pay Gap: A Research Review* (Manchester: Equal Opportunities Commission, 2001), p. 19.
19) Equal Opportunities Commission, *Submission to the Women and Work Commission: Part One; Occupational Segregation*, p. 5.
20) Damian Grimshaw and Jill Rubery, *The Concentration of Women's Employment and Relative Occupational Pay: A Statistical Framework for Comparative Analysis*, Organization for Economic Co-operation and Development, OCDE/GD(97)186, 1997, http://www.olis.oecd.org/OLIS/1997DOC.NSF/LINKTO/OCDE-GD(97)186.
21) Shirley Dex, Holly Sutherland and Heather Joshi, "Effects of Minimum Wages on the Gender Pay Gap", *National Institute Economic Review*, 2000, No. 173, pp. 86-87; Jill Rubery, Damian Grimshaw and Hugo Figueirido, *The Gender Pay*

통계적 분석을 통해 남녀 임금 격차의 원인이 될만한 것들을 찾아보면, 주요 요인은 가정을 꾸려나가는 데 책임을 지는 남녀간의 수입에 격차가 있다는 점이다. 이는 여성 자신들이 선택한 생활 패턴이라는 주장에 대한 논쟁이 지속되고 있다. 일부 여성들은 의도적으로 힘이 덜 드는 일을 선택하기도 하고 더 큰 책임과 권한을 기피하기도 한다. 이와 같은 선택으로 인해 평균적으로 동일한 자격요건을 갖추고 출발한 남성들과 비교한다면 여성의 임금은 필연적으로 낮을 수밖에 없다.[22] 또한 여성들은 휴직을 하게 되는 경우 업무관련 경력이나 근속 연공에 있어서 불이익을 받게 되어 유사한 경력을 가진 남성에 비해 보수가 낮아지게 된다.[23] 1990년대의 한 추산을 보면 "영국의 경우 여성들이 출산을 이유로 노동시장을 이탈하게 되는 경우 자신의 생애 소득의 50퍼센트를 상실하게 된다. 이와 같은 손실에는 휴직으로 인한 근로 손실, 복직이후 업무시간 단축과 시간당 임금 수준의 저하 등이 골고루 영향을 미친 것으로 보인다."[24] 영국은 물론 극단적인 사례이며, 다른 유럽 국가의 통계는 영국보다는 훨씬 적은 규모의 손실을 보여주고 있다. 그러나 모든 경우에서 복직 이후 임금의 삭감이 생애 소득의 손실을 발생시킨 요인으로 작용하였다. 따라서 논의의 일정 부분은 이와 같은 결과가 어느 정도까지 여성의 자유선택인지 아니면 사회적인 관습에 의해 (사회적 관습은 필연적으로 여성들로 하여금 가사를 책임지게 하며, 이와 같은 가사의 책임은 고소득 활동과는 양립이 어렵다) 여성에게 강제되는 것인 지에 집중된다. 일부국가의 경우에서처럼 남성들도 군복무와 같은 경력의 단절을 경험하더라도 이들의 임금수준은 여성보다 여전히 높은 것으로

---

gap and Gender Mainstreaming Pay Policy in the CU Member States (Manchester: Manchester School of Management, UMIST, 2002), p. 100.
22) OECD, *OECD Employment Outlook 2002-Surveying the Jobs Horizon*, p. 92.
23) Catherine Hakim, *Key Issues in Women's Work: Female Diversity and the Polarisation of Women's Employment* (London and Portland, OR.: Glasshouse, 2004).
24) Damian Grimshaw and Jill Rubery, *The Gender Pay Gap: A Research Review*, p. 29.

나타나고 있다.25) 교육 및 고용과 관련하여, 우리는 성별 역할이 사회적으로 구성되고 있는 것을 목격하고 있으며 이와 같은 현상은 정치적 영역에서도 반영되고 반복되고 있다.

여성의 시간 사용

시간 사용에 있어서도 여성과 남성은 뚜렷한 차이를 보여주고 있다. 평균적으로 1주일을 기준으로 여성은 남성보다 가사나 가족 구성원을 돌보는데 더 많은 시간을 소비하고 있으며, 이와 같은 현상은 직장을 다니는 여성에게도 그대로 적용된다. 미국의 경우 지난 30년 동안 여성이 가사를 돌보는데 보내는 시간은 남성의 4배에서 3배로 줄어든 것으로 추산되고 있다(1990년대에 여성은 일주일에 18시간 30분을 가사에 사용한 반면 남성은 6시간 45분을 가사에 사용하였다). "최근 들어 가사분담에 있어서 변화가 다소 발생하고 있기는 하지만, 가정내에서 대부분의 가사와 육아는 여전히 여성의 책임으로 남아있다."26) 1998년과 2001년에 행해진 13개 EU 회원국 및 이후 회원 가입이 된 국가들을 대상으로 진행된 시간 사용에 관한 설문을 보면, 남성이 여성보다 유급 노동이나 공부에 더 많은 시간을 할애하고 있는 것을 볼 수 있다(표 4-4 참고). 반면 여성은 남성보다 가사에 더 많은 시간을 할애하고 있는 것을 볼 수 있는데, 예외적 경우가 노르웨이와 덴마크이다. 이들 국가에서는 남성과 여성이 대략 유사한 시간사용 양상을 보였다. 설문을 보면 평균적으로 여성이 남성보다 하루에 1시간 정도 가사에 더

---

25) European Commission, *Commission Staff Working Paper: Gender Pay Gaps in European labour Markets*, SEC (2003) 937, 2003.
26) Kristen Keith and Paula Malone, "Housework and the Wages of Young, Middle-aged, and Older Workers", *Comtemporary Economic Policy*, Vol. 23, No. 2, 2005, pp. 224-225.

많은 시간을 사용하는 것을 볼 수 있다. 스웨덴, 노르웨이, 덴마크, 영국에서는 남성과 여성이 유급노동/공부와 가사에 사용하는 시간이 대략 동일한 양상을 보였다. 벨기에, 핀란드, 프랑스의 경우, 여성이 유급노동과 가사를 합쳐서 이들 노동에 사용하는 시간이 남성보다 하루에 30분이 많고, 에스토니아, 슬로베니아, 헝가리의 경우, 이 차이는 무려 1시간에 달했다. 집안에 어린이가 있을 경우 남녀 모두 유급노동과 가사에 할애하는 시간의 총량은 늘어나게 되는데, 어린이의 연령이 7세 이하인 경우 늘어난 시간의 양이 가장 많았다. 전체 노동시간의 남녀차이는 헝가리, 에스토니아, 슬로베니아에서 가장 크게 나타나는데, 이들 국가의 경우 가정에 어린이가 있는 경우에서도 남성이 유급노동과 가사에 쓰는 시간의 총량이 여성보다 1시간 정도 적다. 남녀의 시간사용의 차이는 일과 가사(육아 포함)에 있어서 성 역할에 관한 사회적 기대를 반영한다. 또한 이와 같은 차이는 남성과 여성이 직장이나 가정 밖에서 할 수 있는 활동을 위한 가용시간에 차이를 가져올 수 있다는 점에서, 정치참여와 정치활동의 범위와 성격에 있어서도 영향을 끼칠 수 있다.

결론

이 장에서 우리는 사회적 역할의 변화에 관한 논의를 전개하였다. 교육과 능력에 관련된 일부 부문에서, 여성들은 남성과 어깨를 나란히 하거나 심지어 남성을 앞지르고 있지만, 고용, 보수, 시간사용에 관련한 여성의 경험은 여전히 남성과는 확연한 차이를 보여주고 있다는 점을 논의를 통해 알 수 있었다. 남성과 여성사이의 상당한 차이를 보여주는 통계나 경험적 증거들은 젠더 문화(생활양식, 사회적 기대, 노동의 유형, 책임과 의무, 지위와 위신)에 있어서 더 깊은 차이가 지속적으로 존재하고 있다는 점을 시사해 준다. 이와 같은 차이점과 유형은 사회 복지제도(제2장 참고), 노동시장, 가계와 같은 국가의 구조 내에서 상호작용 하면서 개별 국가의 젠더 구조를 형성하고 있다. 대체적으로 OECD 국가의 이와 같은 젠더 구조는 남성에게 특권을 허용해 왔다. 그러나 자본주의의 발전과 함께 교육받은 여성 노동력에 대한 수요가 증가하고 자유 민주주의 정치사상이 발전하면서(제2장 참고), 또한 아직 완전하지는 않지만 여성이 자신의 출산을 조절하고 일정부분 자신들의 사회적 역할을 결정할 수 있는 능력이 신장되면서 구질서는 와해되고 있다.[27] 그러나 이와 같은 변화는 자신들의 기득권과 전통적 지위가 도전을 받고 있다고 느끼는 사람들로부터 저항을 받고 있다. 우리는 이와 같은 저항을 성별 임금격차가 오늘날에도 여전히 존재하고 있다는 사실을 통해 확인할 수 있다. 결과적으로 정치적 투쟁과 갈등이 빚어지고 있으며, 상당한 진전과 함께 반발과 저항도 뒤따르고 있다. 정치신념, 정치활동, 정치참여는 사회적 경험뿐만 아니라 경제적·물질적 이해관계와도 밀접한 관련을 맺고 있기 때문에, 이들은 어느 국가에서든지 전반적인 젠더 구조의 핵심적 요소를 형성하며 또한 본장에서 논의된 요소들과 영향을 주고받는다. 따라서 뒤따르는 장에서 논의될 여성의 정치경험은 이와 같은 틀 속에서 고려되어야 할 것이다.

---

[27] Sylvia Walby, *Gender Transformations*, p. 1; John MacInnes, "Analysing Patriarchy Capitalism and Women's Employment in Europe," pp. 234-235.

02 / 시민으로서의 여성

 이 책에서 논의의 대상이 되고 있는 '서구(western)'나 '제1(first)' 세계의 모든 국가들은 민주주의를 갈망하고 민주주의를 발전시킨다. 민주주의는 EU 가입의 선결조건이며, 민주주의의 증진은 미국 외교정책의 가장 핵심적인 특징이다. 민주주의 국가들은 모든 시민이 정치에 참여할 수 있는 가능성을 열어둔다. 완전한 정치참여를 위해서는 시민권(citizenship)이 필요하기 때문에, 시민권의 획득은 아주 중대한 문제이며 따라서 까다로운 법적 조건의 적용을 받고 있다. 많은 국가에서 성인이 되고 난 후 시민권을 획득한 사람들이 이를 축하하는 행사를 가지는 이유도 바로 여기에 있다.

 시민권의 중요성을 보여주는 또 다른 예로는 1992년 마스트리히트 조약(Maastricht Treaty)에 의한 EU의 창설과 이와 동시에 진행된 EU 시민권의 탄생을 들 수 있다. EU시민권은 EU가 더욱 긴밀한 공동체로 발전하는 과정에 있어서 새로운 국면으로 접어든 것을 단적으로 보여주는 상징이며, EU 국가내 거주지에 관련 없이 시민권을 가진 사람에게 모든 선거에서는 아니더라도 일부 선거에서는 투표권을 포함한 부가적인 정치적 권리를 실질적으로 부여하고 있다. 초기 민주주의의 산실인 고대 아테네에서는 외국인이나 노예와 함께 여성들에게는 시민권이 부여되지 않았다. 하지만 오늘날 민주주의를 신봉하는 대부분의 사람들은 '남성과 여성, 청년층과 노년층, 사회의 힘 있는 구성원과 힘없는 구성원의 동등한 참여없이는 어떤 사회도 어떤 정책이 가장 공정한지 규정할 수 없다'는 필립스(Anne Philips)의 의견에 동의할 것이다.[1]

일반적으로 시민권은 국적과 동일한 의미에서 사용되고 있으며, 특정한 공동체에 '속하는(belong)' 사람들을 '이민자(immigrants)'나 '외국인(foreigners)'들로부터 구분하는 잣대로 받아들여지고 있다. 그러나 국적이라는 개념을 초월하는 EU의 사례가 시사해 주고 있듯이, 시민권은 복잡한 개념이다. 시민권은 국적은 물론 정부 체제와도 관련되어 있다. 따라서 시민권이라는 개념은 두 가지의 다소 상이한 방식으로 이해될 수 있다. 먼저 지리적으로 경계가 분명한 특정 국가에 대한 법적인 관계라는 다분히 공식적인 개념이 있다. 두 번째로 공동체의 생활에 있어서의 완전한 참여(participation)와 포함(inclusion)이라는 다소 사회적인 개념이 존재한다. 다시 말해서, 전자의 경우 시민권을 지위(status)로 파악하는 반면 후자의 경우 시민권을 행위(activity)로 파악한다.[2] 시민이라 함은 공식적인 공민권(civil rights)과 정치권(political rights)을 소유함을 의미한다. 그러나 시민이라는 지위 — 같은 의미에서 시민으로서의 행위 — 는 또한 완전한 참여를 가능케 하는 사회·경제적 권리를 소유함을 의미한다.[3]

이 장에서는 시민권과 시민권에 관련한 권리와 의무라는 개념이 여성에

---

1) Annes Philips, "Multiculturalism, Universalism and the Claims of Democracy" in Maxine Molyneux and S. Razavi (eds.), *Gender Justice, Development and Rights* (Oxford: Oxford University Press, 2002) pp. 115-139.
2) Judith Squires, *Gender in Political Theory* (Cambridge: Polity, 1999).
3) Ruth Lister, *Citizenship: Feminist Perspectives*, 2nd edn (Basingstoke: Palgrave Macmillan, 2003); Barbara Einhorn, "Citizenship, Civil Society and Gender Mainstreaming: Contested Priorities in an Enlarged Europe," In conference on '*Gendering Democracy in an Enlarged Europe*,' Prague 20 June 2005.

게는 특별한 딜레마로 작용해 왔고 현재도 그러하다는 주장이 제기될 것이다. 또한 우리는 정치 분야에 있어서 여성에게는 전통적 고정관념이 여전히 존재한다는 점을 주지하면서, 여성이 정치적 삶(political life)이라는 공적인 장에 온전히 참여하고자 할 때 발생할 수 있는 문제들을 논의한다. 또한 이 장은 시민권이라는 개념이 정의되는 방식을 고찰해 보고, 시민권이 획득되고 정의되는 여러 방식이 여성에게 어떤 함의를 갖는지 논의한다. 이 장은 오늘날에도 여전히 많은 긴장이 지속되고 있음을 강조하는 한편, 시민권과 민주주의의 달성이 모든 문제를 해결할 것으로 당연시 할 수는 없다는 점을 제안한다. 사실 동유럽에서 공산주의라는 억압적인 체제의 붕괴 이후, 남성다움(masculinity)과 여성다움(femininity)에 관한 전통적 사고의 영향으로 이들 국가에서 새로운 관행과 개념들이 형성되었고, 일부 논평가들로부터 '남성적 민주주의(masculine democracy)'라고 비판을 받는 현상도 발생하였다.[4] 시민권은 따라서 정치분야에서 여성의 역할이라는 문제에 있어서 중요한 고려사항이며, 차후에 2개의 장에서 논의되는 여성의 정치적 권리와 참여라는 문제에도 핵심적인 사안이다.

공적 영역과 사적 영역

시민권은 공적인 정치의 장에 참여하기 위한 전제조건이다. 공적인 정치영역에서의 행동 규범과 제도는(p. 16 참고) — 제도를 형성하기 위한 구조와 절차라는 의미에 있어서 — 서로에 대해 전혀 아는 바가 없는 사람들, 따라서 친밀도가 없는 사람들 사이의 상호작용의 양상을 형성한다. 결과적으로, 정치는 (적어도 암묵적으로는) 비개인적이고 공적인 영역이며, 따라서

---

4) Barbara Einhorn, "Citizenship, Civil Society and Gender Mainstreaming: Contested Priorities in an Enlarged Europe," p. 9.

개인적이고 친밀하며 사적인 삶의 다른 부문과는 독립된 별개의 영역에서 발생하는 것으로 간주되어 왔다. 따라서 정치를 논할 때 많은 학자들은 공적인 영역에 관련되는 언어와 개념을 사용해 왔다. 왜냐하면 결국 공적 영역이야말로 이들 학자들이 권력의 존재를 인지하고 인정해온 영역이기 때문이다.[5]

현대 자유민주주의를 뒷받침하는 정치이론들은 모든 사람은 태어나면서부터 천부적 권리를 가진다고 주장한다. "인간을 존중한다는 것은 인간은 심지어 사회의 복지체계도 꺾을 수 없는 불가침성을 가진다는 것이다."[6] 따라서 사회를 구성하는 개인의 삶에 있어서 정치적 권위, 다시 말해서 공권력에 의한 규제나 감시를 받지 않는 영역을 구별하기 위해서 사적인 영역이라는 개념이 발전하게 되었다. 사적 영역이 과도하게 제한을 받으면, 자유민주주의를 신봉하는 사람들은 개인이 진실로 자기 자신이 될 수 있는 능력이 제약을 받게 된다고 생각할 것이며 전체주의의 위험을 예견하게 될 것이다.[7] 그러나 여성의 입장에서는 공과 사의 양분은 많은 문제를 내포한다. 첫째, 사적 영역과 가족이라는 개념 사이의 경계가 분명하지 않다. 둘째, 여성은 사적 영역에서 중요한 역할을 수행하며 이것이 여성의 유일한 역할이어야 하기 때문에 공적 영역에 여성이 발을 들여 놓아서는 안된다는 주장을 뒷받침하는데 공·사의 구분이 이용되어 왔기 때문이다.

킴리카(Will Kymlicka)는 자유주의적 사상체계가 2가지의 구분을 발생시켰다고 주장한다.[8] 그 중 하나는 17세기 로크(John Locke)를 필두

---

[5] Margaret Stacey and Marion Price, *Women, Power and Politics* (London and New York, Tavistock Publications, 1981).
[6] Mary G. Dietz, "'Context is All'; Feminism and Theories of Citizenship," in Anne Phillips (ed), *Feminism and Politics* (Oxford: Oxford University Press, 1998), p. 380; John Rawls, *A Theory of Justice*, rev.edn (Oxford: Oxford University, 1999), p. 513.
[7] Bryan S. Turner, "Outline of a Theory of Citizenship," *Sociology*, Vol. 24, No. 2, 1990, p. 201.
[8] Will Kymlicka, *Contemporary Political Philosophy* (Oxford: Oxford University Press, 2002), pp. 388-390.

로 시작된 정치적 영역과 사회적 영역의 구분이고, 나머지 하나는 19세기의 사회적 영역과 개인적 영역의 구분이다. 그 이후 개인의 자율성과 자아실현에 대한 자유주의적 개념은 결혼, 가족, 육아와 같이 개인의 감정이 작용하는 개인적 영역을 포함하게 되었다. 따라서 '사적인 것'과 '가정적인 것'이 동일시된 것은 놀라운 일이 아니다. 결과적으로 공적인 영역과 가정이라는 구분이 발생하게 되었다. "여기에서 공적인 영역은 국가와 시민 사회로 구성되는 반면 사적인 영역은 가정생활에 관련된 관계와 활동으로 정의된다."9) 이와 같이 서로 맞물려 있는 영역들은 도표 2-1에 제시되어 있다.

도표 2-1 공과 사의 세 가지 영역

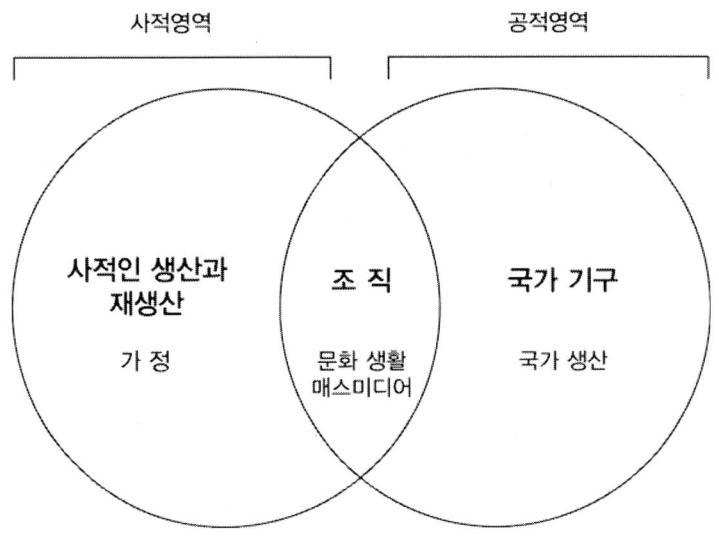

출처: Drude Dahlerup, "Confusing Concepts, Confusing Reality: a Theoretical Discussion of the Patriarchal State," in Anne Showstack-Sasson (ed.), *Women and the State* (London: Routledge, 1992), p. 107에서 원용.

---

9) Judith Squires, *Gender in Political Theory*, p. 26.

이와 같은 전통적 이분법은 가정을 국가, 즉 공권력의 침입으로부터 보호하는 장점은 있었지만, 다른 한편으로는 '가정에 속한 사람들, 즉 여성들이 공적 영역으로 진출하는 것을 막는' 목적으로도 이용되었다.10) 공적 영역에 관한 논의는 공적 영역에서 업무를 수행하는 개인은 누구나 합리적이고 독립적인 존재이며 자신의 자유의사에 의한 선택을 할 수 있는 존재라는 전제하에서 이루어졌다. 만약 인간이 이와 같은 조건을 충족하지 않는다면 (실제 인간은 항상 그렇지만), 이는 그가 외부로부터 지배를 받거나 억압을 받기 때문이다. 그러나 실제로 인간은 감정적 혹은 육체적 의존, 욕구, 관계의 필요를 가진다. 이와 같은 것들은 사적인 영역으로 내몰리게 되었고, 이 문제들을 해결하는 것이 여성의 역할이 되었다.11) 그러나 우리가 기억해야 할 사실은 가정은 획일적인 단위가 아니라는 점이다.12) 기혼여성이 재산권이나 신체권을 획득하기 위해 벌인 투쟁에서 볼 수 있듯이(아래 내용 참고), 가정에서도 남성과 여성의 이해관계는 상충될 수 있다. 터너(Bryan Turner)는 "성취를 강조하는 현대 사회에서 … 물질적 성공을 위한 공적인 경쟁의 과정에서, 사적인 공간은 개인적 여가와 개인적 향상의 공간으로 간주되고 있다"고 말한다.13) 만약 그렇다면, 사적인 공간이 가족이나 가정으로 동일시 될 수는 없을 것이다. 왜냐하면 가정이라는 공간은 주로 여성들이 대부분의 경우 금전적인 보상도 받지 않는 상태에서 많은 양의 노동을 하는 공간이기 때문에 여가의 공간이 될 수는 없기 때문이다.14) 그럼에도 불구하고 여성이 주된 활동을 해야 하거나 활동을 하는 있는 공간으로 여겨지는 가정을 사적인 영역과 동일시하는 관행으로 인해, 여성들은 정치 분야에서 완전한 참여자로 자신의 위치를 확립하는 데 있어서 많은 어려움을 겪어 왔

---

10) Mary G. Dietz, "'Context is All': Feminism and Theories of Citizenship," p. 381.
11) Janice McLaughlin, *Feminist Social and Political Theory* (Basingstoke: Palgrave, 2003), p. 29.
12) Sylvia Walby, *Gender Transformations* (London: Routledge, 1997), p. 170.
13) Bryan S. Turner, "Outline of a Theory of Citizenship," p. 211.
14) Sylvia Walby, *Gender Transformations*, p.170.

다. 여기에는 역설적인 부분이 있다. "사적인 공간(즉, 가정이나 가족이라는 의미에서의 사적인 공간)은 돌봄과 모성의 공간인 동시에 억압과 의존의 공간이기 때문이다."15)

시민권의 개념

정치분야에서 여성의 위치를 고찰하는 데 있어서 마찬가지로 중요한 점은 공적 영역이라는 개념과 시민권 사이의 연계이다. 이와 같은 연계는 일정 부분 시민권의 역사에서 출발한다. 시민권에 대한 현대적 시각은 17~18세기 계몽주의 시기에 대두되었는데, 시민권은 모든 시민에게 보편적으로 적용되는 권리와 의무의 소유를 의미하였다. 18세기 후반에서 19세기에 이르는 기간 동안, 국민국가(nation-states)내에서 민족주의가 확산되면서, 시민권은(시민으로서의 권리와 의무뿐만 아니라 국방의 권리와 의무 포함) 다시 국적과 연계되게 되었다.16) 프랑스 혁명기 동안 호칭어로서 '시민'이라는 용어의 사용은 새로운 질서를 상징한 것으로, 특권의 폐지, 보편적 권리의 주장, 혁명 가치의 물리적 수호 등을 표방하였다. 그러나 시민권과 공화국이라는 개념은 여성의 배제를 전제로 하고 있었다.17)

시민권과 공적 영역의 연계에 있어서 고려해야할 점은 과연 개별 시민들이 어느 정도 유사한 존재로 간주되느냐 하는 문제이다. 만약 시민권을 지위(status)로 해석한다면, 이것은 모든 사람이 동등한 권리를 누려야 한다는 것

---

15) Birte Siim, *Gender and Citizenship: Politics and Agency in France, Britain, and Denmark* (Cambridge: Cambridge University Press, 2000), p. 19.
16) Elizabeth Meehan, *Citizenship and European Community* (London: Sage, 1993), p. 17.
17) Sian Reynolds, "Marianne's Citizens? Women, Republic and Universal Suffrage in France," in Frances Gardiner (ed.), *Women, State and Revolution* (Brighton: Harvester Wheatsheaf, 1986), pp. 102-122.

을 의미한다. 시민권을 행위(activity)로 이해한다면, 모든 사람이 동등한 권리를 누리는 동시에 공동의 선(common good)을 달성하기 위한 의무를 지게 된다는 것을 의미하고 여기에는 공동의 선에 대해서 구성원들 사이에 견해의 일치가 이루어져 있다는 전제가 존재한다. 영(Iris Marion Young)은 시민권을 공적인 영역과 관련짓는 것이 현대 남성들에게는 '성적인 차이(sexual difference)로부터의 도피이며 자신들로서는 완전히 이해할 수 없는 또 다른 종류의 존재를 인정해야 하는 당위로부터의 도피'를 의미했다고 말하고 있다.18) 동질적 시민에 대한 압력은 일부 집단이 사회의 일반적인 통념에 위배될 때 이들 집단이 분열적이고 불화를 일으킨다는 이유로 철저히 배제되는 결과를 낳는다. 이와 같은 의미에서 행위로서의 시민권은 지위로서의 시민권과는 갈등을 일으킬 수 있다. 일부 집단은 자신들의 고유한 문화, 역사, 삶의 경험, 사회화와 사회관계에 대한 인식으로 인해서 공적인 이슈에 있어서 지배적 주류집단과는 다른 입장을 취하게 되기 때문에 행위로서의 시민권에서부터 제외되고 있다.19)

시민권은 일련의 양분법으로 표현될 수 있다. 시민은 추상적이고, 이상적이며, 공정하고, 감정에 휘둘리지 않는 존재이며, 공익을 위해서 투표에 참여하거나 경험적 증거에 입각해서 유·무죄의 판단을 내리는 배심원으로 봉사하는 등 정치적인 결정을 내릴 수 있는 존재이다. 이와 같은 시민은 독립적이며 자신의 권리와 공동체의 자유를 수호하는 어쩌면 영웅과 같은 존재이다. 그는 감정적이지 않고 욕구나 욕망에 의해 지배되지도 않을 뿐만 아니라 사적이고 세속적인 것, 혹은 일상적이고 가정적인 것에 의해 속박되거나 그것에 몰두하지도 않는 존재이다. 하지만 이와 같은 특징들은 흔히 여성의 특징으로 간주되며 많은 경우에 여성들은 불가피

---

18) Iris Mason Young, "Polity and Group Difference: a Critique of the Ideal of Universal Citizenship," in Anne Philips (ed.), *Feminism and Politics* (Oxford: Oxford University Press, 1998), p. 404.
19) Iris Mason Young, "Polity and Group Difference: a Critique of the Ideal of Universal Citizenship," pp. 408, 421.

하게 실제로 그러하다.20)

따서 모든 사람이 '오직 (부유한 백인) 남성과 같아지도록 요구하는' 보편적인 시민권이란 편견일 수 있으며 중립적이지도 않다. 영은 모든 사람이 포함되고 모든 사람이 참여하는 시민권, 그러면서도 어떤 동질적인 견해의 수용을 강요하기 보다는 차이에 관심을 기울이는 시민권을 주장하고 있다. 리스터(Ruth Lister)에게 있어서 이와 같은 접근법의 문제점은 이 접근법이 사람들을 서로 다른 집단으로 분류하고 이미 사회적으로 불이익을 당하고 있는 사람들의 결속을 와해한다는 점이다.21) 따라서 리스터는 보편성과 다양성 사이에 존재하는 창의적인 긴장에 주목한다. 영과 마찬가지로, 리스터는 포용과 참여라는 이상(ideal)을 차이의 수용 여부, 특히 젠더 차이(gender differences)의 수용 여부를 측정할 수 있는 일종의 잣대로 유지하자고 주장한다. 그러나 보편주의의 내용을 이루었던 오래된 가치들, 그중에서도 특히 공적인 영역에 있어서 남성 중심주의를 가능케 했던 공과 사의 구분에 대해서는 이의를 제기할 필요가 있다.22)

보편성과 특수성 사이의 긴장관계나 공과 사의 관계가 발현되는 양상은 지역별로 그리고 시대별로 다양하다. 예를 들어 스칸디나비아 국가의 경우 시민권이라는 개념과 용어는 "공적 영역과 사적 영역사이에서 그리고 시민과 국가사이에서 '균형(balance)'을 표현하는 것으로" 발전하였고, 이와 같은 균형을 통해 다른 국가에서 보다 많은 여성들이 대의기관에서 두드러진 역할을 수행할 수 있었다.23) 심(Birte Siim)은 영국, 프랑스, 덴마크 등 3개국의 시민권 모델과 여성과의 관계를 비교 연구하였다. 그녀는 각각의 경우에서 지위로서의 시민권에 관련한 권리에 있어서 서로 다른 중대한 특징들이 있다는 것을 발견하였다.

---

20) Ruth Lister, *Citizenship: Feminist Perspectives*, p. 71.
21) Ruth Lister, *Citizenship: Feminist Perspectives*, p. 81.
22) Ruth Lister, *Citizenship: Feminist Perspectives*, pp. 199, 202.
23) Birte Siim, *Gender and Citizenship: Politics and Agency in France, Britain, and Denmark*, p. 21.

시민권의 양상: 공민권

시민이라는 지위는 개인에게 공민권(civil rights)과 정치권(political rights)을 부여한다. 자유민주주의 이론은 이와 같은 권리를 시민권의 핵심적인 요소로 보고 있다. 공민권은 '개인의 자유를 위해 필요한 권리'를 의미한다.[24] 여기에는 인신의 자유, 언론의 자유, 공정한 재판을 받을 권리, 사유재산권 등이 포함된다. 계몽주의의 정수를 보여주는 미국독립선언문(1776)은 계몽주의 이후 현대 서구 사회에서 보편적으로 인정되는 인간의 권리 — 생명권, 자유권, 행복 추구권 — 에 대한 시각을 집약적으로 보여주었다. 생명권이란 신체의 자유와 재산의 소유 및 처분권으로 광범위하게 정의된다. 자유권은 이동의 자유, 공정한 재판을 받을 수 있는 권리 및 인신의 구속을 받지 않을 권리를 포함한다. 반면 행복 추구권은 자신이 선택한 것을 생각하고, 말하며, 믿을 수 있는 권리와 집회 결사의 자유를 아우른다.

이들 권리가 모든 국민에게 확보되어야 한다는 주장은 이론의 여지가 없이 분명해 보인다. 그러나 여성에게는 이와 같은 주장은 과거에서부터 일정부분 오늘날에도 현실로 실현되지 못하고 있다. 아담스(Abigail Adams, 미국 초대 대통령 존 아담스(John Adams)의 부인 - 역자 주)는 1776년 5월 7일 자신의 남편에게 "당신네들은 모든 사람들을 위해 평화와 선의를 공포하고 있으며 모든 나라를 해방시키고 있지만, 아내들과의 관계에서는 절대적인 권력을 유지해야 한다고 주장한다"는 서신을 보낸 적이 있다.[25] 좀 더 최근의 예로서, 국가의 헌법이나 UN 인권선언문(1948), 유럽인권협약(1950)은

---

24) T.H. Marshall and Tom Bottomore, *Citizenship and Social Class* (London: Pluto, 1992), p. 8.
25) Alice Rossi (ed.), *The Feminist Papers* (New York: Bantam Books, 1974), p. 13.

이들 선언문에 명시된 권리는 보편적 권리라고 주장한다. 즉 미국독립선언문이 '모든 사람(all men)'이라고 명시한 부분에 대해 이들 선언문은 '누구나(everyone)' '모두(all)'라고 언급하고 있다(미국 독립선언문의 경우 남성을 뜻하는 men 이라는 명사를 써서 남녀를 통칭했다면 후자의 경우 men 이라는 단어를 아예 사용하지 않았다는 점을 강조하고 있음 - 역자 주). 또한 대부분의 성문화된 헌법은 1940년대 프랑스 헌법과 독일의 헌법의 경우에서처럼 여성에게도 동등한 권리를 보장하고 있다. 1970년 후반에서 1980년 초반 미국의 남녀평등 헌법수정안(Equal Rights Amendment to the Constitution of the United States)의 비준을 위한 투쟁을 통해 우리는 평등 권리의 명시적 규정이 오히려 최근 들어 더욱 논란이 되고 있다는 것을 알 수 있다(글상자 2-1참조).

그러나 시민권이라는 목표를 향한 남성과 여성의 투쟁의 역사는 상당한 차이가 있었다. 선진 산업국가와 후기 산업국가에서 남성과 여성의 시민권의 발전에는 투쟁과 정치적 캠페인이 수반되었지만, 그 양상은 상이했다. 또한 남성과는 달리 여성은 결혼이라는 법적 제도와 관련하여 발생하는 문제들에 의해 더욱 심각하게 영향을 받았다. 이와 같은 역사의 유산은 오늘날에도 영향력을 발휘하고 있으며, 평등을 외치는 사회적인 목소리에도 불구하고 남성과 여성 사이에 차이는 감지되고 있다.

가장 문제가 되는 이슈는 일부 부문에서의 평등(equality)의 문제와 다른 부문에서의 차이(difference)의 문제이다. 따라서 시민권이라는 형식적인 틀 안에서조차 남녀의 차이를 인정해야 하는가 아니면 모든 사람을 (남성 위주의) 표준화된 모델에 동화시키는 평등론이나 형식적 권리에 대한 집착을 탈피하여 시민권에 대해 새로운 개념 정립을 시도해야 하는가를 두고 오늘날에도 진행되고 있는 논의에서도 평등과 차이에 관한 논란은 발견된다.[26]

---

26) Rian Voet, *Feminism and Citizenship* (London: Sage, 1998), p. 44.

남녀평등 헌법수정안(Equal Rights Amendment) 글상자 2-1

미국의 남녀평등 헌법수정안(Equal Rights Amendment, ERA)은 1923년 초안이 마련되었다. ERA는 "연방정부 또는 어떠한 주정부도 성별을 이유로 법률이 인정하는 권리의 평등한 향유를 거부하거나 제한할 수 없다"고 규정한다. ERA는 연방의회에 상정되어 1972년 상원과 하원에서 통과되었다. 미국의 경우 헌법 수정은 모든 주의 3/4에 의해 비준되어야 한다. 20세기에 이루어진 이전의 헌법 수정의 경우에서와 마찬가지로 ERA의 경우에도 각 주의 비준을 받기 위해 7년 기한이 명시되었다. ERA는 1년 이내에 19개 주의 비준을 받았고, 1977년 인디애나가 35번째로 비준을 하였다. 그러나 법안의 비준에 필요한 나머지 3개 주의 비준을 받지 못하였다. 1979년 전미여성연맹(National Organisation of Women)의해 공동 조직된 대규모(10만 명 시위자 참여) 시위에 힘입어 비준 시한이 3년 연장되었지만 결국 필요한 비준이 이루어지지는 않았다.

지지자들은 ERA를 여성들이 투표권을 가지게 된 상황에서 더욱 완전한 평등을 확립하기 위한 필수적 조치로 보았다. 이들은 ERA를 진정한 평등으로 가기 위한 과감한 조치로 주장하였지만, 이것이 가져올 수 있는 구체적이고 직접적인 혜택을 제시하는 일은 쉽지 않았다.[27] 상당수의 여성을 포함한 많은 반대론자들은 'ERA와 대규모 페미니스트 운동이 장차 가정주부의 지위, 핵가족의 복지, 혼인관계 중 혹은 이혼 시 남편의 아내 및 자녀 부양 의무, 사회의 도덕 기강 등에 미칠 영향에 대한 두려움을 이용'할 수 있었다.[28] 그들은 ERA가 직장에서 여성을 보호하는 법을 약화시키고 여성을 징병제도에 노출시킬 것이라고 주장하였다. ERA의 정치적 추진력은 1982년 이후 거의 사라졌다. 일단 반대론자들의 주장이 주효하였고, 정치권이 여성을 유권자로 인정하면서 다른 방식을 통해 여성의 위상이 제고되었기 때문이다(제3장, 4장, 5장 참조).[29] 여기에다 법원이 1964년 동일임금법(Equal Pay Act)과 1964년 민권법(Civil Rights Act) 등 기존의 법률을 여성을 지원하는 방향으로 해석하고 적용하면서, ERA의 추진력은 더욱 약화되었다(제9장 참조).

---

27) Jane Mansbride, "Why We Lost the ERA," in Karen O'Connor, Sarah Brewer and Michael Philip Fisher (ed.), *Gendering American Politics* (New York: Pearson Longman), pp. 34-35.

평등과 차이: 형법

사법제도와 재판을 통해 공평하고 공정하게 대우를 받을 권리는 민권에 대한 현대 자유주의적 정의에 있어서 가장 중요한 축을 이룬다. 다른 문화권과는 달리 서구 문화권은 사실 사법제도와 재판에 있어서 남성에 비해 여성에게 일반적으로 더 낮은 위치를 부여하지는 않았다. 보에트(Rian Voet)는 "서구 자유민주주의국가에서 여성들은 충분히 평등한 권리를 누리고 있다"고 단언한 바 있다. 그럼에도 불구하고 보에트는 여성은 여전히 '2류(second-class)' 시민이라고 덧붙이며 여성들이 이와 같은 권리를 지닌다면, "이제는 그 권리를 행사해야 한다"고 말한다.30)

그러나 공식문서에서 그려지는 만큼 실질적으로 여성이 항상 동등한 권리를 누리는 것은 아니다. 2003~2004년 포켓 사회연구소(Fawcett Society)를 대리하여 여성과 형법제도에 관한 위원회(Commission on Women and the Criminal Justice System)가 영국의 사법 제도를 대상으로 한 광범위한 연구는 "여성은 자신의 필요를 충족시켜 주지 아니할 뿐만 아니라 남성과는 다른 여성의 삶의 경험들을 고려하지 않는 사회 시스템내로 물리적으로 편입된다. … 남성의 삶과 행동양식을 기준으로 형법 체계, 법, 법률 절차가 발전하였고 여성들은 이와 같은 모델에 어색하게 끼워 맞춰진다"고 보고하고 있다.31)

남성에 비해 여성 피해자의 비율이 압도적으로 높은 유형의 범죄로는 가정폭력과 성폭행이 있다.32) 성폭행의 피해자가 사법 제도내에서 어떤 대우를 받는가 하는 문제는 각별한 관심을 받고 있다. 성폭행은 피해자에게는

---

28) Julie A. Dolan, Melissa M. Deckman and Michele L. Swers, *Women and Politics: Paths to Power and Political Influence*, p. 38.
29) Jane Mansbride, "Why We Lost the ERA," p. 36.
30) Rian Voet, *Feminism and Citizenship*, pp. 72-73.
31) Fawcett Society, *Women and the Criminal Justice System* (London: The Fawcett Society). http://www.fawcettsociety.org.kruk/index,.asp?PageID=95, p. 2.
32) Fawcett Society, *Women and the Criminal Justice System*, p. 2.

사회적 오명이 씌워질 수 있기 때문에, 영국의 경우 피해자의 신분이 보호되도록 법률로써 규정하고 있다. 그러나 일반 형법 사건의 경우 용의자의 신분이 노출되는 것과는 달리, 성폭행 사건의 경우 용의자의 신분 또한 공개되지 않는다는 조항으로 인해 이 법률이 갖는 효과는 상쇄되고 있다. 게다가 당사자 주의(adversarial system)를 채택하는 법정에서 피해자는 자신의 성생활에 대해 가차 없는 질문을 받게 되는데, 이와 같은 관행은 피해자가 ─ 가해자가 주장하는 것처럼 ─ 가해자의 행위에 동의를 했을 수도 있다는 가능성을 염두에 두고 이루어진다. "성폭행 사건의 경우, 용의자가 아니라 피해자가 마치 '재판을 받는 것' 같은 느낌을 받는 사례가 많다는 것을 보여주는 증거가 많이 있다."[33] 호주의 한 연구는, "다른 폭력사건의 심리에서 제기되는 질문과는 달리, 성폭행 사건의 피해자이자 원고에게 제기되는 질문은 특히 모욕적이다"라고 보고하고 있다.[34]

반대신문에서 원고의 성생활에 대해 심문하는 것은 호주 대부분의 지역에서는 1970년대에서 1980년대 경에 금지되었고, 영국에서는 1999년에 법으로 부분적으로 금지되었지만 문제는 여전히 남아 있다. 예를 들어 이 두 국가에서 성폭행 피해자이자 원고가 술을 마셨다는 것이 드러나게 되면 사건은 기각되는 경향이 있고, 특히 원고가 해당 행위의 발생시 너무 술에 취해 있어서 동의를 하지 않았다는 증거가 의심스러울 경우 사건 기각률은 더욱 높아진다.[35] 이와 같은 요소들은 2002년 영국에서 발생한 11,765건의 성폭력 사건 중에서 655건만이 유죄판결을 받은 점을 부분적으로 설명해 준다.[36] 반면 호주에서는 보고 된 사건의 3~10퍼센트만이 유죄판결을 받았다. 민권과 같은 성 중립적(gender-neutral) 부문에서도 우리는 과연 여

---

33) Fawcett Society, *Women and the Criminal Justice System*, p. 29.
34) Mary Heath, *The Law and Sexual Offences against Adults in Australia*, Australian Centre for the Study of Sexual Assault, Issue 4. http://www.aifs.gove.au/acssa/pubs/issue/is.html.
35) Mary Heath, *The Law and Sexual Offences against Adults in Australia*.
36) *The Observer* 8 May 2005.

성이 남성과 동등하면서도 적절한 대우를 받고 있다고 말할 수 있을까?

위의 질문은 여성이 피해자가 아닌 가해자인 경우에도 제기된다. 성에 관한 고정관념으로 인해 여성들은 순수하고 법을 잘 지키는 존재로 여겨져 왔고 실제로 영국 관련 수치를 보면 2003과 2004년 사이에 사회적으로 잘 알려진 범법자중 여성이 차지하는 비율은 21퍼센트에 불과하였다.[37] "강도와 같은 '남성' 범죄를 저지르는, 소위 젠더 역할을 벗어나는 여성들은 사회규범뿐만 아니라 사회가 규정하는 젠더 역할 모두를 벗어나는 '이중의 일탈(double deviance)'의 결과로 더욱 가혹하게 처벌받는다는 인식이 존재한다."[38] 여성의 경우 '더 높은 선고형을 받기 때문에 남성보다 수감률이 높고' 결과적으로 수감된 여성들은 남성과 비교하여 전과가 적다는 연구도 있다. 1998년 미국의 경우, 여성 수감자의 35퍼센트는 전과 기록이 없었던 반면 남성의 경우 이 수치는 23퍼센트로 나타났다.[39] 따라서 용의자나 실제 범법자로서의 시민은 '성 중립적'이지 않다. 심지어 공적인 공간에서도 여성은 남성과 동등한 대우를 받지 못하는 체화(體化)된 존재라고 주장할 수 있다.

권리의 평등: 신체와 재산의 처분

유럽 국가 대부분의 사법제도 내에서 여성들은 여러 세기동안 "법리상 … 사적인 영역에 유폐되어 왔다."[40] 여성은 성인이 되기 전에는 가정에서 아버지의 통제를 받았고 성인이 된 이후에는 남편의 통제를 받았다. 미혼 여성과 기혼 여성의 구분은 최근까지도 중요하게 여겨졌고, 대부분의 국가에서

---

37) Home Office (United Kingdom), "Criminal Statistics 2004," Home Office Statistical Bulletin 19/05. http://222.homeoffice.rds.uk/rds/pdf, p. 59.
38) Fawcett Society, *Women and the Criminal Justice System*, p. 31.
39) Lawrence A. Greenfield and Tracy L. Snell; Bureau of Justice Statistics: Special Report, *Women Offenders* (1999). http://www.ojp.usdoj.gov/bjs/pub/pdf/wo.pdf, p. 8.
40) O.F. Robinson, "The Historical Background," in Sheila McLean and Noreen Burros (ed.), *The Legal Relevance of Gender* (London: Macmillan, 1998), pp. 40-60.

성인 여성은 결혼을 하면 민권이 축소되었다. 파시즘이라는 역사적 유산이 있었던 스페인도 사정은 마찬가지였다. 1978년 파시즘의 몰락 이후 신헌법이 제정되기 전까지, 여성들은 민법에 관련해서는 "정신적으로 무능력한 (남성)이 누리는 수준의 권리를 누렸다."41) 여성들은 계약서에 서명을 할 수 없었고, 아버지나 남편의 허락 없이는 취직이나 여행을 할 수도 없었다. 현대 사법제도는 결혼을 동의에 의해 효력이 발생되는 제도나 지위로 간주한다. 다만 결혼은 당사자들이 자유롭게 조건을 선택할 수 없다는 점에서 계약으로 간주되지는 않는다. 오히려 결혼에 관련된 조건은 법으로 정해져 있다. 결혼은 배우자와의 관계에 있어서 일정한 권리를 부여하는데, 예를 들어 주거하는 집에 대한 상속과 점유의 권리를 부여한다. 결혼이 갖고 있는 '성스럽고 신비한 특성'과 함께 결혼으로 인한 이와 같은 권리의 취득이라는 부분이 결혼이 인정되지 않는 동성 커플이 양성 커플과 동일한 처우를 받기 위해 투쟁하는 이유이다.42) 이와 같은 캠페인은 스페인, 벨기에, 네덜란드, 영국, 미국의 메사추세츠 주에서는 동성 결혼의 합법화라는 결과를 이끌어 냈고, 프랑스와 영국에서는 결혼과 동일한 법적인 권리를 보장하는 시민 동반자법(civil partnership laws)이 도입되었다.

　이성간 결혼의 경우 결혼에 따르는 권리가 보장되지만, 비교적 최근까지 많은 국가에서 여성 배우자의 권리는 심각하게 제약을 받았다. 영국과 같은 관습법 국가에서는, 초기 현대시대부터 결혼은 남편에게 아내의 신체, 재산, 물리적 자유뿐만 아니라 행동에 대한 통제권을 부여한다는 것이 일반적인 법률 해석이었다. 결과적으로 남편은 지나치지 않는 수준에서 육체적인 처벌까지 가할 수 있었다. 유럽 대륙에서도 상황은 마찬가지였다. 로마법의 전통 안에서 프랑스 나폴레옹 법전의 영향을 받은 국가들의 경우

---

41) Pamela Beth Radcliff, "Imagining Female Citizenship in the 'New Spain': Gendering the Democratic Transition, 1975-1978," *Gender and History*, Vol. 13, No. 3, 2001, p. 504.
42) Katherine O'Donovan, *Family Law Matters* (London: Plato Press, 1993), p. 44.

에도 결혼은 여성에게 피지배적 위치를 부여하였다. 예를 들어, 프랑스 혁명이전에는 여성들은 남편의 동의 없이는 거주지를 선택할 수도 없었고 유급노동에 참여할 수도 없었다.

    법 개정과 여성의 민권 향상을 위한 캠페인은 일부 국가에서는 일찍이 19세기에 시작되었으나, 상황의 진전은 지루할 정도로 느렸다. 19세기 후반 미국과 영국에서 기혼여성에게 자신의 재산을 통제할 수 있도록 허용하는 법이 제정되고 난 후 수 십 년이 지나서야 아일랜드(1957)와 프랑스(1965)에서도 유사한 움직임이 있었으니 말이다. 여성들이 유급 고용을 통해 소득을 취득할 수 있는 권리 또한 많은 제약을 받았다. 로마법 전통을 유지하고 있는 국가의 경우 기혼여성의 취업을 전면적으로 금지하지는 않았다 하더라도, 적어도 제2차 세계대전 이후 개혁이 있고 나서야 남편의 허락 없이 취업을 하는 것이 허용되었다(독일 1950년대, 프랑스는 1975년).[43]

    개혁이 시작되었을 때에도, 일부 이상 현상은 지속되었다(글상자 2-2 참조). 20세기 후반에 들어서도, 은행을 포함한 금융기관은 여성이 대출이나 융자를 신청할 경우 아버지나 형제, 혹은 남편과 같은 남성 보증인을 요구하였다. 차별 반대법(Anti-discrimination Laws)의 도입으로 인해 이와 같은 관행들이 상당부분 철폐된 것은 사실이지만, 포겔(Ursular Vogel)이 언급한 바와 같이 여성의 이미지를 의존적이며, 복종적이고, 시민으로서 온전한 능력을 갖추지 못한 존재로 각인시켰다는 점에서 역사의 잔재는 아직도 중대한 영향을 끼치고 있다.[44]

    기혼여성의 신체권 역시 아직도 제한을 받고 있지만, 최근 들어 일부 진전이 있었던 것도 사실이다. 1990년대 초반 미국, 캐나다, 아일랜드, 영국은

---

43) Clair Duchen, *Women's Rights and Women's Lives in France, 1944-1968* (London: Routledge, 1994), p. 175-179; Claire Laubier (ed.), *The Condition of women in France, 1945 to the present: A Documentary Anthology* (London: Routledge, 1990), p. 146; Eva Kolinsky, *Women in West Germany* (London: Berg, 1989), pp. 48-49.

44) Ruth Lister, *Citizenship: Feminist Perspectives*, p. 69.

> ### 수상의 납세신고서
>
> **글상자 2-2**
>
> 1971년까지 영국의 소득세법은 부부를 하나의 단위로, 그리고 부부의 공동소득은 한 사람이 취득한 것처럼 간주하여 과세하였다. 결과적으로 고소득 부자 남편의 아내는 자신의 전체 소득에 대해 고율의 세금을 내게 되었다. 이것은 '아내를 부양해야할 남성의 법적·도덕적 의무'를 인정하여 1918년 도입된 기혼 남성의 수당에 의해 상쇄가 되는 측면이 있었다.[45] 1971년 이후 부부는 남편의 수당을 포기하는 대신 개별 소득에 대해 과세를 받는 것이 허용이 되었지만, 아내의 투자 소득은 여전히 남성에게 속하는 것으로 여겨졌기 때문에 자체로서는 비과세 수당의 대상이 되지 못하였다. 또한 남편은 매년 소득신고를 하고 신고서에 서명을 하는 책임이 있었기 때문에, 아내는 자신의 소득을 남편에게 신고하여야 하는 의무가 있었다. 반면 이와 같은 의무가 남성에게는 해당되지 않았다.[46]
>
> 1988년 기혼 여성이었던 대처(Mrs. Thatcher) 전(前) 총리와 로슨(Nigel Lawson) 전(前) 재무부 장관은 개인에 근거한 과세가 도입될 것이며 기혼 남성의 수당은 중지될 것이라고 발표하였다. 이와 같은 조항은 1990년 초반 발효되었는데, 당시 대처 수상은 수상직에서 물러난 상태였다. 재임기간 동안, 대처 수상은 포클랜드 전쟁에 참여할 만큼 강력한 권력을 행사했지만, 자신의 소득과 투자소득을 비밀로 부칠 수는 없었고 자신의 납세신고서에 서명을 할 수도 없었다.

부부 강간(marital rape)을 범법행위로 규정하는 법을 제정하였거나 판결을 내렸다. 그러나 2004년 EU 집행위원회(Council of Europe)에 제출된 보고서를 보면 부부 강간은 아직 많은 회원국에서 범법행위로 인정이 되지 않고 있다.[47]

---

[45] Katherine O'Donovan, *Sexual Division in Law* (London: Weidenfeld and Nicolson, 1985), p. 139.
[46] Katherine O'Donovan, *Sexual Division in Law*, p. 141.
[47] Council of European Municipalities and Regions, *Women's Political Participation in CEMR Members*. http://www.ccre.org/news_detail_en.htm?ID=456.

서구 사회에서 남성들은 정치적 권리의 획득 이전에 공정한 재판을 받을 권리나 사유 재산권과 같은 상당한 민법상의 권리를 누렸다. 18세기 후반 혁명주의자들의 염원이었던 모든 남성들이 국가의 정치에 참여할 수 있는 권리는 귀족 사회와 절대왕정이 민주주의 체제로 대체되는 과정에서 점진적으로 이루어졌다. 그러나 여성에게 있어서 상황은 상이한 방식으로 전개되었다. 정치적 권리뿐만 아니라 민법상의 권리를 쟁취하기 위해서는 투쟁해야만 했고, 정치적 권리의 획득은 종종 목표 그 자체이면서도 다른 권리의 평등한 향유를 위한 필수적 수단으로 간주되었다. 이 장의 다음 절에서는 정치적 권리의 획득에 대해 논의한다.

시민권의 양상: 정치적 권리

1792년 프랑스에서 대부분의 성인 남성에게 투표권이 전례 없이 확대된 사건은 정치 사상가들이 1세기에 걸쳐 구상했던 원칙과 주장이 현실화된 사례였다. 그러나 당시 이와 같은 원칙과 주장이 여성에게까지 확대되어야 한다고 생각한 사상가들은 거의 없었다(글상자 2-3 참조). 여성들은 남성 하인과 마찬가지로 다른 사람들의 명령에 복종해야 하는 존재, 혹은 정신 질환자와 마찬가지로 자신의 자유 선택을 행사할 능력이 없는 존재로 분류되었다. 당시 프랑스 국민의회(National Assembly)는 여성에게 투표권을 분명하게 거부하였고 여성의 정치 참여를 금지하였다.[48] 여성들의 정치 모임이 1793년 폐쇄되었고 가정만이 여성들이 시민으로서의 의무를 수행할 수 있는 공간으로 간주되었다.[49] 따라서 여성들은 시민으로서의 권리에서 제

---

[48] Darline Gay Levy, Harriet Branson Applewhite and Mary Durham Johnson, *Women in Revolutionary Paris, 1789-1795: Selected Documents* (Urbana, ILL: University of Illinois Press, 1987).

여성의 권리 글상자 2-3

귀족이면서도 1789년 혁명을 지지했던 콩도르세(Condorcet)는 1790년 7월 자신의 수필 『여성의 민권허용에 대해(*Sur l'admission des femmes aux droits de cité*)』를 출간하였다. 그는 에세이에서 "남성의 권리는 이들이 지각있는 존재이며, 도덕에 대한 사고를 획득할 수 있고 이들 사고에 대해 사유할 수 있는 능력이 있다는 사실에서 기인한다. 그렇다면 동일한 능력을 갖고 있는 여성들도 필연적으로 동일한 권리를 가진다"고 밝히고 있다. 구즈(Olympe De Grouges) 역시 온건한 혁명 지지자로서 1791년 『여성과 여성 시민의 권리선언(*Déclaration des droits de la femme et la citoyenne*)』을 출간하였는데, 이것은 프랑스 인권 선언(*Declaration of the Rights of Man*)을 본 딴 것이었다. 선언문을 통해 구즈는 정치적 결사의 임무는 모든 남성과 여성의 자연적 권리를 옹호하는 것이며, 주권은 국민에게 있고 이 국민은 남성과 여성의 집합이라고 밝혔다. 또한 그녀는 여성들도 국민의회에서 자신의 목소리를 낼 수 있어야 하며 공직을 수행할 수 있는 권리를 가져야 한다고 주장하였다. 1791년 울스톤크래프트(Mary Wollstonecraft)는 『여권의 옹호(*Vindication of the Rights of Women* [1792년 출판])』를 출간하였다. 앞서 1790년 프랑스 혁명을 인권옹호(*Vindication of the Rights of Men*)의 사건으로 강력하게 주장한 저술을 출간한 바 있었던 울스톤크래프트는 이와 같은 권리가 여성에게도 동일하게 적용되어야 한다고 지적하였다. 그녀의 주장은 여성의 교육권이나 사회적 지위에 관련한 일반적인 내용의 것이었지만, 울스톤크래프트는 여성들이 "육체적으로, 시민으로서, 그리고 도덕적으로 자유로울 수 있어야 한다"고 결론에서 주장하고 있다.50)

당시 이와 같은 목소리는 드물었고 오랫동안 지속되지도 않았다. 콩도르세와 구즈는 혁명기간 동안 사망하였고 울스톤크래프트는 1797년 출산 중에 사망하였다.

외되었고, 이와 같은 여성의 배제는 혁명과 국가를 수호하기 위해 전장으로

---

49) Siân Reynolds, "Marianne's Citizens? Women, Republic and Universal Suffrage in France," p. 113.

달려 나가는 무장 시민, 즉 '전쟁 영웅(warrior-hero)'의 이미지로 인해 더욱 강화되었다.51)

프랑스에서 일반 성인남성의 투표권은 1795년 폐지되었다가 1848년에서야 다시 회복되었다. 19세기말에 이르자 대부분의 OECD국가들은 모든 남성들에게 투표권을 부여하였다. 반면 여성들은 이러한 투표권에서 배제되었는데, 1776~1807년 사이 뉴저지의 일부 지역은 예외적으로 남성과 유사한 수준의 재산을 갖고 있는 여성들에게는 투표권을 허용하였다. 그러나 기혼 여성들은 자신의 이름으로 재산을 소유할 수 없었기 때문에, 투표권은 재산을 소유한 미혼 여성으로 제한되었다.52)

19세기, 여성의 정치적 권리에 대한 지식계층의 주장은 더욱 거세어졌다. 여기에는 영향력의 차이는 있었지만 3가지 사상 조류가 이들의 입장을 뒷받침했는데, 그중 하나가 기독교 사상이었다. 특히 19세기에 융성한 복음주의 기독교 종파와 종단은 신 앞에서 남녀는 평등하며 성별을 떠나 모든 사람은 자신의 도덕적 입장과 행동에 대해 개인적으로 책임을 져야 한다는 견해를 지지하였다.53) 이와 같은 사상은 참정권을 포함한 여성의 권리를 주창하는 식자층의 입장을 지지하게 되었다.

두 번째 사상 조류로는 권리에 대한 자유주의적 사상을 들 수 있다. 1851년 영국의 테일러(Harriet Taylor)는 이와 같은 지식층의 입장을 설득

---

50) Mary Wollstonecraft, *Vindication of the Rights of Women* (London: Penguin Books, 1975), p. 319.
51) Siân Reynolds, "Marianne's Citizens? Women, Republic and Universal Suffrage in France," p. 111; Ruth Lister, *Citizenship: Feminist Perspectives*, p. 72. 1970년대 이전 스위스와 관련한 유사한 주장을 참고하고자 한다면 Regula Ludy, "Gendering Citizenship and the State in Switzerland after 1945," in Vera Tolx and Stephenie Booth (ed.), *Nation and Gender in Contemporary Europe* (Manchester: Manchester University Press, 2005), pp. 53-80.
52) Eleanor Flexer, *Century of Struggle: The Wome's Rights Movement in the United States* (Cambridge, M.A: Belknap Press of Harvard University Press, 1976), p. 167.
53) Joni Lovenduski, *Women and European Politics* (Brighton: Harvester Wheatsheaf, 1986), p. 11; Bonnie S. Andersen and Judith P. Zinsser, *A History of Their Own* (London: Penguin Books, 1990), p. 356.

력 있게 제시하였고, 테일러의 주장은 그녀의 사망 이후 남편 밀(John Stuart Mill)에 의해 1869년 『여성의 종속(*On the Subjection of Women*)』이라는 책으로 출간되었다. 밀은 '완벽한 평등, 일방에게 어떤 권력이나 특혜를 인정하지도 않고 다른 일방에게는 무능력을 인정하지 않는 완벽한 평등'이 정착되어야 한다고 주장하였다.[54] 하지만 밀의 견해는 이후에 페미니스트들로부터 자신의 논리를 과감한 결론으로 발전시키지는 못했다는 비판을 받았다. 또한 밀은 당시의 지배적 견해, 즉 결혼을 통해 여성은 '자발적으로' 자신의 개인적 권리를 포기한다는 견해를 반격하지도 않았다. 밀의 조심스러움은 여성의 투표권을 천부적 권리로 보지 않고 재산에 연계된 권리 ― 당시에는 재산의 소유가 남성에게 투표권을 부여하였다 ― 로 주장한 사람들의 견해에서도 되풀이 되었다(글상자 2-4 참고).[55] 1866년 밀이 웨스트민스터 의회를 상대로 여성에게 투표권을 부여할 것을 요구하는 탄원서를 제출했을 때, 그의 의붓딸 테일러(Helen Taylor)는 "개인이 대리하는 재산은 우리에게 있어서 진정한 정치 단위이다. … 재산을 소유함으로써 여성은 재산에 대한 권리와 의무를 얻게 된다. … 재산은 대리인이 있어야 한다는 전제위에서 재산 자격(property qualification)은 법에 의해 정해진다"고 주장하여 탄원서에 힘을 실었다.[56]

이와 같은 여성들의 주장은 영국의 경우 국가 전반에 관련된 사항보다는 지역사회에 관련한 사항에서 더 큰 호응을 얻었다. 1869년 지방세를 납부하는 미혼 여성과 과부들에게 지역의회 선거에서 투표를 할 수 있는 권리가 주어졌다. 지역사회 관련 업무에는 가족과 돌봄에 있어서 여성의 역할과 조화되는 업무가 있을 가능성이 크다. 따라서 1869년 법률은 미혼 여성

---

54) John Stuart Mill, *The Subjection of Women* (London: Dent Everyman, 1985), p. 219.
55) Rosalind Delmar, "What is Feminism?" in Juliet Mitchell and Ann Oakley (ed), *What is Feminism?* (Oxford: Basil Blackwell, 1986), pp. 20; Philippa Levine, *Victorian Feminism, 1850-1900* (London: Hutchinson, 1987), p. 60.
56) Rosalind Delmar, "What is Feminism?," p. 20.

메리 스미스 탄원서 　　　　　　　　　　　글상자 2-4

영국 하원 국회의사록 발췌문, 1832년 8월 3일

> 헌트씨는 일부 존경스러운 신사들에게는 웃음거리에 지나질 않을 내용의 탄원서를 받았다고 말했지만, 탄원서는 사실 관심을 가질 만한 내용이었다. 그 탄원서는 요크주(州) 스탠모어의 메리 스미스(Mary Smith)라는 사회적 신분과 부를 가지고 있는 여성에게서 온 탄원서였다. 탄원자는 자신이 세금을 내고 있기 때문에 대표를 뽑는 선거에 참여하지 못할 이유가 없다고 진술하였다. 그녀는 또한 여성들도 사형을 포함한 모든 형벌에 처해질 수 있기 때문에 형량을 결정하는 데에 있어서도 목소리를 낼 수 있어야 한다고 진술하였다. 탄원자는 필요한 수준의 재산 자격을 갖추고 있는 모든 미혼 여성은 의회의 의원을 선출할 수 있는 투표권을 보장받아야 한다고 탄원하였다.

출처: Bertha Mason, *The Story of the Women's Suffrage Movement* (London: Sherratt and Hughes, 1912), p. 22.

과 과부들에게 빈민구호법(poor law)의 집행을 감독하는 이사회와 관련하여 선거권과 피선거권을 허용하였다. 1870년에는 여성들이 초등학교의 교육을 감독하는 학교 운영위원회에 진출할 수 있는 제도가 마련되었다. 이와 같은 모든 권리는 1894년 기혼여성에게도 확대되었다. 미국에서도 마찬가지로 연방정부 차원에서 보다는 지방정부 차원에서 여성에게 투표권을 허용하는 주(州) 정부들이 많아졌다. 가장 먼저 여성에게 투표권을 허용한 주(州)는 1869년 미합중국(the Union)의 가입여부를 두고 여성에게 투표권을 확대한 와이오밍이었다.

여성 정치권을 뒷받침하는 세 번째 사상은 독일인 베벨(August Bebel)과 엥겔스(Friedrich Engels)가 주창한 사회주의 사상(socialist thought)이다. 베벨과 엥겔스는 영국에 거주하면서 서적의 출간을 통해 여성의 권리를 옹호하였다.[57] 그러나 실제적으로 이들은 여성의 권리는 억압적인 자본주의 체제가 전복되어야만 보장될 수 있기 때문에 사회주의를 창설하는데 힘을 쏟아야 한다고 주장하였다. 사실 사회주의 운동은 줄기차게 '계급투쟁을 여성의 요구보다 우선시하는' 정책을 추진하였다.58) 여성권리를 위한 투쟁은 계급에 근거한 혁명의 달성이라는 더욱 중대한 임무를 위해 투입해야할 에너지와 재원의 분산을 초래할 수 있으며, 혁명이 이루어지면 여성권리는 계급 없는 사회에서 자동적으로 해결이 될 것이라고 주장하였다. 예를 들어, 제1차 세계대전 이전 러시아에서 콜론타이(Alexandra Kollontai)는 자유주의적 페미니스트들에 대해 반기를 들었고 여성들의 관심을 여성 권리운동에서 사회주의 혁명으로 돌리기 위해 노력하였다.59)

투표권을 포함한 여성의 권리를 쟁취하기 위한 정치적 캠페인은 지식계층의 성장과 발맞추어 발전하였다. 20세기 초반, 투표권을 위한 투쟁은 수십 년 동안 여성 권리 운동에 있어서 초미의 관심사가 되어 왔다. 비록 이것이 결코 '단순한 방식으로 페미니스트들의 염원의 대상'이 된 적은 없었지만 말이다.60) 앞에서 언급되었듯이, 여권 운동은 좀더 넓은 맥락에서 사회 정의를 위한 투쟁의 결과로서 나타나기도 하였다. 교육과 재산권을 포함한 여러 분야에서 진전이 이루어졌지만, 투표권의 쟁취는 시간이 많이 소요되었고 희생과 어려움이 뒤따랐다. 영국에서 여성의 참정권 운동은 따라서 교육과 기혼 여성의 재산권을 포함한 다양한 방면에서 중산층 주도의 여성 운동의 부상이라는 맥락 속에서 진행되었다. 영국의 식민지로 있었던 뉴질랜드에서 여성 운동은 테일러와 밀의 자유주의적 원칙에 입각하면서도 절제(temperance)와 같은 일반적인 사회적 대의명분과 연계되기도 하였다. 결

---

57) Alice Rossi, *The Feminist Papers* (New York: Bantam Books, 1974), pp. 478-505.
58) Patricia Hilden, *Working Women and Socialist Politics in France* (Oxford: Oxford University Press, 1986), p. 244.
59) Berly Williams, "Kollota and After: Women in the Russian Revolution," in Siân Reynolds (ed.), *Women, State and Revolution* (Brighton: Harvester Wheatsheat, 1986) pp. 64-65.
60) Pierre Rosanvallon, *Le Sacre du Citoyen, Histoire du Suffrage Universel en France* (Paris: Gallimard, 1992), p. 405; Rosalind Delmar, "What is Feminism," p. 21.

과적으로 1893년 여성의 투표권이 허용되었고, 이로써 뉴질랜드는 세계에서 최초로 보통 선거를 달성한 국가가 되었다(nzhistorynet 참고). 미국에서는 1848년 뉴욕에서 여성의 참정권운동의 시작을 알렸던 세네카 폴스(Seneca Falls) 여성대회가 개최되었다. 여성대회는 빠른 속도로 그리고 자발적으로 조직되었는데, 대회를 조직했던 사람들은 대부분 퀘이커 교도였고 노예 반대와 절제 운동에 적극적으로 참여해 왔던 사람들이었다.

여성들이 투표권을 행사함으로써 정책의 선택과 개발에 이바지할 수 있어야 한다는 생각은 영어권 국가의 참정권운동에 강력한 영향을 끼쳤다. 로장발롱(Pierre Rosanvallon)은 영미식 대의 민주주의는 프랑스식 공화주의 전통에 비해 다원주의가 갖는 분열성에 관해 덜 불안해하며, 여성의 공헌과 여성 특유의 관심사의 표출의 필요성에 대한 공리주의적 주장에 더 호의적이라고 주장한다.[61] 19세기 이상적 공화국에 대한 프랑스적 사고는 '여성들에게 기존에 할당되었던 공적인 삶의 작은 몫을 환수하고 이들을 다시 사적인 영역으로 회귀시키는 일련의 원칙'에 입각해 있었으며, 여성을 사적인 영역이나 자연적 영역에 위치시키는 이분법적 사고를 인정하고 있었다.[62] 그러나 평등을 주장할 수 없다면, 공화국이 표방하는 '보편주의'는 '차이'에 근거한 권리의 주장도 차단하였다. 반면 영미권 민주주의국가들은 이와 같은 차이에 대해 훨씬 더 수용적이었다. 그 결과 프랑스에서는 중산층 위주의 대규모의 투표권 운동이 부재했다. 보편성과 특수성, 평등과 차이에 관한 논의는 1990년대 남녀동수법(parité legislation)에 관한 논의에서 재부상하였다(제5장 참조).

영어권 국가에서는 여성 특유의 정책이 갖는 중요성이 부각되었던 반면,

---

[61] J.W. Scott, "French Universalism in the Nineties," in Marilyn Friedan (ed.), *Women and Citizenship* (New York and Oxford: Oxford University Press, 2005), p. 36.

[62] Siân Reynolds, "Marianne's Citizens? Women, the Republic and Universal Suffrage in France," p. 113; Pierre Rosanvallon, *Le Sacre du Citoyen, Histoire du Suffrage Unviersel en France* (Paris: Gallimark, 1992), p. 395.

유럽의 많은 지역에서는 19세기 동안 자유주의적 사상은 민족주의와 연계되었다. 1848 혁명을 계기로 자유주의 사상과 민족주의의 결속은 강화되고, 여성들은 이 시기 특히 독일에서 정치적으로 적극성을 띠게 되었다. 여성들의 체제전복적인 가능성에 대한 인지가 계기가 되었는지는 모르겠으나, 1848년 혁명의 실패이후 권위주의적 정부의 회귀를 보여주는 사례로서는 여성들의 정치 활동을 금지하는 법을 제정한 프러시아를 들 수 있다. 이 법은 1908년에 가서야 폐지가 되었다.[63] 핀란드에서는 여성들이 민족주의적 투쟁과 손을 잡은 결과 1906년 유럽에서는 처음으로 여성에게 투표권이 허용되었다.

성별 지위의 전복은 정치체제의 대대적인 개혁의 한 요소로서 받아들여지는 것이 덜 부담스러웠다. 이와 같은 대변혁은 여성에게 투표권을 부여하였는데, 예를 들어 오스트리아와 독일에서는 1918년에, 프랑스와 이탈리아에서는 1944~45년 사이에 여성 투표권이 허용되었다.[64]

일반적으로 젠더화된 현실은 강력하게 방어되었다. 가장 주목할 만한 예로서는 '남성'이라는 단어를 의도적으로 끼워 넣은 1832년 영국의 개혁령(Reform Act, 개혁령은 남성에게 투표권을 부여하였다)을 들 수 있다.[65] 1870년 미국 헌법의 15차 개정으로 남성 노예도 투표권을 얻게 되었지만 여성은 흑백을 막론하고 투표권이 주어지지 않았다.[66] 프랑스에서는 남녀 급진주의자, 사회주의자, 자유주의자들이 여성에게 투표권을 확대하는 것을 강력하게 반발하고 나서기도 하였다. 이들의 반발의 근거는 여성들 특유의 친 종교적 성향이 공화제나 사회주의에 반대하는 교회측에게 부당하고

---

63) Joni Lovenduski, *Women and European Politics*, p. 31.
64) Catherine Achine and Sandrine Lêvéque, *Femmes in Politique* (Paris: la Découverte, 2006), p. 13.
65) Carole Pateman, "Three Questions about Womanhood Suffrage," in Carol Daley and Melanie Nola (ed.), *Suffrage and Beyond: International Feminist Perspective* (Auckland NZ: Auckland University Press, 1994), p. 333.
66) Carole Pateman, "Three Questions about Womanhood Suffrage," p. 334.

터무니없는 영향력을 제공해 줄 것이라는 것이었다.67) 여성의 투표권 획득은 강력한 저항을 불러 일으켰고 투쟁은 항상 혹독하고 심지어는 폭력적이기도 했으며, 좌파나 우파 모두의 반대에 부딪히기도 하였다는 점은 기억해야할 사실이다.

뉴질랜드 여성들이 투표권을 얻는 1893년부터 스위스 여성들이 투표권을 얻게 된 1971년에 이르는 80여 년 동안, 투표권에서의 평등은 현대 자유민주주의의 구성요소로서 점차 '당연한 것으로 받아들여졌다.' 예를 들어 2006년 쿠웨이트에서 여성의 투표권이 보장된 것은 현대화의 징후로 볼 수 있을 것이다. 필립스(Anne Phillips)가 언급한 바 있듯이, '민주주의에 대한 현대적 이론의 시발점은 동의(consent)'이며 선택과 동의라는 원칙은 오늘날 모든 사람이 투표권을 보장받는 것을 포함하는 것으로 이해된다.68) 이에 따라 여성들에게 시민권의 지위가 주어졌지만, 여성들이 이를 실행에 옮기기에는 아직 장벽이 존재하고 있다.

여성의 사회권

형식적 지위로서의 권리는 아직 누구나 누릴 수 있는 권리가 되지는 못하고 있다. 일부 남아프리카와 동유럽 경우 모든 국민이 이와 같은 권리 보장받게 된 것은 20세기 마지막 25년 동안이었고, 여성이 이와 같은 권리를 온전히 향유할 수 없는 국가도 많이 있다.69) 그러나 여성의 완전한 사회적·정치적 참여를 가능케 하는 실질적인 권리가 부재한다면, 지위로서의 권리는

---

67) Siân Reynolds, "Marianne's Citizens? Women, the Republic and Universal Suffrage in France," pp. 114-117.
68) Anne Phillips, *Engendering Democracy* (Cambridge: Polity Press, 1991), p. 23.
69) Ruth Lister, *Citizenship: Feminist Perspectives*, p. 35.

여성들에게 별 효용이 없을 것이다. 사회권은 시민권이나 정치권과 비교한다면 중요도가 떨어진다고 주장할 수도 있다. 자신의 삶을 국가의 간섭을 받지 않고 사회적으로 영위해 갈 수 있는 소극적인 권리, 효율성을 강조하는 경제 체제하에서 경쟁할 수 있는 개인의 자유야말로 중요한 것이라고 주장할 수도 있을 것이다. 그러나 중앙 유럽과 동유럽의 사례를 보면 민영화된 경쟁 시장의 창설에 주안점을 둔 나머지 '사회권과 정치권의 침식'이라는 결과가 발생하였다.[70] 시민권이나 정치권은 시민들이 사회권을 행사할 수 없다면 별 소용이 없다. 즉 모든 시민은 적어도 가능한 한 자신의 건강을 유지하고 최소한의 소득을 유지할 권리를 가진다. 이와 같은 권리는 국가에 의해 일정한 방식으로 보장되어야 한다. 아인혼(Barbara Einhorn)은 이와 같은 개념을 설명하는 방식으로 일환으로 수혜권(entitlements)이라는 개념을 언급한다.

> 사회·경제적 권리는 적절한 국가 법률과 사회복지규정(민간 규정뿐만 아니라 공적 규정)에 의해 지지될 때 만이라야 시민권이나 정치권과 함께 성공적으로 행사될 수 있다. 수혜권에 관련된 담론은 개인은 사회 구성원에 대해 집단차원의 책임을 인정하는 더 넓은 사회에 속하는 한편 일정 수준의 권리는 적극적인 시민권의 행사에 도움이 되는 것으로 인정하는 정치 조직 모두에 속하는 것으로 간주한다.[71]

이와 같은 권리/수혜권은 쟁취되어야할 대상이었다. 왈비(Sylvia Walby)가 지적하듯이, 유럽내에 존재하는 포괄적인 복지제도, 즉 의료, 모성복지, 아동수당 및 육아 지원을 제공하는 복지제도는 20세기 동안 노동 운동(노동조합과 사회주의 정당)의 가장 핵심적인 요구사항이었다. 사회복지는 "노동자 계층의 공동 전략의 일부였다. 여성은 이와 같은 전략으로부터 혜택을 보았을 뿐만 아니라 전략에서 주도적 역할을 담당하였다."[72] 이와 같은 권

---

[70] Barbara Einhorn, *Citizenship in an Enlarging Europe*, p. 180.
[71] Barbara Einhorn, *Citizenship in an Enlarging Europe*, p. 183.

리와 관련한 미국의 역사는 국내에 강력하고도 지속력을 가진 정치적 노동운동이 부재했기 때문에 유럽과는 상황이 많이 달랐다.

사회의 모든 구성원은 적어도 최소 수준의 지원과 재원을 보장받아야 한다는 견해가 일반적이기는 하지만, 이와 같은 권리의 성격에 관해서는 동의가 거의 이루어져 있지 않고 있다. 시장의 힘의 자유로운 작동을 신봉하는 지지자 사이에서도 동의가 이루어 지지 않는 것은 마찬가지이다.[73] 예를 들어 최저소득에 관한 권리는 각 개인별로 보장되어야 하는가 아니면 각 가구별로 보장되어야 하는가? 사회적 권리는 결국 의존과 과잉 기대로 이어지는가? 사회적 권리는 가정 밖에서의 노동의 참여에 기반하여야 하는가(적어도 최저 수준의 '근로복지[workfare]'가 이루어져야 하는가)? 다시 말해서 이들 권리는 시민권을 지위로써 반영해야 하는가 아니면 참여로써 반영해야 하는가?[74]

복지국가의 영향

복지국가의 발전, 개별국가의 정치 체제, 그리고 젠더 체제(gender regime)가 이들 제도나 정치체제와 상호작용하는 방식은 여성의 위치에 상당하고도 다양한 영향을 끼친다. 첫째, 에스핑-안데르센(Gosta Esping-Andersen)은 복지국가 체제(welfare state regimes)를 대부분의 사람들이 수용할 수 있는 수준의 사회적 권리와 조건을 보장하기 위한 목적으로 국가내에서 형성된 국가, 시장, 가족사이의 특정한 상호관계로 정의하고 있는데, 복지국가 체제는 다양한 유형을 띤다.[75] 우리는 이와 같은 차이를 감안하여 세 가

---

72) Sylvia Walby, *Gender Transformation*, p. 177.
73) Milton Friedman and Rose Friedman, *Free to Choose: A Personal Statement* (Harmondsworth: Penquin Books, 1980), pp. 150-153.
74) Rian Voet, *Feminism and Citizenship*, p. 79.
75) Jet Bussemaker and Kees van Kersbergen, "Contemporary Social-Capitalist Welfare States and Gender Inequality," in Diane Sainsbury (ed.), *Gender and Welfare*

지 유형으로 복지제도를 분류할 수 있다. 의료혜택과 소득보장 규정에 있어서, 자유주의 모델(호주, 캐나다, 영국, 미국)은 필요에 근거하여 제한적이고 자산수준에 근거한 '안전망(safety-net)' 수준의 혜택을 제공한다. 반면 보수주의 모델(프랑스, 독일, 네덜란드, 이탈리아를 포함한 대부분의 서유럽 국가)은 노동시장에서의 적극적 참여가 복지혜택 제공의 중요한 기준으로 작동하고 있으며, 복지행정에 있어서 종종 사회적 파트너(국가, 고용주, 노조)가 참여한다. 마지막으로 사회주의 복지모델(스칸디나비아 국가들)은 보편적 사회권(universal social rights)이라는 틀 안에서 복지 정책을 집행한다.76)

둘째, 하지만 이와 같은 유형화를 통한 복지제도의 현황은 제도내에서 시민으로서의 여성의 위치를 정확하게 보여주지는 않는다.77) 먼저 위의 세 유형에서 공통적으로 가장 중요한 사항은 노동시장의 참여여부와 시장을 통해 소득이 제공되지 않는 상황이 어떻게 대체되는가 하는 점이다. 즉 사람들은 오로지 노동자로 간주된다. 그러나 여성들은 남성보다 성인으로의 삶의 일정 부분을 유급 고용의 범주 밖에서 보낼 가능성이 높고, 따라서 이와 같은 범주화의 주된 고려 대상이 되지 못한다. 둘째, 이와 같은 범주화는 가구의 소득/재원과 개인의 소득/재원사이를 적절히 구분하지 못한다.78) 셋째, 모든 여성들은 누군가의 딸이고, 많은 여성들은 누군가의 아내이자 어머니이다. 이와 같은 가족 관계는 전통적으로 여성의 삶에 있어서 여러 단계에 걸쳐 돌봄과 보살핌을 제공하는 의무를 수반하였다. 돌봄 의무가 온전히 가정에 부과되는가 혹은 공적 부조를 통해 국가가 부담하는가 하는 문

State Regimes (Oxford: Oxford University Press, 1999), p. 17; Gøsta Esping-Andersen, *Social Foundations of Postindustrial Economics* (Oxford and New York: Oxford University Press, 1999), pp. 34-35.
76) Gøsta Esping-Andersen, *Social Foundations of Postindustrial Economics*, pp. 34-35; Nickie Charles, *Feminism, the State and the Social Policy* (Basingstoke: Palgrave Macmillan, 2000), p. 10.
77) Diane Sainsbuby, "Gender and Social Democratic Welfare System," P. 76.
78) Ruth Lister, *Citizenship: Feminist Perspectives*, p. 172.

제는 국가별로 양상이 다르다. 이와 같은 비판에 대해, 에스핑-안데르센은 일부 복지국가들, 그중에서도 보수주의 범주에 속하는 국가들을 '가족주의적(familialistic)' 복지국가로 부르고 있다. 가족주의적 복지 국가에서는 가정(좀더 효율적인 방법으로는 가정의 여성들)이 가정 구성원의 복지에 대해 가장 중요한 책임을 수행해야 한다는 주장이 일반적이다.[79] 다른 제도는 "국가가 가정의 부담을 줄이고 친족에게 복지를 의존하는 경향을 줄인다"는 면에서 '탈가족주의적(defamilializing)'이다.[80] 이와 같은 범주화에도 불구하고 국가별 차이는 있다. 예를 들어 자유주의 국가들은 모두 육아지원이 취약한 공통점이 있는 반면, 다른 두 복지유형에 속하는 국가들 간에는 상당한 편차가 있다. 또한 자녀를 둔 여성의 노동시장 진입을 지원하는 정책이 발달해 있는 반면 노인부양에 대한 지원은 그에 미치지 못하는 국가도 있다. 프랑스와 벨기에가 여기에 해당된다.[81]

OECD 국가내 여성들은 건강권과 교육권에 있어서 상당한 진전을 이루었다. 그러나 이제 우리가 제기해야할 질문은 복지국가의 형성이 여성의 종속적인 지위를 오히려 고착화 했는가 하는 것이다. 복지제도는 앞서 언급된 모든 유형에 있어서 미혼모를 포함한 여성의 자립을 위해 적어도 사회 안전망 수준의 지원을 제공하였고 또한 여성들에게 상당한 수준의 취업원이 된 부분이 있다. 다른 한편, 복지국가는 '가족주의적' 체제, 즉 '남성 가장' 모델이라는 특정한 유형을 중심으로 이루어졌다는 주장도 있다. 즉 사람에게는 가정이 있고 공적인 경제 활동과 노동시장에 참여하여 가정의 소득을 확보하는 것은 남성의 역할이고 가사와 가족 구성원을 돌보는 것은 여성의 역할이라는 공과 사의 양분에서부터 이 유형은 출발한다는 주장도 존재한다. 즉 "여성의 의존은 이 모형에 각인되어 있다."[82] 이와 같은 모형의 영향이

---

79) Gøsta Esping-Andersen, *Social Foundations of Postindustrial Economics*, p. 51.
80) Gøsta Esping-Andersen, *Social Foundations of Postindustrial Economics*, p. 51.
81) Diane Sainsbuby, "Gender and Social Democratic Welfare System," p. 246.
82) Jane Lewis, "The Decline of the Male Breadwinner Model: Implications for Work and Care," *Social Politics*, Summer, 2001, p. 153-154.

강력하면 강력할수록 여성이 남성이나 국가에 경제적으로 의존하는 경향은 증가한다. "기혼여성이나 동거여성의 사회적 시민권은 남성 파트너에 의해 조정되며 따라서 실질적으로 이와 같은 권리는 더 이상 권리가 아니다."[83]

이와 같은 주장은 비판을 받아 왔다. 심(Birte Siim)이 지적하는 바와 같이, 이와 같은 주장은 영국과 독일의 복지 제도의 발전에 있어서 중요한 특질을 정확히 포착하고 있다.[84] 그러나 남성 가장 모델을 공유하는 국가들 사이에서도 기혼 여성의 유급 고용이 통제되는 방식 등에는 확연한 차이가 존재한다(글상자 2-5 참조). 예를 들어 프랑스에서는 19세기부터 가족수당이나 육아 지원 등 아동을 위한 광범위한 지원이 있었고 여성들이 노동시장에 비교적 높은 수준으로 참여하였다. 또한 기본적으로 "여성들이 필연적으로 의존적이거나 남성들에게는 언제나 '지켜야할 가정'이 있다"는 입장이 아니었다. 오히려 프랑스의 정책은 어린이의 의존을 정책의 기본 원칙으로 하여 자녀가 없는 임금 생활자에게서부터 자녀가 있는 임금 생활자로 재원을 재분배한다.[85]

남성 가장의 역할에 따라 국가의 복지 정책을 구분하는 대신, 세인즈베리(Daine Sainsbury)는 젠더정책 체제(gender policy regimes)를 통해 국가별 분류를 시도하였다.[86] 세인즈베리는 남성 생계부양자 체제(male breadwinner regime), 젠더 역할분리 체제(gender roles regime), 개별 양육자-소득자 체제(individual carer-earner regime)로 구분하였다. 먼저 앞의 두 모형은 가장으로서의 남성과 양육자로서의 여성 사이에 명확한 구분을 둔다. 이와 같은 구분은 혜택의 수급 자격, 세제, 남성에게 우선권을 주는 고용정책에 그대로 반영이 된다. 그러나 이 두 모형은 어느 정도까지

---

83) Ruth Lister, *Citizenship: Feminist Perspectives*, p. 172.
84) B. Siim, *Gender and Citizenship: Politics and Agency in France, Britain, and Denmark*, p. 16.
85) Susan Pedersen, *Family, Dependence and the Origin of the Welfare State: Britain and France, 1914-1945* (Cambridge: Cambridge University Press, 1993).
86) Diane Sainsbuby, "Gender and Social Democratic Welfare System," p. 77.

양육자가 개별적으로 혜택을 수급할 수 있도록 허용하느냐에 있어서 차이를 보인다. 한편 개별 양육자-소득자 모형은 소득과 양육에 있어서 의무의 평등한 구분을 상정하고, 시민권과 주거에 근거한 세금 및 혜택의 개인화를 전제로 한다. 이와 같은 모형은 돌봄의 의무를 개인적인 해결에 맡기지 않고 국가가 적극적으로 돌봄에 참여하는 것을 의미한다.

긴장과 모순: 돌봄과 소득창출

각각의 젠더정책 모형은 여성에게 영향을 끼치지 않을 수 없다. 개별 양육자-소득자 모형만이 남성과 여성 사이에 사회적 권리의 일반적 평등을 전제한다. 그러나 이 모형에서도 많은 부분에서 평등(equality)과 차이(differences) 사이에 긴장이 존재한다. 첫 번째 긴장은 "어머니/양육자로서의 시민과 근로자/임금생활자로서의 시민에게 발생하는 권리 사이의 긴장이다."[87] 시민이란 공동체의 구성원이라는 것을 의미한다. 공동체 구성원으로서의 지위는 어떤 사람도 소외되거나 유기되어서는 안되며, 적절한 도움을 받지 못하는 상태로 방치되어서는 안된다는 것을 의미한다. 그러나 돌봄은 노력과 수고를 요구하며, 본질적으로 친밀함을 전제로 한다. 실질적으로 돌봄이라는 일은 사적인 영역에서 주로 발생하고 여성에게 할당된다. 그렇다면 여기에 대해서 어떤 인식과 대우가 이루어져야 할 것인가? 만약 사회 내에서 여성의 돌봄 역할이 그 가치를 인정받고 우대된다면, 이로 인해 오히려 돌봄은 남성의 일이 아니라 여성의 일이라는 관념을 더욱 고착화시키지는 않을까? 돌봄을 받는 것이 시민의 사회적 권리이고 돌봄을 제공하는 것이 또한 시민권의 핵심적 부분이라는 점을 인지한다면, 여성의 돌봄을 정당화하는 쪽으로 정책이 입안되어야 할까? 아니면 정책의 목표는 공동체적인(정부에 의한) 돌봄의 제공이나 혹은 남성들이 돌봄에 있어서 보다 평등하게 참

---

87) Ruth Lister, *Citizenship: Feminist Perspectives*, p. 176.

여할 수 있도록 함으로써 여성을 돌봄의 의무에서 해방시켜야 하는 쪽으로 형성되어야 할까?

따라서 또 다른 문제는 여성들이 시민으로서 마땅히 누려야할 사회적 권리의 지분을 갖기 위해 남성들과 동일한 조건에서 유급 고용에 나서야 하는가 하는 문제이다. 우리는 이와 같은 상황을 중앙유럽과 동유럽의 국가사회주의(state-socialism regimes)에서 찾아 볼 수 있다. 이들 국가들은 공산주의가 '사회적 생산에의 참여, 즉 노동시장의 참여'로 정의되는 여성의 해방을 가져왔다고 믿었다.[88] 이와 같은 의미의 해방(이와 같은 해방은 가사의 대부분을 책임져야 하는 이중의 부담에서의 해방에까지 미치지는 못하였다)은 국가 사회주의가 강제한 것이었고, 결과적으로 폴란드, 헝가리, 동독에서는 1983년 노동 연령대의 거의 모든 여성(대략 90퍼센트)이 경제활동에 참여하였다.[89]

다른 곳(공산주의가 도래하기 전 구(舊)동유럽 포함)에서는 노동시장에 적정수준으로 참여할 수 있는 권리를 위해 여성들은 투쟁을 해야 했고, 아직 이와 같은 투쟁은 끝나지 않았다(제9장 참조). 자본주의와 산업혁명의 영향으로 인해 '산업 노동에서 물러난' 중산층 여성들이나 여성노동자들은 (이들 여성은 성별 직종 분리와 낮은 임금수준 겪고 있다) 공적인 영역과 사적인 영역의 분리를 경험하지 않을 수 없었다(글상자 2-5 참조).[90] 많은 국가에서 결혼 여부 또한 큰 영향력을 끼쳤다. 영국의 경우, 제2차 세계대전

---

88) Barbara Einhorn, "German Democratic Republic: Emancipated Women or Hard-Working Mothers?" in Chris Corrine (ed.), *Superwoman and the Double Burden* (London: Scarlet Press, 1992), p. 128.

89) Barbara Einhorn, "German Democratic Republic: Emancipated Women or Hard-Working Mothers?," p. 129; Richard Matland and Kathleen A. Montgomery (eds.), *Women's Access to Political Power in Eastern Europe* (Oxford: Oxford University Press, 2003), p. 36.

90) Laura Frader, "Doing Capitalism's Work: Women in the Western European Industrial Economy," in Renate Bridenthal, Susan Mosher Stuard and Merry E. Wieser (ed.), *Becoming Visible: Women in European History* (New York: Houghton Mifflin Company, 1998), pp. 300, 308.

여성 고용 3세대: 저자의 가족 일화　　　　글상자 2-5

21세기 초반, 저자의 할머니는 런던의 체신은행(Post Office Savings Bank)에서 일한 적이 있다. 여성직원들은 엄격하게 분리되었고 점심시간 동안 건물 외부로 나가는 것이 금지되어 있었다. 다만 여성들은 옥상에서 쉴 수는 있었다. 그럴 때면 저자의 할아버지는 점심시간 동안 시내의 다른 곳에 있었던 사무실에서 우편저금국 쪽으로 걸어오면서 옥상에 있는 자신의 약혼녀에게 손을 흔들곤 하였다.

　1939년 저자의 어머니는 결혼과 함께 교직을 떠나지 않으면 안되었다. 학교 교장은 어머니에게 추천장(미래의 고용주를 위한 일종의 신원 증명서)을 주면서 이 추천장을 쓸 일이 없기를 바란다는 말을 했다. 앞으로 직장을 얻을 일이 있다는 것은 어머니가 과부가 되거나 이혼을 할 경우에만 가능할 일이기 때문이다.

　1970년 후반, 저자는 대학에서 직장을 잡고 대학 교수를 위한 국가 연금기금에 가입하였다. 내가 내야할 보험료는 남성 동료의 보험금과 동일할 수준이었지만, 혜택은 달랐다. 남성의 경우 본인이 사망하면 배우자나 미독립 자녀들이 상황에 관계없이 연금을 수령하게 되어있었다. 여성의 경우, 본인이 사망하면 배우자나 미독립 자녀는 사망자의 소득에 상당히 의존하고 있었다는 것을 증명할 수 있을 때에 한해서만 연금 수령이 가능했다.

이전까지 교육계나 공공 분야에서 일하는 여성이나 민간기업에서 일하는 여성은 기혼여성 고용금지 관행(이 관행으로 인해 결혼을 하면 직장을 잃게 되었다)의 영향을 받았다. 여성 단체들은 이와 같은 관행의 철폐를 요구했고 여기에 대해 다른 여성들의 저항이 없었던 것도 아니다. 예를 들어 영국의 경우 제1차 세계대전을 거치면서 남성 한 세대가 사망함으로써 공직에 있는 여성들은 상당수가 결혼을 하지 않은 상태였는데, 이들은 자신들 보다 임금 수준이 낮거나 동일한 임금 수준을 주장할 이유가 없는 다른 여성들에 의해 직장에서 밀려나거나 입지가 약화되는 것을 두려워하였다. 미국의 경

우에도, 여성 직원을 고용하고 있었던 일부 대기업과 절반 이상의 학교에서 기혼여성 고용금지 관행이 제2차 세계대전 이전까지 지켜졌다.[91] 호주의 경우 1966년이 되어서야 공직부문에서 이와 같은 관행이 철폐되었고, 아일랜드는 공직부문에서 기혼 여성의 고용을 금지하는 관행이 1973년까지 지속되었다.[92] 프랑스나 독일의 경우, 기혼 여성이 유급고용 분야에 진출을 하기 위해서는 남편의 동의를 얻어야 했기 때문에, 민간 분야에는 기혼여성에 대한 규제가 남아 있었다.

이와 같은 시각에서 고찰해 볼 때, 여성이 완전한 사회적 시민권을 향유하기 위해서는 동등한 대우에 근거한 기회의 균등이 필요하다. 이것은 동일노동에 대한 동일임금, 즉 (유럽 연합에서 정의하는 바에 따르면) 동일한 가치의 노동에 대해 동일한 수준의 임금을 지불하는 개념을 포함한다. 동일노동 동일임금 개념은 비교와 가치에 관련한 질문을 제기하게 된다(제9장 참고). 또한 다른 모든 조건이 동일한 경우 여성이 성별을 이유로 차등 대우를 받아서는 안된다고 명기하는 차별 반대법을 필요로 한다. 형식적 평등(formal equality)이 강조되는 경우, 결과의 평등은 덜 두드러진다. 기회는 열려있다. 기회가 활용되느냐 그렇지 않느냐는 개인의 선택과 실력의 문제가 된다. 그렇다면 논의의 핵심은 기회가 진정으로 열려 있느냐 하는 것이다. 아인혼은 다음과 같이 주장한다.

> 신자유주의 시장 패러다임은 남성 경제행위자에게 시장에서 계약행위를 교환할 수 시민으로서의 권한을 부여한다. 적절한 보육지원 등 사회적인 혜택이 없다면 여성이 육아에 주된 책임을 지는 상황에서, 여성은 시장이건 정치조직이건 공적인 영역에 진출할 수 있는 동등한 자격을 갖출 수는 없다.[93]

---

91) Claudia Goldin, *Understanding the Gender Gap: An Economic History of American Women* (New York: Oxford University Press, 1990), pp. 160-179.
92) Y. Galligan, *Women and Politics in Contemporary Ireland: From the Margins to the Mainstream* (London: Pinter, 1998), p. 30.

공산주의의 붕괴이후 동유럽에서 집단 보육서비스가 급감함으로써 여성이 시민으로 누릴 수 있는 권리는 위축되었다.

평등 접근법이 의미하는 사회적 시민권은 차별반대법에 의해 유지된다 (제9장 참고). EU내에서는 차이가 아닌 평등이라는 이상을 사회정책 분야로 확대하기 위한 노력이 강화되어 왔다. 다시 한번 평등 대 차이라는 딜레마가 부상하고 있는 것이다. 유급 고용에 진출하고자 하거나 유급 고용 상황에 있는 사람들을 위한 평등대우 규정은 심지어 그것을 할 수 있는 기회의 균등까지도 보장해야 할 것이다.

시민권과 의무

시민권은 지위로서 혹은 행위로서의 권리뿐만 아니라 의무도 포함하는 것으로 이해된다. 유럽내에서 최초로 의무라는 표현이 사용된 프랑스 혁명 하에서 의무라는 개념은 강력한 위용을 떨쳤다. 시민권이라는 지위가 특권 계층의 구속에서부터의 해방과 함께 남성에게는 재판, 재산, 의사결정과정에 동등하게 접근할 수 있는 권리를 부여하였지만, 시민권은 여전히 취약하였다. 혁명의 가치를 그것을 전복하고자 하는 사람들에게 맞서서 물리적으로 지켜내는 일이나, 외세의 침략으로부터 국가를 수호하는 일은 의무였다. 이 시기 '전사-영웅'으로서의 시민은 강력한 상징이었다. 여성 전사 상징이 존재했음에도 불구하고 — 예를 들어 영국의 브리타니아(Britannia)나 프랑스의 마리안느(Marianne) — , 여성들은 시민으로서 군에 참여할 수도 없었고 군대에 징집될 수도 없는 존재로 남아있었다. 반면 남성들은 19세기~20세기에 이르는 오랜 기간 동안 유럽의 많은 국가에서 징집되었다. 이

---

93) Barbara Einhorn, "Citizenship, Civil Society and Gender Mainstreaming: Contested Priorities in an Enlarging Europe," p. 7.

와 같은 사실은 종종 여성이 시민으로서 권리를 누리는 것에서부터 배제되어야 한다는 것을 옹호하는 데 이용되기도 하였다.

시민으로서의 의무에 관한 최근의 논의는 두 가지 유형의 의무에 주목한다. 먼저 공동의 가치, 혹은 적어도 공동의 가치를 논의하는데 있어서 '공적인 이성(public reasonableness)'에 대한 충실의 의무와 경제적 참여의 의무가 바로 그것이다.[94] 문제는 여성들에게 영향을 끼치는 특정 관행과 공동체의 가치에 의해 부과되는 의무 사이에 심각한 긴장이 존재한다는 사실이다. 심이 언급하듯이, "시민적 덕목(civic virtues)이라는 오래된 공화주의적 이상과 문화적 다원주의, 이질성, 차이의 인정사이에는 긴장이 고조되고 있다."[95] 보편주의적 동화(universalist assimilation)를 주장하는 정책들과 문화적 다원주의라는 원칙은 서로 상이한 접근법이다. 둘 중 어떤 접근법도 문화적·인종적 관습과 시민권이 충돌할 때 발생하는 긴장을 완전히 해결하지는 못한다. 다음의 두 가지 사례는 문화적 신념과 시민권이라는 규범이 상충할 때 이것이 여성에게 끼치는 영향을 잘 보여준다. 선진국의 사람들은 여성의 성기절제의식(female genital mutilation)의 금지를 여성을 폭력으로부터 보호하기 위한 필수적 보호책으로 보고 있다. 호주, 벨기에, 캐나다, 덴마크, 뉴질랜드, 노르웨이, 스페인, 스웨덴, 영국, 미국과 같은 OECD 10개국은 여성성기 절제 관행을 법으로 금지하고 있고 프랑스는 가해자를 형사 처벌하고 있다.[96]

이보다 더 논란이 되고 있는 사안은 여성의 시민권이 히잡(hijab, 여성들이 쓰는 머리쓰개)과 같이 여성의 신체를 가리도록 하는 종교적·문화적 규제에서부터 여성을 해방시켜야 하는 의무를 포함하는가, 아니면 시민권이나 인권은 어떤 옷이든지 자신이 선택하는 대로 입을 수 있는 권리를 포

---

94) Will Kymlicka, *Contemporary Political Philosophy*, pp. 8-9.
95) B. Siim, *Gender and Citizenship: Politics and Agency in France, Britain, and Denmark*, p. 26.
96) Center for Reproductive Rights, *Female Genital Mutilation: legal Prohibitions Worldwide*, http://www.cawp.rutgerrs.edu/Facts/Officeholders/mayors-curr.

함하는가 하는 문제이다. 터키의 아타투르크(Kemal Ataturk) 전(前) 대통령은 1920년대 국가의 공적인 부문에서 진보적이고 현대적인 해방이 필요하다는 견해에 입각해서 전통적인 복장의 착용을 중단시키고 세속화 원칙을 추진하였다. 이 원칙은 1982년 헌법으로 재확인되었는데, 정부기관을 포함한 국가 기관과 대학에서 머리쓰개를 착용하는 것을 금지하고 있다. 프랑스와 독일의 일부 주(州)에서는, 공립학교에서 머리쓰개를 착용하는 것이 국가와 종교의 분리에 위배되는 종교적 상징이라는 이유로 금지되고 있다. 이과 같은 금지조항을 지키는 것은 국가의 헌법적 가치에의 충성 의무를 이행하는 것으로 볼 수 있을 것이다. 그러나 적어도 프랑스에서는, 여러 논의를 통해 이것이 또한 해방된 여성으로 살아가는 의무의 이행으로 받아들여지고 있다. 여기에서 문제가 되는 것은 해방이라는 개념의 내용이다. 히잡이나 신체를 가리는 의복의 착용이 모든 경우에서 남성 통제에 대한 여성의 복종을 상징하는 것인가? 만약 여성이 자신의 자유 의지에 의해 착용하였다면 어떻게 봐야하는가? 아니면 오히려 히잡의 착용은 여성이라면 자신을 항상 가시적으로 그리고 성적으로 매력적인 사람으로 나타내야 한다는 남성들의 기대에 반한 해방의 표현인가?

여성에게 큰 영향을 끼치는 두 번째 의무는 유급 고용에 참여하는 의무이다. 이와 같은 의무는 특히 영어권 국가의 신 보수주의자들 사이에서 사회권의 핵심 부분으로 점차 받아들여지고 있다. 우리는 이와 같은 경향을 '근로복지(workfare)' 개념에서 확인할 수 있다. 그러나 노동의 의무는 개인적으로 적절한 수단을 보유한 사람들에게는 사실 선택의 문제이다. 남성은 여성보다 수월하게 상당한 연금액을 축적하여 조기퇴직을 할 수 있다는 점에서, 여기에도 젠더 문제가 존재한다. 또한 유급노동을 할 의무는 양육의 의무와 직접적인 갈등을 빚는 것으로 보일 수 있다. 동시에 경제활동 참여 의무는 온전한 시민권을 획득할 수 있는 수단이며 자립을 위해서는 가장 기본적인 것으로 이해된다.[97]

리스터는 이와 같은 딜레마는 공적인 영역과 사적인 영역사이의 조정을 통해 해결할 수 있다고 주장한다. 우리는 이와 같은 정책과 시장에서의 변화가 어떤 형식으로 이루어져야 할지 예측해 볼 수 있을 것이다. 목표는 사적인 영역에서 성별에 따른 노동의 분리를 수정하고, 남성과 여성이 함께 노동의 의무와 양육의 의무를 공유하며, 개별 부양자-소득자(individual carer-earner)정책 모델로 이행하는 것이다. 또한 "(일정 시간동안의) 육아 휴직과 함께 노동과 돌봄을 조화시킬 수 있는 정책을 통해서 '돌볼 수 있는 시간'을 확대해야 할 것이다."[98] 마찬가지로 세븐후이젠(Selma Sevenjuijsen)은 "정부는 시간, 공간, 재원을 통해 남성이 여성 및 자녀와 긴밀하고도 애정어린 관계를 형성할 수 있도록 하는 것을 정부의 주된 임무로 인식해야 한다"고 제안한다.[99] 그러나 '일과 삶 사이의 균형'(이것은 '돌볼 시간'의 또 다른 표현일 것이다)을 증진하기 위한 정책에서와 마찬가지로 그 영향은 최소한의 수준에 머물 것이고, 사회 전체(정책 입안자뿐만 아니라 고용주와 가족)가 어린이, 노인, 환자, 장애인을 돌보는 일이 유급 노동에 참여하여 부를 창출하는 일 만큼 중대한 시민의 의무라고 받아들이지 않는다면 여전히 여성들은 불이익을 당할 것이다.

결 론

시민권이라는 개념의 분석을 통해 현대사회의 남성과 여성이 공정하고, 평등하며 적절한 균형을 찾는 과정에서 직면하게 되는 여러 가지 딜레마를 살펴보았다. 공적인 영역과 사적인 영역의 구분은 중요하면서도 문제의 소지

---

97) Ruth Lister, *Citizenship: Feminist Perspectives*, pp. 20-21.
98) Ruth Lister, *Citizenship: Feminist perspectives*, p. 20.
99) Selma Sevenhuijsen, *Citizenship and the Ethics of Care* (London: Routledge, 1998), p. 111.

가 내포되어 있다. 먼저 이와 같은 구분이 중요한 이유는 그 구분이 흐려지면 개인의 개성이 손상되고 전체주의적 지배가 허용될 수 있기 때문이다. 문제의 소지가 있다고 말하는 이유는 사적 영역을 가정과 동일시하는 것과 가정을 여성과 연계하는 것이 여성을 전통적으로 공적인 영역에서부터 배제하는 결과를 가져왔기 때문이다. 시민으로서의 지위와 공적 영역에 참여할 수 있는 권리를 획득하기 위한 여성의 투쟁은 남성의 투쟁과는 상이한 양상을 보였다. 일반적으로 남성은 정치적 권리를 허용받기 전에 법적 권리와 경제적 권리를 획득하였다면, 여성에게 있어서 정치적 권리는 종종 민권과 경제적 권리를 획득하기 위한 투쟁에 있어서 필수적인 무기로 작용하였다. 이들 권리의 행사 — 유권자이자 정치적 대표로서 여성의 역할 — 는 다음 세 장에서 논의된다.

여성이 그동안 이룬 업적은 국가내에서 여성이 과연 완전한 시민으로 인정을 받고 있느냐 하는 문제가 그 국가의 현대성을 판가름하는 잣대가 되고 있다는 사실에서 발견할 수 있다. 그러나 이와 같은 인식만으로 모든 문제와 역설들이 손쉽게 해결되는 것은 아니며, 행위로서의 시민권이라는 개념에 관련한 문제에서는 더더욱 그러하다. 여기에는 양성간 평등과 차이라는 문제가 분명하게 대두되기 때문이다. 민주적 정치조직의 시민(이와 같은 시민은 권리, 의무, 자격을 누리고 있다)으로서 개인이 부담하게 되는 의무에 대한 좀더 폭넓은 이해, 동시에 성별에 덜 집착하는 이해를 통해 우리는 일정 부분 해결책을 발견할 수 있을 것이다. 그러나 이것을 할 수 있느냐 하는 문제는 적어도 부분적으로는 공적인 영역에서 점차 목소리를 찾아가고 있는 여성에게 달려 있고, 이 문제는 다음 장에서 논의된다.

03 / 여성 유권자

오늘날 자유민주주의국가에서 투표권의 소유는 정치에 참여하는 개인의 핵심적 특징이다. '자유민주주의 하에서 투표는 사람들이 자신의 필요와 이익을 표출할 수 있는 가장 중요한, 심지어는 유일한 메커니즘으로 정의된다.[1] 그러나 투표는 개인에 의해 수행되는 독자적인 행위이다. 제2장에서 논의하였듯이, 민주주의에 관한 자유주의 이론(liberal theory)은 정치 행위자를 추상적 개인, 즉 시민권을 비롯한 일정한 권리의 보유 외에는 개인적인 특징이 없는 추상적 존재로 간주한다. 그러나 우리가 살펴보았듯이, 페미니스트 비평가들은 '개인'이란 성중립적(gender-neutral) 존재가 아니라고 지적한다. 평등과 차이 사이의 논쟁은 과연 여성들에게 투표를 통해 표출되어야 하는 여성 특유의 이해관계가 있는가 하는 문제만큼 중요하다. 이와 같은 주장은 종종 여성 투표권의 옹호론을 형성하였다. 이들은 투표권을 여성이 중요하다고 판단하는 사안에 대해 행동을 유도해 낼 수 있는 핵심 수단으로 보았기 때문이다. 그렇다면 실제로 여성들은 자신의 투표권을 충분히 활용해 왔는가? 여성의 투표 방식에 대한 조사는 과연 여성들의 관심사와 선택이 남성과는 다르다는 것을 시사해 주고 있는가? 이와 같은 질

---

1) Anne Phillips, *Engendering Democracy* (Cambridge: Polity Press, 1991), p. 41.

문에 대해 우리는 신중한 접근을 모색해야 할 것이다. 1980년대 까지는 "일반적 통념상 성이란 정치적 의미가 없는 구분으로 간주되었고, 학계도 이와 같은 일반 통념을 승인했다"는 점에서도 우리는 신중함에 대한 이유를 찾을 수 있을 것이다.[2]

투표 참여율

많은 여성과 일부 남성들에게 있어서 투표권을 얻기 위한 투쟁은 길고도 힘든 여정이었다. 이와 같은 투쟁은 여성의 투표가 정치적 변화를 가져올 것이라는 희망과 기대에 의해 유지되었다. 투표는 아동과 빈민을 위한 삶의 환경개선이나 음주 절제(temperance) 운동과 같은 많은 목표를 달성할 수 있는 수단으로 여겨졌다. 영국의 비폭력 참정권 운동의 지도자 포세트(Millicent Fawcett) 여사는 투표권을 얻은 것을 "내 인생에서 가장 위대한 순간이라고 생각한다"고 술회하기도 하였다.[3] 그러나 포세트와 같은 사람들이 명확히 인식하고 있었던 것은 투표권의 획득은 여성의 지위향상과 여성을 위한 기회확대를 위한 더욱 광범위한 변화의 일부에 불과하다는 사실이었다.[4] 투표권이나 배심원권과 같은 다른 시민권이 단순히 당연한 것으로 받아들여질 뿐, 적극적으로 행사되지 않을 때 심한 실망감을 느끼는 사람들도 있었다. 사실 투표행태에 관한 연구가 다양한 국가를 대상으로 장기간에 걸쳐

---

2) Karen M. Kaufmann and John R Petrocik, "The Changing Politics of American Men: Understanding the Sources of the Gender Gap," *American Journal of Political Science*, Vol. 43, No. 3, 1999, p. 864; Susan C. Bourqen and Hean Grossholtz, "Politics an Unnatural Practice: Political Science Looks at Female Participation," in Janet Siltanen and Michelle Stanworth (eds.), *Women and the Public Sphere* (London: Hutchinson, 1984), pp. 103-121.
3) Millicent Garret Fawcett, *What I Remember* (London: T. F. Unwin, 1925), p. 247.
4) Bonnie S. Anderson and Judith P. Zinsser, *A History of their Own* (London: Penguin Books, 1990), p. 367.

체계적으로 이루어 진 적은 없다.5) 민주주의 및 선거지원을 위한 국제기구 (IDEA: International Institute for Democracy and Electoral Assistance)가 장기간에 걸쳐 성별 투표율 통계 데이터베이스를 구축하는 작업에 착수하였지만, 그 대상이 북유럽 국가를 포함한 소수의 국가로 제한되어 있고, 데이터 수집과정에서도 문제가 제기되고 있다. 일반적으로 영국의 경우처럼 전체 유권자수에 대한 공식적인 기록은 보존되지만, 이와 같은 기록이 성별로 분류되지는 않는다. 1950년대 프랑스의 3개 도시에서는 남성과 여성이 서로 다른 투표함을 사용하도록 하는 실험이 전개되기도 하였지만, 이것은 극히 이례적이며 이를 위해서는 대부분의 국가에서 법을 개정해야 할 것이다.6) 따라서 남성과 여성의 투표행태에 관한 정보는 사람들에게 직접 질문을 해야만 얻을 수 있고, 답변을 하는 사람들의 신뢰성 또한 사람마다 다를 수 있다. 예를 들어 투표를 했다고 답변을 하는 사람들의 비율은 실제 투표율보다 높게 나타나고 있다.

그럼에도 불구하고 여성들의 투표권 획득 이후 최초 10년 동안 북미와 서유럽의 연구는 여성의 투표율이 남성보다는 낮다는 것을 밝혀냈다.7) 전후 수십 년 동안 서유럽과 미국의 여성 투표율은 남성보다 낮았다. IDEA는 조사를 통해 1945년에서 1960년대 초반까지 스칸디나비아 4개국과 독일에서 여성의 투표율이 남성보다 5~10퍼센트 낮다는 것을 보여주었다. 또한 1950년대 프랑스에서는 여성의 투표율이 남성보다 지속적으로 7~9퍼센트 정도 낮게 나타났다.8) 1964년 영국 총선에서도 여성의 투표율은 남성보다

---

5) http://www.idea.int/vt/index.cfm 참고.
6) Janine Mossuz-Lavau and Marietter Sineau, *Enquête sur les Femmes et la Politique en France* (Paris: Presses Universitaires de France, 1983), p. 233.
7) Joni Lovenduski, Pippa Norris and Rosie Campbell, *Gender and Political participation* (London: Electoral Commission, 2004), p. 11; Harold Foote Gosnell, *Why Europe Votes* (Chicago, IL: University of Chicago Press, 1930); Kristi Andersen, *After Suffrage: Women in Partisan and Electoral Politics before the New Deal* (Chicago, ILL: University of Chicago Press, 1996).
8) Janine Mossuz-Lavau and Marietter Sineau, *Enquête sur les Femmes et la Politique en France*, p. 26.

4퍼센트 이상 낮았고 1950년대 미국의 경우에서도 여성의 투표율이 남성보다 10퍼센트 정도 저조하였다.[9] 그러나 이와 같은 경향이 지속되지는 않았다. 1980년대 초반에 이르자 프랑스와 영국의 경우 성별 투표율이 비슷하게 나타났다.[10] 사실 독일, 스칸디나비아, 프랑스에서는 1990년대 중반 이후 여성의 투표율이 남성을 앞지르고 있다. 1980년대 이후 미국에서도 동일한 현상이 나타나고 있다. 2004년 미국 대선에서 여성의 투표율은 남성보다 훨씬 높게 나타났는데, 여성 유권자의 투표율은 60.1퍼센트(6,730만 명이 투표한 것으로 보고 됨)로 나타난 반면, 남성 유권자의 투표율은 56.3퍼센트(5,850만 명)에 머물렀다.[11]

후기 산업국가에서 발견되는 성별 투표율의 차이와 이와 같은 차이의 감소 현상에 대한 설명이 다양한 각도에서 시도되고 있다. 다만 우리가 인식해야 할 점은 과거에는 이에 대한 설명이 주로 검증된바 없는 고정관념에 근거한 일반화에 치중했었다는 점이다. 일례로 1960년대 초반에는 여성의 낮은 투표율에 대해 여성은 "무신경하고 편협하며 보수적인 반면, 정치와 선거의 인물이나 감성적이고 미적인 면에 더 민감하게 반응한다"는 실제 확인된 바 없는 가설에 근거한 주장이 제기되었었다.[12] 그 결과 여성의 투표율이 낮았다는 주장인데, 사실 캠벨(Campbell)이 지적하듯이 당시 여성의 투표율이 저조했던 것은 여성의 관심이 낮았다기 보다는 여성이 육아의 부담이나 혹은 투표소까지 가는 교통수단이 남성에 비해 수월치 못한 점 등이 이유로 작용했을 수 있다.[13] 이와 같은 상황적 요인에 대한 연구가 전면적

---

9) Judith Evance, "USA," in Joni Lovenduscki and Jill Hills (eds.) *The Politics of the Second Electorate* (London: Routledge, 1981), p. 40.
10) Janine Mossuz-Lavau and Marietter Sineau, *Enquête sur les Femmes et la Politique en France*, p. 26; Joni Lovenduski, Pippa Norris and Rosie Campbell, *Gender and Political participation*, p. 29.
11) Center for American Women and Politics, *Women's Vote 2004*, http://www.cawp.rutgers.edu/Facts/Elections/Womensvote 2004.html.
12) Rosie Campbell, *Gender and Voter Turnout in the 2001 British General Election*, http://www.essex.ac.uk/ECPR/events/jointsession/paperarchive/turin/ws22/Campbell.
13) Rosie Campbell, *Gender and Voter Turnout in the 2001 British General Election*.

으로 수행된 바는 없지만, 투표의 편의성을 제고하기 위한 대책들을 추적한 영국의 지방 선거관련 자료들은 모든 유권자에게 우편 투표를 제공하면 전체 투표율뿐만 아니라 남성보다 여성의 투표율이 상당하게(남성보다 13퍼센트 이상) 높아진다는 것을 발견하였다.14)

그러나 분명한 것은 성별 투표율에 있어서 변화가 발생하였고, 이제 여성의 투표율이 남성과 동일한 수준이거나 남성을 상회하고 있다는 것이다. 이와 같은 변화는 세대별 차이에서도 반영되고 있다. 노리스(Pippa Norris)는 영미 국가와 유럽 국가를 포함한 15개국을 대상으로 1990년대 후반 이후의 데이터를 사용하여 선거제도에 관한 연구를 수행한 바 있다. 이 연구를 통해 노리스는 65세 이상 여성의 투표율이 동일 연령대 남성보다 훨씬 낮고, 교육 수준이 낮은 여성의 투표율 또한 동일한 교육수준의 남성보다 낮다는 것을 밝혀냈다(도표 3-1 참고). 그러나 "세대 변화에 힘입어 과거에 여성의 투표 참여를 저해했던 요소들이 많이 제거되었다"는 것을 확인할 수 있다.15) 여성들은 점차 남성보다 투표에 적극적인 자세를 보인다는 점이 데이터를 통해 확인이 되었고, 노리스는 노년 세대가 사라짐에 따라 여성들이 남성과 비교해서 뒤지지 않는 투표 참여 경향을 보일 것이라고 예측한다.16) 사실 미국과 다른 국가의 투표동향을 보면 여성들이 투표율에 있어서 남성을 앞지르고 있다는 것을 알 수 있다.

여성투표율 증가를 설명할 수 있는 요인으로는 여성의 교육기회의 확대와 교육 수준의 향상 및 여성의 경제활동 증가를 들 수 있다.17) 다른 요

---

      http://www.essex.ac.uk/ECPR/events/jointsession/paperarchive/turin/ws22/Campbell.
14) Joni Lovenduski, Pippa Norris and Rosie Campbell, *Gender and Political Participation*, p. 51.
15) R. Inglehart and Pippa Norris, *Rising Tide: Gender Equality and Cultural Change around the World* (Cambridge: Cambridge University Press, 2003), p. 105.
16) Pippa Norris, "Women's Power at the Ballot Box," in Rafael López Pintor and Maria Gratschew (eds.), *Voter Turnout Since 1945: A Global Report* (Stockholm: International Institute for Democracy and Electoral Assistance, 2002), p. 101.
17) Pippa Norris, "Women's Power at the Ballot Box," p. 97.

도표 3-1 15개국 대상 성별·연령별 투표 불참률과 성별·교육수준별 투표 불참률: 총선에서 투표를 하지 않았다고 보고한 사람들의 비율, 1996~1999

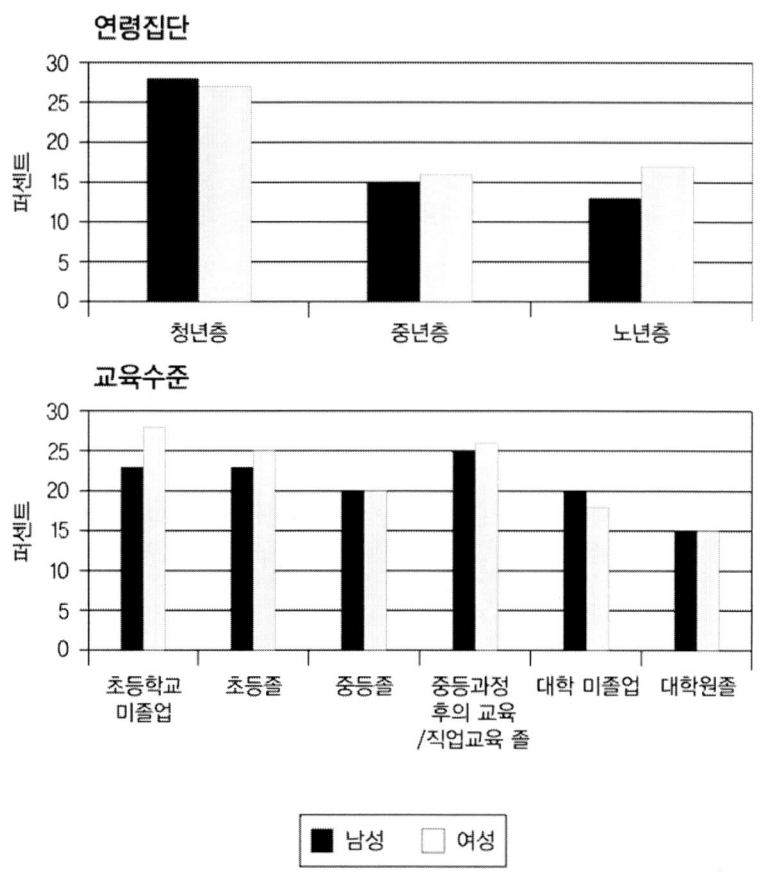

출처: Comparative Election Survey(1996~2000) 데이터로서 Pippa Norris, "Women's Power at the Ballot Box,"에서 요약, 표 24.

인으로는 정치에 대한 관심을 들 수 있다. 영국의 2001년 선거 이후 투표에 참여하지 않은 남성과 여성을 대상으로 한 설문 조사를 보면, 남성보다 여성이 "정치에 관심이 없기 때문에" 투표를 하지 않았다고 대답하는 경향이 다소 높은 것으로 나타나고 있지만, 그 차이는 미미하다.[18] 물론 "정치에 관심이 없다"라는 개념 또한 따져보아야 할 것이다. 1997년 영국 총선 과정에서 여성을 대상으로 한 연구는 미디어의 표현대로라면 이른바 '선거에 관심이 없는 여성들'에게 있어서 "이들이 관심이 없는 것은 선거 이슈가 아니라 정치가 제시되는 방식"이라고 결론을 내렸다.[19] 그러나 이 연구에서는 남성과의 비교연구가 진행되지 않았기 때문에, 이와 같은 결론이 특정 성별에 치우친 시각인지는 확인할 수 없다. 여성이 선거의 후보자나 현직 의원일 경우 정치에 대한 여성 유권자의 시각은 달라진다. 1990년대 미국의 연구진들은 여성 후보자나 여성 현직 의원이 있을 경우 여성 유권자들이 정치 활동에 보다 적극적으로 참여한다는 것을 발견하였고, 영국의 연구진은 2001년 총선에서 여성이 선출된 선거구에서 여성들이 투표에 참여할 가능성이 통계적으로 현저하게 높았다는 점을 발견하였다.[20]

여성들의 경제적·사회적 지위가 향상되고 여성의 정치권 진출이 확대됨에 따라, 투표의 편의성이 더욱 제고된다면 여성들은 남성과 마찬가지로, 혹은 남성보다 더욱 적극적으로 투표권을 행사할 것이다. 투표를 한다는 것은 민주적 참여의 기초이다. 그러나 투표는 정치 행위의 일면에 불과하며 다른 요소들이 차후에 논의될 것이다(제7장 참고). 투표권을 얻기 위해 투쟁하였던 사람들이 인정하였듯이, 자유 민주주의에서 중요한 것은 여성이 투표를 하느냐 않느냐와 함께 무엇을 위해서 그리고 누구를 위해서 투표를 하느냐 하는 문제이다.

---

[18] Joni Lovenduski, Pippa Norris and Rosie Campbell, *Gender and Political Participation*, p. 30.

[19] M.A. Stephenson, *The Glass Trapdoor: Women, Politics and the Media during the 1997 General Election* (London: Fawcett Society, 1998), p. 24.

[20] Nancy Burns, Kay Lehman Schlozman and Sidney Verba, *The Private Roots of Public Action: Gender, Equality, and Political Participation* (Cambridge, MA: Harvard University Press, 2001), p. 353; Joni Lovenduski, Pippa Norris and Rosie Campbell, *Gender and Political Participation*, p. 47.

유권자의 선택

정치 현안이나 사회 현안을 두고 단체를 조직할 수 있는 여성들의 능력은 19세기 '제1물결 페미니즘(first-wave feminism)'으로 종종 불리는 여성운동을 통해 명확하게 증명되었다. 여성운동을 통해 여성들은 투표권뿐만 아니라, 재산권과 교육권 및 취업할 수 있는 권리와 금주(禁酒)정책을 요구하였다. 당시 여성들이 조직적으로 행동하고 투표하거나, 심지어 '여성 정당(women's parties)'을 창당하게 될 가능성이 일부 국가에서는 진지하게 논의되었다. 실제로 양차대전 사이에 여성 정당을 창당하려는 노력이 있었지만 실패로 돌아갔다.[21] 여성들이 우익 정당이나 중도 우익 정당, 혹은 여성들이 종교생활을 적극적으로 하는 성향을 고려해서 기독교 성향의 정당을 지지할 것이라는 기대가 오히려 좀더 현실적이었고 결과적으로는 더 설득력이 있었다. 예를 들어, 1919년에 교황 베네딕트 15세가 여성의 투표권 옹호를 천명한 것도 바로 이와 같은 이유에서였다.[22]

특정 집단의 유권자가 과연 어떠한 투표 형태를 보이는가를 규명하기 위한 노력은 대부분 역사적·경제적 상황과 관련된 요소들을 중점적으로 다루었다. 우리는 유권자의 사회적 계층이 정당 지지에 영향을 끼치는 것을 확인할 수 있다. 개인의 사회적 지위, 예를 들어 개인이 속한 사회·경제적 계층이라는 요소가 주로 투표에서의 선택을 결정하는 것으로 보인다. 하지만 사회적 계층이라는 문제는 여성에게는 쉽게 적용되지 않는 부분이 있다(글상자 3-1 참고). 사회적 계층과 아울러, 특히 종교가 남성과 여성에 있어서 투표행태에 차이를 가져오는 것으로 인정이 되고 있고, 종교보다는 영향력이 적기는 하지만 성별(gender)이 유권자의 선택에 있어서 하나의 요소

---

21) Bonnie S. Anderson and Judith P. Zinsser, *A History of their Own*, p. 212.
22) Bonnie S. Anderson and Judith P. Zinsser, *A History of their Own*, p. 366.

| 사회·경제적 지위 | 글상자 3-1 |

여론 조사자, 시장 분석가, 사회 통계전문가들은 일반적으로 개인의 소득수준이나 현재 혹은 (은퇴자의 경우에는) 이전 직업에 근거하여 개인의 사회·경제적 지위를 분류한다. 직장생활을 하지 않는 여성들은 전통적으로 '가장'의 직업이나 '가장'의 소득수준에 의거하여 사회·경제적 지위가 부여되었다. 예를 들어 대규모 여론조사회사인 입소스 모리(Ipsos Mori)는 회사의 웹사이트에 "응답자의 사회 계층 혹은 사회·경제적 구분은 일반적으로 응답자가 거주하는 가정의 가장의 직업에 근거한다"고 밝히고 있다(2007년 1월 8일 자료 검색). 프랑스의 경우, 2001년까지 영국의 경우와 마찬가지로 국가 통계청은 최연장 남성을 가장으로 구분하였다. 1967년 도간(Mattei Dogan)은 이와 같은 전통적 관행을 다음과 같이 정당화하였다. "직장생활을 하는 아내의 임금은 일반적으로 부차적인 소득으로서, 가정 전체의 사회적 지위를 변화시키지는 않는다. … 과부들은 종종 아주 어려운 경제 상황에서 살아가기는 하지만, 사회심리학적 관점에서 보면 이들은 작고한 남편이 속했던 사회·경제적 환경에 여전히 소속되어 있다."[23] 오늘날의 시각에서는 지극히 구식으로 보이는 이러한 관행은 여전히 지속되고 있다. 또한 관련 연구논문들이 연구결과를 보고하는데 있어서 개인을 특정한 사회·경제적 범주에 분류하는 근거를 적시하는 경우도 거의 없다는 점도 주목할 만 하다.

로 작용하는 점이 인정이 되었다. 그러나 1975년 연구는 "여성의 정치 행위는 많은 (연구)에서 단지 부수적인 관심사항으로 남아 있다. … 과연 여성이 남성과 비슷한가 그렇지 않은가 하는 문제에 한해서만 관심의 대상이 되고 있다"고 언급하고 있다.[24]

제2차 세계대전 이후에는, "여성이 남성보다 보수적 성향이 강하다"라

---

[23] Murray Goot and Elizabeth Reid, "Women: If not Apolitical, then Conservative," in Janet Siltanen and Michelle Stanworth (eds.), *Women and the Public Sphere* (London: Hutchinson, 1975), p. 129.

[24] Murray Goot and Elizabeth Reid, "Women: If not Apolitical, then Conservative," p. 123.

는 주장이 자주 제기되었다.25) 1955년 뒤베르제(Maurice Duverger)는 『여성의 정치적 역할(*The Political Role of Women*)』이라는 선구적인 저서를 통해 여성은 전반적으로 좌파 정당 보다는 우파 정당에 투표를 하는 경향이 강하다는 주장을 제시하였다. 이와 같은 시각은 이후 '정치적 성별 차이(political gender gap — 일반적으로 특정 정당에 투표하는 남성과 여성의 비율상의 차이로 정의됨)'에 관련한 수많은 연구를 통해 증명이 되었다. 프랑스의 경우 1951년 총선에서 좌파 정당은 남성 투표자의 57.5퍼센트, 여성 투표자의 46.8퍼센트에게서 표를 얻었다. 득표율에 있어서 10퍼센트가 넘는 차이를 보여주고 있는 것이다. 20년이 더 지난 1973년에도 좌파 정당은 남성 유권자에게서는 50퍼센트, 여성 유권자에게서는 41퍼센트의 득표율을 보였다.26) 서독의 경우에도 1953년에서 1970년대에 사이 중도 우파 기독민주당(CDU)에 투표를 한 여성유권자와 주류 좌파 사회민주당(SPD)에 투표를 한 여성 유권자 사이의 차이는 "11퍼센트 아래로 내려간 적이 없었고 … 57년에는 이 수치가 25퍼센트에까지 달하였다."27) 영국의 경우에도 1950년대 내내, 중도 우파를 표방한 정당이 여성 유권자들 사이에서 '11~17퍼센트 정도 많은 표를 얻었고' 1970년 총선에도 이 수치는 여전히 11퍼센트를 유지하였다(글상자 3-2 참고).28) 호주의 경우 1967년 처음 실시된 남성과 여성의 투표 행태에 관한 연구에서도 비슷한 양상이 발견된다. "1967년 애이트킨(Aitkin)의 데이터 분석을 보면 성별은 모든 집단에서 중요한 변수로 작용하였다. 육체 노동자, 노동조합원, 교회신도, 소득, 연령, 주택 소유자, 기혼 남성과 기혼 여성 등 모든 하위 집단에서, 남성은 여성보다 호주노동당(ALP: Australian Labor Party)

---

25) Murray Goot and Elizabeth Reid, "Women: If not Apolitical, then Conservative," p. 125.
26) Janine Mossuz-Lavau and Marietter Sineau, *Enquête sur les Femmes et la Politique en France*, p. 27
27) Eva Kolinsky, *Women in West Germany*, p. 201.
28) Pippa Norris, *Electoral Change in Britain since 1945* (Oxford: Blackwell, 1997), p. 134.

성별 차이

글상자 3-2

'성별 차이(Gender Gap)'라는 용어는 여러 연구에서 서로 다른 의미로, 서로 다른 정확성에 입각하여 사용되고 있다. 가장 단순화해서 설명하자면, 성별 차이라는 용어는 투표 행위나 특정 정당/후보자의 선택에 있어서 남성 유권자와 여성 유권자의 백분율상의 차이를 일컫는다. 따라서 만약 1973년 프랑스에서 남성 유권자의 50퍼센트, 여성 유권자의 41퍼센트가 좌파 정당에 표를 던졌다면, 좌파 정당의 득표에 있어서 9퍼센트의 성별 차이가 있다고 말할 수 있다. 이 것은 또한 박스-슈테펜마이어가 사용한 공식이기도 하다.[29]

그러나 콜린스키(Eva Kolinsky)는 이 용어를 동일한 성(gender)에 의해 이루어진 선택을 비교하는데 사용한다. 서독의 1957년 선거에서, 콜린스키는 25퍼센트의 성별 차이를 언급하고 있다.[30] 이 수치는 CDU에 표를 던진 여성(53.5퍼센트)과 SPD에 표를 던진 여성(28.9퍼센트) 사이의 차이를 반올림한 수치이다. 우파 정당의 득표율에 있어서 성별 차이는 남성 유권자의 44.6퍼센트, 여성 유권자의 53.5퍼센트를 기록하여 8.9퍼센트를 보였다.

노리스(Pippa Norris)는 영국의 남성과 여성의 성별 차이와 투표 선호를 다음과 같이 산출한다.

여성(% 보수당 - % 노동당) - 남성 (% 보수당 - % 노동당)

따라서 2005년, 여성의 좌파 정당 지지 성향을 확인하는 수치로써, 성별 차이는 -6으로 산출되었다.[31]

여성(32% 보수당 - 38% 노동당 = -6) - 남성 (34% 보수당 - 34% 노동당 = 0) =-6

이보다 조금 더 복잡한 공식이 미국에서 가끔 사용된다.

(% 민주당 여성 득표율-% 공화당 여성 득표율) - (% 민주당 남성 득표율 - % 공화당 남성 득표율)/2

이와 같은 공식은 양대 정당 사이에서 선택을 하게 되는 시스템에는 어디든지 적용이 가능하다. 적극적 차이(positive gap, 잉글하트와 노리스는 이것을 '전통적인 성별 차이'라고 부름)는 남성보다 여성이 우파 정당에 투표하는 비율이 높다는 것을 의미하고, 소극적 차이(negative gap, 잉글하트와 노리스는 이것을 '현대적 성별 차이'라고 부름)는 여성들이 남성보다 좌파 정당에 투표하는 비율이 높다는 것을 의미한다.

에 동조하는 경향이 높게 나타났다."32)

미국의 경우도 상황은 다르지 않지만 우리가 주목해야 할 점은 정당 정치의 체계가 유럽과는 다르다는 점이다.33) 미국의 공화당을 우파 정당으로 간주한다면, 1950년대의 상황은 유럽과 비슷했다고 볼 수 있을 것이다. 당시에도 "공화당은 여성 유권자들 사이에서 3~5퍼센트 더 높은 지지율을 얻었다."34) 1970년대 중반에서 후반에 이르는 기간에도, 이 수치는 "대략 5퍼센트 수준을 유지하였다."35)

그러나 전후 30년 동안의 상황(도표 3-2 참고)은 21세기 첫 10년에 들어서자 달라졌고 '오늘날의(modern)' 성별 차이는 역전되었다(글상자 3-2 참고). 이제 '성별 재편(gender relignment)'이 발생한 것이다.36) 잉글하트와 노리스는 1980년 초반 여성들이 남성보다 정치적으로 더 보수적이었던 모든 국가에서 여성의 보수적 성향이 1990년 중반에 이르는 기간 동안 약화되었다는 것을 발견하였다(사례는 도표 3-2 참고). 미국의 경우 1980년대와 1990년대에 걸쳐 민주당에 대한 정당 선호를 드러낸 여성들의 비율이 남성을 앞질렀고, 이와 같은 선호는 실제 투표로도 이어졌다.37) 1980년~2004

---

29) Janet Box-Steffenmeier, Suzanna De Boef and Tse-Min Lin, "The Dynamics of the Partisan Gender Gap," *American Political Science Review*, Vol. 98, No. 3, 2004. p. 518.
30) Eva Kolinsky, *Women in West Germany*, p. 201.
31) *The Observer* 8 May 2005.
32) Jennifer Curtin, The G*ender Gap in Australian Elections* (1997). http://www.aph.gov.au/library/pubs/rp/1997-1998/98rp03.
33) Joni Lovenduski and Pippa Norris, *Gender and Party Politics* (London: Sage Publications, 1993).
34) Judith Evance, "USA," p. 40.
35) Janet Box-Steffenmeier, Suzanna De Boef and Tse-Min Lin, "The Dynamics of the Partisan Gender Gap," *American Political Science Review*, Vol. 98, No. 3, p. 517.
36) R. Inglehart and Pippa Norris, *Rising Tide: Gender Equality and Cultural Change around the World* (Cambridge: Cambridge University press, 2003), p. 85.
37) Janet Box-Steffenmeier, Suzanna De Boef and Tse-Min Lin, "The Dynamics of the Partisan Gender Gap," *American Political Science Review*, Vol. 98, No. 3, 2004. pp. 515-528.

도표 3-2 1970년대~1990년대 EU 6개국 성별 차이: 좌파 정당을 지지하거나(1970년대) 좌파 정당에 투표를 한(1990년대) 사람들의 비율

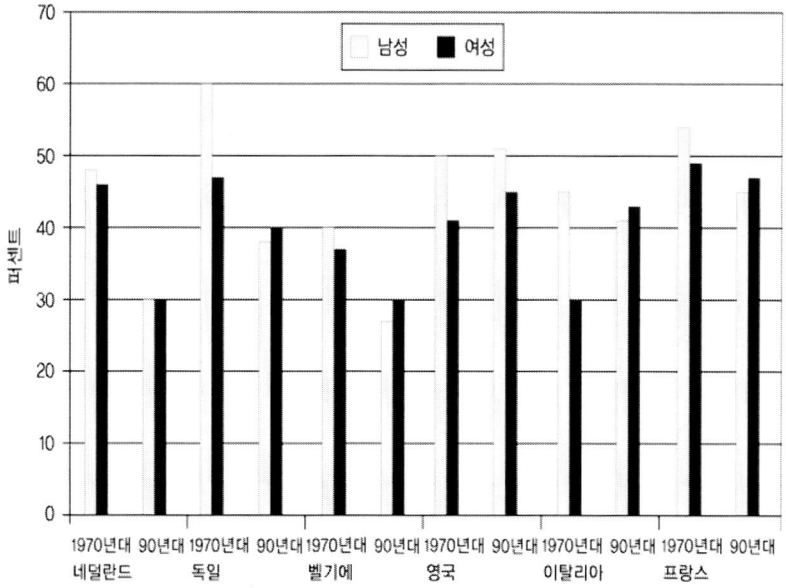

출처: R. Inglehart and Pippa Norris, *Rising Tide: Gender Equality and Cultural Change around the World*, p. 77); Patrice Buffotot and David Hanley, "Chronique d'une défaite anoncé: Les élections legislatives des 25 mai et 1 er juin," *Modern and Contemporary France* 6, no. 1, p. 11); Pippa Norris, "Mobilising the Women's Vote: the Gender-Generation Gap in Voting Behaviour," Parliamentary Affairs, Vol. 49, no 2, p. 339.

년까지 민주당에 투표를 한 여성 유권자의 비율은 남성보다 평균 7.7퍼센트 높았는데, 1996년 11퍼센트로 최고조에 이르렀다가 2004년 다시 평균 수치로 떨어졌다.38)

다른 국가의 성별 투표 성향은 미국만큼 뚜렷하지는 않았다. 영국의 경우 1987년 남성과 여성의 투표 양상은 동일한 것으로 나타나서 전통적인 성

---

38) Susan J. Carrol, *Gender Gap Persists in 2004 Election*. http://www.cawp.rutgers.edu/Facts/Elections/GG2004Facts.

별 차이가 외관상으로는 사라진 것처럼 보였다. 마찬가지로 1986년 프랑스에서는 남성과 여성이 동일한 비율로 좌파 정당에 표를 던져 주었다.39) 그러나 프랑스와 영국에서는 급진적인, 혹은 꾸준한 좌파주의적 경향이 발생하지는 않았다. 다만 여성들이 다소나마 좌파 정당에 더 많은 표를 던져주는 상황이 보편적이었다면, 예외적인 경우도 발생하였다. 1992년 영국의 경우 여성 투표자의 44퍼센트, 남성 투표자의 41퍼센트가 보수당에 투표를 하였고, 1993년 프랑스에서도 보수당에 대한 여성 지지율이 남성을 넘어섰다.40) 영국에서는 남성뿐만 아니라 여성 유권자도 1997년 노동당의 승리에 일조를 하였지만 — 사실 보수당은 득표율에 있어서는 여성 유권자들 사이에서 2퍼센트 더 많은 표를 받았다 — 여성들은 여전히 남성보다 다소나마 보수당에 더 많은 표를 던져주는 경향을 보였다. 이와 같은 차이는 일반적으로 노동당이 획득한 우위에 비하면 미미한 수준이었다. 2001년 선거에서는 여성들이 보수당 보다는 노동당을 선호하였다.41) 2005년 여성 유권자의 38퍼센트가 노동당에 투표를 하였고 보수당은 여성 유권자에게서 32퍼센트의 표를 얻었다. 양당이 남성 유권자에게 얻은 표는 각각 34퍼센트로 동일하였다.42)

성별 차이의 중요한 특징 중 하나는 성별 차이가 모든 연령대에서 반드시 일정하게 나타나지는 않다는 점이다. 영국에서, 노리스(Pippa Norris)는 일종의 '성별-세대별 차이(gender-generation gap)', 즉 연령이 높은 여성들이 일반적으로 보수적인 성향이 강하다는 사실을 발견하였다.43) 1978년

---

39) Janine Mossuz-Lavau, "LÉvolution du Vote Des Femmes," *Pouvoir*, No. 82, pp. 36.
40) M.A. Stephenson, *The Glass Trapdoor: Women, Politics and the Media during the 1997* General Election, p. 70; Janine Mossuz-Lavau, "L'Évolution du Vote Des Femmes," p. 38.
41) Rosie Campbell, *Gender and Voter Turnout in the 2001 British General Election*, p. 24.
42) *The Observer*, 8 May 2005.
43) Pippa Norris, *Electoral Change in Britain since 1945*, p. 134.

모쉬-라보(Mossuz-Lavau)와 시노(Sineau)는 65세 이상 여성의 경우 이보다 낮은 연령대의 여성이나 65세 이상의 남성보다 좌파 정당에 대한 지지율이 확연히 낮다는 것을 발견하였다. 1997년 영국의 경우 65세 이상의 여성층에서만 보수당이 노동당보다 높은 지지를 받았다.[44] 이와 같은 '성별-세대별' 차이는 전체적인 차이에 대한 인식에 영향을 끼칠 수 있다. 즉 여성이 남성보다 오래살기 때문에 노년층 여성이 전체 여성인구에서 차지하는 비율이 노년 남성이 전체 남성인구에서 차지하는 비율보다 높고, 이들 여성이 연령이 높아짐에 따라 보수성이 강해진다면, 이것은 결과적으로 전체 여성 유권자의 보수화로 비춰질 수 있다. 그러나 전통적인 성별-세대별 차이는 사라지고 있다. 잉글하트와 노리스는 '후기 산업사회(전세계적으로 20대 부국)'에서 정치적 선호에 있어서 '전통적인(traditional)' 성별 차이는 1937년 이전 출생한 연령층에서 가장 뚜렷하고 나타나는 반면, 1957년 이후 출생한 연령층에서는 '현대적(modern)'인 성별 차이가 발생하고 있다는 것을 발견하였다. 정치적 선호와 가치는 여러 이유로 인해 변화하고 나이를 먹는다는 것이 필연적으로 이와 같은 변화의 요인이 아니기는 하지만, 젊은 유권자들이 점차적으로 오늘날의 노년층 세대를 대체함에 따라 여성들 사이에서 좌파적 가치로의 전환은 부유한 국가에서 더욱 뚜렷해질 것이다[45]. 단적인 예로서 2001년 영국에서 노동당에 대한 선호는 모든 연령대의 여성에게로 확산되었다.[46]

좌파 대 우파라는 이분법은 또한 남녀의 투표 행태에 있어서 다른 중요한 차이를 가릴 수 있다. 일반적으로 여성 유권자들은 극단주의를 피하는 것으로 나타난다. 이와 같은 경향은 독일, 호주, 이탈리아에서 확인되었고

---

44) Rosie Campbell, *Gender and Voter Turnout in the 2001 British General Election*, p. 24.
45) R. Inglehart and Pippa Norris, *Rising Tide: Gender Equality and Cultural Change around the World*, pp. 99-100.
46) Rosie Campbell, *Gender and Voter Turnout in the 2001 British General Election*, p. 24.

프랑스에서도 극우정당인 국민전선(National Front)의 지지율이 여성보다는 남성에게서 확연하게 높게 나타나고 있다.47) 1995년 대선 1차 투표에서 국민전선의 후보로 나왔던 르펜(Jean-Marie Le Pen)은 여성 유권자보다는 남성 유권자에게서 6퍼센트 더 많은 표를 얻었다.48) 또한 2002년에는 남성 유권자에게서 4.3퍼센트(19.2퍼센트/14.9퍼센트) 더 많이 득표했고 2004년 지역 선거에서 그녀의 득표율은 남성에게서 9퍼센트나 더 높게 나타났다.49)

투표행태에 대한 설명

투표행태(Voting Behaviour)에 대해서는 다양한 설명이 제시되고 있다. 이와 같은 설명은 여성의 투표 행태에 있어서의 변화가 과연 수렴(즉 남성과 여성이 투표 행태에 있어서 더욱 닮아 가는 현상)으로 이해되느냐 아니면 분산(남성과 여성의 투표행태가 여전히 다르지만 과거와는 다른 새로운 방식으로 다르게 나타나느냐)으로 이해되느냐에 관심을 두고 있다. 또한 이와 같은 변화는 일반적인 정치적 와해(political de-alignment)의 맥락에서 연구되어야 할 것이다. 정치 분석가들은 과거의 정당지지 패턴이 여전히 존속되고는 있지만, 많은 부유한 국가에서 정당지지 구도의 와해(de-alignment)가 일반적인 추세라고 지적한다.50) 20세기 후반에서부터 21세기 초반에 이르는 기간 동안, 특정 정당과의 자기 동일시나 정당 충성도는

---

47) Catherine Achin and Sandrine Lévêque, *Femmes en Politique* (Paris: La Découverte, 2006), p. 26.
48) Janine Mossuz-Lavau, "L'Évolution du Vote Des Femmes," p. 37.
49) Nicole Belloubet-Frier, "Sont-elles Différentes," *Pouvoirs*, No. 82, pp. 59-75; Catherine Achin and Sandrine Lévêque, *Femmes en Politique*, p. 26.
50) Rod Hague and Martin Harrop, *Comparative Government and Politics* (Basingstoke: Palgrave Macmillan, 2004), pp. 156-158.

약화되었고 탈물질적(post-material) 이슈들, 국제안보의 불안, 세계화에 대한 대응을 둘러싼 새로운 정당 지지 구조가 뚜렷해지고 있다. 여성유권자의 투표행태 변화가 이와 같은 상황의 변화에 있어서 중요한 요소인 것은 사실이지만, 유일한 요소는 아니다.

위에서 언급한 수렴 이론은 여성 유권자들이 남성 유권자들보다 보수정당에 투표하는 결과를 가져왔던 차이(differences)로부터의 탈피를 강조한다. 과거에는 여성들의 보수당 지지율이 높았던 현상에 대한 설명이 다각도로 시도되었다. 먼저, 미국에서는 1950년대 투표에 참여할 수 있는 여성들의 부류는 공화당을 선호할 가능성이 높은 유형의 사람들이었다는 점이 제시되었다.[51] 유럽에서는 이에 대해서 좀더 사회 구조적인 설명을 제시하고 있는데 유급 고용, 종교, 사회적 입장을 투표 행태와 연계하여 설명하고 있다. 그러나 우리가 여기에서 단편적인 인과관계를 상정한다면, 이는 지나친 단순화의 위험이 있다. 이와 같은 모든 현상들은 의식적으로 그리고 자발적으로 이루어진 다양한 선택과 가치들이 표현된 결과이기 때문이다. 그럼에도 불구하고 전후 논평가들의 입장에서는 여성들이 보수당이나 기독민주당에 더 많은 지지를 보냈던 것을 설명해 줄 수 있을 것으로 본 명확한 상관관계가 존재한다.[52] 남성에 비해 여성들의 교육과 취업이 저조했던 시기, 프랑스에서는 유급고용 상태에 있지 않은 사람들이 정치적으로나 사회적으로 보수적 성향이 짙었고, 결과적으로 이들은 우파 정당에 표를 던졌다.[53] 1970년대 모쉬-라보와 시노는 유급고용 상태에 있지 않은 여성들이 남성이나 유급고용 상태에 있는 여성보다 적어도 한 달에 한번 교회에 가는 비율이 높았고, 유급고용 상태에 있는 여성은 동일한 조건의 남성보다 적어도 종교 행사에 참여하는 비율이 높다는 것을 발견하였다.[54] 호주에서도

---

51) Judith Evance, "USA," p. 40.
52) R. Inglehart and Pippa Norris, *Rising Tide: Gender Equality and Cultural Change around the World*, p. 89.
53) Janine Mossuz-Lavau and Marietter Sineau, *Enquête sur les Femmes et la Politique en France* (Paris: Presses Universitaire de France, 1983).

마찬가지로, 심즈(Marian Simms)는 1974년 설문 조사에 근거하여 보수 정당에 대한 지지와 '전통적' 성역할에 대한 고정관념(예를 들어 "아버지가 집안의 가장 이어야 한다")의 수용 사이에는 강력한 상관관계가 존재한다는 것을 밝혀냈다.[55] 이와 같은 고정관념은 교육 수준이 낮은 여성이나 전업 주부로 있는 여성들 사이에서 높게 나타났다.

유급고용 상황에서도 여성들의 노조가입 비율은 남성의 노조가입 비율보다 낮았다(1970년대 프랑스의 경우 여성은 26퍼센트 가입, 남성은 41퍼센트 가입).[56] 결과적으로 여성들은 노조원들을 대상으로 좌익 정당의 지지를 주장하는 노동 운동에 참여하는 비율이 낮았다.

이와 같은 남녀간 상이한 성향과 경험의 결과는 세대별 성별 차이에서 여전히 확인된다. 1970년대 후반, 모쉬-라보와 시노는 사회계층 간, 그리고 남녀 간 상이한 삶의 경험으로 인해 65세 이상 여성들이 동일 연령대 남성보다 교육 수준과 소득수준이 낮고 혼자 살고 있는 경우가 훨씬 많다는 것을 발견하였다. 이들 여성들은 보수 우파를 선호하는 것으로 나타났다.[57]

따라서 수렴을 주장하는 이론가들의 시각에서 본다면, 지난 수 십 년 동안 진행되어 온 투표행태의 수렴을 설명하는 데에는 두 가지 중요한 요소가 작용하고 있다. 먼저 유급고용 활동에 참여하는 여성의 비율이 높아짐에 따라 여성의 생활양식과 경제적 지위에 변화가 있었다. 둘째, 세속화(secularisation)가 확산되어 현대 사회에서는 종교가 미치는 영향이 줄어들었다. 이와 같은 두 가지 면에서, 여성들을 둘러싼 환경은 남성과 더욱 유사해 졌으며 여성

---

54) Janine Mossuz-Lavau and Marietter Sineau, *Enquête sur les Femmes et la Politique en France*, p. 63.
55) Marian Simms, "Australia," Joni Lovenduski and Jill Hills (eds.), *The Politics of the Second Electorate* (London: Routledge, 1981), p. 103.
56) Janine Mossuz-Lavau and Marietter Sineau, *Enquête sur les Femmes et la Politique en France*, p. 44.
57) Janine Mossuz-Lavau and Marietter Sineau, *Enquête sur les Femmes et la Politique en France*, pp. 212-218.

들의 투표 성향도 꾸준히 이를 반영하고 있다.

투표행태와 정치적 선택에 있어서 수렴뿐만 아니라 분산의 추세도 보이고 있다. 이와 같은 현상은 미국에서 가장 뚜렷하게 드러나고 있지만, 비단 미국에서만 한정되어 발견되는 것은 아니다. 잉글하트와 노리스는 서구 유럽에서 중년남성과 여성은 정치적 선호가 비슷한 반면, 이보다 나이가 어린 연령대의 여성들은 좌파성향으로 기울고 있다는 것을 보여주고 있다.[58] 여기에 대한 설명으로는 먼저 구조적 혹은 합리적 선택론(structural or rational choice argument)이 있다.[59] 즉 가정, 가족, 직장 환경, 국가적·사회적 지원과 관련한 여성의 경험과 역할은 여전히 남성과는 다르다는 주장이다. 또한 딸을 두고 있느냐 아들을 두고 있느냐에 따라 '합리적인(rational)' 유권자의 선택이 간접적으로나마 영향을 받는다는 주장도 제기되고 있다 (글상자 3-3 참고).

이와 같은 남녀간의 차이는 투표행태에 있어서 차이를 가져온다. 캐롤 (Susan Carrol)은 표심에 있어서 이와 같은 차이가 부유하고 교육 수준이 높은 여성 계층과 극빈 여성 계층(이들 여성들은 대개 독신이다)에서 가장 뚜렷하게 나타난다고 제안한다. "이들 두 유형의 여성들은 남성들로부터 경제적으로 독립했다는 공통점이 있다."[60] 이것이 시사하는 바는 특정 부류의 여성들, 특히 젊은 여성들이 남성으로부터 구조적으로 독립을 하는 경향이 강해지면, 이들 여성들은 자신의 특별한 관심사를 표현할 수 있게 된다는 점이다. 독립성이 제고되면 여성들은 정책이 가족내의 남성들에게 어

---

[58] R. Inglehart and Pippa Norris, *Rising Tide: Gender Equality and Cultural Change around the World*, p. 84.

[59] R. Inglehart and Pippa Norris, *Rising Tide: Gender Equality and Cultural Change around the World*, p. 88; Rosie Campbell, "Gender, Ideology and Issue Preference: Is there such a Thing as Political Women's Interest in Britain?" *British Journal of Politics and International Relations*, Vol. 6, No. 1, 2004, pp. 20-44.

[60] Susan J. Carrol, "Women's Autonomy and Gender Gap: 1980 and 1982," in Carol M. Mueller (ed.), *The Politics of the Gender Gap: The Social Construction of Political Influence* (Newbury Park, CA: Sage), p. 256.

딸과 좌파 성향 유권자 　　　　　글상자 3-3

2005년 경제학자 오스왈드(Andrew Oswald)와 파우드사베(Nattavudh Powdthavee)는 자녀를 둔 것이 경제적 기호에 영향을 끼친다는 연구에서 더 나아가 자녀가 투표행태에 끼치는 영향을 연구하였다. 이들은 영국가계 패널조사(British Household Panel Survey, 매년 10,000명이 넘는 패널을 대상으로 인터뷰 조사를 실시한다)의 데이터와 독일의 사회경제 패널(German Socio-economic Panel) 데이터를 이용하였다. 이들의 연구는 사람들이 무의식적으로 두 가지의 요소에 의해 영향을 받을 것이라는 전제에서 출발하였다. 임금 차별이 여성에게 불리하게 작용하여 여성의 임금이 남성보다 낮을 것이라는 점과, 여성은 공동체의 안전, 보건, 교육과 같은 공공재로부터 남성보다 더 많은 이익을 얻을 것이라는 전제였다. 결과적으로 여성의 경제적 복지는 남성과 비교한다면 높은 세율의 영향을 덜 받게 되는 반면(누진세로 인해 저소득층의 경우 세율이 낮다), 공공 서비스의 제공은 남성보다는 여성의 경제적 복지를 더욱 증진한다. 이 것은 결과적으로 "여성은 남성보다는 본질적으로 좌파 성향이 강하다"는 것을 의미한다.61) 오스왈드와 파우드사베는 영국과 독일 양국에서 딸이 있는 남성은 여성 문제에 대해 더욱 공감하고 좌파 성향이 강한 것으로 결론을 내렸다. 반대로 아들을 둔 여성들은 우파 성향(세율 감소, 공공 서비스의 축소)을 보였다. 이와 같은 명제는 아버지는 딸이 선호하는 것을 중요하게 받아들인다는 진화이론에 근거한 경제 모델에 의해 증명이 되었다. 데이터의 통계 분석을 통해 "딸을 가진 부모는 좌파 지지 성향이 강하다(좀더 엄밀하게 말하자면 노동당이나 자유민주당에 표를 던지는 경향이 강하다)것이 경험적으로 확인이 되었다. 반대로 아들이 있는 부모는 우파 지지 성향이 강하게 나타났다. 이와 같은 변수는 상당한 영향을 끼치며 단순히 통계상으로만 중요한 것이 아니다."62) 마찬가지로 독일의 경우 1985~1999년 데이터를 통해 이 두 학자는 "딸 한 명 당 독인 남성 한 명이 좌파 정당(CDU/CSU보다는 SPD)에 투표를 할 비율이 2.5퍼센트 높아진다"고 주장하였다.63) 그들은 자신들의 이론모형이 통계 분석을 통해 확인된 것을 정확하게 예측하고 있기는 하지만, 다만 '양식화된 세계(stylized world)'를 기술하고 있다는 점을 인정한다. 이들의 이론모형이 완벽한 설명력을 가지는가 하는 문제는 분명하지 않다.

떤 영향을 미칠 것인가를 고려하기 보다는 자신의 이익에 근거하여 정치적 선택을 저울질하게 된다. 이들 여성의 선택은 남성과 동일할 수도 있고 그렇지 않을 수도 있다.64)

여성들의 표심을 좌우하는 여성 현안들은 전반적으로 남성들의 현안과는 다르다는 것을 보여주는 연구들이 증가하고 있다. 박스-슈테펜스마이어의 치밀한 분석은 미국의 경우 1980년대 경기 침체(인플레이션 상승)가 여성표심의 민주당 이반으로 이어지지는 않았다는 것을 보여준다. 여성들은 경기 침체 보다 보건이나 교육과 같은 복지 문제에 있어서 민주당의 입장을 더 중요하게 생각했기 때문이다.65) 스웨덴이나 영국을 대상으로 한 연구에서도 여성 유권자들은 사회 정책과 의료를 우선시 한 반면, 남성들은 세금과 경제 문제를 더 중요하게 생각한다는 점이 밝혀졌다.66) 세대별 차이가 발견된 점은(2001년 영국의 선거에서 젊은 여성들은 교육을 우선시 한 반면, 노년층 여성들은 의료 문제에 더 많은 관심을 보였다) 합리적 선택이론(rational choice theory)에 더욱 힘을 실어 주고 있다. 합리적 선택이론은 여성들은 자신의 복지를 향상시키는 정당에 표를 던지기 때문에 이와 같은 투표 행태가 발생한다고 설명한다.

미국을 대상으로 한 연구는 미국내의 성별 차이는 여성의 정당 선호형태는 전반적으로 변동이 없는 반면 남성의 정당 선호형태에 있어서 변화가

---

61) Andrew Oswald and Natavudh Powdhavee, "Daughters and Left-Wing Voting," (University of Warwick Paper, 2005), p. 3. http://www2.warwick.ac.uk/fac/soc/economics/research/phds/n/powdthavee/daughtersospowd2005.pdf.
62) Andrew Oswald and Natavudh Powdhavee, "Daughters and Left-Wing Voting," p. 17-18.
63) Andrew Oswald and Natavudh Powdhavee, "Further Results on Daughters and Left-wing Voting: Germany, 1985~2002" (University of Warwick Paper: 2005).
64) Janet Box-Steffensmeier, Suzanna De Boef and Tse-Min Lin, "The Dynamics of the Partisan Gender Gap," pp. 526-527.
65) Janet Box-Steffensmeier, Suzanna De Boef and Tse-Min Lin, "The Dynamics of the Partisan Gender Gap," p. 526.
66) Rosie Campbell, "Gender, Ideology and Issue Preference: Is there such a Thing as a Political Women's Interest in Britain?" p. 24.

있었기 때문에 발생한 것으로 설명하고 있다. 남성은 사회복지 비용에 대해 제한적이고 보수적인 시각을 갖는 경향이 강해서 사회복지 비용(관련 세율도 포함해서)에 관련한 정부의 역할에 대한 논의가 본격화되었을 때, 이들은 이와 같은 문제를 더욱 중요하게 받아들이면서 자신들의 의견을 대변해 주는 정당으로 마음을 돌렸다는 분석이다.[67]

투표행태에 대한 합리적 선택 이론은 개인으로서 남성과 여성은 본질적으로 유사하며 사회적 구조가 여성들로 하여금 남성처럼 행동하고 독립적으로 선택권을 행사할 수 있도록 허용하기 때문에, 여성들은 그렇게 할 것이라는 시각에 입각해 있다. 남성과 여성은 모두 자신의 복리를 최대화하는 선택을 할 것이다. 결국 차이는 남성과 여성이 각각 무엇이 자신의 복리에 가장 크게 기여할 것인가에 대한 객관적인 판단에서 발생한다. 그러나 투표행태에 대한 또 다른 접근은 남성과 여성이 근본적으로 다르며 이들의 투표행태는 남녀의 차이에서 기인한 문화적 요소에 의한 것이라고 주장한다. 이 문제는 "과연 남성과 여성이 체계적으로(systematically) 동일한 방식으로 자신들의 정치적 견해와 선택을 조직하는가"라는 캠벨(Rosie Campbell)의 질문으로 집약해 볼 수 있을 것이다.[68] 예를 들어 정치적 가치에 대한 연구는 남성과 여성이 가장 큰 차이를 보이는 사안은 무력과 폭력의 사용, 평화와 전쟁, 환경정책이라는 것을 보여주고 있다.[69] 마찬가지로 여성들이 복지, 의료, 교육에 대해 갖는 관심은 여성들의 '돌봄의 윤리(ethic of care)'

---

[67] Karen Kaufmann and John R Petrocik, "The Changing Politics of American Men: Understanding the Source of the Gender Gap," pp. 882-883.
[68] Rosie Campbell, "Gender, Ideology and Issue Preference: Is there such a Thing as a Political Women's Interest in Britain?" p. 28.
[69] Pippa Norris, "The Gender Gap: Old Challenges, New Approaches," p. 156; Rosie Campbell, "Gender, Ideology and Issue Preference: Is there such a Thing as a Political Women's Interest in Britain?" p. 32; Karen Kaufmann and John R Petrocik, "The Changing Politics of American Men: Understanding the Source of the Gender Gap," p. 876; Elizabeth Adell Cook and Clyde Wilcox, "Feminism and the Gender Gap: A Second Look," in Karen O'Connor, Sarah Brewer and Michael Philip Fisher (eds.), *Gendering American Politics: Perspectives from the Literature* (New York: Person Longman, 2006), p. 124.

와 관련이 있을 지도 모른다.70) 우리는 여성 특유의 도덕적 사고방식이 사회의 약자에 대한 감성적인 접근을 강조한다고 볼 수 있다. 아니면 노동의 성별 분리로 인해 여성은 돌보는 역할을 맡게 되고 결과적으로 여성들은 이와 관련된 사안에 대해 우선순위를 부여한다고 볼 수도 있다.71) 어떤 경우에든 여성들은 돌봄이라는 행위에 가치를 두고 있으며, 사회를 평가하는데 있어서도 사회가 본연의 돌봄의 의무를 얼마나 잘 수행하는 가를 잣대로 삼는 경향이 있다.72) 따라서 여성은 남성보다 개인이나 환경을 돌보는 일에 우선순위를 두는 정당을 선호할 가능성이 크다.

동일하지는 않지만 이와 관련된 주장으로는, 여성권리의 행사와 증진을 주장하는 페미니스트적인 가치의 확산이 탈물질주의 가치(post-materialistic values)의 상승을 가져왔다는 주장이다. 아마도 페미니스트들은 새로운 가치를 개발했고, 이 가치들은 페미니스트들의 현안 선호도(issue preferences)를 형성하고 좌파정당에 대한 선호를 발생시키고 있다. 좌파정당에 대한 지지도의 상승은 따라서 페미니스트 의식의 확산을 통해 설명이 가능할 것이다.73) 이와 같은 시각이 '오늘날'의 성별 차이를 설명하는데 사용되려면, 여성(특히 젊은 여성)의 태도와 가치는 변화하고 있는 반면 남성들의 태도와 가치는 적어도 그와 같이 빠른 속도로 변화하지 않는다는 점을 보여주는 것이 필요하다.74) 쿡과 윌콕스(Cook and Wilcox)는 여성뿐만 아니라 남성들도 페미니스트가 아닌 사람들과는 구별되는 페미니스트적인 가치를 가질 수 있다는 것을 발견하였다.75) 잉글하트와 노리스는 후

---

70) Carol Gilligan, *In a Different Voice* (Cambridge, MA: Harvard University Press, 1982).
71) Joan C. Tronro, Moral Boundaries: *A Political Argument for an Ethic of Care* (New York and London: Routledge, 1993), pp. 176-177.
72) Ruth Lister, *Citizenship: Feminist Perspectives*, pp. 102-103.
73) Pamela Johnston Conover, "Feminists and the Gender Gap," in Karen O'Connor, Sarah Brewer and Michael Philip Fisher (eds.), G*endering American Politics: Perspectives from the Literature* (New York: Person Longman, 2006), pp. 111-120.
74) Pippa Norris, "The Gender Gap: Old Challenges, New Approaches," p. 164.

기 산업사회에서 남성보다는 여성들 중에 페미니스트 가치를 표명하는 사람들이 약간 더 많다는 것을 발견하였다. 영국에서 이루어진 연구는 제2차 세계대전 이후 출생한 여성들은 "같은 세대 남성보다 확연히 페미니스트적이고 이와 같은 성향은 투표에 있어서 중요한 영향을 끼쳤다"고 밝히고 있다.[76] 이 주장은 "닭이 먼저냐 달걀이 먼저냐" 논하는 것과 같은 측면이 있다. 즉 좌파 정당에 대한 지지가 먼저 있었는지 페미니즘에 대한 공감이 먼저 있었는지는 명확하지 않다.[77]

결론

성별 차이의 변화를 가져온 원인이 무엇이든 간에, 여성이 남성보다 우파정당에 더 많은 표를 던져 주던 시절은 지나갔다. 미국에서 성별 차이는 이제 민주당에 대한 여성의 지지는 충분히 뚜렷하고도 지속적인 현상으로 자리를 잡아서 '정치 환경의 보편적인 특징(pervasive feature of the political landscape)'으로 기술되고 있다.[78] 정도의 차이는 있지만 유사한 경향이 구 공산주의 국가를 제외한 유럽의 여러 곳에서 발견되고 있다.[79] 우리가 성별 정당 선호도와 투표행태를 예측하고자 한다면, 남성과 여성의 사회적

---

75) Elizabeth Adell Cook and Clyde Wilcox, "Feminism and the Gender Gap: A Second Look," in Karen O'Connor, Sarah Brewer and Michael Philip Fisher (eds.), *Gendering American Politics: Perspectives from the Literature* (New York: Person Longman, 2006), pp. 121-126.
76) Rosie Campbell, "Gender, Ideology and Issue Preference: Is there such a Thing as a Political Women's Interest in Britain?" p. 42.
77) Pippa Norris, "The Gender Gap: Old Challenges, New Approaches," p. 163; Elizabeth Adell Cook and Clyde Wilcox, "Feminism and the Gender Gap: A Second Look," p. 125.
78) Janet Box-Steffensmeier, Suzanna De Boef and Tse-Min Lin, "The Dynamics of the Partisan Gender gap," p. 527.
79) Pippa Norris, "The Gender Gap: Old Challenges, New Approaches," p. 164.

경험의 성격에 관한 근원적인 가정에 의존해야 할 것이다. 또한 이와 같은 예측은 더욱 세분화된 분석(disaggregated analysis)틀을 사용해야 할 것이다. 성별, 인종, 직업, 결혼 여부와 같은 요소들이 여성들이 선택을 하는 데 다양하게 영향을 끼칠 수 있기 때문이다. 앞에서 논의되었듯이, 때로는 성별에 근거해서 해석되었던 일부 행동 양태가 더욱 면밀한 조사를 통해 여성들이 특별한 사회 범주에서 비율이 높기 때문에 발생한 것으로 밝혀지기도 했다. 또한 보편적 투표권 시행 이후 여성들의 투표행태의 역사를 보면 고정된 것이나 불변의 것은 없다는 것을 알 수 있다. 만약 개인이 성중립적이지 않고 사회가 여성과 남성을 서로 다른 개인으로 구성한다면, 개인의 인식, 관심, 선택은 달라질 것이다. 그러나 필립스(Anne Phillips)가 주장하듯이, 남성과 여성의 특징, 즉 "성적/신체적 정체성이 개인을 특징짓는 유일한 요소가 아니며 …가장 본질적인 특징으로 보이는 것조차도 … 관련 사안에 따라 변화한다."[80] 정당 선호와 투표행태는 성(gender)과 사회·경제적 구조(그리고 이들 구조의 변화)의 상호 작용, 그리고 성과 정부/정당의 전략과 행위와의 상호작용에서 발생한다.[81] 투표행태가 더욱 유동성을 띠게 되고 정당들이 가능한 한 많은 관심 사안과 이해관계에 귀를 귀울임으로써 '모든 계층을 포괄하는 정당(catch-all parties)'으로 발전하려는 경향이 강해지면서, 정당은 남성 유권자와 여성 유권자 모두를 위한 맞춤식 전략을 통해 유권자에게 다가서고 있다. 이와 같은 맞춤식 전략의 예로는 정책프로그램 뿐만 아니라 정치 스타일의 수정과 여성들이 특히 매력을 느낄 방안과 방식의 채택 등을 들 수 있다. 이러한 정책은 첫째 여성들은 남성과는 선호하는 것이 다르며, 둘째 이와 같은 정책 노선의 수정이 많은 남성들을 소외시키지는 않는다(정당은 이와 같은 위험을 감수하고자 하지는 않을

---

[80] Anne Phillips, "Multiculturalism, Universalism and the Claims of Democracy," p. 58.
[81] Janet Box-Steffensmeier, Suzanna De Boef and Tse-Min Lin, "The Dynamics of the Partisan Gender gap," p. 527.

것이다)는 전제에서 출발한 것이다. 여기에서 우리가 눈여겨보아야 할 점은 일부 정당의 경우 의회에서 여성대표들의 비율을 높이려는 노력을 하고 있다는 것이다. 이 문제에 대한 논의가 다음 장에서 전개되고, 변화를 위한 다른 전략들은 제5장에서 논의될 것이다.

04 / 여성과 대의제(도)

150여 년 동안, 선진 산업국의 여성들은 시민으로서 그리고 정치적 존재로서 자신의 입지를 강화해 왔다. 이와 같은 변화는 대의민주주의(representative democracy)라는 틀 안에서 이루어져 왔고, 소련의 붕괴이후 자본주의체제에 기반한 자유민주주의 국가라면 예외 없이 이와 같은 변화의 세례를 누렸다. 그러나 민주주의의 본질이 무엇인가 하는 질문은 여전히 복잡한 질문으로 남아있다. 이와 관련해 많은 질문들이 제기되고 있지만 이 질문에 대한 대답에는 완전한 의견의 일치가 이루어 진 것은 아니다. 그러나 이와 같은 질문과 대답이 여성들에게 중요한 함의를 가진다는 점은 분명하다. 익숙한 개념들이 여성의 지위와 관련하여 어떻게 작동하는지를 고찰해 봄으로써 이와 같은 개념들을 재조명 할 수 있기를 기대하면서(p. 6 참조), 이 장은 대의제(representation)의 본질, 여성의원의 비율과 이에 대한 원인을 논의한다. 여성들이 대의민주주의 기관에서 차지하는 비율이 지나치게 낮다는 점을 고려하여, 본 장은 이에 대한 원인과 문제점을 지적하고, 다음 장에서는 현 상황을 변화시킬 수 있는 전략에 대해 논의할 것이다.

대의제(representation)의 본질

모든 공동체는 폭력에 의존하지 아니하고 갈등을 해결하기 위한 메커니즘, 즉 개인사이의 협력을 유도함으로써 구성원 전체의 생존과 복리를 증진할 수 있는 메커니즘을 필요로 한다. 일반적으로, 정치적 권위(political authority)는 갈등을 빚는 주장 사이에서 결정을 내리고 공공의 선을 증진할 수 있는 행동을 취하기 위한 목적으로 공동체의 일부 구성원에게 부여된다. 정치적 권위를 부여받은 소수의 정통성은 언제나 구성원의 동의(同意), 적어도 묵인(黙認)이 있어야만 확보된다. 이와 같은 정통성은 여러 요인에서 비롯될 수도 있다. 예를 들어 독재정치나 전제정치에서처럼 물리적으로 강요된 동의일 수도 있고, 왕정에서처럼 특정인에게 발생하는 세습적 권리의 인정일 수도 있다. 혹은 신권정치에서처럼 신의 수권(授權, God-ordained order)이라는 개념이 정통성의 근거가 될 수도 있고, 민주주의에서처럼 사회의 의사결정 과정에 모든 사람이 참여하고 따라서 모든 사람이 의사결정에 관련이 되어 있다는 인식이 정통성의 근거일수도 있다.

오늘날 민주주의의 가장 보편적 유형은 대의민주주의(representative democracy)이다. 대의자유민주주의 제도와 기관들은 발전과정에 있어서 지나치게 가부장적이어서 여성이 원하고 여성이 필요로 하는 것을 제공하지 못한다는 비판을 받기도 하였다. 이를 해결하기 위안 방안으로 제안된 것이 지역 수준, 혹은 자유민주주의에서 사적인 영역 따라서 비정치적 영역(non-political area)로 분류되는 영역(예를 들어 일터)에서 여성들의 민주적 참여를 확대하는 방안이었다. 그러나 필립스(Anne Phillips)가 지적하고 있듯이, 이와 같은 민주주의 모형은 여성을 포함한 모든 사람이 정치 행위에 참여할 수 있을 만큼 충분한 시간적 여유를 가지고 있다는 것을 기본 전제로 하고 있고, 직장을 상당히 강조한다(제2장 참고). 필립스는 "(남성)

과 여성은 일(work)과 시간(time)에 관련하여 서로 다른 관계를 형성하기 때문에 직장에서의 참여확대에 근거한 민주주의의 유형은 남성과 여성 사이에서 중립적일 수 없다"고 지적한 바 있다.[1]

대의민주주의에서 모든 시민은 심의(deliberation), 토론(debate), 의사결정(decision-making)에 참여하지만, 참여는 자신의 대표자를 통한 간접적인 방식으로 이루어진다. 일부 이론가들은 여기에서 가장 중요한 요소를 심의 단계로 보는 반면, 다른 이론가들은 현대 민주주의의 환경은 필연적으로 경쟁적일 수밖에 없다고 보고 있다. 이들 후자는 사회에서 개인간의 사회적·경제적 이익은 필연적으로 갈등을 빚거나 경쟁관계에 있다고 본다. 따라서 정부의 임무란 최대 다수를 만족시키는 방식으로 이와 같은 갈등과 경쟁을 해결하는 것이다.[2] 경쟁적 엘리트(competitive elitist) 민주주의는 국민을 개인으로 이해한다면, 다원적(pluralist) 민주주의에서 국민은 집단에 속하는 것으로 이해된다.[3] 두 경우 모두에서, 유권자들은 자신의 이익을 가장 적극적으로 대변해 줄 수 있는 대표에게 투표를 함으로써 자신의 이익을 증대하고자 할 것이며, 정치인들은 더 많은 득표를 통해 자신의 이익을 추구할 것이다. 이 과정에서 정치인들은 대부분 정당과의 결사를 조직하는데, 정당은 정당대로 최대한 많은 표를 확보할 수 있는 방식으로 이해관계를 결집시켜 나가게 된다.[4]

현대 민주주의에 대한 이와 같은 접근법은 대의제(representation)의 의미에 대해서 복잡다단한 질문들을 제기한다. 대표(representatives)들은 실제로 무엇을 대표하며, 이 일을 어떻게 수행해야 하는가? 대표가 개인

---

1) Anne Phillips, *Engendering Democracy* (Cambridge: Polity, 1991), p. 45.
2) David Held, *Models of Democracy* (Cambridge: Polity, 1996), p. 176; Jane Mansbride, "Feminism and Democracy," in Anne Phillips (ed.), *Feminism and Politics* (Oxford: Oxford University Press, 1998), p. 144.
3) David Held, *Models of Democracy*, pp. 197, 217.
4) Iris Marion Young, *Inclusion and Democracy* (Oxford: Oxford University Press, 2000), p. 19.

으로 구성된 집단을 대변한다면, 자신들의 대표를 선택하는 일과 관련해서 각 개인은 어떤 잣대를 통해 분류되어야 하는가? 이와 같은 질문에 대해 우리는 특정 인물에 의해 대표되는 사람들이 공유하는 공통의 특징들을 상정해 보는 것이 가능할 것이다.[5] 먼저 사람들을 연령으로 구분할 수 있을 것이다. 따라서 예를 들자면 18~19세 이상인 사람들에게 대표를 선출할 수 있는 권리를 부여할 수 있다. 마찬가지로, 슬로베니아에서처럼 헝가리와 이탈리아 출신의 슬로베니아인들을 위한 의석을 지정해 두는 경우는 출신 배경이 공동 분모가 되는 사례이다.[6] 또는 아일랜드 상원(Seanad Éireann)의 경우에서처럼 직업이나 직종에 관련한 이해관계를 공유할 수도 있고, 1948년까지 영국의 경우에서처럼 교육수준이 공동의 분모가 될 수도 있다(1948년 대학 졸업생을 대변하는 의원들의 의석은 폐지되었다. 초창기 영국 여성의원이었던 라스본[Eleanor Rathbone]은 1929년 영국대학협의회[Combined British Universities]의 회원 자격으로 당선되었다).

실제로 대부분의 국가에서 대표는 거주지(선거구라는 지역적 경계)나 정치적 지향(신념이라는 이데올로기)에 근거해서, 혹은 이 둘이 절충된 형태에 의거하여 선출된다.[7] 지역구 대표는 일정한 지역을 단위로 설정된 선거구에 거주하는 지역주민을 대표한다. 반면 국가차원 혹은 지방차원의 정당명부식 비례대표제에 의해 선출된 의원들은(독일 하원의원의 절반은 비례대표제에 의해 선출됨) 지역적인 연고를 가지는 경우도 있지만, 대개의 경우 자신과 정치적 지향을 공유하는 사람들을 대표한다. 그러나 비례대표 의원들의 지지자들 사이에서도 상당한 편차를 발견할 수 있다. 따라서 '유권자들(constituents)'은 지리적 경계에 근거해서 분류되었든 정치적 지향에 의해 분류되었든, 노소(老少), 고용주와 고용인, 다양한 인종적 출신의

---

5) Judith Squires, *Gender in Political Theory* (Cambridge: Polity, 1999), p. 202.
6) Andrew Geddes, *The Politics of Migration and Immigration in Europe* (London: Sage, 2003), p. 185.
7) Judith Squires, *Gender in Political Theory*, p. 202.

사람들이 포함되어 있고, 이들은 다양한 정치·경제적 필요, 관심사, 욕구, 열망을 가지고 있다.

그렇다면 이렇게 다양한 집단들이 과연 어떻게 대표되는가 하는 질문이 제기된다. 우리는 분석의 명료화를 위해 대의제를 4유형으로 분류할 수 있겠지만(글상자 4-1 참고), 실제로는 4가지 유형의 요소들은 서로 혼재한다. 로벤더스키(Joni Lovenduski)는 '대의제의 다차원적 성격(multi-dimensional nature of representation)'이 바로 여성이 과연 어떻게 대표되어야 하는가에 관한 논의를 어렵게 만들고 있다고 주장한다.[8]

글상자 4-1에 제시된 대의제의 모형에서 우리는 좀 더 일반적인 2가지 대의제의 모형, 즉 실질적(substantive) 대의제와 기술적(descriptive) 대의제 모형을 도출해 낼 수 있다. 먼저 **실질적 대의제**(*substantive representation*)라는 개념은 대표가 개인이나 집단의 핵심적 이해관계를 대변하기 위해서 **행동하는 것**(*acting*)을 일컫는다. 영미권의 다원적 민주주의 국가는 대표를 통해 표출되어야 하는 것은 개인의 이해관계가 아니라 집단의 이해관계라고 보고 있다. 대조적으로, 공화주의자나 공화주의 전통(예를 들어 프랑스)은 모든 개인은 공공의 선(common good)에 대한 우선적 관심을 공유한다고 주장하면서, '특정한 이해관계에 반대되는 보편적 이해관계에 대한 확고한 강조'를 내세우며 집단 이익의 옹호를 배격한다.[9] 그러나 영미 전통이나 공화주의 전통 모두에서 중요한 점은 정치기관이 모든 국민의 정치적 필요와 관심에 귀를 기울이는 자세를 보여야 한다는 것이며, 대표가 무엇을 하느냐가 중요하지 대표가 누구냐 하는 것은 중요하지 않다는 점이다.

반면, **기술적 대의제**(*descriptive representation*)는 대의제의 유사모델(resemblance model)과 밀접하게 관련되어 있다. 이 모형에서는 대표가 누가인가 하는 문제가 중요하게 부각된다. 왜냐하면 자신이 대표하는

---

[8] Joni Lovenduski, *Feminizing Politics* (Cambridge: Polity, 2005), pp.14, 16.
[9] Anne Phillips, *Engendering Democracy*, p. 49.

대의제의 모델 　　　　　　　　　　　　　　　　글상자 4-1

- **신탁모델(Trustee)** 유권자들은 지식과 판단력을 갖추고 자신들을 대신해서 결정을 할 수 있는 인사를 선출하다. "여러분이 선출한 대표는 여러분들에게 자신의 근면뿐만 아니라 자신의 성숙한 판단력을 보여주어야 한다. 그리고 만약 여러분의 의견 앞에서 자신의 판단력을 희생한다면, 그는 여러분을 섬기는 것이 아니라 여러분을 배신하는 것이다"
- **대의모델(Delagate Model)** 대표는 "다른 사람들의 의견을 전달하는 매체로서의 역할을 수행한다."10) 대표는 지시와 지침을 전달받아 이를 수행한다.
- **위임모델(Mandate)** 위임이라는 개념은 정당이 등장한 이후 발전한 대의제의 모델이다. 위임모델에서 유권자는 후보 개인이 아닌 개인이 속한 정당에 투표를 하는 것으로 간주된다. 따라서 정당은 당의 공약(manifesto)과 정책을 집행할 수 있는 위임권을 부여받게 된다. 대표는 당의 정책과 정강에 충실하며 소속 정당의 전반적 입장에 근거하여 사안을 다루게 된다.
- **유사모델(Resemblance)** 유사모델은 대표가 자신이 대리하는 집단(계층, 성별, 인종 등의 기준에 의해 분류된 사회집단)에서 선출되며, 이 집단의 특징을 공유하고 나아가 이 집단의 이익을 증진해야 한다는 시각이다. 이를 통해 유권자들은 자신의 삶의 경험이 존중되고 고려될 것이라고 확신할 수 있을 것이다. 유사 모델은 개인의 정체성의 어느 부분이 개인의 삶의 경험에서 가장 중요한가 하는 질문을 제기한다. 예를 들어 흑인이라는 점이 더 중요한가 아니면 여성이라는 점이 더 중요한가? 대학 졸업생이라는 점인가? 아니면 노동자라는 점인가?

집단에 실제로 속한 경우에 한해서만, 대표는 소속 집단의 핵심적 이해관계가 무엇인지를 파악할 수 있고 이와 같은 이해관계를 증진할 수 있기 때문이다. 그러나 사회적 특성을 대표선출의 근거로 삼는 몇몇 정치기관이 있기는 하지만(드골 장군은 1969년 프랑스 상원에 이와 같은 취지의 제도를 제안했

---

10) Andrew Heywood, *Political Ideas and Concepts* (London and Basingstoke: Mancmillan, 1994), p. 207.

지만 받아들여지지는 않았다. 반면 아일랜드 상원에서는 이와 같은 제도가 존재한다), 국가차원의 선거에서 모든 유권자를 동일한 조건을 가진 사람들로 이루어진 선거구로 분류하고 그중에서 한 사람을 대표로 뽑아야 한다고 심각하게 주장하는 사람은 없다.[11] 기술적 대의제라는 개념은 다소 포괄적인 개념이다. 대의기관인 의회가 의원의 구성에 있어서 국민들의 다양한 구성을 대체로 반영하면 기술적 대의가 이루어 진 것으로 간주된다. 스퀴어즈(Judith Squires)는 이것을 '소우주적 대표(microcosmic representation)'라 부르며, 이를 '집단(의회)을 구성하는 각각의 소집단의 비율이 이들 소집단이 축출된 모집단(population)의 비율과 동일한 경우'로 정의하고 있다.[12] 소우주적 대의는 사회 모든 구성원의 핵심 이익이 대변될 수 있게 하는 한편, 이와 같은 사실이 시각적으로 분명히 드러날 수 있게 한다.

여성을 대표하기: 왜 그리고 무엇을?

"대의민주주의라는 장치가 여성이 여성을 대표하는 것을 목적으로 한다면, 대표들은 과연 무엇을 대표해야 할까? 여성의 생각을 대표하는 것일까? 아니면 여성의 이익이나 정체성을 대표하는 것일까?"[13] 여성의 선거권과 피선거권이 강력하게 주장되고 있는 오늘날에도, 여성대표의 비율은 여전히 논란이 되고 있다. 대의 기관에서 여성이 차지하는 비율은 사실상 문제가 되지 않는다고 생각할 수도 있다. 여기에는 민주적 대의에 관한 공

---

11) Joni Masbridge, "What Does a Representative Do? Descriptive Representation in Communicative Settings of Distrust, Uncrystallized Interests and Historically Denigrated Status," in Will Kymlicka and Wayne Norman (ed.), *Citizenship in Diverse Society* (Oxford: Oxford University Press, 2000), p. 107.
12) Judith Squires, *Gender in Political Theory*, p. 203.
13) Judith Squires, *Gender in Political Theory*, p. 194.

화주의적 접근과 앞에서 언급한 신탁 모델(trustee model)에 출발한 서로 밀접하게 관련되어 있는 두 가지 주장이 있다. 먼저, 의회에서 대표되어야 하는 것은 사회를 구성하는 개별 시민이라는 주장이다. 각각의 시민은 법과 국가 앞에서 평등하고 동등한 권리를 누린다. 정치 체제는 의사능력이 있는 (mentally competent) 성인들 사이에 사회, 종교, 문화, 성별을 근거로 차별을 하지 않으며 해서도 안 된다.14) 사실 개인은 그가 처한 환경, 개성, 인성으로 인해 조금씩은 다른 이해관계와 관심을 가지고 있다. 따라서 이성적이고 합리적이며 온당한 판단을 통해 갈등을 중재하고 사회 구성원 전체가 최대의 이익을 누릴 수 있는 결과를 모색하는 것이 좁게는 개별 의원, 넓게는 의회의 역할일 것이다. 그렇다면 대표에게 요구되는 자질로는 합리성, 청렴, 사회의 발전 방향에 대한 분명한 비전 등을 꼽을 수 있을 것이고, 이러한 자질은 특정 사람들만 독점하는 고유 자질은 아니다. 이와 같은 접근법을 취하는 사람들이 낮은 여성의원 비율에 대해 전혀 개의치 않는 것은 아니다. 이들은 낮은 참여율을 개탄하면서 투쟁한다. 왜냐하면 이와 같은 현상은 사회적 불평등이나 여성에 대한 차별, 혹은 여성들이 대표로 나설 수도 없고 대표가 되기를 희망하지도 않는 상황의 결과이기 때문이다. 또한 이들은 여성대표의 과소성(under-representation)이 상징적인 의미를 가진다는 것을 인식하고 있다. 즉 여성들이 남성과는 달리 배제되고 있다는 인상(이와 같은 인상은 정확할 수도 있고 아닐 수도 있다)을 준다는 것이다. 필립스는 여성의 정치참여를 제고하기 위한 전략의 일환으로 '역할모델(role model)'론을 주장하고 있다. 만약 더 많은 여성들이 다른 직종에서와 마찬가지로 정치라는 장에서 가시적이고 주도적인 역할을 수행한다면, 다른 여성들에게는 고무적인 일이며 여성의 능력과 여성의 역할에 대한 근거없는 억측들을 잠재우게 될 것이라고 그녀는 주장한다.15)

---

14) Janine Mossuz-Lavau, *Femmes/Hommes: Pour La Parité* (Paris: Presses de Sciences Po, 1998), p. 66.
15) Anne Phillips, *Feminism and Politics* (Oxford: Oxford University Press, 1998),

따라서 이와 같은 '평등' 접근법은 역설적이게도 대의 기관에서 여성의 참여를 가로막는 장애들을 제거하기 위한 노력(여성우대적 노력)과 연계될 수 있다.16) 그러나 개인들 간에 어떤 차이를 인정한다는 것은 복잡다단한 사회적·문화적 차이를 인정하는 것이나 마찬가지이며, 이는 대의제 자체를 무력화시키고 사회를 파편화시킬 수도 있다는 우려도 항상 존재한다.17) 필립스는 "선출된 사람들의 특징은 이들을 선출한 사람들의 특징과는 어떤 면에서든 다를 수 있다. 그리고 이것이 언제나 민주주의와 관련하여 중대한 문제로 보이는 것은 아니다"고 지적하고 있다.18) 여성대표의 비율이 낮은 것은 유감스럽지만, 대의제는 원칙적으로 남성뿐만 아니라 여성에게도 만족스럽게 작동하는 시스템으로 받아들여지고 있고, 따라서 여성들은 자신의 목소리가 표출되지 않는다고 불평을 할 이유는 없다. 여성은 남성과 마찬가지로 대표가 사회 전체의 이익을 위해서 일하지 않는다고 판단되면 그에게 표를 주지 않을 수 있다. 중요한 것은 대표의 의무가 무엇이며, 이와 같은 의무의 수행에 있어서 어떻게 책임을 물을 것인가 하는 점이다. 따라서 공화주의적 보편주의자들은 집단의 이해관계나 의견은 대표되어야 하지만, 성이나 기타 태생적인 차이(예를 들어 인종)에 따라 대표가 선출되어서는 안된다고 주장한다.

이와는 반대로 페미니스트들은 성 정체성(gender identities, 이것은 성차[sexual differences]로 나타난다)에 대한 고려가 없다면 의견과 이해관계가 대변될 수 없다고 주장한다. 이와 같은 관점에서부터 보편주의자들의 접근법에 반기를 든 소극론(negative arguments)과 성 정체성에 근거한 대표 선출의 필요를 주장하는 적극론(positive arguments)이 파생되었다. 소극론의 주된 입장은 소위 말하는 추상적이고 중성적인 개인의 표

---

p. 228.
16) Janine Mossuz-Lavau, *Femmes/Hommes: Pour La Parité*, p. 69.
17) Elizabeth Badinter, "Non aux Quotas des Femmes," in Micheline Amar (ed.), *Le Piège de la Parité* (Paris: Hachetter, 1996), pp. 19.
18) Anne Phillips, *Feminism and Politics*, p. 225.

본은 사실 남성이라는 점을 환기시키고 있다.[19] 마찬가지로, 평등한 보편적 권리(equal universal rights)라는 개념은 단순히 여성을 남성 모델에 동화시킨다고 주장한다.[20] 이성과 논리에 대한 호소란 명백히 남성적인 특징에 대한 호소이기 때문이다. 여성의 '다른 목소리(different voice)'를 주장한 길리건(Carol Gilligan)이 강조하듯이, 여성들은 추상적이고 보편적인 개인의 핵심적 자산인 '권리(rights)' 보다는 관계(relationships)에 더 큰 무게를 두는 경향이 있고, 이 관계라는 개념은 전혀 추상적일 수 없는 개념이다.[21]

소극론의 또 다른 주장은 대표들이 사회의 공공의 선이라는 고결한 비전을 위해 수탁자로 일할 것이라고 기대하는 것은 지나치게 이상적인 기대라는 점을 부각시킨다. 오늘날 사회는 본질적으로 다원화된 사회이다. 따라서 '다수의 횡포(tyranny of the majority)'를 통제하고자 한다면, 주요 집단의 사회·경제적 이익은 이와 같은 이익을 공유하는 사람, 즉 이들 집단에 소속되어 있기 때문에 집단의 이익을 공유하는 사람에 의해서 대표되어야 한다. 이와 같은 주장에는 대의모델(delegate model)이나 위임모델(mandate model)은 현대 민주주의 체제에서 완전히 타당성 있는 모델은 아니라는 전제가 깔려있다. 사건은 발생하기 마련이고 상황은 변화하기 마련이다. 남성대표들이 여성의 지지를 받는 정강을 통해 선출되었다고 할지라도, 항상 여성들의 이익을 기억하고 이것을 정확하게 파악해 내리라고 기대할 수는 없다. 따라서 여성의원의 비율을 제고하기 위한 구체적 전략 수립을 주장하는 사람들은 여성은 남성과는 다른 이해관계를 가지며 남성들은 이와 같은 이해관계를 대표할 수 없는 반면, 여성들이야 말로 그렇게 할 의사와 능력을 갖고 있다고 주장한다. 즉 여성만이 여성을 위해 일할 수 있다는 주

---

19) David Held, *Models of Democracy*, p. 74.
20) Sylviane Agacinski, *Politique des Sexes, Précédé de mise au point sur la Mixité* (Paris: Seuil: Collection Points, 2000), p. 104
21) Carol Gilligan, *In a Different Voice* (Cambridge, MA: Harvard University Press, 1982), pp. 130, 164, 170-171.

장, 이것이 바로 '대리(agency)'론이다.22)

성 정체성을 고려한 기술적 다원주의 모델(descriptive pluralist model)을 옹호하는 더욱 적극적인 주장도 제기되고 있다. 먼저, 사회구성원의 비율에 있어서 상당한 부분을 차지하는 여성의 정치 역할이 이렇게 취약한 것은 사회정의에 위반된다는 주장이 있다. 만약 정치의 장(場)에 여성이 부재한다면, 그 정치체제는 적법하다고 할 수 없을 것이다.23) 페미니스트들은 여성의 정치 참여를 막는 특정한 유형의 차별이 존재할 뿐만 아니라, 사회적으로도 불공정한 성별 노동 분리로 인해 발생하는 구조적인 차별이 존재한다고 주장한다. 따라서 보편주의적 대표제 모델은 이 점을 정확하게 인식하지도 못할 뿐만 아니라 적절하게 보완하지도 못한다. 즉 여성은 완전한 정치 참여의 권리를 가지며, 대의 기관에서의 여성의 부재는 이들 기관의 적법성을 훼손할 뿐만 아니라 여성 전체의 위상과 염원에 찬물을 끼얹고 있다는 것은 '정의(justice)'에 관련된 문제이면서도 '상징적인(symbolic)' 주장이다. 그러나 이와 같은 주장은 보편주의적 접근방식이 사실 가시적으로 '부조화된 결과'를 초래했다는 문제만을 다룰 뿐, 정확히 무엇이 대표되고 있고 무엇을 대표해야 하는가에 관련한 문제는 다루지 않고 있다.24)

여성대표의 비율 확대에 관련한 두 번째 적극론은 여성대표들이 정치 행위나 정책 결정에 있어서 여성에게 혜택을 가져올 수 있는 새로운 요소들을 도입할 것이라고 주장한다. 첫째, 여성들은 정치 관행과 정치 스타일에 새바람을 불어 넣을 것이다. 또한 공직에의 경쟁이 확대된다면 사회에도 이

---

22) Marian Sawer, Manon Tremblay and Linda J. Trimble, "Introduction: Patterns and Practice in the Parliamentary Representation of Women," in Marian Sawer, Manon Tremblay and Linda J. Trimble (ed.), *Representing Women in Parliament: A Comparative Study* (London: Routledge, 2006), pp. 19.
23) R. Darcy, Susan Welch and Janet Clark, *Women, Elections, and Representation* (Lincoln: University of Nebraska Press, 1994), pp. 15–18.
24) Anne Phillips, *Feminism and Politics*, pp. 232–233; Marian Sawer, Manon Tremblay and Linda J. Trimble, "Introduction: Patterns and Practice in the Parliamentary Representation of Women," p. 19; Judith Squires, *Gender in Political Theory*, p. 205.

득이 된다. 둘째, 여성대표들은 일부 영역에 있어서는 남성들 보다 더 많은 전문지식과 식견을 가지고 있기 때문에, 정책 형성에 도움이 될 것이다.[25] 셋째, 여성들은 정치관행을 개선할 것이다. 프랑스에서 남녀 대표의 비율을 유사한 수준으로 조정하기 위한 법적인 대책의 도입을 앞두고 진행된 논의에서(제5장 참조), 모쉬-라보(Janine Mossuz-Lavau)는 프랑스 국민의회(French National Assembly)에서 여성의원의 비율이 높아지면 의회의 남성 우월적인 분위기가 변화할 것이라고 주장하였다. 그녀는 여러 여성 정치인의 사례를 들면서, 여성의원들의 수가 늘어나면 현실에 기반한 민생 정책 그러면서도 덜 적대적 정책이 입안될 것이라는 견해를 피력하였다.[26] 그러나 이것이 가능하기 위해서는 여성들이 사실상 '임계집단(critical mass)'을 형성해야만 한다. 필립스(Anne Phillips)는 이와 같은 주장에서 한 발 더 나아가 여성의 참여 비율 확대를 '민주주의를 증진하고 강화하기 위한 포괄적인 프로젝트'의 일환으로 보고 있으며, 여성들이 정치라는 장에 참여와 협의에 바탕을 둔 정치 스타일을 도입할 것이라고 전망한다.[27] 이와 같은 주장은 '심의 민주주의(deliberative democracy)'론으로 분류할 수 있을 것이다.[28]

이와 같은 모든 주장에서, 필요, 관심, 이익, 의견, 정체성이라는 개념은 서로 긴밀하게 관련되어 있다(글상자 4-2 참조). 여성은 광의의 의미에서 이익단체(interest group, 사회적으로 특정한 위치를 차지하면서 일정한 영역에 대해 관심을 공유하는 사람들의 결사체로 정의한다)로 개념화할 수 있을 것이다. 여기에서 말하는 여성들의 공통된 관심은 가정에서의 노동의 분리에 의해, 그리고 이와 같은 노동의 분리가 공적인 정책과 법적·경제

---

[25] R. Darcy, Susan Welch and Janet Clark, *Women, Elections, and Representation*, pp. 15-18.
[26] Janine Mossuz-Lavau, *Femmes/Hommes: Pour La Parité*, pp. 7-9, 79, 93-94.
[27] Anne Phillips, *Feminism and Politics*, p. 189.
[28] Marian Sawer, Manon Tremblay and Linda J. Trimble, "Introduction: Patterns and Practice in the Parliamentary Representation of Women," p. 19

적 장치를 통해 강화되는 현상에 의해 주로 발생한 것이다.[29] 그러나 실상 여성의 이해관계는 인종, 계층, 심지어 결혼여부등과 밀접하게 관련되어 있다. 따라서 여성대표를 통해 여성의 이해관계가 대표되어야 한다는 주장은 여성이 왜 다른 집단과는 다른 대우를 받아야 하는 지를 설명하지 못하며, 특정 집단의 요구를 인정하게 되면 다른 모든 집단들도 동일한 요구를 하고 나설 것이라는 비판에 노출되어 있다.

현대 민주주의에서 대의제는 이해관계는 결집될 수 있으며 이들 이해관계 사이의 중재는 이념(ideas)을 기초로 하여 이루어진다고 이해한다. 즉 여기에는 이데올로기의 역할이 있게 된다. 계층 간 이해관계의 충돌을 야기하는 원인으로 지목되는 계층간 불평등은 대부분의 선진국에서 가장 두드러진 정치적 분할현상을 야기하는 요소가 되어왔다. 그러나 페미니스트들은 각 정당이 어느 계층의 이익을 대변하는가에 상관없이 여성의 배제를 인식하지 못하고 있다고 주장한다.[30]

이해관계의 대변에 관한 관심에서 벗어나 '관점, 접근, 관심이라는 오히려 다른 언어'로의 전환을 제시하는 대안적 사고는 더욱 논란의 여지가 많다(글상자 4-2 참고).[31] 이들은 성이란 여성에게 특정한 위치를 강제하고 여성(모든 여성)을 남성과는 다른 존재로 만드는 일종의 구조라고 주장한다. 젠더 정치는 여성이 남성과는 다른 방식으로 일을 수행한다는 점, '여성은 정의가 아닌 보살핌이라는 관점에서 사고하며, 시민권에 대해서도 보편적인 개념화가 아닌 모성애적인 개념화를 한다는 점', 그리고 "사람들은 이해관계의 대변이라는 임무를 위임하는 방식으로 자신의 정체성의 대변이라는 임무를 위임할 수는 없다"는 점을 인정한다.[32] 성 정체성에서 출발한

---

29) Virginia Sapiro, "When are Interests Interesting?" Anne Phillips (ed.), *Feminism and Politics* (Oxford: Oxford University Press, 1998), pp. 164-166.
30) Anne Phillips, *The Politics of Presence* (Oxford: Oxford University Press, 1995), p. 176; Judith Squires, *Gender in Political Theory* (Cambridge: Polity, 1999), pp. 221-222.
31) Anne Phillips, *The Politics of Presence*, p. 176.

필요, 관심, 이해관계, 이념, 정체성 　　글상자 4-2

무엇을 대표해야 하는가에 관한 논의에는 다양한 개념들이 사용된다. 이들 개념은 때로는 유사한 의미로, 때로는 엄격히 구별된 의미로 사용되기도 한다. 여성의 **필요**(needs)는 여성이 행위자로 살아가고 행동할 수 있도록 하는 권리와 환경에 대한 필요를 의미한다.[33] 필요론은 여성의 삶에 영향을 끼치는 '보이지 않는(invisible)' 문제가 존재하며, 이 문제는 여성만이 식별할 수 있고 '여성이 자신의 무력함에 대응하는 과정에서 수립한 생존전략'을 통해서 표출이 된다는 시각이다.[34] 필요는 '정치적 권리를 … 명백히 도덕적 측면에서' 주장한다.[35]

여성의 **관심사**(concerns)는 여성들이 자신의 삶과 활동에 특별히 중요하고 관련이 있다고 여기는 사안들(issues)을 가리킨다. 여성의 관심사는 남성의 관심사와는 다르다. 노동의 성별 분리로 인해 여성의 삶은 남성의 삶과는 다르기 때문이다. 여성의 관심사는 전통적으로 억압·침묵당하여 왔으며, 페미니스트 사상에 힘입은 새로운 사고와 관행이 가능할 때에 한해서만 표출이 되어 왔다.[36] 이와 같은 관심사의 많은 부분은 생산활동(production)과 관련이 있는 것이 아니라 재생산(reproduction)과 관련이 있다.[37] '평화, 환경, 폭력과 포르노라는 문제에서 여성의 입장을 강력하게 대변해 온 급진적 생태페미니스트(eco-feminists)'들은 여성 관심사의 특수성을 주장하고 있다.[38]

여성의 **이해관계**(interests)는 여성의 복지와 여권신장에 도움이 되는 사회적, 정치적, 경제적 대응책과 해결책으로 정의된다. 이해관계와 관련한 논의 →

---

32) Judith Squires, *Gender in Political Theory*, p. 225.
33) Barbara Einhorn, *Citizenship in an Enlarging Europe* (Basingstoke: Palgrave Macmillan, 2006), p. 179.
34) Diamond and Nancy Hartsock, "Beyond Interests in Politics: A Comment on Virginia Sapiro's "When are Interests Interesting?" The Problem of Political Representation of Women," in Anne Phillips (ed.), *Feminism and Politics* (Oxford: Oxford University Press, 1998), p. 198.
35) Anne Phillips, *Which Equalities Matter?* (Cambridge: Polity, 1999), p.72.
36) Anne Phillips, *The Politics of Presence*, p. 70.
37) Diamond and Nancy Hartsock, "Beyond Interests in Politics: A Comment on

→
에서 일부 사람들은 과연 어떤 대응책과 해결책이 특정 집단의 복리를 가장 효율적으로 증진할 것인가에 대한 해답은 '의식있는 관찰자에게는 누구에게나 명확하게 보일 것'이라는 입장을 취해왔다.39) 따라서 중요한 것은 어떤 이해관계든 이해관계를 옹호하는 사람은 논리, 능력, 힘, 에너지를 두루 갖추어야 한다는 것이다. 정치란 대개 제로섬 환경(zero-sum environment)내에서 서로 갈등을 빚는 대응들 사이에서 길항적(拮抗的) 조정을 도모하는 과정이다. 그러나 다른 사람들은 이와 같이 이성, 계산, 경쟁에 근거한 개념화는 안정적이고, 인간적이며, 용인가능한 정치의 토대를 형성할 수 없고 형성해서도 안된다고 본다.40)

이와 같은 맥락에서 **이념**(ideas)이란 비전, 이미지, 열망의 구조화되고 합리화된 표현이다. 사회적, 정치적, 경제적 목적과 해결책에 관한 견해들이 어우러져서 사회의 발전 방향에 관련한 구상을 제시하게 되면, 이것은 이데올로기(ideology)가 된다. 현대 정치와 대의제는 정당정치로 이루어진다. 정당은 사회의 발전방향과 사회의 자원(권력이나 부)의 분배와 재분배에 대한 특정 비전을 공유하는 조직이다.41)

정체성(identity)은 개인의 태생적 특징이나 삶의 경험을 통해 습득한 특징을 통해 형성된다. 사람들은 일반적으로 사회가 부여하는 정체성을 가지며 사회는 공식적·비공식 목적에 따라 개인을 분류한다. 사람들은 또한 집단 정체성을 선택하기도 한다. 집단동일시(group identification)는 자신을 특정 집단의 구성원으로 분류하는 것을 의미하며, 집단의식(group consciousness)은 이보다 한 걸음 더 나아가 특정 사회 집단의 구성원이 된다는 것의 의미를 이해하는 것을 포함한다. 정체성에는 "자신이 속한 집단과의 동일시, 사회내에서 자신이 속한 집단의 상대적 위치와 관련한 정치적 인식이나 이데올로기, 집단의 이익을 실현하기 위한 집단적 행위에의 책임 등이 포함된다."42)

Virginia Sapiro's "When are Interests Interesting?" The Problem of Political Representation of Women," p. 198.
38) Wendy Stokes, *Women in Contemporary Politics* (Cambridge: Polity, 2005), p. 235.
39) Anne Phillips, *The Politics of Presence*, p. 69.

주장은 (연령을 제외하고는) 사회 구성원을 즉각적으로 범주화할 수 있는 다른 잣대는 없기 때문에, 성별 차이를 인정하면 이와 유사한 요구들이 봇물을 이룰 것이라는 주장이 유효하지 않다고 주장한다. 그러나 이와 같은 주장은 집단의 구성원은 모두 유사하며 이들은 필연적으로 (이것을 인식하고 있던지 그렇지 않든지 간에) 동일한 가치와 관심을 공유한다는 본질론적인 입장으로 인해 비판을 받을 수 있다.43) 정체성에 대한 이와 같은 시각을 거부하는 반대론자들도 특정한 사회집단이 존재하는 이유는 이들 집단의 구성원들이 불이익과 억압을 야기하는 사회구조에 대한 경험을 공유하기 때문이라는 점은 인정한다. 영(Iris Marion Young)은 그러나 이것이 '개별 집단으로서의 이들의 정체성'을 형성하는 것은 아니며, 이들 집단의 요구는 대부분 '공평성, 기회의 균등, 정치적 참여'에 대한 요구라고 주장한다.44) 영은 본질적인 정체성이라는 개념을 부정하기 때문에, 정체성이 대표된다고 주장하지는 않는다. 그러나 영은 단순히 이해관계뿐만 아니라 전체적인 시각 — 전체적인 시각이란 사물을 보는 방식이며 이것은 개별 집단에 속한 사람들이 사회적 관계에 있어서 유사한 경험을 함으로써 형성된다 — 도 대표될 수 있으며 대표되어야 한다는 점과 소외된 집단의 시각도 대표될 수 있도록 각별한 노력을 기울여야 한다고 주장한다. 이와 같은 일은 집단의 시각을 형성하는 사회구조적 관계를 공유하는 사람들에 의해 가장

---

40) Diamond and Nancy Hartsock, "Beyond Interests in Politics: A Comment on Virginia Sapiro's "When are Interests Interesting?" The Problem of Political Representation of Women," p. 196.

41) Anne Phillips, *The Politics of Presence*, p. 1.

42) Arthur H. Miller, Patricia Gurin, Gerald Gurin and Oksana Malanchuk, "Group Consciousness and Political Participation," *American Journal of Political Science*, Vol. 25, No. 3, 1981, p. 495.

43) Jane Mansbrige, "What Does a Representative Do? Descriptive Representation in Communicative Settings of Distrust, Uncrystallized Interests and Historically Denigrated Status," p. 108; Iris Marion Young, *Inclusion and Democracy* (Oxford: Oxford University Press, 2000), pp. 87-88.

44) Iris Marion Young, *Inclusion and Democracy*, pp. 99, 107.

표 4-1 국가별(유럽 의회 포함) 여성의원 비율

국가	가장 최근 선거년월	하원 혹은 단원제 의회			상원		
		의원 총수	여성의원 비율	1997년 1월 1일 현재 여성의원 비율	1997년 이래 여성의원 변화율	가장 최근 선거년월*	의원 총수	여성의원 비율
스웨덴	09 2006	349	47.3	40.4	6.9			
노르웨이	09 2005	169	37.9	39.4	-1.5			
덴마크	02 2005	179	36.9	33.0	3.9			
네덜란드	11 2006	150	36.7	31.3	5.4	06. 2003	75	29.3
스페인	03 2004	350	36.0	24.6	11.4	03. 2004	259	23.2
벨기에	05 2003	150	34.7	12.0	22.7	05. 2003	71	38.0
뉴질랜드	09 2005	121	32.2	29.2	3			
독일	09 2005	614	31.6	26.2	5.4	n.a	n.a	21.7
유럽의회	2004/2007	785	30.3	27.9	2.4			
호주	10 2004	150	24.7	15.5	9.2	10. 2004	76	35.5
캐나다	01 2006	308	20.8	18.0	2.8	n.a	100	35.0
폴란드	09 2005	460	20.4	13.0	7.4	09, 2005	100	13.0
영국	05 2005	646	19.7	9.5	10.2	n.a	751	18.9
이탈리아	04 2006	616	17.3	11.1	6.2	04, 2006	322	13.7
미국	11 2006	435	16.2	11.7	4.5	11. 2006	100	16.0
체코공화국	06 2006	200	15.5	15.0	0.5	10. 2006	81	14.8
프랑스	06 2002	574	12.2	6.4	5.8	09, 2004	331	16.9
헝가리	04 2006	386	10.4	11.4	-1			

출처: 2000년 1월 1일 IPU 데이터, 유럽의회를 제외한 국가별 수치는 2006년 11월 30 기준으로 업데이트 된 수치이며 유럽의회의 수치는 EU의 확대 이후 2007년 1월 1일 기준으로 업데이트 된 수치.
*: n.a. = 해당없음

효율적으로 수행이 될 것이다(물론 이론적으로는 그렇지만 항상 그런 것은 아니다). 필립스의 주장도 동일한 선상에서 이루어진다. 필립스는 여성의 이해관계가 분명하게 파악이 된다면, 이와 같은 이해관계가 실질적으로 대표되도록 하는 것이 중요하며 대표들에 대해서는 책임을 물을 수 있어야 한다고 주장한다. 그러나 여성의 관심사는 오늘날 정치의제에서 분명하게 제시되어져 있지 않으며 이것을 파악하는데도 더 많은 작업이 필요할 것이다. 이와 같은 상황에서 영(Young)이 시각(perspective)이라고 명명한 요소는 중요한 작용을 할 것이며, "무엇을 대표할 것인가와 누가 대표할 것인가'를 구별하는 일은 더욱 어려워 질 것이다."[45]

대의제에 관련한 이와 같은 논쟁들은 추상적인 부분이 있지만, 어떤 식으로든 이들 논쟁은 오늘날 여성의원의 비율(표 4-1 참조)과 이 비율을 제고하기 위한 전략에 관한 논의의 토대를 형성하고 있다. 이제 우리는 위에서 논의한 이유들로 인해 지나치게 낮다고 여겨지는 여성대표의 비율과 그에 대한 원인에 대해 논의한다.

여성대표의 비율

스칸디나비아 국가를 제외한 대부분의 선진국 의회에서 남성과 여성의 비율은 사회에서의 남녀 성비를 전혀 반영해 주지 못하고 있다. 스칸디나비아 국가에서만 유일하게 인구의 절반 이상을 차지하는 여성이 2005년 기준 전체 의석의 20퍼센트 이상을 차지하고 있다(표 4-2 참조).

이와 같은 지역별 평균은 개별 국가별로 나타나는 다양한 편차를 제시

---

45) Anne Phillips, *Feminism and Politics*, p. 235; Jane Mansbrige, "What Does a Representative Do? Descriptive Representation in Communicative Settings of Distrust, Uncrystallized Interests and Historically Denigrated Status," p. 100.

표 4-2 지역별 여성의원 평균치(퍼센트)

	하원 혹은 단원제 의회	상원	상하원 평균
북유럽국가	40.0	n.a.	40.0
아메리카 대륙	18.3	18.3	18.3
북유럽국가를 제외한 유럽-유럽안보협력 기구(OSCE) 회원국	17.0	16.4	16.9

출처: http://www.ipu.org/wmn-e/world.htm
n.a. =해당없음

하지는 않지만, 지난 10년 동안 의회에서 여성의원의 비율이 증가하고 있다는 점 — 비록 대부분의 경우 증가 비율이 10퍼센트 아래를 밑돌고 있지만 — 을 보여준다.

 일반적으로, 여성은 의회에 진출할 수 있는 권리를 투표권과 거의 비슷한 시기에 획득하였다. 그러나 뉴질랜드의 경우 여성은 투표권을 1893년에 얻었는데, 의회에 입후보할 수 있는 권리는 1919년이 되어서야 보장받았다. 중앙의회에서 여성의원의 비율 또한 꾸준히 증가한 것은 아니다. 예를 들어 뉴질랜드의 경우 1933년이 되어서야 최초의 여성의원이 선출되었다. 당시 여성의원으로 선출된 맥콤(Elizabeth McComb)은 66세로서 이전에 2번이나 노동당의 후보로 출마해서 선거에 패배한 경험이 있었다. 1933년, 맥콤은 남편의 사망으로 의해 공석이 된 의석을 차지하게 되었지만 1935년 사망하였다.[46] 선진국에서 최초로 국회에 선출된 여성은 랜킨(Jiannette Rankin)이다. 그녀는 미국의 모든 주에서 여성의 투표권을 보장한 헌법 수정이 있기 전인 1916년 몬타나주 공화당 의원으로 연방 의회에 진출하였다. 영국에서는 마키위츠(Constance Markiewicz)가 1918년 더블린의 지역구

---

46) http://www.dnzb.govt.nz/dnzb/;2006년 1월 13일 조회 자료

에서 신페인당(Sin Fein)당의 후보로 하원에 진출하였다. 마키위츠는 런던에서 의석을 얻은 적은 없다. 그녀는 아일랜드의 독립 후 1923년 아일랜드의 하원 의원으로 선출되었다. 영국 최초의 여성의원은 애스터(Nancy Astor)로서 그녀는 1919년에서 1921년 동안 유일한 여성의원으로 재직하였다. 애스터는 남편이 시아버지를 승계하여 상원의원이 되자, 남편의 지역구에서 보궐선거를 통해 선출이 되었다. 반면 독일에서는 1919년 독일 의회의 423개 의석 중 여성이 37개 의석을 차지하여 대조를 이루었다.

    1940년 이후 EU의 서유럽 회원국 15개국의 여성의원의 비율을 분석해 보면, 스칸디나비아 국가에서만 여성의원의 비율이 꾸준히 증가하고 있다는 것을 발견할 수 있다. 우리는 또한 과거에는 여성의 비율이 극히 낮았던 국가에서 1970년대와 1980년대 사이에 여성의원 비율이 눈에 띄게 높아졌다는 점을 알 수 있다.47)

지방정부에서의 여성

대의민주주의는 중앙정부 차원에서 뿐만 아니라 지방정부 차원에서도 발생한다. 앞에서 진행된 여러 가지 논의사항들은 지방의 대의제에서도 그대로 적용이 된다. 많은 국가에서 지방정부(local government)는 지방의회에서 중앙의회로 진출하는 정치인들에게 정치경력의 첫걸음을 떼는 단계로 작용하고 있으며, 이것은 남성과 여성 모두에게 적용된다. 마찬가지로 프랑스의 경우에서처럼, 호선(互選, co-option)을 통해 지방행정에 입문한 여성들이 지방의회에 입후보함으로써 선거의 정당성을 확보하려 할 수도 있다.48) 그러나 지방정부에서 여성의 지위에 영향을 미치는 여러

---

47) Mercedes Mateo Diaz, *Representing Women? Female Legislators in West European Parliaments* (Colchester: ECPR Press, 2005), pp. 39-48.

가지 상이한 요소들이 있다.

첫째, 많은 국가에서 여성들은 중앙정부 차원에서보다는 지방정부 차원에서 더 오랜 기간 공적인 활동을 해왔다. 영국과 미국에서 여성들은 중앙정부 차원에서 선거권과 피선거권을 얻기 훨씬 이전에 지방정부 차원에서 선거권과 피선거권을 얻었다. 1900년, 영국에서는 1,000명의 여성이 지방정부에서 선출되었고, 미국의 경우에는 1886년 최초의 여성 시장이 선출되었다.[49] 둘째, 이슈들은 어떻게 분류하느냐에 따라 차이는 있지만, 여성들은 국가차원의 정치적 이슈보다 지역 차원의 이슈들에 더 관심을 가진다는 점을 제시하는 증거들이 존재하고 있다.[50] 예를 들어 미국의 설문 조사에 따르면 남성보다는 여성이 더욱 적극적으로 참여하는 부문으로 나타나는 교육은 미국과 영국에서는 지방정부 차원의 이슈(sub-national issue)이지만, 프랑스와 이탈리아에서는 그렇지 않다.[51] 셋째, 지방정부에서는 구체적이고 가시적인 결과를 가져오는 정책상의 변화가 가능하다.[52] 호주의 여성 지방의원을 대상으로 한 설문조사를 보면, 여성들이 지역정치에 입문한 중요한 이유는 자신과 지역사회에 직접적인 영향을 끼치는 지역정치에 불만이 있었기 때문이었다.[53]

결과적으로 중앙정부 차원에서 보다는 지방정부 차원에서 더 많은 여성

---

[48] E. Guigou, P. Favier and M. Martin Roland, *Une Femme au Coeur de l'Etat* (Paris: Fayard, 2000).

[49] Bonnie S. Anderson and Judith P. Zinsser, *A History of their Own* (London: Penguin Books, 1990), p. 684.

[50] Joni Lovenduski, Pippa Norris and Roise Campbell, *Gender and Political Participation* (London: Electoral Commission, 2004), p. 65.

[51] Key Lehman Schlozman, Nancy Burns, Sidney Verba and Jess Donahue, "Gender and Citizen Participation: Is there a Different Voice?" *American Journal of Political Science*, Vol. 39, No. 2, 1999, p 280

[52] Julie A. Dolan, Melissa M, Deckman and Michele S. Swers, *Women and Politics: Paths to Power and Political Influence* (Upper Saddle River, NJ: Peason Prentice Hall, 2006), pp. 188-189.

[53] UNESCAP(United Nations, Economic and Social Commissions for Asia and the Pacific), *Country Reports on the State of Women in Urban Local Government: Australia*. http://www.usescap.org/huset/women/reports/austalia.pdf, p. 21.

대표가 배출된 반면, 중앙정부 차원에서는 여성 중진 정치인이 지나치게 부족하게 된 것이 현실이다(표 4-3 참조). 지방정부는 일부 경우에서는 선거제도의 변화를 시험해 보는 시험대가 되어 왔다. 프랑스의 지방기관에 관련한 선거 체계의 변화와 웨일즈와 스코틀랜드의 새로운 국가 의회가 예가 될 수 있다. 두 경우 모두에서 여성의 비율은 이에 상당한 영향을 받았다(글상자 3-2 참조). 그러나 지역 차원에서도 여성대표의 비율은 낮다. 이 장의 다음 절에서는 위에서 기술한 여성의원의 비율에 대한 복잡하고도 논란이 되고 있는 원인에 대해 논의한다.

여성 과소 대표성의 원인

여성 과소 대표현상에 대한 원인은 크게 사회구조적 혹은 사회·경제적 원인, 정치 혹은 정치구조적 원인, 그리고 문화 혹은 이데올로기적 원인 등 세 가지로 나누어 설명할 수 있다.[54] 물론 각각의 유형아래 어떤 요인들이 포함되는지에 대해서는 의견이 달라질 수 있으며 이들 요인들은 개별 국가내에서 다양한 방식으로 상호작용한다. 통계에 근거한 분석은 '대체적인(broad-brush)' 그림을 제시할 수밖에 없는데, 특히 여러 나라에 관련된 데이터가 포함되면 더욱 그러할 것이다. 또한 이와 같은 분석에서 사용되는 다중회귀분석법(multivariate regression analysis)은 비록 여성대표의 비율 확대와 관련된 요소들을 밝혀내기는 하지만, 반드시 전체적인 상황을 제시해 준다고 할 수는 없다. 모든 여성대표들은 두 가지 부문에서의 결정의 결과로 의회에 진출한다. 즉 '공급(supply)' 결정 — 정치활동을 하거나, 정당에

---

54) Mercedes Mateo Diaz, *Representing Women? Female Legislators in West European Parliaments*, p. 52; Pamela Paxton and Sheri Kunovitch, "Women's Political Representation: the Importance of Ideology," *Social Forces*, Vol. 82, No.1, 2003, p. 88.

표 4-3   2005년 지방자치기구의 여성 비율

	주(州)의회 혹은 동등 수준의 의회에서 여성비율	지역의회 여성비율	여성시장, 여성의장 비율
네덜란드	n.a	23.5	19.4
노르웨이	n.a	33.5	16.8
독일	33	23.8	5.1
미국	23.5	28[1]	17.3[2]
벨기에	31	29	7.6
스웨덴	n.a	41.6	20
스페인	37	23.5	12.4
영국	35.5[3]	27	n.k
이탈리아	n.a	16	7
체코 공화국	n.a	22.7	15.6
캐나다	20.3	21.7[4]	14.5[4]
폴란드	n.a	13	5
프랑스	n.a	33	10.9
헝가리	n.a	17	14
호주[5]	23.6	28.3	15

비고:
n.a= 해당없음 / n.k= 자료없음
1. 2001: 시 의회만 해당 / 2. 2006: 인구 30,000명 이상 도시의 비율
3. 2006: 스코틀랜드, 웨일즈, 북아일랜드, 대런던(Greater London)
4. 2006 / 5. 2000

출처: Center for American Women and Politics, *Women Officeholders: Fact Sheets and Summaries*, http:www.cawp.rutgers.edu/Facts/Officeholders/fedcab, 2006; Council of European Municipalities and Regions, *Women's Politics: Perspectives from the Literature*, Karen O'Connor, Sarah Brewer and Michael Philip Fisher ed. (New York: Pearson Longman, 2005); Federation of Canadian Municipalities, *Women in Municipal Politics*, http:www.fcm.ca/english/policy/women.html 2005; Linda Trimble and Jane Arscott, *Still Counting: Women in Politics across Canada* (Peterborough Ontario: Broadview Press, 2003); UNESCAP, Country Reports on the State of Women in Urban Local Government: Australia, http:www.unescap.org/huset/women/reports/australia.pdf. 2001.

입당하여 입후보하거나 선거에서 승리하기 위해 선거유세를 하겠다는 결정 — 과 '수요(demand)' 결정 — 정치 조직이 여성의 정치활동을 지원하고 여성을 후보로 선택하는 결정 및 유권자들이 투표를 통해(지역구 선거 및 비례대표제 포함) 여성후보가 선출되도록 하는 결정 — 이 작용하고 있다. 이들 결정들은 복잡하면서도 한편 개인적인 결정이다. 디아즈(Mateo Diaz)가 지적하듯이, 여기에는 '닭이 먼저냐 달걀이 먼저냐'를 논하는 것과 같은 부분이 있다. 여성대표의 과소성이 사회·문화적 특징을 반영하는 것인지, 아니면 이들 사회·문화적 특징이 여성대표의 과소성에 영향을 끼치는 지는 결코 분명하지 않다.[55] 아래에서 진행될 논의를 위해, 정치적 결정에 영향을 끼치는 요소들을 사회·경제적 측면, 구조적 측면, 문화·이데올로기적 측면에서 논의한다.

여성대표의 비율에 영향을 끼치는 사회·경제적 요인들

표 4-1에서 나타난 국가별 여성의원의 비율은 정작 이들 국가들이 사회·경제적인 면에서 그다지 차이가 없다는 점을 고려한다면 더욱 의미심장하다. 정치적 의사가 있는 여성의 공급은 여성의 교육수준과 관련이 있다. 교육수준이 높은 여성들이 더욱 효율적으로 자신들을 부각시킬 수 있기 때문이다. 또한 프랑스에서처럼 노동시장의 참여가 정치활동의 증가로 이어진다면, 일하는 여성의 비율도 여성대표의 공급에 영향을 끼칠 수 있다.[56] 그러나 유사한 국가들 사이에서의 편차가 시사해주듯이, 대략적인 통계 분석만으로는 여성대표의 비율과 노동시장의 여성 참여율 혹은 여성의 교육 수준과의 의미 있는 상관관계를 규명해 낼 수는 없다.[57]

---

[55] Mercedes Mateo Diaz, *Representing Women? Female Legislators in West European Parliaments*, p. 50.
[56] Janine Mossuz-Lavau and Marietter Sineau, *Enquête sur les Femmes et la Politique en France* (Paris: Presses Universitaire de France, 1983), p. 41.
[57] Pamela Paxton and Sheri Kunovitch, "Women's Political Representation; the

좀더 정교한 가설은 여성 정치엘리트나 여성의원들은 교육수준이 월등히 높고 직업적 성취도가 높은 전문가 집단부터 나온다고 주장한다.[58] 전체 인구 중 이와 같은 여성들이 차지하는 비율이 바로 여성대표를 공급받을 수 있는 '사회적 피선거자격 집단(social eligibility pool)'의 규모를 결정한다.[59] 20개 최부유국을 대상으로 한 연구는 '중앙의회에서 여성의석의 비율은 전문직에 종사하는 여성의 비율이 증가하면 높아질 수 있다'는 점을 보여주었다.[60] 정치적 대표를 전문직으로 볼 수 있느냐 하는 문제는 논쟁의 여지가 있다. 다만 과거에는 남성 지배적 분야로 여겨지던 직종 — 예를 들자면 판사, 언론인, 교수, 재계 지도자 — 으로의 여성의 진출이 증가함에 따라, 정치 분야에 진출하는 여성의 숫자도 늘어나고 있다. 정치분야에서 여성들이 직면하게 되는 장벽은 다른 분야에서 여성이 직면하게 되는 장벽과 크게 다르지 않다.

여성대표의 수가 증가하기 위해서는 사회·경제적 평등과 여성의 권리신장이 필수 조건이지만, 이것만으로 충분하지는 않다. 비교대상국의 상황을 보면 우리는 흥미로운 점을 발견할 수 있다. 디아즈가 지적하고 있듯이, 벨기에와 포르투갈의 경우 영국이나 프랑스와 비교한다면 양성평등, 여성의 노동 참여, 전문직 여성의 비율 등 모든 부분에서 떨어지지만, 여성의원의 비율은 확연히 이들 국가를 앞서고 있다.[61] 제2물결 페미니즘(second-wave feminism, 제7장 참고) 이후 수십 년 동안, 선진국에서 여성의 사회·경제적 진전과 정치적 진전은 함께 이루어졌다. 그러나 그 중 하나가 다른 것의

Importance of Ideology," p. 89.
[58] Lane Kenworthy and Melissa Malami, "Gender Inequality in Political Representation: a Worldwide Comparative Analysis," *Social Forces*, Vol. 78, No. 1, 1999, p. 240.
[59] Kira Sanbonmatsu, "Political Parties and the Recruitment of Women to State Legislature," *Journal of Politic*, Vol. 64, No. 3, 2002, p. 794.
[60] Lane Kenworthy and Melissa Malami, "Gender Inequality in Political Representation: a Worldwide Comparative Analysis," p. 261.
[61] Mercedes Mateo Diaz, *Representing Women? Female Legislators in West European Parliaments*, p. 82.

원인이 되었다고 말할 수는 없으며, 이 둘은 다른 요인에 의해서도 영향을 받았다. 특히 "고도 (경제)성장과 비례대표제(proportional representation)가 동시에 존재하는 경우, (여성)대표들의 비율은 현격하게 높게 나타난다. 만약 둘 중에 하나가 없는 경우, 여성대표 비율은 그만큼 두드러지지는 않을 것으로 기대된다."62) 이 장은 이제 사회·경제적 특징과 상호작용하는 구조적인 특징을 고찰해 본다.

여성대표의 비율에 영향을 끼치는 구조적 요인

사회·경제적 요인은 대표라는 지위를 취할 수 있는 능력과 의사가 있는 여성의 공급에 영향을 끼친다. 그러나 실제로 그렇게 할 수 있는 여성의 능력은 정치 시스템의 성격에 의해 영향을 받는다. 정치 시스템, 선거 시스템, 정당시스템(정당의 이념적 성향과 정당 간 힘의 균형)의 성격과 여성을 위한 공식/비공식 할당제 등이 모두 관련이 있다.

여성이 투표권을 일찍 확보한 나라일수록, 여성의원의 비율은 증가할 것이다. 디아즈는 15개 서유럽 국가를 대상으로 한 연구에서 "남성과 여성이 선거권과 피선거권을 일찍 보장받은 나라일수록, 의회에서의 성별 균형은 양호하다"고 밝혔다.63) 그러나 개별 국가에서 여성의 투표권이 언제 보장되었는지를 안다고 해서 그 국가의 현재 여성의원의 비율을 정확하게 예측할 수 있는 것은 아니다.

더욱이, 자유민주주의 제도가 의원의 성별 비율에 자동적으로 좋은 영향을 끼치는 것은 아니다. 양성 평등에 관한 마르크스-레닌의 공식적인 정

---

62) Richard Matland and Kathleen Montgomery (eds), *Women's Access to Political Power in Eastern Europe* (Oxford: Oxford University Press, 2003), p. 31.
63) Mercedes Mateo Diaz, *Representing Women? Female Legislators in West European Parliaments*, p. 67.

책의 결과, 공산주의 국가에서는 여성의원의 비율이 상대적으로 높았다.[64] 팩스톤(Pamela Paxton)은 1988년, 구(舊)공산주의 국가의 여성의원의 비율이 비교대상이 되는 비(非)마르크스주의(non-Marxist) 국가들보다 17~18퍼센트 높다는 것을 발견하였다.[65] 그러나 마르크스주의 체제 하에서 의회는 상징적 존재에 불과했다. 모든 권력은 정당에게 집중되어 있어 의회는 독립적인 행동을 취할 수 없었기 때문이다. 이와 같은 상황에서라면, "권력이 존재하는 곳에 여성은 존재하지 아니한다"는 노보트니(Helga Nowotny)의 명언은 권력이 존재하지 아니하는 곳에 여성은 존재한다는 표현으로 대체되어야 할지도 모른다.[66] 또한, 공산당은 후보 선출 — 당의 이데올로기에 찬동하는 여성 후보를 포함 — 을 진두지휘하였고, 유권자들에게는 최소 수준의 선택이 허용되거나 아예 선택 자체가 허용되지 않기도 하였다. 1980년대 중반 헝가리에서, 저자는 지방 선거에서 두 후보(이들은 물론 당의 검증을 마친 사람들이다)간에 선택을 하는 선거제도의 도입으로 인해, 여성후보의 당선율이 상당히 줄어들었다는 말을 들은 적이 있다. 공산주의 체제의 붕괴이후 상황은 더욱 악화되었다. 공산주의 정권에서는 여성들의 교육수준 및 노동시장 참여율은 물론 여성대표의 비율 또한 높았다. 그러나 체제전환 이후, '남성들은 민주주의라는 게임의 법칙을 협상하였고 권력의 틀을 새롭게 짜맞춰 나갔다. 그 과정에서 중앙의회에서 여성의 비율은 평균 30퍼센트에서 10퍼센트 아래로 곤두박질쳤다. 일부 국가에서 이 비율은 5퍼센트에도 미치지 못했다.'[67]

---

64) Lane Kenworthy and Melissa Malami, "Gender Inequality in Political Representation: a Worldwide Comparative Analysis," p. 229; Pamela Paxton, "Women in National Legislature: A Cross-National Analysis," *Social Science Research*, No. 26, 1997, pp. 442–464.
65) Pamela Paxton, "Women in National Legislature: A Cross-National Analysis," p. 452.
66) Helga Nowotny, "Women in Public Life in Austria," in Cynthia F. Epstein and R. L. Coser (ed.), *Access to Power: Cross National Studies of Women and Elites* (London: Allen & Unwin, 1981), p. 147.
67) Kathleen A. Montgomery, "Introduction," in Richard E. Matland and Kathleen

자유민주주의 국가의 경우 선거제도와 선거의 운용방식은 여성대표의 비율에 중대한 영향을 끼친다. 선거 제도는 행정구역에 근거한 소선거구(한 선거구에서 1인의 당선자를 선출)에서부터 정당명부(政堂名付) 비례대표제에 이르기까지 다양하게 운용된다. 소선거구 제도에서 여성의원들은 미디어나 유권자들의 눈에 잘 띄게 되는 반면, 기존 정치인들과는 다르다는 이유로 미덥지 않은 인물로 보일 수도 있다.[68] 또한 많은 선거구가 이른바 특정인의 당선이 확실한 선거구(safe seats)이기 때문에 동일한 후보가 연속적으로 당선이 되는 경향이 있다. 대개 (남성)현역 의원이 정계은퇴를 하거나 경쟁 당이 크게 앞서가는 경우에 한해서만 교체가 된다. 따라서 이와 같은 시스템에서 여성을 포함한 정치신인들을 위한 기회는 제한적일 수밖에 없다.

비례대표제(PR: proportional representation)는 모두 대선거구제를 근거로 하지만 운용 방식은 다양하다. 예를 들어, 독일이나 이탈리아는 대선거구제와 비례대표제를 병용하고 있다. 다수제(pluralist system)를 채택한 국가에서는 여성후보들이 드러나는 반면, 정당명부식 비례대표제를 채택한 네덜란드의 경우에서처럼 후보자 개인이 덜 부각이 되는 경우도 있다. 일반적으로, 중앙 차원의 비례대표제는 여성의원의 비율을 높이는데 이바지하는 것으로 보인다.[69] 20개 최부국을 대상으로 한 연구를 보면, 선거구에서 적어도 5인 이상의 당선자를 선출하는 중선거구제는 여성들이 의회로 진출하는데 상당한 기여를 한다는 것을 알 수 있다.[70] 비례대표제에 관련하여 여성의원의 비율에 영향을 끼칠 수 있는 다른 요소로는 선거인이 후보

A. Montgomery (ed.), *Women's Access to Political Power in Post-Communist Europe* (Oxford: Oxford University Press, 2003), p. 1.
68) Pamela Paxton, "Women in National Legislature: A Cross-National Analysis," p. 445.
69) Pamela Paxton, "Women in National Legislature: A Cross-National Analysis," pp. 454.
70) Lane Kenworthy and Melissa Malami, "Gender Inequality in Political Representation: a Worldwide Comparative Analysis," p. 256.

의 서열에 영향을 끼칠 수 있는가 하는 문제가 있다. 당선순위가 정당에 의해 결정되어져 있는 폐쇄형(閉鎖形) 정당명부제의 경우, 정당차원에서 좀 더 쉽게 여성후보를 상위번호에 배정할 수 있을 것이다. 노르웨이의 경우처럼 유권자가 당선순위에 영향을 끼칠 수 있는 개방형(開放形) 정당명부제의 경우에는, 여성들이 당선가능성이 낮은 번호에 배정될 수 있다는 일부 증거가 있다.71) 또한 모든 비례대표제가 동일하게 득표율에 비례하여 의석을 배분하는 것은 아니다. 예를 들어 독일은 득표율 5퍼센트라는 최소조건을 두어서 이 수치를 넘어서야만 의석을 배정받을 수 있다. 매틀란트와 몽고메리(Matland and Montgomery)는 정당의 수를 줄이고 따라서 각 정당의 비례대표 후보의 규모를 늘림으로써 최소조건을 높이면, 여성들이 선출될 가능성이 확대된다고 제안한다. 비례대표제가 여성 비율을 확대하는데 이바지하는 것은 확실하지만, 비례대표제의 세부 운용 방식에 따라 결과는 다양하게 나타난다.

정당간의 힘의 균형과 영향력 또한 여성의원의 비율에 영향을 끼친다. 좌파 정당은 기존의 행동 양식을 전복하거나 양성 평등이라는 이념을 옹호하는데 있어서 좀더 적극적이다. 따라서 좌파 정당의 의석수는 여성의원의 비율에 긍정적 영향을 끼치게 되는데, 프랑스에서 가장 뚜렷한 예를 찾아볼 수 있다. 프랑스 국민의회에서 여성이 차지한 의석은 1946년에 42석(대략 전체 의석의 7퍼센트 수준, 여성의원의 절반은 공산당 의원이었다)에서 1960년대에는 2퍼센트(8~10명) 아래로 떨어졌다. 공산당 의원의 비율이 감소했기 때문이다. 1998년 20개 최부유국에서 좌파 정당이 차지한 의석 비율 역시 여성의 비율과 상당한 상관관계를 보였다.72) 디아즈는 15개 서유럽 국가를 대상으로 좌파 정당 출신의 각료 비율을 조사하였는데, 대부분

---

71) Richard Matland and Kathleen Montgomery (eds), *Womens' Access to Political Power in Eastern Europe*, p. 29.
72) Lane Kenworthy and Melissa Malami, "Gender Inequality in Political Representation: a Worldwide Comparative Analysis," *Social Forces*, Vol. 78, No. 1, 1999, pp. 235-269.

의 국가에서 내각이 좌파정당이나 중도 정당 출신으로 구성되었을 경우, 여성의원의 비율이 상당하게 증가하였다는 것을 발견하였다. 디아즈는 1960년대 초반과 1970년대에 걸쳐 이와 같은 현상이 특히 뚜렷하게 나타났다는 것을 발견하였다. 이것은 좌파정당이 의회에서 여성의 비율을 확대하는 경향이 있다는 것을 보여주는 증거이다.[73]

정당간에 차이를 보이는 또 다른 구조적 요소로는 정당이 후보를 선택하는데 사용하는 메커니즘을 들 수 있다. 먼저, 후보선출은 중앙 차원에서 정당의 지도부가 후보를 선출하는 방식으로 이루어 질 수도 있고, 지역이나 선거구 차원의 정당 기구에 선출권이 위임될 수도 있다.[74] 둘째, 당원들이 지역차원이든 중앙 차원이든 후보 선출과정에서 참여하는 정도가 다를 수 있다.[75] 셋째, 후보선출이 비공식적인 과정, 특히 당내 지도부나 중진들의 입김에 의해 이루어져서 개인적인 친분이나 충성도가 중요한 잣대가 되는 경우가 있는가 하면, 선명하고 투명하며 엄격한 감시감독 하에 후보선출이 이루어 질 수도 있다.[76] 선명하고 투명한 절차는 두 가지 이유에서 여성들에게 유리하게 작용한다. 첫째, 여성들은 위에서 언급한 개인적 친분 네트워크나 계파와는 무관할 수 있다. 둘째, 투명한 절차가 마련되고 승인되는 과정에서 여성후보자의 부족에 대한 논의로 이루어질 수 있으며, 이렇게 되면 정당은 이 문제를 시정하기 위한 행동을 취하도록 압력을 받게 되기 때문이다.[77]

---

[73] Mercedes Mateo Diaz, *Representing Women? Female Legislators in West European Parliaments*, p. 76.
[74] Pippa Norris and Joni Lovenduski, *Political Recruitment: Gender, Race and Class in the British Parliament* (Cambridge: Cambridge University Press, 1995), pp. 199-203.
[75] Richard Matland and Kathleen Montromery, *Women's Access to Political Power in Eastern Europe* (Oxford: Oxford University Press, 2003), p. 32.
[76] Pippa Norris, "Legislative Recruitment," in Lawrence LeDuc, Richard G. Niemi and Pippa Norris (ed.), *Comparing Democracies: Elections and Voting in Global Perspectives* (Thousand Oaks, CA: Sage Publication, 1996), pp. 184-215; Pippa Norris and Joni Lovenduski, *Political Recruitment: Gender, Race and Class in the British Parliament*, p. 204.

정치행위가 이루어지는 구조적 틀에 대한 논의는 따라서 여성대표의 위치를 조명하는데 도움을 줄 수 있다. 구조는 변화하기 마련이고, 여성의원의 비율은 여성을 위한 구체적인 대책의 수립을 통해 확대될 수 있다. 이와 같은 대책은 아주 공식적이며 구속력이 있는 여성 할당제에서부터 비공식적인 조치나 개별 당내에서의 의식제고에 이르기 까지 다양할 수 있다. 다음 장에서 대책에 대한 논의를 진행하기 전에, 이와 같은 요소들이 작동하는 문화적 배경을 고찰해 보는 것이 중요할 것이다.

여성의원 비율에 영향을 끼치는 문화·이데올로기적 요소

우리는 사회·경제적 요소들과 구조적 요소들을 고찰해 봄으로서 여성의원 비율에 대한 '큰 그림(big-picture)'을 볼 수 있었다. 정치제도에 대한 지식과 관련 수치를 근거로 우리는 어느 정도 신뢰할 수 있는 수준에서 여성의원 비율의 향후 추세를 예측해 볼 수 있을 것이다. 앞에서 논의된 요소들을 통해, 우리는 "국가별 여성의원의 비율상의 차이를 2/3정도 설명할 수 있다."[78] 그러나 이것만으로는 정치 입문에 관련한 개인적 결정이나 정당차원, 공천위원회 차원, 유권자 차원의 결정을 둘러싼 여러 이슈들을 완전히 설명할 수는 없다. 폭스와 로레스(Richard Fox and Jennifer Lawless)가 지적하듯이, 앞에서 언급된 여성의원 비율 확대와 관련한 '피선거인 풀(eligibility pool)'론은 남성과 유사한 전문 경력을 가진 여성이라면 선거 입후보에 대해서도 남성과 동

---

77) Richard Matland and Kathleen Montgomery, *Women's Access to Political Power in Eastern Europe*, p. 33.
78) Lane Kenworthy and Melissa Malami, "Gender Inequality in Political Representation: a Worldwide Comparative Analysis," p. 259.

일한 선택을 할 것이라는 가정에 근거한 것이다.[79] 그러나 이와 같은 가정은 반드시 근거가 충분한 것은 아니다. 대개, 의회의 여성 진출은 3 단계에 걸친 과정의 결과로 여겨진다.[80] 먼저 여성은 피선거 자격(대부분의 성인 여성은 정도의 차이는 있지만 피선거 자격을 가진다)을 가진 단계에서 실제로 자신을 가능성 있는 후보로 내세우는 과정으로 한 단계 이동해야 한다. 그리고 예비후보에서 후보로 선출되는 단계를 거쳐야 한다. 세 번째로, 선거에서 승리해야 한다. 각각의 단계에는 긍정적 자극뿐만 아니라 장애가 있을 것이다.

피선거자격에서 정치열망에 이르기까지

제1단계에서는, 일정수준의 교육과 경력에 근거한 자신감과 사회적 지위가 도움이 된다. 제2단계에서는, 정치적 영향력 및 여성친화적인 후보선출 메커니즘을 가진 정당과의 결사(結社)가 도움이 된다. 제2단계와 제3단계에서는, 여성 후보를 선택하는 것이 지나치게 위험부담이 따르는 전략으로 비춰지지 않도록 하는 선거제도가 도움이 될 것이다. 그러나 모든 과정에서, 후보 자신의 결정은 물론 기타 의사 결정자들의 결정은 문화·이데올로기적 관습이나 태도와 같은 무형의 요소에 의해 영향을 받는다.[81]

먼저 피선거자격에서 열망의 단계로 발전하기 위해서, 여성은 정치적 참여에 대한 의지가 있어야 하며, 정치가 자신에게 어울리는 일이라는 신념

---

79) Richard Fox and Jennifer L. Lawless, "Family Structure, Sex Role Socialization and the Decision to Run for Office," in Karen O'Conner, Sarah Brewer and Michael Phillip Fisher (ed.), *Gendering American Politics* (New York: Pearson Longman, 2006), p. 88.
80) Richard Matland and Kathleen Montgomery, *Women's Access to Political Power in Eastern Europe*, p. 20.
81) Georgia Duerst-Lahti, "The Bottleneck: Women Becoming Candidates," in Sue Thomas and Clyde Wilcox (ed.), *Women and Elective Office: Past, Present and Future* (New York: Oxford University Press, 1998), pp. 22-23; Pippa Norris and Joni Lovenduski, *Political Recruitment: Gender, Race and Class in the British Parliament*, pp. 21-22.

이 있어야 한다. 아울러 자신이 성공할 가능성이 있다는 믿음이 있어야 한다. 동기 유발은 정치에 대한 지식과 관심에서 출발할 것이다. 그러나 여성들은 남성과 비교한다면 정치에 무관심한 경향이 있다. 예를 들어, 미국의 경우 1960년 이래로 정부의 행정이나 공적인 업무에 관심을 두고 따라가고 있다고 응답한 남성 응답자의 비율이 여성보다 12퍼센트 더 높게 나타나고 있다.[82] 마찬가지로 1992년 선거와 관련한 영국 선거조사위원회(British Election Survey)의 분석을 보면, 남성과 여성이 다른 부분에서는 대등한 점수를 기록한 반면, 정치적 지식에 대한 점수에서는 '현저하고도 중대한 차이'를 보였다는 것을 알 수 있다.[83] 물론 여성들이 넓은 의미의 사회·정치적 삶(social and political life broadly defined)에 있어서 참여가 저조한 것은 아니다(제7장 참조). 사실 여성들은 자신들이 남성들보다 더욱 적극적으로 참여하고 있다고 주장한다. 그러나 여성들이 공식적인 정치 활동에 대해서 갖는 지식은 남성보다 제한되어 있고, 정치 참여도 낮다. 다른 국가를 대상으로 한 설문조사에서도 유사한 결과가 확인되었다.

남성보다 여성이 정치적 포부를 갖는 경우가 적다는 사실은(미국의 한 설문 조사에 의하면 여성의 8퍼센트, 남성의 18퍼센트) 과연 정치적 포부를 품는 것이 여성에게 적절한 일인가 하는 질문과 관련되어 있다.[84] 정치에 대한 생각과 태도가 끼치는 영향은 복잡하다. 일단 여성들은 적극적인 이유(정치가 아닌 다른 무언가를 하겠다는 생각)에서건 소극적인 이유(자신들은 기질적으로 정치와는 맞지 않는다는 생각)에서건, 정치는 자신에게는 어울리지 않는 것으로 생각한다. 둘째, 남성들도 여성들과 마찬가지로 여성은 정치에 어울리지 않는다는 생각을 갖고, 의식적으로나 무의식적으로 여성을 차별할 수 있다. 남성지배적인 영역에서, 남성은 여성을 위한 기회를 봉쇄한다.

---

82) Julie A. Dolan, Melissa M. Deckman and Michele L. Swers, *Women and Politics: Paths to Power and Political Influence*, p. 139.
83) Elizabeth Frazer and Kenneth Macdonald, "Sex Differences in Political Knowledge," *Political Studies*, Vol. 51, No. 1, 2003, p. 73.
84) Georgia Duerst-Lahti, "The Bottleneck: Women Becoming Candidates," p. 22.

1988년 국제의원연맹(IPU: Inter-Parliamentary Union)이 여성 정치인을 대상으로 한 설문조사에서 호주 출신의 한 여성은 '여성의 주된 역할은 아내와 어머니로서의 역할'이라는 생각이 호주에서도 여전히 강하고, 이것은 정치에 참여하고자 하는 여성들에게 심리적·정서적 장애로 작용한다'고 응답한 적이 있다.[85] 이와 같은 전통적 가치가 어느 정도 영향력이 있는지는, 예를 들어 가사 분담이 어느 정도 이루어지고 있는가를 통해 측정해 볼 수 있다. 디아즈는 15개 서유럽 국가를 대상으로 한 연구를 통해, 유로바로미터(Eurobarometer) 설문조사에서 가사 분담이 좀더 공평하게 이루어지는 것으로 분류된 국가에서 여성의원의 비율이 높다는 사실을 발견하였다.[86] 표 4-4는 가사분담에 소요되는 시간을 보내주는데 디아즈의 연구결과와 유사한 결과를 보여주고 있다. 성 역할에 대한 고정관념은 거센 도전을 받고 있다. 영국의 보수당 여성의원은 다음과 같이 진술한 적이 있다. 보수당에서 '우리들을 정치적 존재로 인정하지 않았던 이전 세대가 있었다. … 여성들이 등장하여 소리를 높여 정치활동을 했을 때, 이것이 그들에게는 충격으로 다가왔다.'[87] 그러나 여전히 여성들은 사적 영역이나 가족 문제에 주된 관심을 두어야 한다는 생각은 뿌리 깊게 남아있다. 미국의 예를 보면, 여성은 가정에서 가족을 돌봐야 한다는 사회적 통념이 여성 정치지도자라는 아이디어가 대중적 호응을 받지 못하는데 일조한 것을 알 수 있다.[88]

여성들은 유능한 정치인으로 성장하는데 필요한 자질이 결핍되어 있다는 본질주의론자들의 입장도 이와 밀접하게 관련되어 있다. 여성이 정치에

---

[85] Inter-Parliamentary Union, *Politics: Women's Insight* (Geneva: Inter-Parliamentary Union, 2000), p. 25.
[86] Mercedes Mateo Diaz, *Representing Women? Female Legislators in West European Parliament*, p. 63.
[87] Pippa Norris and Joni Lovenduski, *Political Recruitment: Gender, Race and Class in the British Parliament*, p. 118.
[88] Clyde Wilcox, Beth Stark and Sue Thomas, "Popular Support for Electing Women in Eastern Europe," in Richard E. Matland and Kathleen A. Montgomery (ed.), *Women's Access to Political Power in Post-Communist Europe*, p. 47.

표 4-4   유럽 10개국[1] 1일 기준 가사노동 시간과 여성의원[2]의 비율

	여성	남성	여성의 일일 가사노동 분담율	여성의원 비율
스웨덴	3.42	2.29	59.89	42.7
노르웨이	3.47	2.22	60.98	36.4
핀란드	3.56	2.16	62.24	36.5
독일	4.11	2.21	65.03	30.9
벨기에	4.32	2.38	64.48	28.2
영국	4.15	2.18	65.56	18.4
프랑스	4.30	2.22	65.95	10.9
에스토니아	5.02	2.48	66.93	17.8
헝가리	4.57	2.39	65.66	8.3

Notes: 비고
1. 1998년 12월~2001년 9월 동안 여러 차례에 걸쳐 조사된 국가
2. 2001년 1월 30일 기준 단원제 의회나 하원의 여성의원 비율

출처: Eurostat (2005: 5)자료와 IPU(2006) 자료에서 산출됨

어울리는 존재인가라는 문제에 대해서 남성과 여성 모두가 의심을 하고 있으며, 남성보다 여성은 덜 이성적이고 신념도 약한 것으로 비춰지고 있다. 또한 성에 관련한 고정관념으로 인해, 여성들은 만약 자신들이 정치지망생에게 요구되는 적극적인, 심지어는 투쟁적인 성향을 보일 경우, 사회적인 비난을 받을 수 있다는 생각에 주저하게 된다. 적극성과 투쟁성은 정치인이나 지도자에게 특히 요구되는 자질이지만, 여성들에게 사회적으로 권장되는 자질은 아니기 때문이다. 결과적으로 고통과 좌절을 안겨주는 긴장이 발생하게 된다.[89] 기센즈(Marianne Githens)는 이와 같은 상황을 다음과 같이 간

---

89) Kathleen Dolan, "How the Public Views Women Candidate," in Clyde Wilcox and Sue Thomas (ed.), *Women and Elective Office: Past, Present, and Future*

명하게 설명한다. '남성적인 행동은 여성들에게는 적절하지 못한 것으로 간주되는 반면, 보살핌, 동정, 감수성, 비공격성을 특징으로 하는 여성적인 행동은 정치인에게는 적절히 못한 것으로 여겨진다.'[90]

실증주의 정치학자들은 이와 같은 요인들의 영향력을 두 가지 방면에서 측정하고자 시도하였다. 먼저, 특정 종교는 전통적인 성역할을 지지한다는 근거 하에, 천주교 신자의 비율이 높은 곳에서 여성대표의 비율이 낮은 지 조사해 보았다. 결과를 보면 전세계적으로 그리고 20개 최대부국에서 이 둘 사이에 상관관계가 있다는 것이 밝혀졌다.[91] 고정관념의 영향력을 측정하는 두 번째 방법은 남성이 일반적으로 여성보다 유능한 정치인이 되느냐라는 질문에 대한 세계가치관 조사(World Values Survey)의 응답을 조사하는 것이다(도표 4-1 참고). 이 질문에 대한 응답에서 국가별로 뚜렷한 차이가 발견되었다. 1990년대 후반, 이 질문에 응답한 서유럽국가의 남성과 여성의 3/4 이상은 남성이 더 유능한 정치인이 된다는 생각을 거부하였다. 반면 동유럽 국가에서는 남성의 다수(때로는 폴란드의 경우처럼 67퍼센트에 이르는 절대다수)가 이 의견에 동의했고, 동유럽의 많은 국가에서 여성의 다수도 그렇다고 응답하였다.[92] 이와 같은 태도는 여성대표의 비율과 밀접하게 관련되어 있다는 사실은 놀라운 일이 아니다.[93]

(New York: Oxford University Press), p. 48; Anne Stevens, "Women Politics and Government in Contemporary Britain, France and Germany," in Siân Reynolds (ed.), *Women State and Revolution* (Brighton: Harvest Wheatsheaf, 1986), p. 131.

90) Marianne Githens, "Accounting for Women's Political Involvement: the Perennial Problem of Recruitment," in Susan J. Carrol (ed.), *Women and American Politics* (Oxford: Oxford University Press, 2003), p. 43.

91) Lane Kenworthy and Melissa Malami, "Gender Inequality in Political Representation: a Worldwide Comparative Analysis," p. 254; Pamela Paxton, "Women in National Legislatures: a Cross-National Analysis," *Social Science Research*, No. 26, 1997, pp. 442-464.

92) Clyde Wilcox, Beth Stark and Sue Thomas, "Popular Support for Electing Women in Eastern Europe," pp. 45-46.

93) Pamela Paxton and Sheri Kunovitch, "Women's Political Representation: the Importance of Ideology," p. 102.

도표 4-1 "일반적으로 여성보다 남성이 더 훌륭한 정치 지도자가 되는가." 국가별/연령별 여성 정치지도자에 대한 태도

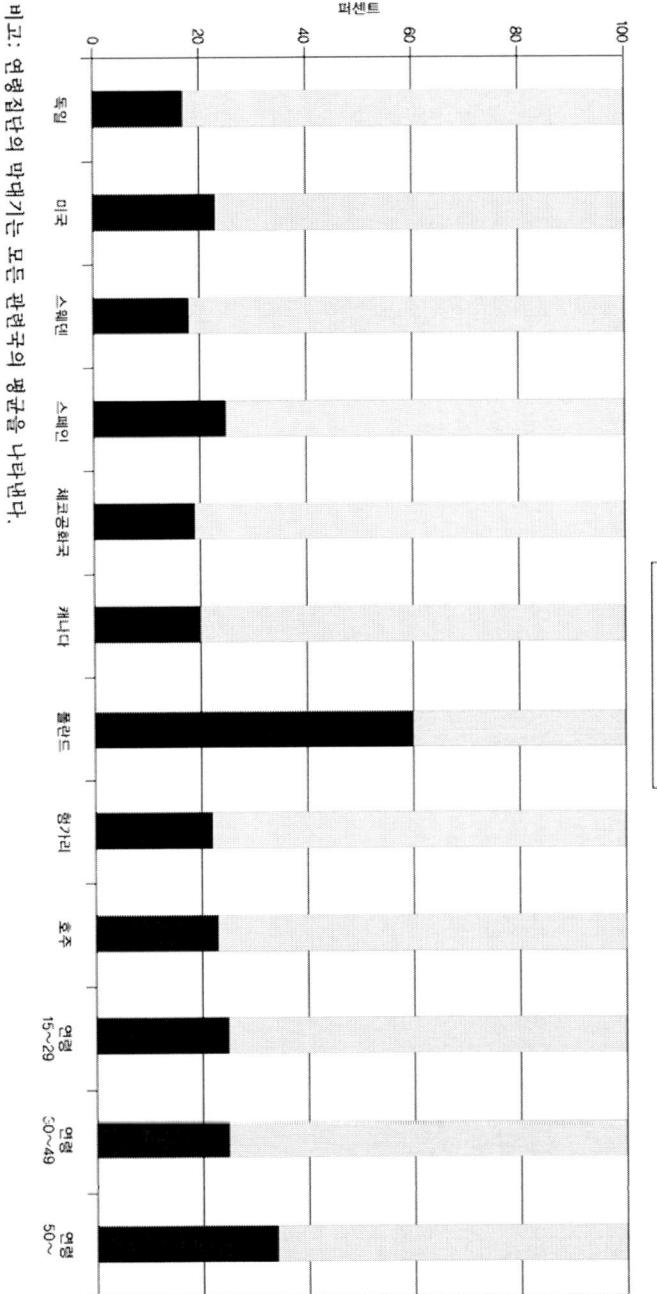

비고: 연령집단의 막대기는 모든 관련국의 평균을 나타낸다.
출처: World Values Survey D058질문에서 산출. 1997~2000동안 진행된 설문 데이타

제4장 여성과 대의제(도) // 135

여성의 정치 참여에 대한 생각은 지난 30년 동안 미국의 예에서도 볼 수 있듯이 변할 수 있다. 1970년대 초반, 응답자의 29퍼센트는 국가선거조사(National Election Survey)에서 여성이 있어야 할 곳은 가정이라고 응답했다. 2000년 설문에서는 응답자의 9퍼센트만이 동일한 응답을 하였다.[94] 1974년 미국일반사회조사(US General Social Survey)에서 응답자의 47퍼센트는 대부분의 남성이 정서적으로 정치에 더 적합하다고 응답했던 반면, 1988년에는 응답자의 23퍼센트만이 그렇다고 대답했다. 반면 여성은 가정을 경영하고 남성은 국가를 경영해야 한다고 응답한 사람들의 비율은 1974년 30퍼센트에서 1998년 15퍼센트로 절반이상 줄어들었다.[95] 선진국 전반에 걸쳐서, 여성보다 남성이 정치적으로 유능하다는데 동의하느냐 하는 질문에 대한 기성세대의 견해는 젊은 세대의 견해와는 다르게 나타난다(도표 4-1 참조). 노리스와 잉글하트는 후기산업 사회에서 젊은 세대와 기성세대 사이의 차이가 남성보다는 여성에게서 더 크게 나타난다는 점과 기성세대와 젊은 세대 사이에 상당한 차이가 존재한다는 점을 발견하였다.[96] 그러나 태도의 변화와 의회에서의 성별 균형은 직접적인 관련이 없다. 태도의 변화가 어느 정도 장벽을 허물 수는 있겠지만, 구조적 변화를 이끌어 내기 위해서는 구체적인 전략과 행동이 요구된다.

셋째, 피선거인 자격에서 정치지망생으로 나아가기 위해서 여성은 정치를 원해야 하고 정치를 중요한 것으로 생각해야만 한다.[97] 이 과정에서 작용하는 동기는 일반적으로 '지역사회, 국가 혹은 사회를 위한 비전과 아울러 사회 정의에 대한 확고한 의식' 등 도덕적이거나 이데올로기적인 것이다.[98]

---

94) Kathleen Dolan, "How the Public Views Women Candidates," p. 42.
95) Kathleen Dolan, "How the Public Views Women Candidates," pp. 42-43.
96) Pippa Norris and Roland Inglehart, "Women as Political Leaders Worldwide: Cultural Barriers and Opportunities," in Clyde Wilcox and Sue Thomas (ed.), *Women and Elective Office: Past, Present and Future* (New York: Oxford University Press, 2005), p. 261.
97) Pippa Norris and Joni Lovenduski, *Political Recruitment: Gender, Race and Class in the British Parliament*, p. 116 and pp. 166-182.

정치인을 인터뷰해 보면 이 점을 확인할 수 있다. 1998년 서유럽국가 출신의 여성 정치인의 말을 들어보자. "나는 우리 사회를 좀더 정의롭고 평등한 사회로 바꾸기를 원했다. 그래서 내 목적에 가장 부합하는 정당에 입당했다. 만약 무언가를 바꾸고자 한다면, 힘이 필요하다는 것을 배웠다." 동유럽 국가 출신 여성 정치인의 정치입문 동기도 별반 다르지 않았다. "나는 공산주의 체제하에서 우리나라 사람들이 겪어야 했던 사회 부정 때문에 일찍부터 정치에 눈을 뜨게 되었다. 반체제주의자였던 부모님이 나에게는 특별한 영감이 되어주셨다. 정치 과도기 동안, 나는 자유민주주의 국가를 건설하는데 이바지할 수 있는 기회를 보았다." 여권신장에 입각한 동기도 정치입문 계기로 작용할 수 있다. 서유럽 여성정치인들은 다음과 같이 밝혔다. "내가 정치 활동을 시작한 주요 동기는 정치적으로 활동을 하거나 정치적 힘을 가지고 있는 여성이 지나칠 정도로 없다는 인식 때문이었다. 평등이라는 문제에 있어서, 이론과 실제 사이에는 엄청난 차이가 있었다."99)

넷째, 여성 정치지망생은 정치란 할 만한 가치가 있고 자신이 성공할 수 있는 자질을 갖추고 있다는 신념이 있어야 한다. 여기에서 핵심적인 요소는 성공의 가능성을 높이는 자격조건을 갖춘 사람들의 인재풀(membership of the pool)에 합류함으로써 신뢰도를 높이는 것이다. 많은 국가에서 의원들의 교육수준은 높다. 미국과 같은 경우 기업의 고위직, 변호사, 이와 유사한 전문직 경력이 정치입문에 있어서 대부분 필수불가결한 조건으로 여겨진다. 따라서 미국에서는 여성대표의 과소성에 대한 원인으로 자주 거론되는 것이 정치인 충원의 '공급원(feeder)' 역할을 할 수 있는 고위직에 오른 여성이 거의 없다는 점이다.100) 다른 국가의 경우, 정당활동이나 노조활동의 경력도 그만큼, 혹은 더 중요한 것으로 인정이 되기도 한다. 그러나 업계에

---

98) Inter-Parliamentary Union, *Politics: Women's Insights*, p. 73.
99) Inter-Parliamentary Union, *Politics: Women's Insights*, pp. 73-75.
100) Richard Fox and Jennifer L. Lawless, "Entering the Arena? Gender and the Decision to Run for Office," *American Journal of Political Science*, Vol. 48, No. 2, 2004, pp. 264-265.

서와 마찬가지로 정치 분야에서도, 여성은 남성보다 자신의 자격에 대해 보다 냉혹하게 평가를 내리는 경향이 있고, 동일한 자격요건과 경력을 갖추고서도 남성들과는 달리 여성들은 자신들을 스스로 정치에서부터 배제시키기도 한다.[101] 폭스와 로레스는 "자신의 일에서 최고 수준에까지 오른 여성들조차도 자신이 정치에 출마하기에 자격을 갖춘 것으로 여기지 않는 경향이 있다"는 것을 발견하였다(글상자 4-3 참고)[102] 폭스와 로레스의 설문에서, 출마를 고려해 보았다고 응답한 여성 중 26퍼센트만이 "자신의 자격요건이 아주 뛰어나다"고 응답한 반면, 출마를 고려해 보았다고 응답한 남성의 36퍼센트가 동일한 대답을 하였다.[103]

만약 여성들이 자신의 능력에 대한 자신감이 약하다면, 이들이 후보로 나서겠다는 결심을 하는 데 있어서 외부의 격려가 중대한 역할을 하게 된다.[104] 폭스와 로레스는 미국의 경우 정치 지도자나 정치 행동가로부터 격려를 받은 적이 있는가 하는 문제에 있어서 남성과 여성 사이에 뚜렷하고도 실질적인 차이가 있음을 발견하였다. 공직 출마를 고려해 보았다고 응답한 남성의 43퍼센트가 이와 같은 정치적 격려를 받았던 반면, 여성의 경우 이 수치는 32퍼센트에 머물렀다.[105] 이와 같은 격려가 결정적인 역할을 한다는 것을 다음의 인용문을 통해 확인할 수 있다. "나는 아는 사람이나 사회주의와 관련된 배경도 없이 사회당에 입당했다. 좀 더 적극적으로 활동하도록, 그리고 주의회

---

101) Beverly Alban-Metcalfe and Michael A. West, "Women Managers," in Jenny Firth-Cozens and Micheal A. West (ed.), *Women at Work* (Buckingham: Open University Press, 1991), pp. 168; Sue Thomas, "Introduction," in Clyde Wilcox and Sue Thomas (ed.), *Women and Elective Office: Past, Present and Future* (New York: Oxford University Press, 2005), p. 12.
102) Richard Fox and Jennifer L. Lawless, "Entering the Arena? Gender and the Decision to Run for Office," p. 274.
103) Richard Fox and Jennifer L. Lawless, "Entering the Arena? Gender and the Decision to Run for Office," p. 274.
104) Georgia Duerst-Lahti, "The Bottleneck: Women Becoming Candidates," p. 23.
105) Richard Fox and Jennifer L. Lawless, "Entering the Arena? Gender and the Decision to Run for Office," p. 273.

> **출마할 것인가? 말 것인가?**　　　　　　　　　　　　　글상자 4-3
>
> 선거는 아주 공적인 과정이다. 따라서 대표직에 출마한 경험이 있는 사람을 식별하는 것은 어렵지 않다. 그러나 후보 공천을 받는 사람들의 특징을 많은 부분, 혹은 모두 갖추고 있지만 의식적으로든 무의식적으로든 불출마를 결정하는 사람들이 많이 있다. 따라서 이와 같은 불출마 결정을 하게 하는 변수를 파악하는 일은 중요한 일이다. 무언가를 할 수 있었던 상황에서 그렇게 하지 않기로 선택을 한 사람들을 식별해 내는 일은 특유의 문제를 제기한다.
>
> 미국의 연구자 폭스(Richard L. Fox)와 로레스(Jennifer L. Lawless)는 자신들의 시민정치야망 연구(Citizen Political Ambition Study)에서 이 문제에 접근할 수 있는 혁신적인 방법을 발견하였다.[106] 이들은 미국에서 의원이나 선출직 공무원을 가장 많이 배출하는 4개 직업군의 사람들을 선별하여 접촉하였다. 이들은 변호사, 기업인, 교사와 교육 행정가(초등교육에서 고등교육 전반), 정치 운동가였다. 조사에 참여한 남성의 비율이 여성보다 조금 높았고(남성 1,969명, 여성 1,796명), 기업인의 응답비율이 다른 직업군보다 조금 낮았지만, 전체적으로 표본의 크기는 충분히 대표성을 가질 만한 크기였다.
>
> 남성의 59퍼센트, 여성의 43퍼센트는 선거 출마를 적어도 "생각해 본 적이 있다"고 응답하였다. 그러나 실제로는 남성 216명과 여성 105명만이 선거에 출마하였다. 조사에 참여한 사람 중 실제로 공직에 진출한 남성의 비율은 거의 여성의 2배에 가까웠다(남성 7퍼센트, 여성 4퍼센트). 출마를 고려해 보았던 여성들조차 남성들보다는 실제로 출마하는 비율이 낮았기 때문이다. 그러나 여성들이 일단 출마를 하게 되면, 이들의 성공률은 남성과 비슷하였다.

의 선거명부에 등록하도록 격려해 준 사람들은 사회당의 여성들이었다."[107]

가족의 지원도 아주 중요하다. 선진국에서도 여성이 가사와 육아를 주로 책임지는 것은 마찬가지다(표4.4 참조). 폭스와 로레스의 설문조사에

---

106) Richard Fox and Jennifer L. Lawless, "Entering the Arena? Gender and the Decision to Run for Office," *American Journal of Political Science*, Vol. 48, No. 2, pp. 264-280.
107) Inter-Parliamentary Union, *Politics: Women's Insights*, p. 75.

참여한 미국의 엘리트층에서도, 여성은 남성보다 가사와 육아에 7배나 많은 부담을 지고 있었다. 독신여성들은 육아와 가사의 부담은 적을 수 있겠지만, 영국의 위드콤브(Ann Widdecombe)의원이나 IPU에서 86세 된 노모를 모시고 있다고 밝힌 중앙유럽 의원의 경우처럼 연로한 부모를 책임지는 경우도 종종 있다. 여성이 피선거자격에서 정치적 열망을 품는 단계로 나가고자 한다면, 이와 같은 가사와 보살핌의 책임이 해결되어야 한다. 선거에서 승리를 하더라도 가사의 책임은 직장에서처럼 사직(辭職)이 가능한 것도 아니다. 여성으로 하여금 후보출마를 포기하게 하는 여러 난관중 하나는 바로 이와 같은 '3교대'의 책임이다. 많은 정치 문화권에서, 후보로 선출되기 위해서는 직업적 성공과 정치적 경력이 뒷받침되어야 한다. 이와 같은 '2교대'에 덧붙여 여성들은 가사를 수행해야 하는 '세 번째 교대'의 의무가 부과된다. IPU 설문조사에서 중앙유럽 출신 여성의원은 선거 이후 "주부로서 나에게 맡겨졌던 모든 일을 선거 후에는 남편이 해야만 했다"고 언급한 바 있다.[108] IPU가 전세계적으로 조사한 의회의 여성의원의 80퍼센트는 배우자, 부모, 자녀의 도움을 받고 있었다.

정치지망생에서 후보로, 그리고 선거로

다음 과정은 정치지망생에서 입후보 단계로 넘어가는 것이다. 후보 선출과정이 어떻게 진행되든(pp. 127-129 참조), "자유민주주의 국가에서는 정당이 가장 중요한 게이트 키퍼(gatekeepers)의 역할을 한다."[109] 예외적인 경우가 미국인데, 미국에서는 "대부분의 주(州)에서 정당은 게이트키핑 역할을 상실하였다."[110] '정당의 게이트 키퍼들' 혹은 공천심사위원회는

---

108) Inter-Parliamentary Union, *Politics: Women's Insights*, p. 151.
109) Pippa Norris and Joni Lovenduski, *Political Recruitment: Gender, Race and Class in the British Parliament*, p. 198.
110) Pippa Norris and Joni Lovenduski, *Political Recruitment: Gender, Race and Class in the British Parliament*, p. 22.

전통적으로 여성대표의 비율을 확대하는 데 있어서 가장 큰 걸림돌로 여겨져 왔다. 매트란드(Richard Matland)는 게이트 키퍼들이 내적으로나 외적으로 압력을 받는다고 말한다. 즉 게이트 키퍼들은 유권자들이 여성 후보자를 어떻게 받아들일지, 경쟁당은 어떻게 하고 있는지, 그리고 여성의 능력과 역할에 대한 자신들의 문화적·이데올로기적 관념에 의해 영향을 받는다.[111] 노리스가 지적하고 있듯이, 게이트 키퍼에게 가장 위험부담이 낮은 선택은 바로 기존의 대표들과 가장 많이 닮은 후보를 공천하는 것이다. 기존의 후보들과 닮은 사람들이(중년의 남성 전문직 후보) 공천될 확률이 높다는 사실은 그와 같은 특징을 가지고 있는 사람들에게는 고무적이지만, 그렇지 않은 사람들에게는 용기를 잃게 만들 수 있다. 따라서 이와 같은 압력과 혜택이 변화하기 않는다면, 현 상황은 앞으로도 재생산될 것이다.[112]

그러나 서유럽과 영어권국가에서는 페미니스트 사상의 확대로 인해 정당들은 적어도 기회의 평등이라는 구호를 앞세우지 않을 수 없게 되었다. 구(舊) 공산권 국가는 예외로 남아 있다. 민주주의 체제로 전환하는 과정에서, 여성들은 여성후보의 선출을 요구할 만한 적절한 담론이나 수단을 마련하지 못하고 있다. 양성 평등이라는 구호는 구체제가 선점했던 기치였기 때문에, 구체제의 붕괴 이후에는 쉽게 이용할 수가 없었다(제7장 참조). 또한 이전 체제에 대한 대응에 있어서, 여성들은 체제에 대한 조직적인 저항을 하지 않고 오히려 사적인 영역으로 퇴각하고 말았다. 결국 여성들은 과중한 가사의 부담을 지게 되었고, 과거 공산당이 독점했던 정치 조직에 관해서는 경력을 쌓지 못하게 되었다. 또한 "여성들은 선거 정치에 적극적으로 뛰어들 만한 시간, 수단, 대중적 지지기반이 있다고 느끼지도 않았을 것이다."[113]

---

111) Richard Matland and Katjleen Montgomery, "Recruiting Women to National Legislatures: a General Frame Work with Applications to Post-Communist Democracies," p. 24.
112) Pippa Norris, *Electoral Engineering: Voting Rights and Political Behaviors* (New York: Cambridge University Press, 2004).
113) Richard Matland and Kathleen Montgomery, *Women's Access to Political Power in Eastern Europe*, p. 39.

아울러 신생 정당들은 거의 여성이 참여하지 않은 상태에서 조직되었고, 여성참여에 대해 외적으로든 내적으로든 그 어떤 압력도 받지 않았다.

여성참여에 대한 압력을 크게 받고 있는 정당에서도, 게이트키핑을 통과하기란 지극히 어려운 일이다. 예를 들어, 비교적 최근까지 미국에서 여성후보들은 후보 선출이 좌절되거나 혹은 다른 정당이 의석을 차지하고 있어서 당선 가능성이 거의 없는 지역구에 공천되었다.114) 그러나 최근 들어 투표와 관련된 성별 차이에 대한 인식이 확대되고 정당내에서 여성의 영향력이 제고된 결과 미국의 경우 여성 정치지망생들이 남성만큼 당내에서 지지를 얻고 있다.115)

그러나 이와 같은 변화가 보편적인 현상은 아니다. 2001년과 2002년 후보공천을 받기를 원했던 여성들을 대상으로 한 로벤더스키의 연구는 "여성에 대한 차별이 아직 팽배해있고 영국의 주요 정당에서는 제도적인 성차별이 존재한다"는 것을 보여주었다.116) 로벤더스키는 여성은 정치에 적합하지 않으며 유권자에게 매력적이지도 않는 후보라는 고정관념에 대해 자유민주당 여성의 말을 인용하고 있다. "산업지구에서 입후보하려고 하면, 동료들은 이렇게 이야기 한다. '여성들은 산업지구에서는 결코 성공하지 못 할 것이다.' … 농촌에서 출마하려고 하면 동료들은 농촌에서는 여성은 절대 안된다고 한다."117) 보수적인 여성 유권자들은 자녀와 남편에 대한 책임을 문제 삼았다. 로벤더스키는 "유권자들은 후보와 그의 아내를 원했다. … 아내를 등장시킴으로서, 남성 후보들은 전통적인 성역할에 대한 자신들

---

114) Susan J. Carroll, *Women as Candidates in American Politics* (Bloomington, IN: Indiana University Press, 1994).
115) Julie A. Dolan, Melissa M. Deckman and Michele L. Swers, *Women and Politics: Paths to Power and Political Influence*, p. 156; Heather L. Ondercin and Susan Welch, "Women Candidates for Congress," in Sue Thomas and Clyde Wilcox (ed.), *Women and Elective Office: Past, Present and Future* (Oxford: Oxford University Press, 2005), p. 67.
116) Joni Lovenduski, *Feminizing Politics*, p. 65.
117) Joni Lovenduski, *Feminizing Politics*, p. 71.

의 의지를 확인시킬 수 있었다. 여성후보자들이 남성 배우자를 등장시키면, 이것은 전통에 도전하는 격이 되었다."[118] 세 정당 모두에서 로벤더스키는 여성과 남성을 서로 다른 잣대로 평가하는 제도적 성차별이 존재한다는 결론을 내렸다. 정실주의(patronage)를 방지하기 위한 투명한 절차가 마련되어 있는 경우에도(pp. 127-129 참조), 제도상의 허점이 있어서 '백인 남성후보에 대한 공천위원들의 공공연한 선호의 표출'이 가능하였다.[119] 로벤더스키는 양성평등에 대한 진보적인 정책을 표방했던 정당 내에서도, 공천할 의사가 없으면서도 후보자 명단에 일명 '토큰 여성(token women, 생색내기용으로 추천한 여성들 - 역자 주)'을 올리는 경향이 있다는 것을 발견하였다.

여성후보, 그리고 여성의원의 비율확대에 있어서 가장 큰 걸림돌은 어느 선거에서든지 물갈이가 되는 의석의 수가 적다는 사실이다. 모든 의회에는 일반적으로 전직의원들의 수가 많다. 1979년~1994년 사이에 25개 민주주의 국가의 하원선거에서, 현역의원의 교체율은 평균 22퍼센트를 기록하였는데, 지역구의원 교체율이 비례대표의원의 교체율보다 "훨씬 낮았다."[120] 정당으로서는 자연적으로 소속정당을 위해 일하는 것을 직업으로 삼아온 의원들을 물갈이하는 것에 난색을 표할 수밖에 없다. 비례대표제 하에서는 정치신인들, 특히 여성들은 당선이 불가능한 낮은 순번을 받게 되는 경우가 있다. 예를 들어 1999년 벨기에의 총선에서는 특정성별이 비례대표명단의 2/3이상을 차지하는 것을 법으로 금지하였는데, 최상위 순번의 15퍼센트만이 여성에게 할당되었고 결과적으로 비례대표로 선출된 의원의 21퍼센트만이 여성이었다.[121] 스웨덴의 진보성향의 사회민주당

---

[118] Joni Lovenduski, *Feminizing Politics*, p. 70.
[119] Joni Lovenduski, *Feminizing Politics*, p. 76.
[120] Donley Studlar and Richard E. Matland, "Determinants of Legislative Turnover: a Cross National Comparison," *British Journal of Political Science*, Vol. 34, No. 1, 2004, pp. 93, 107.
[121] Mercedez Mateo Diaz, *Representing Women? Female Legislators in West European Parliaments*, p. 91.

(Social Democratic Party)에서는 여성후보들이 비례대표명단의 최하위 순번을 받지 않도록 남녀 후보가 '홀짝 순번(zipped)'을 부여받도록 하는 노력이 있었다(글상자 5-1 참조). 단순다수제(first-past-the-post system, 득표 순위에서 일등을 한 사람이 당선되는 제도)하에서, 유권자들은 현역의원이 아닌 후보에게 투표를 할 수 있고, 특히 '압승'이라는 결과가 발생할 때면 이것은 상당한 변화를 가져올 수 있다(1997년 영국의 경우). 그러나 이와 같은 현상은 드물고 현역 의원의 교체율은 낮다. 예를 들어 미국의 경우 상원과 하원의 선거에서 현역 의원의 당선 비율은 85퍼센트 이상이다. 따라서 정치 신인들, 특히 여성 정치 신인들의 기회는 아주 제한적이다. 특별한 대책이 없다면, 의원 구성의 성비상의 변화는 느릴 수밖에 없다.

선거에 돌입하면, 여성은 성공적인 캠페인과 승리가 필요하다. 선거에서의 승리는 여러 요소에 의해 좌우된다. 미국의 경우, 선거 캠페인은 경비가 많이 들기 때문에 선거에서 승리하기 위해서 후보는 상당한 정치자금을 모금하게 된다. 여성후보들에게 불리하게 작용해 왔던 요소 중 하나가 바로 여성이 남성에 비해 (자금)모금 능력이 떨어진다는 전통적인 시각이다. 그러나 부렐(Barbara Burrel)은 1988년 이후 미국 "여성들의 (자금)모금 능력은 남성과 동일한 수준이다"라고 주장한다.[122]

선거에서 승리를 위해서는 미디어와의 우호적인 관계도 중요하다. 미국의 연구는 상원 선거에서 남성후보와 여성후보에 대한 매스컴의 보도양상이 다르다는 점을 시사해 준다. 여성 상원후보는 남성후보 보다 당선 확률이 낮은 것으로 매스컴에서 보도되는 경향이 있다는 것이다. 하위직 선출직의 경우, 남성대 여성의 매스컴 보도량은 좀더 균형이 맞았다. 하지만 정책에 있어서는 여성보다 남성이 더 많은 매스컴의 관심을 받았던 반면, 외모에 대해서는 여성이 더욱 집중적인 관심을 받았다. TV 시청자들 또한 여성보다는 남성에 대해 우호적인 인상을 갖는 경향도 있었다.[123] 영국의 1992

---

[122] Barbara Burrel, *Women and Political Participation: A Reference Handbook* (Santa Barbara, CA: ABC-CLIO, 2004), p. 39.

년, 1997년 선거 캠페인에 대한 연구는 여성정치인들이 TV와 기타 언론 보도에서 상당부분 소외되어 있다는 것을 보여주었다.124) 그러나 놀라운 사실은, 매스컴의 보도가 여성의 당선율에 거의 영향을 끼치지 않는다는 점이다.

현직 의원이 재출마하지 않는 선거구에 출마한 여성후보들의 당선 성공률은 남성과 비슷하다. 서유럽과 영어권 국가에서는 과연 유권자들이 여성 후보에게 투표하는 것을 꺼리는가를 확인해 보기 위한 대규모 연구가 진행된 바 있는데, 연구 결과는 이와 같은 인식을 지지할 만한 증거를 발견하지는 못하였다. 일반적으로 유권자들은 후보의 성별이 아니라 후보의 소속 정당에 영향을 받는다. 이와 같은 경향은 특히 유권자가 후보자들의 구성에 영향을 끼칠 수 없는 비례대표제에서 더욱 뚜렷하게 나타나지만, 한 사람을 선출하는 지역구 선거에서도 적용이 된다.125)

정계입문과 정계은퇴: '회전문 현상'

현직의원이 계속 후보공천을 받고 선거에서도 당선되는 '현직효과(incumbency effect)'로 인해 변화의 속도는 느려졌고, 특히 이와 같은 현직 효과를 막는 법이 없는 경우에 속도는 더욱 완만했다(제5장 참고). 그럼에도 불구하고 현직 여성의원들이 재당선되고 여성 정치신인들이 정계입문을 하게 됨에 따라, 느리지만 변화가 올 것이라는 의식이 확산되고 있다. 2003년

---

123) Julie A. Dolan, Mellisa M. Deckman and Michele L. Swers, *Women and Politics: Paths to Power and Political Influence*, pp. 162-172; Heather L. Ondercin and Susan Welch, "Women Candidates for Congress," in Sue Thomas and Clyde Wilcox (ed.), *Women and Elective Office: Past, Present and Future* (Oxford: Oxford University Press, 2005), pp. 60-80.
124) M. A. Stephenson, *The Glass Trapdoor: Women, Politics and the Media during the 1997 General Election* (London: Fawcett Society, 1998), pp. 11-12.
125) Richard Matland and Kathleen Montgomety, *Women's Access to Political Power in Eastern Europe*, p. 25.

현재 여성이 의석의 22퍼센트를 차지하고 있는 미국의 주의회에서, 로젠탈(Cindy Rosenthal)은 여성의원들이 남성보다 정치를 자신의 전문 직업으로 보는 경향이 강해졌다는 것을 발견하였다. 여성들은 지방정치에서 중앙정치로 진출하는 과정에 있어서나, 입당에서부터 선거에 이르는 기간 동안 정치가 평생직업이라는 기대를 갖고 정계에 진출하였다.126)

그러나 이것이 다른 국가의 여성에게도 그대로 적용되는 것은 아니다. 1997~2002년 동안 프랑스 국민의회 의원들을 대상을 한 연구에서, 그린(Manda Green)은 일종의 '회전문 신드롬(revolving door syndrome)'을 발견하였다. '프랑스 여성들은 남성보다 더 일찍 정치를 떠난다. … 이것은 여성 정치인의 수를 감소시킬 뿐만 아니라, 더욱 중요하게는 여성들이 자신의 정치 경력을 활용할 수 있는 기회를 제한하게 된다. 정계은퇴는 가시적이지 않기 때문에 문제는 더욱 심각하다. 사람들의 관심은 정치라는 무대의 입구에 집중되어 있지 출구에 집중되어 있는 것은 아니다.'127) 그린은 여성정치인의 조기 정계은퇴에는 제도적 요인과 문화적 요인이 있다고 설명한다. 그린은 여성들이 주로 상대적으로 중요도가 떨어지는 선거구에서 후보로 선정되는 경향이 있다고 지적한다. 만약 정당이 압도적인 승리를 거둔다면, 많은 여성의원들이 정계에 진출하게 된다. 그러나 다음 선거에서 선거상황이 불리하게 돌아가면(이는 흔히 있는 일이다), 이들 여성들은 재선에 실패하게 된다.128) 일부 여성의원들은 공공연한 남성우월주의적 정치풍토에 염증을 느끼기도 한다. 영국의 킹햄(Tess Kingham)의원이 2001년 재선

---

126) Cindy Simon Rosenthal, "Women Leading Legislatures: Getting There and Getting Things Done," in Cylde Wilcox and Sue Thomas (ed.), *Women and Elective Office: Past, Present and Future* (New York: Oxford University Press, 2005), p. 210.
127) Manda Green, "Women and the National Assembly in France: an Analysis of Institutional Change and Substantive Representation with Special Reference to the 1997~2002 Legislature," unpublished thesis (University of Stirling, 2004), p. 4.
128) Manda Green, "Women and the National Assembly in France: an Analysis of Institutional Change and Substantive Representation with Special Reference to the 1997~2002 Legislature," p. 335.

에 출마하지 않지 않겠다는 결정을 내린 것도 일부분 이와 같은 풍토와 관련이 있다.129) 여성의원들은 개인적 이유에서나 정책적 이유에서 소외감과 환멸을 느낄 수 있다. 또한 당지도부의 요구나 입장과 자기 자신의 원칙을 조화시킬 수 없는 상황에서 정치 의지를 상실할 수도 있다. 모우램(Mo Mowlam)과 쇼트(Clare Short) 전 의원이 여기에 해당된다. 여성들은 정치에 염증을 느끼고 떠나기도 하고, 정치인으로서의 삶에 따른 중압감에 비해 그에 따른 보상과 행동반경이 제한적이라고 느낄 수도 있다. 여성의원의 비율이 현저하게 높은 스웨덴 의회에서도 "1998년 … 많은 젊은 여성의원들이 학업이나 기타 이유로 인해 선거에 재출마하지 않았다. 이전에는 의원직이라고 하면 평생 직업이었다."(스웨덴 남성 의원과의 인터뷰)130) '회전문' 현상은 여성은 정치적 능력이 없다는 수장의 빌미가 되는 한편, 여성 역할모델과 여성 멘토의 수를 줄이고 있다. 여성의원들의 유지라는 문제는 학계에서나 정당의 전략가들에 의해서나 충분하게 논의되지 않은 이슈이다.

결론

여성의원 비율 확대론은 복잡하고도 이론의 여지가 많은 문제이다. 이 문제에는 또한 평등, 상징성과 적법성, 민주주의의 심의 절차의 개선, 여성권익의 신장이라는 여러 가지 고려요인이 관련되어 있다. 여기에는 여성의원의 증가를 지지하는 정당은 자신들이 인력을 충원할 수 있는 인재의 풀을 늘리

---

129) Sarah Childs, N*ew Labour's Women MPs: Women Representing Women* (London: Routledge, 2004), p. 65; Tess Kingham, "Comment and Analysis: Cheesed Off by Willy-Jousters in a Pointless Parliament," *Guardians*, 20 Une, 16; Betty Boothroyd, *The Autobiography* (London: Arrow Books, 2002), p. 437.
130) Mercedez Mateo Diaz, *Representing Women? Female Legislators in West European Parliaments*, p. 145.

게 될 것이고 결과적으로 선거에서 이익을 얻을 것이라는 실용주의적인 주장도 있다.[131] 사회·경제적 요소, 문화·이데올로기적 요소들은 모두 복합적으로 여성의원의 비율에 영향을 끼치고, 여성의 비율을 제고하는데 도움을 준다. 득표수가 어떻게 의석으로 전환되느냐를 결정하는 선거제도 또한 결과에 영향을 끼칠 수 있고, 이중 일부 제도 하에서는 변화를 위한 전략이 보다 용이하게 실행될 수 있을 것이다.[132] 이 문제에 대한 논의는 다음 장에서 전개된다. 여성의원의 비율을 제고하는데 있어서 가장 중요한 걸림돌은 후보선출과정과 낮은 현역의원 교체율이며, 여성의원의 유지 또한 진지하게 고려해 보아야 사항이다. 다음 장에서는 제3장에서 논의된 성별 투표 차이와 본장에서 논의된 대의제에 관련된 문제에 대한 정당들의 대응 전략에 대해 논의한다.

---

[131] Marian Sawer, Manon Tremblay and Linda J. Trimble, "Introduction: Patterns and Practice in the Parliamentary Representation of Women," p. 19.

[132] Judith Squires and Mark Wickham-Jones, *Women in Parliament: A Comparative Analysis* (Manchester: Equal Opportunities Commission, 2001).

05 / 여성대표의 비율 확대를 위한 전략

여성대표의 비율이 지나치게 낮다는 점은 오늘날 일반적으로 인정되고 있는 사실이다. 정당은 여성이 전체 유권자중 절반을 차치하며, 여성유권자의 선택에 따라 당이 이익을 얻을 수도 있고 불이익을 당할 수도 있다는 사실을 인식하고 있다. 이와 같은 인식에 입각하여 자유민주주의 정당들은 다양한 방법을 통해 여성의 목소리에 귀를 기울이고자 노력하고 있으며 여성의원의 비율을 제고하기 위한 대책을 수립하고 있다. "여성의원의 과소성에 대해서 정당이나 정권이 무언가를 해야 한다"는 압력은 외부에서 올 수도 있고 내부에서 올 수도 있다. 먼저 외부로부터의 압력은 다른 당을 벤치마킹하는 과정, 즉 어느 당이든지 다른 정당이 하고 있는 일에 반기를 들기 어렵게 만드는 '전염(contagion)' 효과에서 비롯될 수 있다. 내부적인 압력은 당과 관련된 내부적 원천(여성 당원과 이에 동조적인 일부 남성당원)에서 발생한다. 어느 형태의 전략이든 전략이란 사회·경제적인 맥락 안에서 작동하기 때문에 전략이 유사해도 결과는 다를 수 있을 것이다. 오늘날 정당에 대한 행동 압력은 그 어느 때 보다 거세지고 있다. 사회 전반에 걸쳐서 그리고 당내부적으로 여성을 비롯한 많은 사람들이 변회기 없다면 여성이 적절한 대표성을 갖기까지는 1~2세기의 시간이 더 필요할 것이라는 인식이 확산되고 있기 때문이다(제8장 참조).[1] 이 장은 앞서 제3장에서 논의된 바 있는 투표행태에 대한 정당의 대응방식을 고찰해 본 후, 제4장에서 논의된 여성의 과소대표성을 해결하기 위해 채택된 전략들을 살펴본다.

투표행태에 대한 정당의 반응

여성정당

150여 년의 기간 동안, 자유민주주의 국가에서 정당은 정치적 선택의 표현을 위한 필수적인 메커니즘으로 인정되어 왔다. 정당의 기능은 먼저 이해관계를 결집하고(복잡다단한 요구를 비교적 처리가 가능한 정책 패키지로 전환하는 작업), 사회에 대한 공동의 목표를 설정하여 이를 실행하며, '지지자의 행동과 의견에 대해 강력한 영향력을 행사할 수 있는 정서적 유대(혹은 대립) … 대상'으로 자리매김하는 것 등이 포함된다.[2] 이와 같은 정당의 기능이 여성의 이익을 증진하는 방식으로 수행되어야 한다는 요구는 때때로 여성정당의 창당 노력으로 이어지기도 하였다. 스토크스(Wendy Stokes)는 여성정당의 창당 노력은 중대한 변화나 중대한 갈등이라는 특수한 상황에 대한 대응 과정에서 발생한다고 제안하면서, 여성들을 위한 독자적인 정치조직의 전통이 있는 곳에서 더욱 쉽게 일어날 것이라고 말한다.[3]

아주 특수한 상황에서 여성정당이 등장한 예를 우리는 1996년 창당된 북아일랜드 여성연대(NIWC: Nothern Ireland Women's Coalition)에서

---

1) Pippa Norris, *Electoral Engineering: Voting Rules and Political Behavior* (New York: Cambridge University Press, 2004).
2) Rod Hague and Martin Harrop, *Comparative Government and Politics*, 6th edition (Basingstoke: Palgrave Macmillan, 2004), 제 11장 참고.
3) Wendy Stokes, *Women in Contemporary Politics* (Cambridge: Polity, 2003), p. 130.

찾아 볼 수 있다. NIWC는 기성정당들을 대상으로 당시 모든 이해당사자들이 참여하는 평화회담에 참여할 여성후보의 비율을 확대할 것을 요구하였다. 그러나 자신들의 요구가 받아들여지지 않자 NIWC는 스스로 평화와 여성권익의 증진을 표방한 정당을 자처하고 나섰다. 전반적인 상황도 NIWC에게는 우호적으로 돌아갔다. 당시 개별 공동체들이 평화협상의 결과를 널리 수용하기를 바라는 취지 아래 득표율이 낮아도 대표가 선출되도록 규정한 법이 있었는데, NIWC는 이 법을 이용하여 1998년 '굿 프라이데이 협정(Good Friday Agreement)'을 이끌어 낸 평화회담에 참여할 수 있었다.[4] 1998년 선거에서, NIWC는 2퍼센트의 득표율을 달성했고 2003년까지 2개의 의석을 확보하였다. 2003년 선거에서 NIWC의 득표율은 0.8퍼센트로 떨어졌다.[5] 그러나 NIWC는 상설 정당을 표방한 것은 아니었다. 재원 부족은 NIWC의 만성적 문제였고, 오늘날 NIWC의 정당 활동은 거의 중단되어 있는 상황이다.[6]

페미니스트 운동(제7장 참조) 또한 일부 국가에서 여성정당의 등장을 가져왔다. 20세기 초반 미국에서는, 전국여성당(National Woman's Party)이 여성 참정권운동의 과정에서 등장하였지만, 사실 소규모 압력단체 이상으로 성장하지는 못하였다. 여성정당을 창당하기 위한 움직임은 전후 덴마크와 노르웨이를 비롯한 유럽에서도 전개되었다.[7] 아이슬란드에서는 1970년대

---

4) Jane Fearon, *Northern Ireland Women's Coalition: Institutionalizing a Political Voice and Ensuring Representation* (2002). http://www.c-r.org/accord/peace/accord13/nor.shtml.
5) BBC, *Women' Party to Fight On* (2003). http://news.bbc.co.uk/1/hi/northern_ireland/3299125.stm; Elections, *Parties and Elections* (2003). http://www.parties-and-elections.de/nireland2.
6) Jane Fearon, *Northern Ireland Women's Coalition: Institutionalizing a Political Voice and Ensuring Representation* (2002). http://www.c-r.org/accord/peace/accord13/nor.shtml.
7) Ruth Henig and Simon Henig, *Women and Political Power: Europe since 1945* (London: Routledge, 2001), p. 44; Hege Skjeie, "Ending the Male Political Hegemony: the Norwegian Experience," in Joni Lovenduski and Pippa Norris (ed.), *Gender and Party Politics* (London: Sage, 1993), p. 232.

제2물결 페미니즘(second-wave feminism)의 영향으로 1982년에는 지자체 선거에서 여성명부(women's lists)가 설치되었고, 1983년 총선에서는 여성동맹(Women's Alliance)이 창설되어 여성명부를 제출할 수 있게 되었다. 그 결과 여성들은 중앙의회에서 의석을 차지할 수 있게 되었다. 그러나 여성동맹은 1999년 선거에서는 독립적으로 행동하지 않는 대신 다른 진보 정당들과 함께 공동 명부를 통해 선거에 뛰어들었다. 2000년 여성동맹은 이들 진보정당과 손잡고 사회민주동맹(Social Democratic Alliance)을 창당하였다. 스웨덴에서는 2005년 좌파 정당의 당수였던 슈만(Gudrun Schyman)이 여성정당의 창당을 통해 여당인 사회민주당(Social Democrats)에 도전장을 내밀었다.[8)]

공산정권하에서 여성 조직은 특별대우를 받았다. 마르크스-레닌 주의는 계급갈등의 해결이라는 틀 안에서 '여성문제(woman question)'를 해결할 수 있다고 주장하면서, 남성과 여성사이의 형식적 평등(formal equality)을 강조하였다. 지방이나 중앙차원의 의회에서는 여성 할당제가 도입되었으나, 실질적인 의사결정이 이루어지는 공산당 정치국(politburo)과 정당은 여성 할당제에서 제외되었다. 또한 정당과 연계된 강력한 여성 조직들도 설치되었다. 따라서 우리는 공산권 국가내에서 여성의 정치 조직이라는 전통이 존재하였다는 것을 알 수 있다. 그러나 이와 같은 전통이 끼친 영향은 양면적이었다. 러시아나 불가리아의 경우에서처럼 여성들이 조직의 생리에 익숙해지고 '공적인 영역에서 기술과 지식을 확보하게 된' 사례도 있지만, 다른 한편으로 여성들은 경쟁이라는 과정을 거치지 않고 이와 같은 지위를 획득하게 되었다는 약점을 안고 있었다. 또한 리투아니아의 경우에서처럼, 여성조직이 소비에트 정권과 제휴한 것이 "여성의 정치참여에 대한 문화적 오명을 남기기도 하였다."[9)] 그럼에도 불구하고 여성 조직의 전통이 구

---

8) *The Economist* 14 April 2005.
9) Tatiana Kostadinova, "Women's Legislative Representation in Post-Communist Bulgaria," in Richard E. Matland and Kathleen A. Montgomery (ed.), *Women's*

(舊) 공산권국가에서 여성정당이 창당되는데 있어서 자양분이 되었다는 것은 분명한 사실이다. 러시아에서는, 1933년 일단의 여성 조직이 소비에트 여성위원회(Soviet Women's Committee)를 승계한 정당을 모태로 '러시아 여성당(Women of Russia)'을 창당하였다. 러시아 여성당은 1993년 선거에서 5퍼센트 이상의 득표율을 보였고, 1993년~1995년 사이 23명의 여성을 의회로 진출시켰다. 그러나 1995년 이후로는 의석할당을 받기 위한 최소득표율(5퍼센트)을 넘는데 실패하였고, 2003년 선거에는 아예 참여하지 않았다.10) 반면, 라코바(Ekaterian Lakhova) 전(前) 러시아 여성당 당수는 러시아 연합당(United Russia Party)의 비표대표 후보로 출마하였다. 리투아니아, 우크라이나, 불가리아와 같은 구(舊) 공산권 국가에서도 유사한 여성정낭이 등상하였다.

여성정당의 역사는 전체적으로 고무적이지는 않다.11) 여성정당의 수명은 전반적으로 짧았다. 호주에서도 여성정당들이 명멸하곤 했는데, 일례로 1995년에 창당된 여성정당은 2002년 재창당되었고 2005년에는 해산되었다.12) 아이슬란드와 러시아를 제외하면 여성정당이 중앙의회에서 의석을 확보한 사례는 전무하다. 다만 이들 여성정당은 기성정당으로 하여금 여성 후보를 공천하도록 독려하고 여성문제를 중요 의제로 삼도록 함으로써, 여

Access to Political Power in Post-Communist Europe (Oxford: Oxford University Press, 2003), p. 318; Algis Krupavičius and Irmina Matonytė, "Women in Lithuanian Politics: from Nomenklatura Selection to Representation," in Richard E. Matland and Kathleen A. Montgomery (ed.), *Women's Access to Political Power in Post-Communist Europe* (Oxford: Oxford University Press, 2003), p. 102.

10) Robert G. Moser, "Electoral Systems and Women's Representation: the Strange Case of Russia," in Richard E. Matland and Kathleen A. Montgomery (ed.), *Women's Access to Political Power in Post-Communist Europe* (Oxford: Oxford University Press, 2003), p. 159.

11) Richard E. Matland, "Women's Representation in Post-Communist Europe," in Richard E. Matland and Kathleen A. Montgomery (ed.), *Women's Access to Political Power in Post-Communist Europe* (Oxford: Oxford University Press, 2003), p. 328.

12) Marian Sawer, "The Representation of Australia: Meaning and Make-Believe," *Parliamentary Affairs*, Vol 55, No. 1, 2002, p. 11.

성대표의 비율을 확대한 점에 있어서 공로가 인정된다고 할 수 있을 것이다. 예를 들어 1999년 이후, 여성동맹의 해체 이후에도 아이슬란드 의회에서 여성의원은 전체의석의 1/3가량을 차지하였다. 비록 러시아와 리투아니아의 경우 여성정당의 등장이 여성의 요구에 대한 기성 정당의 무관심에 대한 대응으로 촉발된 것이기는 하였지만, 여성 운동가들의 기지기반이 좀더 넓은 정당과 공조했더라면 더 많은 것을 이루었을 수도 있었을 것이다.[13] 여성정당의 종말은 다른 정당으로 하여금 여성대표에 대한 수요가 없다는 결론을 내리게 하고 따라서 여성문제의 중요성을 평가절하 하도록 하기도 하였다.

여성을 위한 정당구조

지지기반이 넓은 정당들은 복잡다단한 사회의 균열구조(cleavage)에 의해 발생하는 이해관계를 폭넓게 수용할 수 있는 정책과 강령을 수립하여 유권자들로부터 정당의 공약이나 강령에 대해 지지를 이끌어 내고자 한다. 여성 참정권이 허용되자, 정당들은 일제히 여성의 표를 얻기 위해 고군분투하지 않을 수 없었다. 따라서 일부 정당들은 정도의 차이는 있었지만 여성에게 문호를 개방하기 시작하였다. 미국의 2대 정당은 각 당의 당헌·당규 위원회(national committees)가 남녀 동등 비율로 구성되도록 명문화하였는데, 1920년에는 민주당에서 1924년에는 공화당에서 이와 같은 움직임이 있었다.[14] 1952년 공화당 당헌·당규위원회의 재구성으로 인해 남녀 동등 비율 규정은 폐기되었지만, 여전히 최소 여성비율은 1/3로 남아 있다.[15] 하

---

13) Richard E. Matland, "Women's Representation in Post-Communist Europe," p. 341.
14) Jo Freeman, *A Room at a Time: How Women Entered Party Politics* (New York: Bowman and Littlefield, 2000), pp. 111–112.
15) Denise L. Baer, "Women, Women's Organizations and Political Parties," in Susan J. Carroll (ed.), *Women and American Politics* (Oxford: Oxford University Press,

지만 프리만(Jane Freeman)은 당내에서의 의사결정은 위원회의 의장이나 집행부 차원에서 이루어지고 있기 때문에 여성의 참여는 실제로는 미미하다고 지적한다. 즉 동등한 비율이 동등한 영향력을 의미하는 것은 아니다.16) 대선 후보를 공식 지명하는 전당대회는 정당의 운용에 있어서 특별히 중요한 의미를 갖지만, 여성 대의원의 비율은 1972년까지 18퍼센트 이상을 상회한 적이 없다. 1972년 들어 민주당은 개혁 작업에 착수하여 1980년대 이후로 남녀 대의원의 비율은 동등하게 조정되었다.17) 반면, 공화당에는 "여성대의원의 비율은 1/3수준으로 유지된다는 일종의 비공식적인 '유리 천장(glass ceiling)'이 존재하는 것"처럼 보인다.18) 호주에서도 유사한 대응책이 마련되었다. 호주노동당은 여성이 적어도 전당대회 대의원의 25퍼센트를 구성해야 한다고 명문화하였다.19)

당내에 여성관련 부서나 사무실을 설치하는 정당들도 늘어났다. 사회주의 정당들은 이와 같은 메커니즘을 선호하였는데, 네덜란드 사회주의 여성들은 1905년 독자적인 조직을 창설하였고 1919년 영국의 노동당은 여성부서를 신설하였다.20) 그러나 이들 여성부서가 당내의 의사결정 과정에 통합된 것은 아니었다. 영국 노동당의 국가집행위원회(NEC: National Executive Committee)의 경우 여성들에게 배정된 의석이 있었지만, 이들 의석은 남성들이 주축을 이루었던 노동조합이 추천하는 지명자들로 채워졌

2003), p. 128.
16) Jo Freeman, *A Room at a Time: How women Entered Party Politics*, pp. 119, 121.
17) Denise L. Baer, "Women, Women's Organizations and Political Parties," pp. 131-133.
18) Denise L. Baer, "Women, Women's Organizations and Political Parties," p. 132.
19) Marian Simms, "Two Steps Forward, One Step Back: Women and the Australian Party System," in Joni Lovenduski and Pippa Norris (ed.), *Gender and Party Politics* (London: Sage, 1993), p. 19.
20) Monique, Leijenaar, "A Battle for Power: Selecting Candidates in the Netherlands," in Joni Lovenduski and Pippa Norris (ed.), *Gender and Party Politics* (London: Sage, 1993), p. 209.

다.21) 1990년대 이 규정은 수정되어서 NEC에서 40퍼센트의 여성할당제가 도입되었다.

이들 여성부서들은 여성들을 교육하는 한편 여성들로부터 당에 대한 충성과 지지를 이끌어내는 방편으로 인식되었지만, 한계는 있었다. 먼저, 이들 부서는 여성들로 하여금 입후보하거나 당내의 지도부로 진출하는 방식을 제공하지 못하였고, 다만 여성의 역할을 정치후원금 모금 파티나 우편 수발 업무 등으로 제한한다는 비판을 받았다. 따라서 당내에서 여성의 참여가 명실상부한 정치적 행위의 형식으로 이루어졌다기 보다는 '여성 네트워크나 지역사회에서의 여성의 자발적 노동이 확장된 형태'로 이루어졌다고 볼 수 있을 것이다.22) 영국의 보수당도 여성 부서를 설치하였고, 1970년대 대처(Margaret Thatcher)가 (여성으로는 이례적으로) 당수로 부상하였지만, 여성의 정치참여는 중앙차원에서 보다는 지방차원에서 더욱 적극적으로 이루어졌다. 2005년 기준, 보수당의 주요 의사결정기구인 위원회(Board)의 17명의 위원 중 여성은 단 2명뿐이었다. 독일의 경우 여성들은 3대 주요 정당(CDU, SPD, FDP)의 여성관련 부서로 각각 나뉘어져서 조직화되었기 때문에 '여성 영향력의 부족'은 심각하였다.23)

반면 다른 시각을 제시하는 사람들도 있다. 레이예나르(Monique Leijenaar)는 네덜란드의 예를 통해서 여성 평등이라는 문제가 최근에 더욱 중요한 사안으로 부각됨에 따라, 여성부서들이 좀더 급진적 입장에서 당을 대상으로 압력을 행사할 수 있게 되었다고 주장한다. 독일에서도 1873년 이래 사회당의 여성 부서는 조직 재정비를 통해 여성평등을 주창하는 적극

---

21) Joni Lovenduski, *Feminizing Politics* (Cambridge: Polity, 2005), p. 61.
22) Joni Lovenduski and Pippa Norris, "Gender and Party Politics in Britain," in Joni Lovenduski and Pippa Norris (ed.), *Gender and Party Politics* (London: Sage, 1993), p. 40.
23) Eva Kolinsky, "Party Change and Women's Representation in West Germany," in Joni Lovenduski and Pippa Norris (ed.), *Gender and Party Politics* (London: Sage, 1993), p. 128.

적인 압력단체로 탈바꿈하였다. 영국의 경우, 1980년대~1990년대 동안 여성단체들(노동여성활동단체[Labour Women's Action Group]와 노동여성 네트워크[Labour Women's Network])과 노동당의 여성부서장(長)이 여성대표의 비율을 확대하는 데 있어서 지대한 영향력을 발휘하였다.[24]

따라서 여성의 정당기구로의 통합은 여성의 투표행태에 대한 정당의 대응책 중의 하나였다. 이와 같은 전략은 의회에서 양성간 적정수준의 균형을 맞추기 위한 절차와 법규를 도입하려는 노력과 서로 영향을 주고받는다(글상자 5-1 참조). 우리는 다음 절에서 여성대표의 비율을 확대하기 위한 전략에 대해 논의한다.

여성대표 비율 확대 전략

여성대표의 비율을 확대하는 데는 2가지 유형의 전략이 있다. 정당은 그 중 하나를 선택하든지 아니면 두 가지 모두 이용할 수 있다. 먼저, 후보의 공급에 영향을 끼치는 전략의 수립이 가능하다. 여성 정치지망생이나 여성후보를 격려하고, 지원하며, 교육하고, 조언하고, 재정지원을 하는 제도는 '공급 측면(supply-side)' 제도로 분류된다. '수요 측면(demand-side)'의 전략은 여성을 위한 공정한 기회의 제공에 중점을 둔다. 전략은 다음과 같이 분류할 수 있다.[25]

- 수사적 전략(rhetorical strategies): 여성문제와 여성의 주장에 더욱 귀를 기울이고 여성의 비율 확대에 대한 의지의 선언 등을 포함한다. 이와

---

24) Joni Lovenduski, *Feminizing Politics*, pp. 112-114.
25) Sarah Childs, Joni Lovenduski and Rosie Campbell, *Women at the Top: Changing Numbers, Changing Politics* (London: Hansard Society, 2005), p. 23; Joni Lovenduski and Pippa Norris, *Gender and Party Politics* (London: Sage Publications, 1993), pp. 8-11.

같은 전략은 여성 정치지망생에게는 고무적인 일이기 때문에 공급을 증가시키는 효과가 있으며, 더욱 적극적인 전략의 수립으로 이어질 수 있다. 반면 여성들이 정실주의(patronage)에 지나치게 의존하거나 여성 후보들이 단순히 '구색을 맞추기 위한 토큰(token)'으로 보일 수 있는 위험이 단점으로 남아있다.26)

- 적극적 조치(positive action)나 평등 증진책(equality promotion): 여기에는 여성 정치지망생을 대상으로 교육, 멘토링, 재정적 지원을 제공하는 것과 정당 조직이나 후보자의 명단에 여성대표의 비율에 관한 명시적 목표(targets)를 설정하는 것 등이 포함된다. 이와 같은 전략은 수요와 공급 모두에 영향을 끼친다.
- 여성 할당제(quotas) 등의 평등 보장책(equality guarantees): 이와 같은 전략은 '적극적 차별책(positive discrimination)'으로 기술할 수 있는데, 적극적 차별이라는 용어는 의미에 있어서 모순점과 약점을 안고 있다.27) 가장 단순하게 말하자면, 여성 할당제는 여성 혹은 한 성(性)에게 할당되는 의석의 최소 비율을 설정해 두도록 명문화하는 제도이다. 이와 같은 전략은 수요 측면에 영향을 끼친다.
- '남녀동수법(parity)'(아래 글상자 5-3 참조): 남녀동수법은 때로는 할당제와 구별되며 제4의 전략으로 평가되기도 한다.

수사적 전략은 오늘날 자유민주주의 국가의 거의 모든 정당들이 사용하는 전략이다. 아주 드물지만 예외적인 경우가 존재하기도 하는데, 주로 극우 세력이 이에 해당된다. 예로는 네덜란드의 소규모 보수 기독정당인 개혁정치당(*Staatkundig Gereformeerde Partij*, SGP: Reformed Political Party)을 들 수 있다. 개혁정치당은 1922년 이래 소속 의원들이 지속적으로 하원에 진출하고 있고, 2006년에는 2명의 하원 의원을 배출하였다. 이 당은

---

26) Pippa Norris, *Electoral Engineering: Voting Rules and Political Behavior* (New York: Cambridge University Press, 2004).
27) Carol Lee Bacchi, "Policy and Discourse: Challenging the Construction of Affirmative Action as Preferential Treatment," *Journal of European Public Policy*, Vol. 11, No. 1, 2004, pp. 132-133.

여성이 정규 당원이 되는 것이나 입후보하는 것을 금지하고 있다. 이것은 아마도 서유럽에서 유일한 경우일 것이며, 이로 인해서 개혁정치당은 국고지원금(100만 유로)을 회수당하기도 하였다. 2004년 7월 유럽 의회(European Parliament)의 영국 독립당(United Kingdom Independence Party) 소속 의원이 여성은 요리와 청소에 집중해야 한다(이 의원은 이후에 농담으로 한 말이었다고 주장하였다)는 발언 또한 극히 드문 사례이다.[28]

수사적 전략의 다음 단계는 적극적 조치(positive action)의 단계로서, 이 단계는 공급과 수요 모두를 아우르는 단계이다. 먼저, 적극적 조치의 제1단계는 선입견과 편견을 줄이는 절차를 강화하는 것으로 시작한다. 이와 같은 맥락에서, 후보 선출과정의 중앙집중화(centralisation)는 당지도부에게 여성친화적인 제도를 주장할 수 있는 여지를 제공한다. 이와 같은 방식이 영국의 보수당이 택한 접근법이었다. 보수당은 1992년 심리학자들의 도움으로 의원에게 요구되는 자질을 평가하는 후보 평가과정을 개발하였다. 이와 같은 소위 '객관적인(objective)' 기준에 의한 평가에서 여성들은 남성들만큼 좋은 점수를 받았다. 당 지도부는 이를 통해서 여성후보의 비율을 확대하는 한편, 당원들에게는 여성후보들이 자기 실력으로 선출되었다는 것을 납득시킬 수 있기를 기대하였다.[29] 그러나 2005년 선거에서 보수당이 19명의 여성후보를 당선시키는 수준에 그치자, 같은 해 보수당 내에 설치된 여성 비율 확대를 위한 운동단체(Women2Win)는 공천과정의 개선을 주요 요구사항으로 들고 나왔다. 보수당의 당수로 선출된 카메론(David Cameron)은 당선이 유력한 지역구에서 여성후보의 비율을 확대하기 위한 방안으로 양성 간 동일한 비율의 후보로 구성된 '우선 명부(priority list)'를 작성하겠다고 발표하였다.[30] 그러나 보수당의 당규는 여성 할당제나 개별 선거구에 후보

---

[28] *The Observer* 25 July 2004.
[29] *The Guardian* 3 February 2003; *The Times Higher Education Supplement* 23 May 2003.
[30] *The Times* 18 January 2006.

를 전략 공천하는 것을 허용하지 않으며, 지역의 반발도 지속될 것으로 전망되었다.

여성 정치지망생에 대한 격려, 재정적 지원, 멘토링, 교육은 평등증진 전략의 다음 단계이다. 1985년 미국의 민주당에서 시작돼 호주와 영국의 노동당으로 확산된 에밀리 조직(EMILY: Early Money Is Like Yeast, 초기의 돈은 마치 빵을 부풀리는 이스트 같다는 뜻을 가진 풀뿌리 여성유권자 운동 - 역자 주)은 여성후보에게 재정지원을 하는 한편, 미국에서는 정치후원금 모금 운동으로 발전하였다.31) 미국의 선거에서는 후보 개인의 정치후원금 모금이 중요한 사안이기 때문에, 다양한 정치활동위원회(Political Action Committees, 정치후원금을 모금하는 조직)가 조직되어 다양한 계층의 여성후보를 지원하고 있다.32) 1980대 후반에는, 영국 노동당내 노동여성 네트워크가 여성 정치지망생을 양성하는 작업을 주도하였다.33) 영국과 호주의 우파 정당들은 교육이나 멘토링과 같은 공급 측면의 전략에 집중하는 것을 선호하였다. 수요의 측면에서 보면, 여성후보를 위한 당내부의 할당제나 목표율의 설정이 확대되고 있는데, 특히 좌파정당이 이를 적극적으로 수용하고 있다.

차별, 할당제, 여성 우대

적극적 차별책은 당헌·당규나 국가의 법률에 의해 명문화된 엄격한 '강성(hard)' 법률조항을 통하지 않고는 대의 기관의 뿌리 깊은 성별 불균형(gender imbalance)을 극복할 수 없다는 시각에 근거하고 있다. 이들 전략에는 할

---

31) Joni Lovenduski, *Feminizing Politics*, p. 115; Marian Sawer, "The Representation of Women in Australia: Meaning and Make-Believe," p. 11.
32) Julie A. Dolan, Melissa M. Deckman and Michele L. Swers, *Women and Politics: Paths to Power and Political Influence* (Upper Saddle River, NJ: Pearson Prentice Hall, 2006), p. 175.
33) Joni Lovenduski, *Feminizing Politics*, p. 113.

당제와 남녀동수법(parity)이 있다. 두 제도의 실행결과는 아주 유사하나, 이들 제도가 왜 채택되어야 하는 가에 대한 의견은 서로 다르다.

할당제는 주요 기관에서 특정 집단의 의견이 오랫동안 표출되지 못한 점에 대한 보상을 목적으로 한다. 바치(Carrol Bacchi)가 지적한 바 있듯이, 19세기 이후 서구사회에서 실력주의와 불차별 원칙이 확립됨으로써 '사회적 장치에 대한 심각한 재조명을 통해 우리사회의 기초적 사회 법칙이 특정 집단을 우대하고 있다는 인식을 … 마음에 새기는 것'이 요구되고, 따라서 이와 같은 특권에 도전하는 개혁책이란 '임시적 특권'으로 간주된다.[34] 비록 이와 같은 개혁을 통해 의도한 변화는 항구적인 것이기를 기대하지만 말이다. 따라서 역사적으로 누적된 불이익이 극복되고, 사회의 모든 영역에서 '평범한' 여성이 '평범한' 남성과 마찬가지고 사회활동을 하는 것이 일상적인 일이 되며 이와 같은 변화를 가로막는 구조적 장벽들이 제거된다면, 할당제는 더 이상 필요하지 않을 것이다.

> 나는 여성들은 계속해서 여성으로서 말을 해야 하고 남성들은 남성으로서 말을 해야 하는 세상은 원치 않는다. 과거에 종속되고, 소외되었으며, 침묵당했던 사람들은 이제 자신의 목소리를 낼 수 있다는 약속을 필요로 한다.…그러나 현재 제안되고 있는 변화들은 이와 같은 대책이 더 이상 필요 없는 미래, 시민이라는 개념이 자신의 완전한 의미를 되찾는 미래, 사람들이 공동의 목표를 결정하는 데 있어서 동등하게 참여할 수 있는 미래에 시선을 두고 있다.[35]

할당제의 가장 일반적인 유형은 정당이 당의 조직이나 후보의 지명에 있어서 내부적으로 규정하는 유형이다. 할당제는 1970년대 노르웨이에서 최초로 도입된 후, 1980년대 후반에서 1990년대 초반에 이르러 많은 정당들에서 채택 되었다(글상자 5-1 참조). 카울(Miki Kaul)의 연구에 따르면,

---

[34] Carol Lee Bacchi, "Policy and Discourse: Challenging the Construction of Affirmative Action as Preferential Treatment," p. 143.
[35] Anne Phillips, *Engendering Democracy* (Cambridge: Polity Press, 1991), p. 7.

하원의원 선거의 여성후보 할당제   글상자 5-1

벨기에: 2007년 기준 벨기에는 정당명부식 비례대표제를 운용하고 있으며, 8개 주요 정당이 있다. 1994년 도입된 선거법에서는 비례대표 명부에서 각각의 성(性)이 적어도 25퍼센트 이상을 차지하도록 명문화하고 있다. 2002년에는 법이 개정되어 남녀동등 비율과 동등 분배를 규정하고 있다.

캐나다: 캐나다는 다수제(단순다수대표제)를 취하고 있으며 2007년 기준 4개의 주요 정당이 존재한다. 그 중 2개 정당, 신민주당(NDP: New Democratic Party)과 자유당(LPC, Liberal Party)은 정당차원의 목표제(target)를 설정하고 있다. 1985년 목표제를 도입한 NPD는 연방선거 후보의 절반을 여성으로 공천하는 것을 명문화하고 있다. LPC는 1993년에 25퍼센트의 여성후보 목표치를 도입하였다.

체코 공화국: 2007년 기준 체코 공화국은 정당 명부식 비례대표제를 채택하고 있으며, 5개 주요 정당이 있다. 그중 사회민주당(CSSD: Social Democrats)은 25퍼센트의 여성 할당제를 운용하고 있다.

프랑스: 프랑스는 2007년 기준 다수제(2 표제)를 채택하고 있으며 6개 주요 정당이 있다. 1999년 헌법 개정 이후, 모든 정당은 남녀 동수의 후보를 추천하도록 규정하는 법안이 통과되었다. 이를 어길 경우 벌금이 부과된다(글상자 5-4 참조).

독일: 독일은 지역구 선거와 비례대표제가 혼합된 추가의석제(additional member system)를 채택하고 있으며 5개 주요 정당이 있다. 4개 정당은 의원의 절반을 뽑는 정당명부에 관련하여 할당제나 목표제를 운용하고 있다. 민주사회당(Democratic Socialists)은 창당이후, 그리고 동맹 90/녹색당(Bündnis 90/die Grünen)은 1986년 이후 남녀 동수의 할당제를 도입하였다. 사회민주당(Social Democrats)은 1988년 40퍼센트의 여성할당제를 도입하였고, 기독민주당(Christian Democrats)은 정당명부에 여성이 적어도 1/3을 차지하도록 하는 목표제(할당제는 아님)를 도입하였다.

헝가리: 헝가리는 2007년 기준, 추가의석제를 채택하고 있으며 4개 주요 정당이 있다. 사회민주당(MSzP)은 정당 명부에 한해서 20퍼센트의 여성 할당제를 채택하고 있다. 지역구는 여성 할당제의 영향을 받지 않는다.

호주: 2007년 기준 호주는 다수제의 일종인 선택 투표제(Alternative Vote)를 채택하고 있으며 2개 주요 정당이 있다. 호주 노동당은 1994년 35퍼센트의 여성

→

➜ 할당제를 도입하였다가 2000년 이 비율을 40퍼센트로 상향조정하였다.

이탈리아: 2007년 기준 이탈리아는 추가의석제(의석의 75퍼센트는 지역구 선거를 통해, 25퍼센트는 정당 명부를 통해 선출)를 채택하고 있으며, 대략 11개 정당이 있다. 이들 정당 중 6개 정당은 정당명부에 있어서 할당제를 채택하고 있다. 1990년에 창당된 녹색당과 이탈리아 공산당(PdCI)은 남녀 동수의 규정을 두고 있는 반면, 공산주의재건당(PRC, 1991년 창당)과 이탈리아 좌파민주당(Democrats of the Left), 연립정부에 참여하고 있는 민주사회당(Democratic Socialist)은 각각의 성이 적어도 후보의 40퍼센트를 차지하도록 규정하고 있다. 연립정부에 참여하고 있는 또 다른 정당인 민주주의의는 자유다(Democrazia è libertà)당은 30퍼센트의 할당제를 두고 있다.

네덜란드: 2007년 기준 네덜란드는 비례대표제(전국 비례명부식)를 채택하고 있으며 7개 주요정당이 있다. 노동당(PvdA)은 1987년 이래로 남녀 동수의 할당제를 운용해 오고 있고, 녹색좌파당(Green Left)은 1990년 이래 평등 목표제를 두고 있지만 현재 거의 무시되고 있다.

노르웨이: 2007년 기준 노르웨이는 비례대표제(19개 지구당 비례명부)를 채택하고 있으며 7개 정당이 있다. 자유당(Liberal Party)은 1975년 이래 여성후보 40퍼센트의 할당제를 운용하고 있다. 사회주의 좌파정당(SV)은 1975년 이래, 노르웨이 노동당(DNA)은 1983년 이래, 중앙당(SP)은 1989년 이래, 기독교국민당(KrF)은 1993년 이래 비례대표명부에서 한 성(性)이 적어도 40퍼센트 이상을 차지하도록 요구하고 있다.

폴란드: 2007년 기준 비례대표제(36개 지구당 명부)를 채택하고 있으며 6개 주요정당이 있다. 이들 중 유일하게 할당제를 채택하고 있는 민주좌파동맹(SLD)은 2001이래로 30퍼센트의 여성할당제를 운용하고 있다.

스페인: 스페인은 2007년 기준 비례대표제(52개 지역 비례명부)를 채택하고 있고 7개 주요 정당이 있다. 2006년 제정된 법이 발효되면 모든 정당은 비례명부에 각각의 성(性)이 적어도 40퍼센트 이상을 차지하도록 해야 한다. 현재로서는 사회당(PSOE)만이 40퍼센트의 할당제를 채택하고 있다.

스웨덴: 스웨덴은 2007년 기준 비례대표제(30개 지구당 명부)를 채택하고 있으며 7개 주요 정당이 있다. 이들 중 좌파정당(V)과 스웨덴 녹색당(Green Party of Sweden)은 1987년 이래로, 스웨덴 사회민주노동당(SAP)은 1993년 ➜

이래로 적어도 정당 후보자의 50퍼센트는 여성을 추천하도록 규정하고 있다. SAP는 남녀후보 홀짝제를 운용하고 있다.

영국: 영국은 다수제(단순다수제)를 채택하고 있으며, 3개 주요 정당이 있다. 할당제를 채택한 정당은 없다. 노동당의 여성전용 후보자 명부(all-women shortlists)는 글상자 5-2 참조.

미국: 미국은 다수제(단순다수제)를 채택하고 있으며 2개 정당이 있다. 할당제를 운용하는 정당은 없다.

출처: Caul(2001), http://www.quotaproject.org, Matland and Montgomery(2003), CIA World Factbook과 저자 개인 수집 정보

할당제를 활용하는 정당들은 (1) 당지도부에서 여성의 비율이 다른 정당보다 이미 높았고, (2) 여성의 요구에 대해 수용적인 자세를 지닌 좌파적 이념 성향을 갖고 있는 정당들이었으며, (3) 할당제를 이미 채택하고 있는 유사한 정당들과 정당 시스템내에서 경쟁을 하고 있었다. 즉, 카울은 '전염(contagion)' 효과를 발견하였다.[36] 타분야에서 이루어진 혁신에 관한 연구에 근거하여, 카울은 1990년대 중반까지 할당제를 도입하지 않은 서유럽 국가의 정당들은 앞으로도 할당제를 도입하지 않을 것이라고 전망한다. 반면 동유럽의 정당들은 할당제의 도입에 있어서 뒤쳐져 왔다.

정당 할당제는 정당의 내부 규율에 의해서만 유지된다는 점에서 일면 자발적 '연성(soft)' 규율이다 ('연성'이라는 단어는 디아즈[Mateo Diaz]에 의해 사용됨). 또한 할당제는 법적인 구속력을 지니는 규율은 아니다. 예를 들어, 네덜란드의 녹색 좌파정당(Green Left)은 1990년 당규로써 목표율을 설정했지만, 이를 달성하기 위해 세워졌던 적극적 조치들은 소리소문없이 폐기되고 말았다(개인 정보). 만약 할당제가 구속력을 갖고 실행된다면, 이

---

36) M. Caul, "Political Parties and the Adoption of Candidate Gender Quotas: A Cross-National Analysis," *Journal of Politics*, Vol. 63, No. 4, 2001, p. 1225.

제도는 사실 "파급효과가 클 것이며 강력한 당규로써 부과될 수 있을 것이다."37) 할당제를 도입한 정당이 상당수의 의석을 확보하고 있을 경우, 1997년 영국의 사례에서처럼 이 제도는 의회내의 성별 균형에 중대한 영향을 끼칠 수 있다. 그러나 할당제의 효과는 정당이 이 제도를 어느 정도 자발적 그리고 엄격하게 실행하느냐에 달려 있다. 여성후보 할당제는 — 정당 정책으로 실시되든 국가의 법에 의해 이행되든 — 지방차원에서나 중앙차원에서 정당명부식 선거제도를 채택한 곳에서는 어렵지 않게 실행할 수 있지만, 추가적인 조치가 뒤따르지 않는다면 반드시 더 많은 여성의 의회진출을 가져오지는 않을 것이다(글상자 5-2 참조).

소선거구제에서, 중앙차원의 할당제와 선거구의 자율권을 연계시키는 문제는 정당으로서는 여간 까다로운 문제가 아니다. 이에 대한 전략으로는 여성전용 후보자 명단(all-women shortlists)을 두는 방법과 선거구의 '자매결연(twinning)' 등을 들 수 있다(글상자 5-1과 5-2 참조). 스코틀랜드와 웨일즈의 지역 의회에서 확인이 되었듯이 할당제는 영향력이 상당하고 '전염효과'로 인해 더욱 확신될 수 있다는 장점이 있는 반면, 적용범위가 제한적이고 이미 여성친화적인 정당을 위주로 채택된다는 단점이 있다. 이와 같은 이유로 해서 일부국가들은 할당제에 대해 강제이행의무를 부과하고 있다.

일부 국가에서 할당제가 법률로써 제정된 데에는 또 다른 이유가 있다. 자발적이든 법의 의해 규정된 것이든, 할당제는 특정 성(性)을 선별하여 '특별' 우대를 제공하는 관행과 양성 평등/비차별을 규정하는 헌법조항 사이에 발생하는 긴장을 해결해야 했다. 여성들은 일반적으로 이와 같은 조치를 환영해 왔고, 여기에는 그럴 만한 이유도 있다. 그러나 특정 성별의 정계 진출을 도모하기 위하여 엄격한 숫자상의 제한을 강요하는 것이 자동적으로 나쁜 성을 배제하는 결과를 낳게 되면, 문제가 발생한다. 이와 같은 이유로 영국에서는 할당제에 대한 소송 사건이 발생하였다(글상자 5-3 참고).

---

37) Mercedes Mateo Diaze, *Representing Women? Female Legislators in West European Parliament* (Colchester: ECPR Press, 2005), p. 27.

남녀 홀짝명부제와 자매결연 〔글상자 5-2〕

정당명부식 비례대표제에서, 후보가 배정되는 순서는 결국 의회에 진출하는 순서를 결정한다. 예를 들어 어느 정당이 100명의 후보를 비례대표로 공천하였다고 하자. 이 당이 전체 유효 투표의 20퍼센트를 득표하였다면, 상위순번을 배정받은 20명의 후보가 당선이 된다. 그러나 할당제를 충족하였다 할지라도 여성후보가 하위번호를 배정받게 되면, 여성의원의 비율은 증가할 수 없게 된다. 따라서 이와 같은 정당명부제도 하에서 실질적으로 여성의원들의 비율을 확대하기 위해서는 다음의 조건을 충족하여야 한다.

- 의석수가 충분하여 어느 정도의 득표율만 올리면 몇몇 의원들이 당선될 수 있어야 한다. 1986년~1988년 프랑스에서 비례대표제에 대한 짧은 경험이 의회의 성비를 바꾸지 못한 이유 중 하나는 비교적 소선거구제(각각의 선거구에 3~5명의 당선자 배출)로 선거가 치러졌고 대부분의 정당 명부에서 남성, 특히 정당의 보호를 받는 현역의원들이 상위번호를 배정받았기 때문이다.[38]
- 여성들이 당선 가능성이 있는 순번에 배정되어야 한다.

이와 같은 이유로 인해서, 일부 할당제는 여성들이 상위번호를 배정받을 수 있도록 고안되었다. 여기에는, 남성과 여성이 홀짝으로 번호를 배정받는 제도(소위 '남녀 홀짝'명부제[zipping])와 최소수준의 후보자를 당선 가능성이 높은 순번에 배정받도록 하는 제도가 있다. 예를 들어 2003년 선거에서, 벨기에의 선거법은 각 정당의 명부에서 상위 3번안에 남성과 여성이 모두 포함되도록 규정하였다. 이후 선거에서는 상위 1,2번은 남성과 여성이 되도록 하였다.

→

동일한 이유로 인해서 이탈리아에서는 하원의 25퍼센트를 선출하는 비례대표 공천에 남녀 홀짝 순번제를 규정했던 선거법이 1994년 폐기되었다. 이와 같은 갈등은 차후 법률제정을 통해서만 해결될 수 있을 것이다. 일부 국가에서는, 남녀평등대우 조항이 헌법으로 규정되어 있어서 만약 성별 차

---

[38] Mariette Sineau, *Professsion: Femme Politique: Sexe et Pouvoir sous la Cinquième République* (Paris: Presses de Sciences P, 2001), p. 126.

→

　　단순다수제를 채택하고 있는 국가에서 성공을 거둔 기법은 선거구 '자매결연(twinning)' 기법이다. 이 기법은 스코틀랜드와 웨일즈의 지역의회가 설립된 후 최초로 실시된 선거에서 노동당에 의해 활용이 되었다. 스코틀랜드와 웨일즈는 추가의석제 형식의 선거제도를 채택하고 있다. 개별 선거구에서 의원을 선출하고 — 스코틀랜드에서는 73명 지역구 의원, 웨일즈에서는 40명 지역구 의원 선출 — 의석의 수는 비례대표제에 의해 결정이 된다(스코틀랜드에서는 8개 지역 명부에서 56명 선출, 웨일즈에서는 5개 지역 명부에서 20명 선출). 노동당은 여성전용 후보자 명부는 법에 위배되지만, 선거구 자매결연은 그렇지 않을 것이라고 보았다. 지리적으로 가깝고 당선확률도 비슷한 지역구들이 2개씩 짝 지어 분할되었다. 후보(남성 1명과 여성 1명)는 두 선거구에서 공동으로 선출된다. 그 효과는 상당했다. 노동당은 의석의 과반수 이상(스코틀랜드에서는 총 73석 중 53석, 웨일즈에서는 총 40의석 중 27석)을 얻었다. 여성은 스코틀랜드 의회의 노동당 출신 의원 중 50퍼센트를 차지했고, 웨일즈 의회의 노동당 의원 중에는 54퍼센트를 차지하였다. 결과적으로 1999년에서 2003년 사이에 여성의원의 비율은 스코틀랜드 의회에서 33퍼센트, 웨일즈 의회에서는 40퍼센트를 차지하였다.

　　선거구 자매결연은 의회가 신설되어 현역의원에 관련된 문제가 없었기 때문에 가능한 제도였다. 그러나 이 기법은 '일회성' 대책으로 계획된 것이었다. 2003년 선거에서 스코틀랜드의 노동당은 현직의원과 할당제에 의존해서 선거를 치루었고, 노동당 여성의원의 수는 그대로 유지되었다. 반면 웨일즈에서, 노동당은 성차별 선거후보법(Sex Discrimination Electral Candidates Act)을 활용하여 6개 선거구를 여성전용구로 지정하였다. 결과적으로 여성의원의 수는 15명에서 19명으로 확대되었다.[39]

이를 인정하는 관행을 법률로 제정하려면, 헌법의 개정이 필요하다. 디아즈(Mateo Diaz)는 할당제를 다음의 4가지 유형으로 분류한다.[40]

---

39) Sarah Childs, Joni Lovenduski and Rosie Campbell, *Women at the Top 2005: Changing Numbers, Changing Politics* (London: Hansard Society, 2005).
40) Mercedes Mateo Diaze, *Representing Women? Female Legislators in West European*

- 남녀차별 금지조항을 유보함으로써, 정당이 특정 직위에 대해 남성을 배제하여 여성의 할당율을 채울 수 있도록 허용하는 법. 영국의 2002년 성차별(선거후보)법, 1999년 프랑스 헌법 수정안, 2003년 이탈리아의 헌법 수정안은 이와 같은 유형의 법들이다.
- 특정한 유형의 선거에 있어서 후보자에 대해 할당제를 부과하는 법. 예를 들어 이와 같은 법은 1994년에는 벨기에에서, 2000년에는 프랑스에서 통과되었다.
- 1995년 핀란드에서 도입된 법과 같이 '간접 선출방식을 취하는 공공 조직(지방행정위원회등)'에 대해서는 모두 할당제를 요구하는 법. 의회는 제외됨.[41]
- 의석의 일정 비율을 특정 집단에게 할당하는 법. 예를 들어 벨기에와 슬로베니아는 언어 집단이나 인종 집단에 대해 이와 같은 규정을 두고 있다. 여성에게 의석을 할당하는 법률을 시행하는 OECD 국가는 없다. 모로코, 파키스탄, 탄자니아는 여성에게 의석을 할당하는 국가들인데 주로 10~12퍼센트의 의석을 지정한다. 30퍼센트를 할당하는 르완다의 경우, 여성의원의 비율은 사실상 이를 상회해서 전세계에서 최고 수준이다.

남녀동수법

대의기관에서의 성별 불균형을 시정하기 위한 적극적인 조치의 또 다른 유형으로는 남녀동수법(parity)이 있다. 남녀동수법은 남성과 여성이 생활의 모든 영역에서 동등한 위치와 동등한 대우를 받을 권리가 있으며, 특히 의사결정 기관에서 남녀가 동등한 대표성에 대한 권리를 가진다는 인식을 토대로 한다. 남녀동수법와 할당제는 구분이 어렵기는 하지만, 남녀동수법 지지자들은 남녀동수법이 개념적으로나 철학적으로 할당제와는 다르며 오

Parliament, pp. 24-25.
41) Anna Maria Holli and Johanna Kantola, "A Politics for Presence: Finland," in Joni Lovenduski(ed.), *State Feminism and Political Representation* (Cambridge: Cambridge University Press, 2005), p. 77.

영국 노동당의 자발적 할당제 　글상자 5-3

노동당:
1980년대:[42]

- 노동당은 페미니스트 단체, 그 중에서도 당내에서 활발한 활동을 하고 있었던 페미니스트 압력 단체인 노동여성행동위원회(Labour Women's Action Committee)의 압력을 중점적으로 받게 되었다.
- 노동당은 1983년 선거에서 패한 후 현대적 정당 강령을 채택하지 않을 수 없었다.
- 노동당은 여성들이 좌파 정당에 투표하는 경향이 있다는 것을 인식하고 있었다.
- 모든 현역의원은 선거에 입후보하기 전 공천과정을 거쳐야 한다는 1979년 규정이 있었지만, 현역의원이 탈락되거나 여성을 위한 기회가 확대되고 있지는 않다는 사실을 노동당은 인식하고 있었다.
- 노동당은 내부 당직(party positions)에 대해 할당제를 도입하였고, 1987년 이후에는 여성 예비후보자가 1명 이상인 지역구에 대해서는 최종후보자 명부(short-list)에 여성 1명이 포함되도록 규정하였다.

1990년대:[43]

- 노동당의 노동여성네트워크(Labour Women's Network)는 선출직에서 여성의 비율을 확대하는 운동을 전개하였다.
- 노동당은 부유한 노동당 지지자 폴렛(Barbara Follet)에 의해 창설된 에밀리 리스트(Emily's list)의 지원을 받아, 여성후보자들에게 교육과 재정 지원을 제공하였다.
- 여성전용 최종후보자 명부를 당선이 유력한 지역구의 절반, 그리고 노동당이 보유한 의석 중에서 공석이 발생한 의석의 절반에서 운용하는 정책을 채택하였다.
- 노동심판소(Industrial Tribunal)는 노동당에게 불리한 판정을 내린다(1996년, Jepson and DyasElliott vs. 노동당 사건). 노동심판소는 후보의 선출 과정은 고용(employment)에 이를 수 있는 과정이기 때문에 남성의 배제를 금지하는 성차별 반대법의 적용을 받는다는 판결을 내렸다.
- 그러나 1997년 노동당의 여성의원 비율은 크게 증가하였다. 이들 대부분은 1996년 이전에 당선유력 선거구나 현역의원의 은퇴 후 공석이 된 선거구에서 여성전용 최종후보자 명부에서 선발된 여성들이었다.[44]

2000년대:

- 노동당의 여성의원의 비율은 2001년 이후 다소 줄어들었다.

➜

➜
- 노동당 정부는 2015년까지 최종후보자 명부는 성차별 반대법의 적용을 받지 않도록 하는 성차별 (선거후보)법(Sex Discrimination[Electoral Candidates] Act)을 2002년 통과시켰다.
- 노동당은 30개 의석에서 여성전용 최종후보자 명부제로 복귀하였다. 30개 의석의 절반은 현역의원의 정계은퇴가 예상되는 의석이었고, 모든 의석이 실제로 2002년 이후 은퇴가 발표된 의석이었다.[45]
- 2005년에는 여성의원의 비율이 증가하였다
- 여성전용 최종후보자 명부가 적용되었던 1개 선거구(South Wales의 Blaenau Gwent시)에서 노동당은 무소속으로 나온 남성(이 남성은 노동당의 후보가 되기를 원했었다)에게 의석을 잃었다. 2006년 이 남성의 사망으로 인해 치러진 보궐선거에서도 의석을 잃었다.

히려 할당제의 진화한 형태라는 시각을 제시한다.[46] "남녀동수법은 여성은 소수자가 아니라는 생각에서 출발한다. 이와 같은 면에서 남녀동수법은 할당제보다 한 걸음 더 나간 제도이다. 여성은 인류의 반 이상을 차지하고(수적인 면), 인류를 구성하는 두 유형의 구성원 중 하나이다(질적인 측면)."[47] 실용성은 있지만 임시적 처방의 성격이 강한 할당제와는 달리, 남녀동수법은 절대적 원칙으로 이해되며 진정한 민주주의는 '국가의 대의제도와 행정제도'에 있어서 양성이 동등한 비율로 참여해야 한다는 시각과 긴밀하게 관련되어 있다.[48] 이와 같은 접근법은 본질주의적 입장을 취한다. 즉, 인류

---

42) Joni Lovenduski and Vicky Randall, *Contemporary Feminist Politics* (Oxford: Oxford University Press, 1993), pp. 136-141.
43) Sarah Childs, New Labour's Women MPs: Women Representing Women (London: Routlege, 2004), pp. 34-36.
44) Sarah Childs, *New Labour's Women MPs: Women Representing Women*, p. 36.
45) Sarah Childs, Joni Lovenduski and Rosie Campbell, *Women at the Top 2005: Changing Numbers, Changing Politics*, p. 38.
46) Mercedes Mateo Diaze, *Representing Women? Female Legislators in West European Parliament* (Colchester: ECPR Press, 2005), p. 23.
47) European Women's Lobby, *Working Towards Parity Democracy in Europe, 2006.*
48) Gill Allwood and Khursheed Wadia, *Women and Politics in France* (London: Routledge, 2000), p. 193; Janine Mossuz-Lavau, *Femmes/Hommes: Pour La Parité* (Paris: Presses

구성원간의 본질적 차이는 성별(性別) 차이이며, 이와 같은 차이는 아주 중요하기 때문에 민주주의 모든 구조와 사회 전체에 반영되어야 한다는 시각을 전제로 하기 때문이다. 성별 차이는 본질적 차이이며 두 집단을 구별하는 잣대이다. "인류는 이원적(二元的)이며, 인류의 두 가지 얼굴이 표상되지 않는다면 인류는 적법하게 표상될 수 없다."49) 따라서 남녀동수법은 보편주의적 입장, 즉 모든 사람은 동일하며 사람들 사이의 차이가 고려대상이 되어서는 안된다는 입장에 반대하며, 특히 성차(性差)에 대한 고려가 허용된다면 연령이나 인종적 차이와 같은 다른 사회적 차이도 인정되어야 한다는 견해에 반기를 든다. 남녀동수법은 다른 모든 사회적 범주들도 결국 남성과 여성으로 구성되어 있고 성이란 개인의 출생신고서와 신분 서류에 표시되는 유일한 개인적 특징이라는 입장이기 때문이다.50) 그러나 남녀동수법이라는 개념은 인류의 이원적 성격이라는 보편성에 근거하고 있기 때문에, 남녀 동수의 달성으로 인해 정치가 바뀔 것이라고 생각하지는 않는다(제8장 참조). 여성대표들은 국가의 이익을 대표할 것이지 여성 문제에 대해서 성별에 따른 이해관계(gendered concerns)를 대표하는 것은 아니기 때문이다.51)

남녀동수법이라는 개념은 1980년대 후반에 들어서 발전하였다. 1989년 유럽평의회(Council of Europe)는 1988년 결의문의 채택 이후 발표한 보고서에서 최초로 이 개념을 사용하였고 이를 민주주의와 연계하였다.52) 이 개념은 베이징에서 열린 제4차 UN세계여성대회의 행동강령(Platform Action)에서 중요한 요소로 등장한 이후 널리 사용되기 시작하였다. 남녀동수법은 특히 다음의 이유로 인해서 프랑스에서 강력하게 실시되고 있다. 1980년대~1990

---

de Sciences Po., 1998), p. 36.
49) Elaine Vogel-Polsky, "Les Impassesde l'égalité ou Pourquoi les Outils Juridiques Visant à l'égalité des Femmes et des Hommes Doivent être Repensés en Termes de Parité," Parité-Infos, May 1994. Mateo Diaz 2005: 22에서 인용.
50) Gill Allwood and Khursheed Wadia, Women and Politics in France, p. 210.
51) Marina Sawer, "The Representation of Women in Australia: Meaning and Make-Believe," p. 8.
52) Gill Allwood and Khursheed Wadia, Women and Politics in France, p. 3.

도표 5-1 단원제 의회나 하원에서 여성의 비율: 프랑스와 유럽

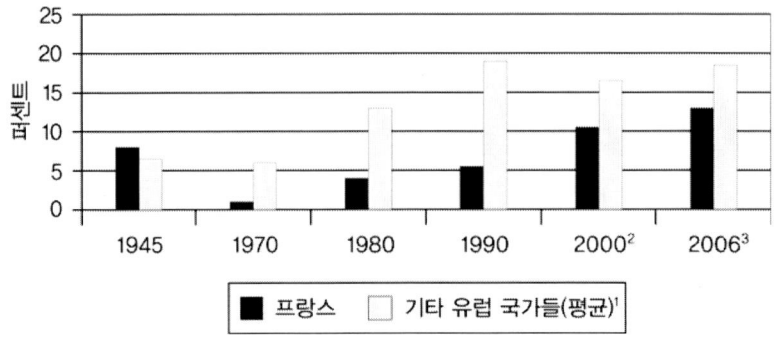

비고:
1. 1945~1990: 스웨덴, 덴마크, 노르웨이, 네덜란드, 서독, 스페인, 영국, 아일랜드, 이탈리아, 프랑스; 2000~2006: 유럽안보협력기구(OSCE) 평균
2. 2000년 12월 15일
3. 2006년 2월

출처: 1945~1990 데이타는 Henig and Henig 2001; 2000~2006 데이타는 IPU http://www.ipu.org/wmn-e/world.htm.

년대 프랑스 의회에서 여성의원은 비율은 EU국가 중 최저 수준이었다(도표 5-1 참조). 하지만 할당제는 앞에서 논의된 이유로 인하여 프랑스에서는 거부되었다. 1982년 프랑스 헌법위원회(Constitutional Council)가 할당제 도입에 반대하는 결정을 내리게 되자(글상자 5-4 참조), 이와 발맞추어 프랑스 페미니스트들은 할당제는 영어권 페미니즘으로부터 수입된 이질적인 개념 — 프랑스 페미니스트들은 대부분 할당제라는 개념에 대해 비판적이었다 — 이라는 주장을 내세웠다.53) 이들은 또한 할당제의 비율은 최소비율이 아닌 최대비율로 취급되기 때문에 여성들을 수적인 면에서 불평등한 위치에 두므로 여성들에게는 모욕적인 처사라고 주장하였다.54) 남녀동수법에

---

53) Judith Ezekiel, "Open Forum le Women's Lib: Made in France," *European Journal of Women's Studies*, Vol. 9, No. 3, 2002, p. 346.
54) Janine Mossuz-Lavau, *Femmes/Hommes: Pour La Parité* (Paris: Presses de Sciences Po., 1998), p. 32.

의한 진정한 평등 — 동수라는 단어는 이원성과 평등이라는 양면의 의미를 가진다 — 만이 받아들일 수 있는 것이었다. 따라서 초기에 할당제에 관한 논의가 좌초된 것이 오히려 역설적이게도 더욱 강력한 50퍼센트 할당제에 대한 요구로 전환되었다.

할당제와 남녀동수법의 또 다른 차이는 할당제는 일반적으로 여성들이 오랜 기간 동안 받아온 불이익을 시정하기 위해 시행하는 임시적 조치로 간주된다는 점이다. 따라서 이와 같은 불평등이 충분히 보완되거나 근절되면 더 이상 필요하지 않다는 시각이다. 반면 남녀동수법은 영구적 조치로 의도된 것이다. 과거의 부족분에 대한 보상이라는 과거지향적인 시각에서 탈피하여, 남녀동수법은 바람직한 사회상에 관한 미래지향적인 시각을 보여주며, 양성간에 단순한 기회의 균등이 아닌 결과의 참된 균등을 제시한다. 영국의 할당제가 성차별 금지법을 일시적으로 유보하는 제도인 반면, 프랑스의 남녀 동수법은 헌법 개정을 통해 도입되었고 그 헌법이 존재하는 한 지속될 것이다. 동수법의 실질적인 영향력은 덜 명확하였다(글상자 5-4 참조).

2002년 6월 6일 발효된 법은 명부식으로 치러지는 선거에서 남성후보와 여성후보의 수를 절반씩 맞추도록 요구한다. 예를 들어 1표제(one-ballot system)를 채택한 유럽의회 선거의 경우, 정당은 남녀 후보가 홀짝으로 배정된 명부를 제출하여야 한다. 2표제(two-ballot system)에서는 명부의 남성 후보와 여성후보의 비율이 동등해야 한다. (소선거구제로 진행되는) 총선에서, 남녀 후보의 비율이 동등하지 않은 정당은 의회의 회기 내내 국고 지원금이 주어지지 않는다.

2001년 3월 지방자치단체 선거의 경우 남녀동수법의 적용을 받는 지자체에서 여성 시의원의 비율은 21.9퍼센트에서 47.5퍼센트로 두 배 이상 증가하였다. 그러나 이 법의 적용을 받지 않는 군(department)의원 선거에서 여성은 후보의 20퍼센트, 당선자의 10퍼센트 이하를 차지하는데 그쳤다.[55] 남녀동수법이 보다 엄격하게 적용이 되었던 2004년 주(州)의회 선거(선거명부로 치러짐)에서는 큰 변화가 있었다. 여성대표의 비율은 27.5

| 프랑스의 남녀동수법: 연대기 | 글상자 5-4 |

1970년대	사회당은 당의 의사결정 기구와 정당명부를 사용하는 선거에 있어서 내부적으로 할당제를 도입(1974년 10퍼센트, 1977년 15퍼센트, 1979년 20퍼센트).56)
1980	중도우파 성향의 여성지위부 장관(Minister for the Condition of Women)은 각 성(性)이 지방선거 후보 중에서 적어도 20퍼센트를 차지하도록 하는 법안을 제출한다. 이 법안은 의회에서 통과되었으나 1981년 총선에서 무효화됨.
1981	총선에서 승리한 사회당의 공약에는 여성 할당제에 대한 약속이 포함됨.
1982	지방선거 관련한 선거제도를 개혁하는 법안에 동일한 성이 전체 후보의 75퍼센트 이상을 차지해서는 안된다는 알리미(Gisèle Halimi) 수정안이 포함.57)
1982	헌법위원회(Constitutional Council)는 1982년 11월 18일 82-146DC 판결을 통해 위의 법안이 유권자나 후보자를 범주화하여 분류하는 것을 금지하는 1958 헌법의 원칙과 1789년 프랑스 인권선언(이 선언은 프랑스 헌법의 기초를 이룬다)의 원칙에 위배된다는 근거 하에 위헌 판결을 내린다.
1986	총선은 한 선거구에서 3~5명의 당선자를 배출하는 비례대표제를 취함. 국민의회에서 여성의 비율은 5.7퍼센트에서 5.8퍼센트로 증가함.
1988	총선제도는 소선구제(2표제)로 다시 돌아감. 여성의원의 비율은 5.8퍼센트로 변동 없음.

→

---

55) Karen Bird, "Who are the Women? Where are the Women? and What Difference can they Make" Effects of Gender Parity in French Municipal Elections," *French Politics*, Vol. 1, No. 1, 2003, pp. 5~38; Sandrine Dauphin and Jocelyne Prau, "Debating and Implementing Gender Parity in French Politics," *Modern and Contemporary France*, Vol. 10, No. 1, 2002, pp. 5-11.

56) Gill Allwood and Khursheed Wadia, *Women and Politics in France*, p. 59.

57) Claudie Baudino, "Gendering the Republican System: Debates on Women's

1992	3명의 페미니스트 운동가들에 의해 *Au Pouvior, citoynnes* 발행됨. 여권운동 및 로비 네트워크가 신속하게 생겨남.
1994	유럽의회 선거를 위한 명부 중 6개 명부에서는 남녀의 비율이 동등 비율로 맞춰짐.
1995	대선에서, 극좌파 노동자 투쟁당(Lutter Ouvrière)의 라기예(Arletter Laguiller, 라기예는 2명의 여성 대선 후보 중 한명)만이 여성의원 확대 방안에 대한 언급을 하지 않음. 극우정당인 국민 전선(National Front)의 르펜(Jean-Marie Le Pen)만이 이와 같은 여성 확대 방안에 반대하고 나섬.
1996	여론조사에서 응답자의 71퍼센트가 남녀동수법을 찬성함.58)
1999	1997년 사회당의 승리와 페미니스트, 지식인, 정치인들 간의 열띤 논의 이후, 헌법 3조 "법률은 선출직에 있어서 남성과 여성의 동등한 접근을 찬성한다"는 규정이 제정됨.59)
2000	2000년 6월 6일 법은 남녀동수법 실행 메커니즘을 제공함.
2001	남녀동수법에 의해 최초의 지방선거가 치러짐.
2002	남녀동수법에 의해 최초의 총선이 치러짐.

퍼센트에서 47.6퍼센트로 급증하였다.60) 이와는 대조적으로 2002년 총선의 결과는 극적이지는 않아서, 71명의 여성의원(12.3퍼센트)이 당선되었다.61) 정당별로 여성후보가 50퍼센트에 비치지 못하는 경우, 부족한 비율에

Political Representation in France," in Joni Lovenduski (ed.), State Feminism and Political Representation (Cambridge: Cambridge University Press, 2005), p. 88.
58) Gill Allwood and Khursheed Wadia, *Women and Politics in France*, p. 200.
59) Gill Allwood and Khursheed Wadia, *Women and Politics in France*, pp. 194-200; Micheline Amar, *Le Piège de la Parité- Arguments pour de débat* (Paris: Hachette, 1996); Sandrine Dauphine and Jocelyne Praud, "Debating and Implementing Gender Parity in French Politics," *Modern and Contemporary France*, Vol. 10, No. 1, 2002, pp. 5-11.
60) Katherine A. P. Opello, *Gender Quotas, Parity Reform and Political Parties in France* (Lanham, MD: Lexington Books, 2006), p. 145.
61) Karen Bird, "Who Needs Women? Gender Parity in French Election," in J. Gaffney (ed.), *The French Presidential and Parliamentary Elections of 2002*

근거해서 벌금이 계산되었는데, 우파 다수당인 대중운동연합(UMP: Union pour un mouvement populaire)은 가장 큰 벌금형(420만 유로)에 처해졌다. 165만 유로의 벌금을 부과 받은 사회당의 경우, 이와 같은 손실을 보전하기 위해 당본부의 직책을 4개 줄여야 했다.62)

2006년 후반, 2007년 선거에 대비한 후보 선출 과정에서 사회당은 전체 후보의 50퍼센트를 여성후보로 공천하였고, UMP는 30퍼센트의 여성후보 목표치를 설정하여 이를 달성하였다. UMP는 여성후보의 비율이 50퍼센트에 미치지 못한 것에 대해서 "우리당은 현역의원이 지나치게 많다. 정치 능력이 나쁘지 않은 이들 남성에게 포기하라고 말하는 것은 어렵다"라고 해명하였다.63)

선거제도 변화

할당제와 남녀동수법은 서로 다른 선거제도하에서 다른 방식으로 작동한다. 제4장에서 살펴보았듯이, 선거 제도에 따라 여성의 당선 가능성도 달리 나타난다. 비례대표제는 일반적으로 여성 정치지망생에게 유리하게 작용한다. 1970년대~1990년대에 서유럽국가와 영어권 국가에서는 모두 여성 대표들의 비율이 증가하였는데, 특히 증가폭은 비례대표제를 채택하고 있는 나라에서 더욱 크게 나타났다.64) 비례대표제의 구체적 세부내용과 정치 문화에 따라 비례대표제가 실시되는 국가사이에서도 상당한 차이가 나타나고 있다. 여기에서 명백한 사실은 소선거구제는 여성후보에서는 불리하

(Aldershot: Ashgate, 2004).
62) *Le Nouvel Observateur* 25~31 July 2002.
63) *Le Monde* 20 September 2006.
64) A. Siaroff, "Women's Representation in Legislature and Cabinets in Industrial Democracy," *International Political Science Review*, Vol. 21, No. 2, pp. 197-215; D. T. Studlar, "Electoral Systems and Women's Representation: a Long-Term Perspective," *Representation* Vol. 39, No. 1, p. 2.

게 작용한다는 점이다.

선거제도는 변화를 거듭한다. 공산주의로부터의 체제전환은 몇몇 구(舊) 공산권국가에서 새로운 제도의 탄생을 가져왔다. 일례로, 폴란드는 1989년~2001년 사이 4차례에 걸친 선거법 개정절차를 거쳤다.[65] 이탈리아와 프랑스도 1980년대와 1990년대에 걸려 새로운 선거제도에 대한 실험을 계속해 나갔다.

선거제도의 변화는 따라서 여성대표의 비율을 제고하기 위한 전략이 될 수 있다. 1993년 뉴질랜드는 '영국의회 스타일(Westminster-style)'의 소선거구에서 독일 스타일의 다수당 비례제로의 전환을 선택하였다. 이와 같은 전환의 주요 동기는 정당의 득표수와 실제 의석수의 불일치에 대한 사회적 불만이 있었기 때문이다. 선거제도의 변화가 가지고 온 효과 중 하나는 뉴질랜드에서 이미 상대적으로 높았던 여성대표의 비율을 더욱 증가시켰다는 것이었다. 결과적으로 1992년 21.2퍼센트였던 여성의원의 비율이 1996년에는 29.2퍼센트로, 1999년에는 30.8퍼센트로 증가하였다.[66] 완전히 새로운 선거제도의 구축은 스코틀랜드와 웨일즈에서도 새로운 기회를 제공하였다. 스코틀랜드와 웨일즈에서 추가의석제(additional member system)의 도입은 적어도 부분적으로는 여성대표의 비율을 확대하는 데 목적이 있었다(글상자 5-2 참조). 실질적으로 선거제도에 있어서의 변화는 거의 언제나 정책상의 변화라는 이유보다는 본질적으로는 당의 이득과 직결되는 '의석 확보하기(office-seeking)'에 의해 발생한다.[67] 이와 같은 변화는 프랑스와 이탈리아의 경우에서처럼 초기 영향력이 미미하고 따라서

---

[65] Kenneth Benoit and Jacqueline Hayden, "Institutional Change and Persistence: The Evolution of Poland's Electoral System, 1989~2001," *The Journal of Politics*, Vol. 66, No. 2, p. 397.

[66] Donley Studlar, "Electoral Systems and Women's Representation: a Long-Term Perspective," p. 6.

[67] Kenneth Benoit and Jacqueline Hayden, "Institutional Change and Persistence: The Evolution of Poland's Electoral System, 1989~2001," p. 397.

여성의원의 비율을 확대하는데 있어서 적합한 전략으로 작용하지 않을 수 있다.

결론

장기적 사회변화와 사회·정치적 문화의 특징은 어느 국가에서든지 여성 정치인의 비율에 간접적인 영향을 끼친다. 후기 산업사회의 젊은 세대에서 가장 뚜렷하게 발견되는 의식의 현대화는 적어도 정치영역에서 여성의 참여를 가로막아 왔던 문화적 장벽을 제거하는 효과를 가진다.[68] 여기에는 선순환의 구조가 작동하고 있다. 사회문화와 정치문화가 변화함에 따라, 여성대표들의 비율은 증가할 것이다. 또한 여성대표의 증가로 인해, 바람직한 변화를 촉진하는 정책들이 형성, 주창, 도입될 것이다.

마찬가지로 노동시장에 참여하는 여성의 비율이 제고되면, 이것은 여성대표의 비율을 증가시킬 것이지만, 둘 사이의 관계는 결코 직접적이지는 않다. 만약 여성들이 비상근직이거나 국가의 복지체계에서 소외되어 있는 직종에 있거나(제2장 참조) 혹은 최고 수준의 전문직이 아닌 하위직에 집중되어 있다면, 여성인력은 여성대표의 증가로 전환되지는 않을 것이기 때문이다.[69]

여성대표의 증가가 신속하게 이루어지기 위해서는, 구체적인 정책이 필요하다. 그러나 개별 정당이나 정치체제가 선택할 수 있는 정책의 폭은

---

68) R. Inglehart and Pippa Norris, *Rising Tide: Gender Equality and Cultural Change around the World* (Cambridge: Cambridge University Press, 2003), p. 146.
69) Sarah Childs, Joni Lovenduski and Rosie Campbell, *Women at the Top 2005: Changing Numbers, Changing Politics*, p. 94; Judith Squires and Mark Wickham-Jones, *Women in Parliament: A Comparative Analysis* (Manchester: Equal Opportunities Commission, 2001), pp. 20-21.

사회의 주류 이데올로기나 담론에 의해 제한을 받게 된다. 바치(Carrol Bacchi)는 적극적 조치들이 ― 여성대표의 비율을 증가시키기 위한 전략을 포함해서 ― 차별적인 우대정책으로 받아들여지고 있다고 주장하면서, 이와 같은 해석은 사회의 지배적 가치에 대한 도전을 포기하는 행위라고 언급한다. 이와 같은 해석은 평등이라는 규범에 대한 보편주의적 집착에서 비롯된 해석이다. 이와는 달리 우리는 적극적 조치들을 사회 정의로 해석할 수도 있을 것이다. 이것은 차이라는 개념에 근거하면서도 실질적인 구조의 변화를 주창하는 이른바 '딸림 지배적(sub-dominant)' 해석이다.[70]

여성대표의 비율을 확대하기 위한 전략은 변화의 속도가 더딘 '연성' 전략이나 수사적 수준의 전략에서부터 법적인 제재나 금전적 제재가 뒤따르는 '강성' 전략에 이르기까지 다양하다.[71] 반면 달레룹(Drudc Dahlcrup)은 점진적 전략과 할당제와 같은 급진적 전략을 구분하고 있다.[72] 이와 같은 급진적 전략들은 기회의 평등을 강조한 평등 개념에서부터 결과의 평등을 요구하는 평등 개념으로의 전환을 필요로 한다. 또한 이들 전략들이 성공적으로 실행된다면, "정당들은 남성지배적인 성별 구조에 대해서 고민하고 이것을 변화시키지 않으면 안 될 것이다."[73] 비록 대선거구제 하에 남녀홀짝 명부제가 의석의 자동 할당과 동일한 효과를 가져오겠지만, 실상 서구 사회에서 의석의 자동 할당이라는 개념이 받아들여진 적은 없다. 또한 서구 사회 어디에서도 이것이 완전하게 부과된 곳은 없다. 예를 들어 1997년 영국을 비롯한 일부 국가에서 괄목할만한 변화가 발생하기는 했지만, 최종결과는 여전히 극적이지는 않았으며 한 정당의 정치적 행운에 상당부분 의존하였기

---

70) Carol Lee Bacchi, "Policy and Discourse: Challenging the Construction of Affirmative Action as Preferential Treatment," p. 129.
71) Sarah Childs, Joni Lovenduski and Rosie Campbell, *Women at the Top 2005: Changing Numbers, Changing Politics*, p. 94.
72) Drude Dahlerup and Lenita Freidenvall, "Quotas as a "Fast Track" To Equal Political Representation for Women: Why Scandinavia is not Longer the Model," *International Feminist Journal of Politics*, Vol. 7, No. 1, 2005, pp. 20-30.
73) Drude Dahlerup and Lenita Freidenvall, "Quotas asa "Fast Track" To Equal Political Representation for Women: Why Scandinavia is not Longer the Model," p. 42.

때문에 여전히 취약한 면이 있다. 우리는 여러 증거들을 통해서 적어도 성공적인 전략은 다음의 사항을 충족시켜야 한다는 것을 알 수 있다.[74]

- 여성의 참여를 독려하고 지원하여야 하며, 재정지원(필요한 경우), 교육, 멘토링을 제공하여야 한다.
- 여성들이 후보선출 과정에서 차별되어서는 안 된다.
- 여성들이 선출 과정에서 차별되어서는 안 된다(예를 들어 비례대표 명부에서 가장 낮은 순번에 배당되어서는 안 된다).
- 여성들이 의사결정 과정에서 소외되어서는 안 된다.
- 정치 제도의 구조와 운영에서 있어서 여성들의 정치활동이 저해되어서는 안 된다. 예를 들어 성희롱을 방지하고 좀 더 인간적인 근무시간을 장려한다.

위의 각각의 조건들은 우리 사회의 지배적인 이념과 가치, 그리고 현역 의원이나 기득권층에 도전하는 내용들이다. 이와 같은 전략들은 지역 선거에서 중앙 선거에 이르기까지 각각의 시점에서 필요시 적절한 제재가 수반되어야 성과를 거둘 수 있기 때문에, 단순히 "시간이 해결해 줄 것이다(let it happen)"라는 식의 수사적 차원의 전략보다는 실행하기가 훨씬 어렵다. 그러나 수많은 증거들을 통해 우리는 효과적인 전략이 없다면 변화는 어렵고 더딘 과정이라는 것을 잘 알고 있다. 이와 같은 변화의 속도와 본질은 오늘날 여성 정치인에 관련한 핵심적 사안 중 하나이다.

---

74) Sarah Childs, Joni Lovenduski and Rosie Campbell, *Women at the Top 2005: Changing Numbers, Changing Politics*, pp. 99-99; Judith Squires and Mark Wickham-Jones, *Women in Parliament: A Comparative Analysis* (Manchester: Equal Opportunities Commission, 2001).

06 / 여성과 권력의 위상

제5장에서 우리는 대의 기관과 입법 기관에서의 여성의 위상에 대하여 논의하였다. 이 장은 행정 기관과 의사결정 및 정책결정 역할에 있어서 여성의 위상에 대해서 논하고자 한다. 즉, 제5장의 논의 주제가 집단으로서의 여성의 행동 양태였다면, 이 장에서는 개인으로서의 여성의 정치적 행위가 논의된다.[1] 제4장에서 여성의 선출직 입후보와 관련하여 논의되었던 많은 요소들이 행정 조직에서의 여성의 역할에 관한 논의에도 상당부분 적용이 될 것이지만, 이 장은 특히 리더로서의 여성의 역할에 대해 집중적으로 논의할 것이다. 20세기 후반에 이르기까지, 서구 국가에서 여성 정치엘리트는 거의 전무하였다. 예외적인 경우를 꼽자면 먼저 왕위 계승이나 결혼을 통해 군주가 된 사례로서, 영국의 여왕(메리 여왕, 엘리자베스 여왕, 빅토리아 여왕)이나 오스트리아의 마리아 테레지아 여제, 러시아의 카타리나 여제 등을 들 수 있다. 두 번째 경우는 개인적인 관계, 예를 들어 정치인의 아내나 정부(情婦)(1675년~1715년 루이 14세의 궁정의 마담 맹트농[Mme de Maintenon]) 혹은 정치 사교 클럽의 여주인(18세기 중반 런던의 조지아나, 디본셔가의 공작부인[Georgiana, Duchess of Devonshire])등 사적

---

1) Sylvia Walby, *Gender Transformations* (London: Routledge, 1997), p. 139.

인 관계를 이용하여 정치적 영향력을 발휘하는 경우이다. 첫 번째 사례는 왕족의 특권이 정부로 이양되었기 때문에, 이들의 정치적 영향력은 거의 사라졌다고 할 수 있을 것이다. 두 번째 사례에 대해, 200년 전 울스톤크래프트(Mary Wollstonecraft)는 다음과 같이 그 유해성을 지적한 바 있다. "만약 여성이 합법적인 권리를 향유할 수 없다면, 여성들은 불법적인 권리를 획득하기 위하여 남성과 자신 모두를 부도덕한 존재로 만들 것이다."2)

그러나 정치적으로 성공한 재력가와의 결혼이나 친분관계가 일부 이례적 경우에서는 여전히 정치적 권력을 획득할 수 있는 수단으로 인정되고 있다. 예를 들어, 1940대 후반에서 1950년대 초반 아르헨티나의 페론(Eva Peron)은 공식적인 직위도 없이 막강한 정치적 권력을 휘두르기도 하였다.3) 2006년 『포브스(Forbes)』지가 선정한 세계에서 가장 영향력 있는 여성 100명 명단에 정치적으로는 공식적인 직위도 없는 미국 대통령의 부인이나 요르단의 왕비가 올라 있다는 사실은 권력이 사적인 관계를 통해서도 획득될 수 있다는 인식이 완전히 사라지지는 않았다는 것을 보여준다.4)

어느 사회에서든 권력의 정확한 소재는 논의의 대상이다. 선진 산업국에서는 정치권력(경제권력도 마찬가지)은 일반적으로 소수 집단에게 집중되어 있다고 인식된다. 권력을 가진 사람들은 대부분의 경우 이들이 차지하고 있는 지위를 통해 식별이 가능하다. 이들은 자신들의 공적인 지위를 통해 자신들이 내린 결정을 남에게 강제할 수 있는 자격과 정당성을 부여받는다. 사실 엘리트층에 속한 사람들은 통치자이며 이들은 통치를 받는 모든 사람들과는 구별된다.5) 앞으로 진행되는 논의에서 우리는 정치적 권력이

---

2) Mary Wollstonecraft, *Vindication of the Rights of Woman* (London: Penguin Books, 1975), p. 89.
3) Vicky Randall, *Women and Politics: An International Perspective* (London: Macmillan, 1982), p. 120.
4) www.forbes.com/lists.
5) Eileen Drew, Gwen Moore, Renata Siemienska and Mino Vianello, "A Theoretical Framework," in Mino Vianello and Gwen Moore (ed.), *Gendering Elites: Economic and Political Leadership in 27 Industrialised Societies* (Basingstoke: Palgrave

뒤따르는 직위에 대해 중점적으로 논의할 것이지만, 경제적 권력의 중요성도 간과되어서는 안 될 것이다. 포브스지의 가장 영향력 있는 여성 100명에는 재계의 여성들도 많이 포함되어 있고 정치부문에서 두각을 나타낸 여성들은 전체 여성의 1/4 정도를 상회하는 수준이다. 랜달(Vicky Randall)의 연구를 이용하여, 우리는 정치 엘리트에는 정부수반, 장관, 정당 지도부, 노조나 주요 이익단체, 공기업, 지차제, 사법부와 언론의 고위인사가 포함되는 것으로 정의한다.6)

어느 사회에서든지 지배층의 수는 많지 않기 때문에 엘리트라는 개념은 당연히 배타적이다. 길버트(W. S. Gilbert)가 지적한 바와 같이, 만약 모든 사람이 중요한 사람이라면, 중요하지 않는 사람이 없을 것이다. 엘리트라는 소수의 '정치 계급(political class)'은 최근에 이르기까지는 대부분 사회적 배경을 근거로 충원되었다. 집안 배경을 통해 얻는 경력, 부, 사회적 지식, 교육과 기타 인적관계는 지배적 위치로의 접근을 가능케 하였다. "엘리트는 효율적으로 다스릴 수 있는 능력을 가지고 있으며, 필요한 재원에 접근할 수 있는 방법을 알고 있고, 성공에 이르는 길을 정확하게 파악할 수 있다는 것이 일반적 통념이었다."7) 이들 엘리트들이 결과적으로 배타적이기는 하였지만, 일부 '아웃사이더들(outsiders)'이 엘리트층으로 진입할 수 있는 사회적인 이동 또한 충분히 가능하였다. 또한 서구사회에서 자유민주주의가 발전함에 따라, 자유민주주의는 각 집단의 엘리트 지도층과 정당들(사회의 다양한 이해관계를 대표하는 정당들) 사이에 작동하는 경쟁 체제에 의해 유지되었다고 이론가들은 주장한다.8) 그럼에도 불구하고 이와 같은 엘리트층에 여성이 진입하는 사례는 지극히 제한되어 있었다(표 6-1 참고).

Macmillan, 2000), pp. 3-10.
6) Vicky Randall, *Women and Politics: An International Perspective*, 2nd edn (London: Macmillan, 1987).
7) Eileen Drew, Gwen Moore, Renata Siemienska and Mino Vianello, "A Theoretical Framework," p. 5.
8) Geraint Parry, *Political Elites*, Studies in Political Science no. 5 (London: Allen and Unwin, 1969), pp. 61, 147.

표 6-1 1945년 이후 여성 국가원수, 총리(호주, 캐나다, EU 25개국, 아이슬랜드, 뉴질랜드, 노르웨이, 스위스, 터키, 미국, 전[前] 유고)

	이름	유형: 국가	재임기간
국가원수	빌헬미나(Wilhelmina, 1880~1962)	군주: 네덜란드	1890~1948
국가원수	샬롯(Charlotte, 1986~1985)	군주: 룩셈부르크	1919~1964
국가원수	율리아나(Juliana, 1909~2004)	군주: 네덜란드	1948~1980
국가원수	엘리자베스 2세(Elizabeth II, 1926)	군주: 영국/캐나다/호주/뉴질랜드	1952~
국가원수	마가레테 2세(Margarethe II, 1940)	군주: 덴마크	1972~
총리	대처(Margaret Thatcher)	영국	1979~1990
총리	핀타실고(Maria da Lourdes Pintasilgo)	포르투갈	1979~1980
국가원수	베아트릭스(Beatrix, 1938)	군주: 네덜란드	1980~
국가원수	핀보가도티르 (Vigdís Finnbogadóttir)	대통령: 아이슬란드	1980~1996
총리	브룬트란트(Gro Harlem Bruntland)	노르웨이	1981, 1986~1989, 1990~1996
총리	플라니치(Milka Planinc)	유고슬라비아: 연방총리	1982~1986
국가원수	바버라(Agatha Barbara, 1929~2002)	대통령: 몰타	1982~1987
총리	프룬스키에네 (Kasimiera Danuta Prunskiena)	리투아니아	1990~91
국가원수	베르그만-폴 (Sabine Bergmann-Pohl, 1946)	임시정부 대통령: 독일민주주의공화국	1990. 04~10
국가원수	로빈슨(Mary Robinson, 1944)	대통령: 아일랜드 공화국	1990~1997
총리	크레숑(Edith Cresson)	프랑스	1991~1992

184 // 여성, 권력과 정치

총리	수호츠카(Hanna Suchocka)	폴란드	1992~1993
총리	캠벨(Kim Campbell)	캐나다	1993
총리	실레(Tansu çiller)	터키	1993~1995
총리	시플리(Jenny Shipley)	뉴질랜드	1997~1999
국가원수	매컬리스(Mary McAleese, 1951)	대통령: 아일랜드 공화국	1997~
총리	클락(Helen Clark)	뉴질랜드	1999~
국가원수	드레이푸스(Ruth Dreifuss, 1940)	대통령: 스위스연방	1999~2000
국가원수	비케-프라이베르가(Vaira Vike-Freiberga, 1937)	대통령: 라트비아	1999~
총리	데구티에네(Irena Degutienė)	리투아니아: 총리 직무대행	1999.05/ 10
국가원수	할로넨(Tarja Kaarina Halonen, 1943)	대통령: 핀란드	2000~
총리	예턴매키(Anneli Tuulikki Jäätteenmäki)	핀란드	2003.04.17~06.18
국가원수	세케린스카(Radmila Sekerinska)	마케도니아: 총리 직무대행	2004.05~06/ 11~12
총리	메르켈(Angela Merkel)	독일: 연방 총리	2005.11~

출처: http://womenshistory.about.com/od/rulers20th/a/women_heads.htm and http://www.terra.es/personal2/monolith/00women3.htm에서 재이티 참고.

제6장 여성과 권력의 위상 // 185

엘리트층으로의 진입과 이동은 남성에게 해당되는 이야기였던 반면, 여성들에게는 거의 영향을 끼치지 않았다.

최고위직으로의 접근

어느 조직에서든 자유재량, 개인적 판단, 편견, 정실주의(patronage)의 가능성, 주류 집단으로의 동화는 존재한다. 제4장 후보의 선출과정에서 논의하였듯이, 권력으로의 진입은 다양한 방식으로 달성되거나 통제될 수 있다. 여성이 권력으로 진입할 수 있는 방법으로는 다음의 5가지 방법이 있다. 앱펠바움과 해들리(E. Abfelbaum and M. Hadley)의 분류를 적용하여, 우리는 여성들이 다음의 5가지 요소를 통해 권력에 진입한다고 정의한다.[9]

- 카리스마(charisma)
- 승계(inheritance)
- 전문적 탁월성의 달성
- 선택
- 능력

사람을 강하게 끌어당기는 개인의 특징으로 정의되는 카리스마를 베버(Max Weber)는 권력과 지도력의 원천으로 규정하였다.[10] 베버에 따르면, 카리스마란 전통적인 믿음체계나 위계 혹은 이성적 원칙에 의존하는 것이

---

9) E Apfelbaum and M. Hadly, "Leadership Ms-Qualified: 11 Reflections on Initial Case-Study Investigation of Contemporary Women Leaders," in Carl F. Graumann and Serge Moscovici (ed.), *Changing Conceptions of Leadership* (New York and Berlin: Springer-Verlag, 1986), p. 200.

10) Joan Bendix, "Women and Politics in Germany and Switzerland," *European Journal of Political Research*, Vol. 25, No. 4, 1994, p. 300.

아니라, 자신들의 지도자가 다른 사람에게는 없는 일종의 초인적 자질을 소유하고 있다고 믿는 지지자들의 인식에 의존한다. 앱펠바움과 해들리는 잔다르크(Joan of Arc)를 이와 같은 여성리더의 대표적 유형으로 제시하고 있다. 이와 같은 지지자들의 신념은 결과적으로 리더와 추종자 사이에 정서적 유대를 발생시킨다. 예를 들어, 영국 엘리자베스 1세(1558년~1603년 재임)의 초상화의 종류와 세밀한 상징들은 ― 영국 국립 초상화박물관에는 엘리자베스 1세의 초상화만 57점이 전시되어 있다 ― 군주로서 그녀의 카리스마가 갖는 중요성을 여실히 보여주고 있다. 오늘날 민주 사회에서 카리스마만으로 권력을 쟁취하는 것은 불가능하겠지만, 카리스마는 권력기반을 유지하는데 있어서 중요한 요소가 될 수 있다. 카리스마는 감정적인 요소가 결부되어 있기 때문에, 강력한 충성심을 불러일으킬 수도 있지만 반면 상당한 혐오를 야기할 수도 있다. 카리스마는 분명히 전세계적으로 가장 유명한 여성리더 중 많은 사람들이 권력을 획득하는데 있어서 중요한 요소로 작용하였다. 메이어(Golda Meir, 이스라엘 건국의 지도자로서 대처보다 먼저 '철의 여인'이라는 칭호를 얻은 이스라엘 제4대 총리-역자 주), 간디(Indra Ghandi, 인도의 제5대[1966~ 1977] 및 8대[1980~1984] 총리로 재직 - 역자 주), 대처(Margaret Thatcher, 영국 최초의 총리 - 역자 주) 등이 가장 눈에 띄는 예가 될 수 있다(글상자 6-1 참조).

　승계에 의한 정치권력의 획득은 현대 민주주의에서는 시대착오적으로 보일 수 있으며 주로 세습 군주들로 범위가 제한되어 있다(표 6-1 참조). 그러나 사실 초창기 많은 여성들이 남편을 승계하여 선출직 대표로서 권력을 획득하기도 하였다. 미국의회의 경우 남편의 사망으로 인해 공석이 된 자리에 선출되거나 임명된 여성은 무려 47명(상원의원 8명, 하원의원 39명, 여기에는 2005년 여성 하원의원 4명 포함)에 달한다. 영국 최초의 여성 하원의원 3명은 남편이 사망하거나 자격을 상실한 상황에서 이를 대신한 경우이다. 세계 최초 여성총리(2명)도 이와 같은 경우이다(글상자 6-1 참조). 동남아라는 특수한 환경에서는 명문 가문 ― 카리스마와 승계를 동반함 ― 이

> **선구자: 세계 최초 여성총리 3명**　　　　　　　글상자 6-1
>
> 1. 반다라나이케(Sirimavo Bandaranaike), 스리랑카
>   총리, 1960~1965, 1970~1977, 1994~2000.
> 2. 간디(Indira Gandhi), 인도
>   총리, 1966~1977, 1980~1984.
> 3. 메이어(Golda Meir), 이스라엘
>   총리, 1969~1974.

중요한 역할을 할 수 있다. 미얀마의 노벨평화상 수상자이자 야당의 당수로서 현재 가택연금 상태에 있는 아웅산 수지(Anung San Suu Kyi) 여사는 미얀마의 독립이 있기 전 짧게나마 총리로 있었던 아웅산의 딸이다. 일명 '미망인 트랙(widow's track)'을 통해 공직에 진출한 여성들이 이후 상당한 정치적 경력을 쌓게 되어 오히려 남편보다 더 뛰어난 정치 경력을 발휘하기도 하였다.[11]

전문적 탁월성의 달성은 전문지식에 의한 것으로써 전문성은 기술분야나 학계에서 지도적 위치에 오르는 디딤돌이 되기도 한다. 정치는 특별히 전문직은 아니며 전문기술 분야의 탁월성에 근거하여 정계에서 고위직에 오른 여성은 거의 없다. 하지만 각료를 임명하는 데 있어서 정당 경력이나 정치 경력이 중요한 변수로 작용하지 않는 국가에서는, 전문성을 통해 각료 지명을 받는 사람들이 많이 있다. 예를 들어 1970년대~1990년대 가장 대중적인 인기를 누렸던 프랑스 정치인 중 한 명이며, 두 번에 걸쳐 장관직에 재임(1974~79년과 1993~95년)했던 베유(Simone Veil)는 국회의원 출신이 아니었다. 베유가 장관직에 임명될 수 있었던 것은 그녀가 판사로서 탁

---

[11] Julie A. Dolan, Melissa M. Deckman and Michele L. Swers, *Women and Politics: Paths to Power and Political Influence* (Upper Saddle River, NJ: Pearson Prentice Hall, 2006), p. 243.

월한 경력을 보유하고 있었다는 점에서 부분적 이유를 찾을 수 있다. 미국의 라이스(Condoleeza Rice) 국무장관은 학자출신이었다. 라이스 장관은 학자로서의 탁월성이 인정되어 정치 고문으로, 이후에는 각료로 임명되었다.

그러나 최고위직에서는 선택(selection)이라는 요소가 ─ 엘리트집단의 소수 기존 구성원들 사이에서 이루어지는 선택 ─ 가장 중요한 요소가 된다. 투명하고 민주적인 정치 구조 내에서도 개인적 재량이나 정실주의의 여지는 상당히 존재한다. 또한 고위직 임명에 따른 절차는 다양하고 고위 공무원에서 있어서 구성비율 등을 포함한 결과도 다양하게 나타나고 있다(도표 6-1 참조). 공직이나 관료조직의 고위직 임명과 관련해서는 일반적으로 제도화된 절차가 있다. 장관의 경우, 임명권자의 정치적 지원이 의심할 바 없이 중요한 역할을 한다.

여기에서 중요한 요소로는 먼저 제도적 문화(institutional culture)가 있다. 덴마크의 연구는 정부직 여성공무원의 비율이 상대적으로 높아도 (1998년 기준 43%) 고위 여성 공무원(15%)이나 여성 경제인(5%)의 비율이 높지는 않다는 결론을 내렸다.[12] 공직 사회는 관료주의의 압력과 평등대우 규정의 지배를 받는 반면, 덴마크의 경우 정치 분야는 이데올로기적으로는 평등한 문화의 압력을 받는다는 점에서 중요한 이유를 발견할 수 있다. 동일한 관찰이 뉴질랜드에서도 이루어졌고 호주와 캐나다의 높은 여성 공무원 비율을 보여주는 도표 6-1을 통해서도 입증이 되고 있다.[13] 호주와 캐나다는 기회균등 정책과 공직사회에서의 인적 다양성에 대해 강한 의지를 가지고 있는 국가들이며 정책 집행의 결과를 면밀하게 모니터링 한다. 이와 같은 압력이 업계에서는 작동하지 않는다.

---

[12] Lis Højgaard, "Tracing Differentiation in Gendered Leadership: an Analysis of Differences in Gender Composition in Top Management in Business, Politics and the Civil Service," *Gender, Work and Organization*, Vol. 9, No. 1, 2002, pp. 15-35.
[13] Su Olsson and Judith K. Pringle, "Women Executives: Public and Private Sectors as Sites of Advancement," *Women in Management Review*, Vol. 19, No. 1, 2004, pp. 29-39.

도표 6-1 여성 고급공무원 비율

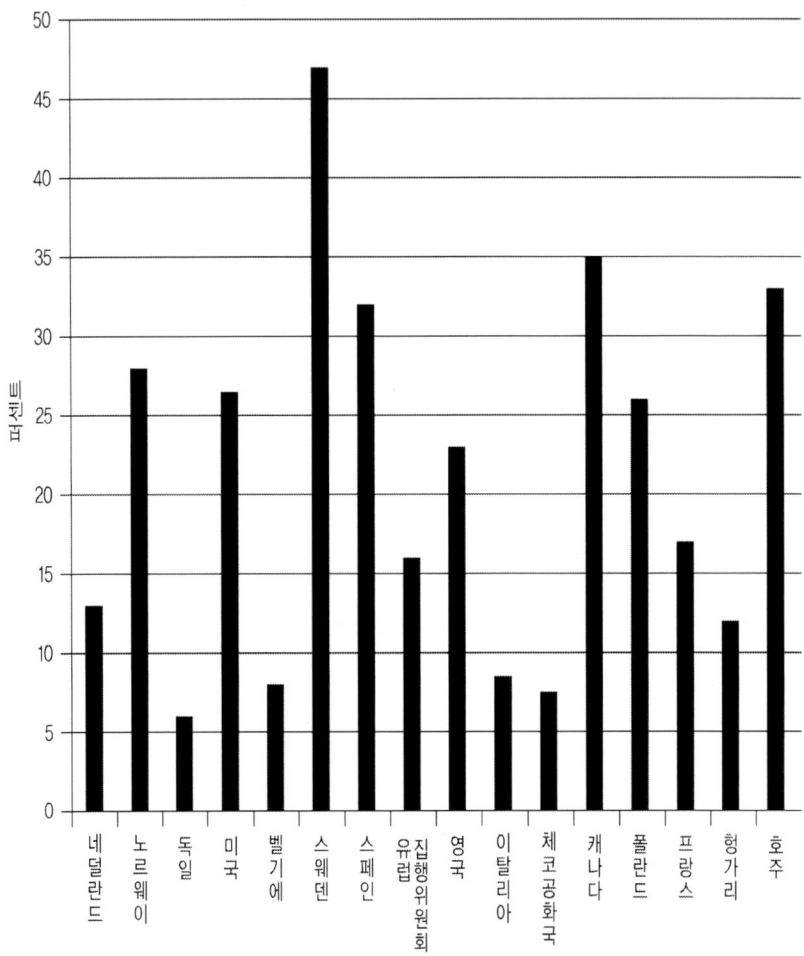

비고: 호주(2005년 6월 현재 고위공무원단[Senior Executive Service]), 캐나다(2003~2004년 캐나다 고위연방공무원단[Federal Public Service of Canada Executive Group 2003~2004]), 유럽 집행위원회([2005년 A*14~16등급]), 미국(2003년 고위공무원단[Senior Executive Service])을 제외한 국가의 경우 2005년 9월~12월 현재 장관급 아래 1급과 2급 공무원.

출처: 호주 자료 - ASPC(2004~2005); 캐나다 자료 - PSHRMA(2003~2004); EU와 노르웨이 자료 - EU(2006); 미국 자료 - USOPM(2004: 73).

규칙이나 이데올로기가 확고하게 작동하지 않는 제도에서는 여성의 활약은 저조할 수 있다. 학계의 많은 연구는 '관료사회에서의 남성에 의한 일반적 지배현상'과 이와 같은 현상이 선택(choice)에 끼치는 영향을 규명해 내고 있다.14) 브림로우(Elizabeth Brimelow)가 25년 전 영국의 공직사회에 대해 언급하였듯이, 승진시킬 사람을 선택하는 일은 "일종의 상상력이라는 노력을 요구한다. 과연 그 사람이 그 자리에 어울릴지 그려보아야 한다."15) 고위직에 오른 여성의 수가 극히 적다면 이것은 특별히 어려울 수 있다. 만약 조직의 리더에 대한 이미지가 이상가(visionary)나 영웅 이미지라면 ― 사실 많은 조직에서 이와 같은 이상가나 영웅적 리더의 이미지가 보편적이다 ― 여성들에게는 불리하게 작용한다. 여성들은 위대한 지도자에 대한 통념에 일치하지 않는다. "조직문화에 관련된 여러 이유로 인해 고위직에서는 일명 '모양새(fit)'가 평등보다 더 중요하기 때문이다."16)

정치 부문에서 고위직에 오르고자 하는 여성들은 소위 '위대한 지도자'와 관련된 고정관념에 의도적으로 도전하는 방식을 택하기도 한다. 프랑스 대선의 이례적인 점은 전체 국민이 단일한 선거구를 형성하는 가운데 후보들이 국민들의 관심을 끌만한 이슈를 도입할 수 있다는 점이다. 이와 같은 제도는 현실적으로 당선 가능성이 낮은 후보라도 유권자와 소통할 수 있는 귀중한 기회를 허락한다. 후보들은 정당구조 외부에서 나오기도 한다. 2002년 선거에 출마하였던 4명의 여성후보 중 3명은 비록 득표율은 낮았지만 여성으로서의 주변적 지위(marginality)를 오히려 선거에서 논점으로 적극 활용하였고 자신들의 경험을 통해 다양한 정체성을 대변할 수 있다

---

14) Susan Halford and Pauline Leonard, *Gender, Power and Organisations* (Basingstoke: Basingstoke: Palgrave Macmillan, 2001), p. 63; C. Davies, "The Masculinity of Organisational Life," in S. Baker and A. Van Doorne Huiskes (ed.), *The Shifting Boundaries between Public and Private Spheres* (Aldershot: Ashgate, 1999), pp. 35-56.
15) Elizabeth Brimelow, "Women in the Civil Service," *Public Administration*, Vol. 59, No. 3, 1981, p. 329.
16) Leonie Still, "Where are the Women in Leadership in Australia?" *Women in Management Review*, Vol. 21, No. 3, 2006, p. 186.

는 메시지를 전달하였다.17) 이들 여성후보들은 또한 덜 전통적인 방식으로 유권자와 소통하고자 하였다. 4명의 여성후보 중 마지막 후보이자 트로츠키식 좌파 정당인 노동자투쟁당(*Lutte Ouvrière*)의 베테랑 후보인 라기예(Arlette Lauiller)의 인기는 그녀의 불굴의 정신(라기예는 1974년 이후 실시된 모든 대선에 출마하였다) 뿐만 아니라 그녀의 성별에도 일정 부분 그 원인이 있을 것이다. 그러나 그녀의 선거유세는 반자본주의 계급투쟁이라는 주제에 깊게 뿌리박고 있었다.

고정관념과 사회적 통념의 영향력을 고려한다면 여성의 고위 공직 임명은 더욱 중요한 의미를 갖는다. 일단 선례가 형성되면, 여성들은 특정한 역할에 더욱 효율적으로 적응할 수 있다. 미국의 클린턴(Bill Clinton)대통령 재임시절 리노(Janet Reno) 법무부 장관의 임명과 올브라이트(Madeleine Albright) 국무부장관의 임명이 중요한 이유도 여기에 있다. 이들은 강단, 능력, 결단력을 갖춘 여성들이었다. 이들의 선례를 통해 엘리트층, 언론, 일반 대중은 이제 여성을 고위 공직에 '어울리는' 집단으로 다시금 보게 되었다.18) 부시(George W. Bush) 대통령은 라이스(Condoleezza Rice)를 2001년 국가안보 고문에, 2005년에는 국무장관에 임명하였는데, 그의 결정은 더욱 자연스럽게 받아 들여졌다. 2008년 미국대선에서 여성 대선후보(한명 혹은 두 명이 될 수도 있다)가 선두 주자로 부상할 수 있다는 가능성도 점차 진지하게 그리고 현실성 있게 논의되고 있다.

두 번째 요소는 지위와 능력 자질이다. "남성은 실패했다는 것이 명백해 지기 까지는 성공할 것으로 간주되는 반면, 여성은 자신이 성공할 것이라는 것을 명백하게 증명해야 한다는 주장은 일리가 있다."19) 지위특징이

---

17) Hilary Footitt, *Women, Europe and The New Languages of Politics* (London: Continuum, 2002), p. 229.
18) Eleanor Clift and Tom Brazaitis, *Madam President: Shattering the Last Glass Ceiling* (New York: Scribner, 2000), p. 21.
19) Michael Fogarty, Isobel Allen and Patricia Walter, *Women in Top Jobs 1968~1979* (London: Heineman, 1981), p. 44에서 공직자의 말을 인용하였음. 또한 Nancy E. Glen and Meredith Reid Sarkees, "Foreign Policy Decision-Makers: the Impact

론(status characteristics theory)에 따르면, "집단구성원을 구분하는 특징이 이들의 능력에 대한 기대수준의 근거가 된다. 이와 같은 특징들이 그 집단이 수행하고 있는 업무와 직접적인 관계가 없을 때도 그러하다." 지휘체계에서 높은 자리에 있는 사람들은 자신의 업무 능력에 대해 좀더 후한 평가를 받게 된다. 따라서 성별로 인해 남성들은 여성들보다 유리한 입장에 있게 되며, 백인여성들은 흑인여성들보다 인종에 근거한 혜택을 본다. "여성은 덜 유능한 지도자로 평가되고 있으며, 여러 상황에서 여성은 남성보다 더 엄격한 업무 기준으로 평가된다."[20]

세 번째 요소는 출신배경과 경력이다. 덴마크의 연구는 최고위직 여성 정치인들이 사회적 출신배경이나 경력에 있어서 최고위직 남성정치인보다 더 우수하였으며, 최고위직 여성공무원의 교육 수준이 남성보다 높다는 것을 보여주었다.[21] 즉, 지도부에 진출하기 위한 조건이 남성보다 여성에게 더 엄격하였다. 많은 국가에서 선출직 경력이 고위 정치직에 임명되는데 필수사항으로 작용하고 있다. 따라서 이와 같은 현상은 선출직을 달성한 여성 (종종 이들의 수는 적다)들에게는 기회를 제한하게 된다.

임명권자의 지원과 정치 맥락이 네 번째 요소를 형성한다. 행정부의 정치인들은 대개 대통령(미국의 경우)이나 총리에 의해 직접 지명된다. 물론 이와 같은 선택은 다양하고도 복잡한 요소에 의해 영향을 받는다. 예를 들어 장관 임명은 선출직에서 상당한 경력을 쌓았거나, 전문기술 분야의 탁월성을 보유한 사람들에게 주어진다. 연정(coalition)을 구성할 경우에는 대부분의 경우 관련 정당들 사이에 장관직의 배분을 두고 협상이 이루어진다. 일부 경우에는 성별의 균형이 고려되기도 한다. 대처 총리의 내각에 여성각료

---

of Gender," in Susan J. Carroll (ed.), *The Impact of Women in Public Office* (Bloomington: Indiana University Press, 2001), p. 123도 참고.
20) Jeffrey W. Lucas, "Status Processes and the Institutionalization of Women as Leaders," *American Sociological Review*, Vol. 68, No. 3, 2003, p. 464.
21) Lis Højgaard, "Tracing Differentiation in Gendered Leadership: an Analysis of Differences in Gender Composition in Top Management in Business, Politics and the Civil Service," *Gender, Work and Organization*, Vol. 9, No. 1, 2002, pp. 15-35.

들이 부족한 것에 대해서는 말이 많았다. 그러나 선심성 여성 임명은 반발을 살 수 있다. 일례로 프랑스의 쥐페(Alain Juppè) 전(前) 총리는 1995년 12명의 여성(29퍼센트)을 각료로 임명하였지만, 6개월 이내에 8명이 해임되었다. 프랑스에서 1980~1990년대 장관으로 재직하였던 많은 여성들(이들 중 상당수는 상당히 선별적인 프랑스 교육시스템내에서 괄목할 만한 경력을 쌓은 사람들이다)은 대통령이나 총리에 의해 '발탁된' 경우이다. 앱팰바움과 해들리(E. Apfelbaum and M. Hadly)는 이들 여성들과의 인터뷰를 통해 이들이 임명권자의 지원을 받는 한, 이들 여성이 내리는 결정에 대한 반발은 없다고 말한다. 이와 같은 결정이 더 높은 권위자에 의해 정당한 것으로 인정이 되기 때문이다.22) 그러나 시노(Mariette Sineau)는 이들 여성들은 탄탄한 정치적 기반이나 지역구 기반이 없기 때문에, 궁극적으로는 불안한 위치에 있게 되며, 특정한 전문 능력은 이와 같은 약점을 완전히 보상해 주지는 못한다고 지적한다.23)

리더십 지위를 얻기 위한 잣대로서 능력이라는 요소는 사실 능력의 평가기준과 방식에 대한 많은 문제를 제기한다. 오늘날 시행되고 있는 많은 인재 선택 시스템, 특히 엄격한 절차상의 기준이 있는 시스템은 공식적으로는 능력이라는 개념에 기반해 있다. "업적이라는 사항에 있어서 남성과 여성의 성공과 실패는 서로 다른 인과관계에 의해 설명된다. 남성의 성공은 능력에 의한 것으로 간주되는 반면, 동일한 업무에서 여성의 성공은 행운이나 노력의 결과로 이해된다. 남성이 업무에서 실패하면, 운이 나빠서 그런 것이고 여성이 업무에서 실패하면, 능력이 모자라서 그런 것으로 간주된다."24) 더욱이 관료적인 절차는(아래 내용 참조) 여성에게는 양날의 검과

---

22) E Apfelbaum and M. Hadly, "Leadership Ms-Qualified: 11 Reflections on Initial Case-Study Investigation of Contemporary Women Leaders," in Carl F. Graumann and Serge Moscovici (ed.), *Changing Conceptions of Leadership* (New York and Berlin: Springer-Verlag, 1986), pp. 199-221.
23) Mariette Sineau, *Profession: Femme Politique: Sexe et Pouvoir sous la Cinquième République* (Paris: Presses de Sciences P., 2001), p. 174.
24) Lenelis Kruse and M. Wintermantel, "Leadership Ms.-Qualified: The Gender

같다. 남성적이지 않는 스타일을 보이는 여성들은 소위 엄격하고 추상적이며 공격적인 잣대에 의해 평가절하되는 반면, "냉소적이며, 무관심하며 '상냥함(caring)'과는 거리가 먼 스타일의" 여성들은 상냥하고, 나눌 줄 아는 협동적인 여성리더라는 '낭만적(romanticised)' 이미지에 부합하지 않기 때문에 역시 불이익을 당한다.25)

일부 경우에서 정치 지도자의 지위를 획득하기 위해서는 능력에 대해 경쟁과 비교를 수반하는 평가를 받아야 한다. 대부분의 경우 정치 지도자는 절차를 통한 선택이나 임명권자의 지원에 의해 임명되는 것이 일반적이지만, 선거라는 과정을 통해 정치 지도자로 부상하는 경우도 많이 있다. 예를 들어 미국의 대선에서는 예비선거를 통해 대통령 후보를 선택한다(글상자 6-2 참조). 정당의 지도자나 노조의 지도자 또한 구성원들의 투표에 의해 지명될 수도 있다. 대처와 메르켈(Angela Merkel)은 당내 선거를 통해 정당의 당수가 되었다. 물론 두 사람 모두 행정부에서의 경력이 있었지만, 당시 두 사람 모두 당내에서 특별히 강력한 존재는 아니었다. 대처와 메르켈뿐만 아니라 뉴질랜드의 초대 여성총리 쉬플리(Jenny Shipley) 역시 소속 정당이 상당히 어려운 상황에서 정치 리더의 위치에 오른 유형이다. 1993년 캐나다의 총리가 된 캠벨(Kim Campbell)은 스캔들로 인해서 정당의 평판이 실추되었던 상황에서 보수당의 당수가 되었고 이후 총리가 되었다. "호주에서는 빅토리아주의 커너(Joan Kirner)와 서호주의 로렌스(Carmen Lawrence) 등 2명의 주(州) 총리가 있었다. 커너와 로렌스는 모두 소속당이 수치스러운 스캔들을 겪고 난 후 임기 중간에 임명되었다. 결과적으로, 소속 정당은 선거에 패배할 가능성이 높은 상태였고 실제로 선거에서 패배하였다."26)

Bias in Everyday and Scientific Thinking," in Carl F. Graumann and Serge Moscovici (ed.) *Changing Conceptions of Leadership* (New York: Springer-Verlag, 1986), p. 186.
25) Leonie Still, "Where are the Women in Leadership in Austaralia?", p. 187.
26) Michelle K. Ryan and S. Alexander Haslan, "The Glass Cliff: Evidence that Women and Over-Represented in Precarious Leadership Positions," *British Journal of Management*, No. 16, 2005, pp. 81-90.

미국 대선에 입후보한 여성들　　　　글상자 6-2

대통령 출마

- 19세기 2명의 여성이 평등권리당(Equal Rights Party) 후보로 출마하였다. 1872년에는 우드홀(Victoria Woodhull)이, 1884년과 1888년에는 록우드(Belva Lockwood)가 출마하였다.
- 1964년 스미스(Margaret Chase Smith) 상원의원은 공화당 전당대회에서 후보지명을 받았다.
- 1972년 치즘(Shirley Chisholm) 하원의원은 민주당 예비선거에서 후보로 출마하였다.
- 2000년 노동부 장관, 교통부 장관, 연방통상위원, 미국 적십자 총재를 지낸 돌(Elizabeth Dole)은 공화당 대통령 경선에 출마하였다가 초기에 충분한 지지를 얻어내지 못하자, 경선에서 기권하였다.
- 2004년 미국 역사상 최초의 흑인 여성 상원의원이었던 브라운(Carol Moseley Braun) 대사는 민주당 대통령 경선에 출마하였다. 브라운은 1차 예비선거 이전에 경선에서 기권하였다.
- 2007년 1월 클린턴(Hillary Rodham Clinton) 상원의원은 대통령 경선에 출마할 것이라고 공식 발표하였다. 그녀는 1993년에서 2001년 1월까지 영부인으로, 2001년 1월 이후에는 민주당의 뉴욕주 상원의원으로 재임하였다.

부통령 출마

- 1972년 파렌톨드(Frances (Sissy) Farenthold)는 민주당 부통령 후보지명 투표에서 2위에 올랐다.
- 1984년 페라로(Geraldine A. Ferraro) 의원은 먼데일(Walter F. Mondale) 대선 후보의 러닝메이트로 부통령에 출마한 첫 번째 여성이다.

출처: Center for American Women and Politics(2005), *archives: Did you know?* http://www.cawp.rutgers.edu/factoidarchive 2006년 4월 23일 접속

위에서 기술한 메커니즘을 통해서 최고 의사결정직에 오른 여성들이 엘리트 집단의 일원으로 활동하는 데에는 여러 중요한 요소들이 영향을 끼친

다. 이제 이들 요소들이 논의된다.

의사결정권의 행사에 관한 조건

최고위 의사결정직에 있는 여성들을 대상으로 한 연구는 주로 업계에 있는 여성리더들을 대상으로 하였지만, 이들 연구의 결과는 공직이나 정당의 정책 관련 의사결정직에 있는 여성에게도 적용이 된다. 의사결정권한(decision-making power)은 특정한 조건 아래에서 행사되는데, 몇 가지 중요한 요소 (상황, 시간, 스타일, 책임의 귀속 등)들이 다음에서 논의된다.

상황: 엘리트 제도의 관료주의 성격

제도(institution)는 개인의 행동에 영향을 끼치는 구조, 절차, 규범의 복합체이다. 따라서 제도는 개인의 행동방식은 물론 이와 같은 행동방식에 대한 판단을 형성한다. 또한 제도는 어떤 행위가 가능한 지, 또한 개인이 어떤 행위가 가능하다고 판단하는 지에 대한 경계를 설정한다.[27] 서구 사회에서 엘리트 의사결정직을 두고 있는 제도들은 모두 일정 부분 관료주의의 성격을 띤다. 1세기 전 미셸(Robert Michels)은 관료주의를 거부하는 조직들(그의 연구에서는 사회주의 정당)조차 어떤 방식을 통해 결국은 엄격하고, 틀에 박혀 있으며 위계적인 성격을 띠게 되는지 보여주었다.[28] 이 연구는 베버(Max Weber)가 관료주의의 특징으로 분류한 요소들을 중심으로 제도

---

[27] Jen Marchbank, "Power, Non-Decision Making and Gender," unpublished paper for Economic and Social Research Council Workshop, Edinburgh University 8 June 2005.

[28] Robert Michels, *Political Parties: A Sociological Study of the Oligarchial Tendencies of Modern Democracy* (Illinios: Free Press, 1958), pp. 353, 333-336.

― 정부, 공직, 정당, 노주, 대기업 등 ― 의 관료주의 성격을 논의한다.[29] 이들 제도에는 확고한 절차, 이성적 의사결정, 기술 역량, 구체적이고 투명한 기준에 의한 충원, 의사 결정에 있어서 공정함(유사한 사건은 항상 동일한 결과를 생산하도록 하는 것), 내부적 위계와 복종, 개인적인 관계나 충성보다는 조직 규율의 준수 등의 원칙이 존재한다. 베버는 관료주의의 존재 여부를 감지할 수 있는 척도로서 추상적인 개념인 이념형(ideal type)에 대해 논의하였다. 권위에 대한 이성적이고 합법적인 개념화를 표상하는 관료주의의 발전은 현대적 유형의 사회 조직의 발생을 가장 단적으로 보여준다.

관료주의 형태의 발전은 민주주의 사회의 구조를 가장 잘 반영하는 중요한 특징이다. 관료주의는 거대 조직의 운영에 있어서 효과적인 방식을 제공한다. 관료주의는 투명성과 예측가능성을 바탕으로 하기 때문에 개인의 변덕이나 편견에 기초한 의사 결정의 위험을 줄일 수 있다. 조직은 조직이 내린 결정에 관해서 책임을 져야 한다. 조직의 구성원, 주주, 일반 국민은 조직이 내린 결정에 대해 대표를 통해 책임을 물을 수 있다. 위계와 복종의 원칙이 조직 내에서 내면화될 때, 정치 지도자나 재계의 지도자들은 자신의 명령이 준행될 것으로 확신할 수 있을 것이다.

여성의 지위와 여성의 권력 행사에 있어서 관료주의가 끼치는 영향에 대해서는 두 가지 관점에서 논의를 할 수 있다. 먼저 자유주의적 관점은 현대의 관료주의 조직이 평등이라는 가치에 주안점을 둔다는 사실을 강조한다. 관료주의의 장치는 이성적, 추상적, 객관적인 잣대에 근거한 모든 개인 사이의 중립, 즉 개인에 대한 동등한 대우를 요구한다. 이와 같은 잣대가 정확하게 적용되고 있다는 전제하에서, 조직내에서 발생하는 남성과 여성의 차이는 이들의 능력과 결정의 결과이지 조직의 결점은 아닐 것이다. 조직의 결점이 지속된다면, 이는 낡고 비합리적인 편견의 결과일 것이며 미래지향적인 조직이라면 이와 같은 편견을 뿌리 뽑고자 할 것이다. 평등과 능력에

---

29) John Bendix, "Women and Politics in German and Switzerland," pp. 424-430.

기초한 개인의 평가를 강조하는 사람들은 이것을 다양성에 대한 주장과 양립할 수 없는 것으로 보지 않는다. '객관적인' 잣대가 어떻게 설정되느냐에 많은 것이 달려있다. 만약 회사가 '주주의 수익과 여성 임원이 차지하는 비율 사이에 강력한 상관관계'를 보여주는 '미국, 영국, 스칸디나비아의 연구 결과'를 신뢰한다면, 직원의 채용기준이 이를 반영할 수 있도록 할 것이다.[30]

관료주의에 대한 또 다른 논의는 평등이 아니라 양성 간 차이의 관점에서 관료주의를 조명하며, 관료주의적 구조는 여성들에게는 우호적이지 않다고 주장한다. 1980년대 퍼거슨(K. E. Ferguson)은 혁신적 이론 연구를 통해 '남성지위에 대한 페미니스트들의 비판은 행정조직에서 발현되는 권력 관계를 포함한 모든 권력 관계'로 연계되어야 한다고 주장한 바 있다.[31] 문제는 관료주의 제도의 기본적인 원칙과 이데올로기에 관한 2가지 전제에 의해 야기된다. 먼저 관료주의 조직의 첫 번째 기본 원칙은 합리성(rationality), 문제와 해법의 추상적 평가, '권리와 규칙의 도덕성'이다.[32] 두 번째 전제는 여성들의 사고방식과 행동방식은 이와 같지는 않다는 시각이다. "문화적으로 여성들의 특징은 관료조직에 관한 베버 모형에는 맞지 않는다." 길리건은 여성들이 상황에 대해 어떻게 반응하는지 심리학적 관점에서 연구하였는데, 그녀의 연구에 따르면 여성들은 상호의존이라는 가치나 관계라는 문제에 집중하는 경향이 있다. 이와 같은 문제는 관료주의 절차가 해결할 수 없는 부분이다.

따라서 여기에는 이론적인 딜레마가 발생한다. 과연 관료제는 본질적으로 남성지배적인 구조이기 때문에 여성들은 조직 내에서 적당한 지위를 차지할 수도 없고 차지하고자 하지도 않는 것인지, 아니면 공공 조직(사적

---

30) *The Economist* 23 July 2005.
31) K. E. Ferguson, *The Feminist Case Against Democracy* (Philadelphia: Temple University Press, 1984), p. 122.
32) Anne Ross-Smith and Martin Kornberger, *Gender, Work and Organization*, Vol. 11, No. 3, 2004, p.282; Carol Gilligan, *In a Different Voice* (Cambridge, MA: Harvard University Press, 1982), p. 73.

분야는 해당되지 않겠지만)내에서 '여성들이 전통적인 성-권력 관계를 적극적으로 수정하고, 이에 도전하며, 이러한 관계에 순응하기를 거부할 수 있도록 행정적, 전문적 그리고 젠더에 관련된 다양한 담론'이 존재하고 있는지 하는 문제가 발생한다.[33]

스티버스(Camilla Stivers)는 공공 행정은 특히 전통적인 성 문화를 특징으로 한다고 제안한다. 스티버스는 공공 행정에 있어서, "상식적 개념들은… 남성에게 유리하게 작용하는 전통에 의존하다. 또한 전통의 추구는 남성들에게 적합한 것으로 간주된다"고 주장한다.[34] 또한 그녀는 "우리가 행정을 무성적인것(genderless)으로 보는 한, 여성들은 앞으로도 행정에 있어서 남성적 정체성을 채택하느냐 아니면 행정 조직에서 소외되는 것을 선택하느냐"하는 홉슨의 선택(Hobson's choice — 영국의 말 대여업자 홉슨[Thomas Hobson]이 손님에게 마구간 입구에 가장 가까운 말을 내주기로 하고 그것이 싫으면 그만두라고 한 고사에 유래된 마음대로 고르지 못하는 선택의 의미 - 역자 주)을 반복해야 할 것이다.[35] 또한 능력을 강조하는 '신(新) 공공관리론'은 관리 문화를 바꾸어 놓았을 지도 모르지만, 여성들은 경쟁적인 환경에서 남성들처럼 업무를 수행할 수 있다는 점을 증명해 보여야만 할 것이다. 호주에서, 일부 여성들은 행정조직에 진입한 이후 명백히 페미니스트적인 접근을 통해 이와 같은 딜레마를 헤쳐가나고자 하였다.[36] 아

---

[33] Suan Halford and Pauline Leonard, *Gender, Power and Organisations* (Basingstoke: Palgrave Macmillan, 2001), pp. 84-85; S. Maddock and D. Parkin, "Gender Cultures: Women's Choices and Strategies at Work," *Women in Management Review*, Vol. 8, No. 2, 1993, pp. 3-9; Janet Newman, "Gender and Cultural Change," in Catherine Itzin and Janet Newman (ed.), *Gender, Culture and Organizational Change: Putting Theory into Practice* (London; New York: Routledge, 1996), p. 28.

[34] Camilla Stivers, *Gender Images in Public Administration* (London: Sage Publications, 1993), p. 7.

[35] Camilla Stivers, *Gender Images in Public Administration*, p. 10.

[36] Louise A. Chappell, "The "Femocrat" Strategy: Expanding the Repertoire of Feminist Activists," *Parliamentary Affairs*, Vol. 55, No. 1, 2002, pp. 85-98; H. Eisenstein, *Inside Agitators: Australian Femocrats and the State* (Philadelphia,

이젠스타인(H. Eisenstein)은 페모크라트(여성주의 관료)라는 신조어를 사용하여 '국가 관료조직 내에서 이데올로기적으로나 정치적으로 페미니즘에 대한 소신을 가진 여성 관료'를 지칭하였다.

우리는 관료주의의 영향에 관한 두 가지 접근방법을 살펴보았다. 먼저 평등 접근법은 여성들이 편견에서 비롯된 장애를 겪지 않고 최고위직으로 오를 수 있도록 더욱 완벽한 합리적-법적 구조가 확립되어야 한다고 주장한다. 평등정책(equality policy)은 대응 방식에 있어서 절차상의 평등과 청렴을 특히 강조한다(제9장 참고). 그러나 기술 혁신과 국제화와 같은 현대적 상황에서 '질서정연한 업무진행과 같은 관료주의적 패턴'은 와해되고 있기 때문에, 이와 같은 접근법의 효용가치는 제한적일 것이다.[37] 차이 접근법(difference approach)은 개인이 관료주의 모형의 전면적 배격을 통해서만 좀 더 효율적이고 인간적인 방식에서 권력과 관계설정을 할 수 있을 것이라고 제안한다.

리더십 타임

리온과 우드워드(Dawn Lyon and Alison Woodward)는 최고 전문가와 정치가는 '리더십 타임(Leadership Time)'에 있어서 사회로부터 성별에 기초한 특정 모형을 부여받는다고 제안한다. 시간은 2가지 방식으로 이해된다. 먼저 '남성적인' 공적 선형 유형(public linear type)은 특정한 시점에 한 가지 유형의 활동이 진행된다는 것과 합리적이고 조직화된 시간의 배치를 전제로 한다. 다만 합리적이고 정밀한 시간의 배치는 리더가 사적인 의무로부터 자유를 누릴 수 있도록 일정 수준의 지원이 있어야만 가능하다.

PA: Temple University Press, 1996); Anna Yeatman, *Bureaucrats, Femocrats, Technocrats: Essays on the Contemporary Australian State* (Boston, MA: Allen and Unwin, 1990).
37) Rosabeth Moss Kanter, *Men and Women of the Corporation*, new edition (New York; HarperCollins: Basic Books, 1993), p. 305.

시간에 대한 또 다른 접근은 '여성적인' 유형으로 이것은 순환적이며, 다중과업적(multitasking)이고, 반복적이다. "서구사회의 시간에 대한 남성적인 인식은 사실상 여성 가족구성원이 전통적으로 제공하는 사적인 사회지원 시스템을 전제로 한다."[38] 한편 리온과 우드워드는 1990년대 중반 27개국에서 실시된 '엘리트의 성별(gendering elites)' 연구에 기반하여 "정치인의 리더십 타임은 재계 지도자의 리더십 타임과는 다르다"고 주장한다.[39] 설문에 참여한 남성과 여성 모두가 신봉하는 '영웅적인 리더라는 신화(myth of the heroic leader)'에 따르면 리더는 '남성적' 모형 내에서 활동하며 리더는 일관되게 리더의 임무를 수행할 수 있는 여유가 있어야 한다는 것을 보여주었다.[40] 이것은 정치인에게 특히 큰 도전이 된다. 정치인이라면 자신의 직원들은 물론(장관이라면 더욱 그럴 것이다) 정치 기구나 입법 기구, 지역구민들에게 시간과 노력을 할애해야 할 뿐만 아니라, 언론이나 인맥에 관련된 행사에도 빠질 수 없기 때문이다. 이와 같은 업무의 대부분(예를 들어 지역구와 관련된 업무)은 민원인들의 '사적인' 시간에 발생한다. 엘리트 정치인의 업무 시간이 길어질 수밖에 없는 이유가 여기 있다(표 6-2 참고). 그럼에도 불구하고, 설문조사를 보면 엘리트 정치인들이 이것을 특별히 부담스러운 일로 여기지는 않는다는 것을 발견할 수 있다. 일례로, 대처 전 총리는 자신의 정력이나 수면 시간을 줄이면서도 업무를 수행했던 능력을 자랑스럽게 여겼다. 우드워드와 리온은 남성과 여성 모두는 '리더십 타임'을 수용하도록 사회화된다고 주장한다. 물론 과중한 업무가 사회

---

[38] Dawn Lyon and Alison E. Woodward, "Gender and Time at the Women's Employment at the Top: Cultural Constructions of Time in High-Level Careers and Homes," *European Journal of Women's Studies*, Vol. 11, No. 2, 2004, p. 91.

[39] Dawn Lyon and Alison E. Woodward, "Gender and Time at the Women's Employment at the Top: Cultural Constructions of Time in High-Level Careers and Homes," p. 91.

[40] Alison E. Woodward and Dawn Lyon, "Gendered Time and Women's Access to Power," in Mino Vianello and Gwen Moore (ed.), *Gendering Elites: Economic and Political Leadership in 27 Industrial Societies* (Basingstoke: Palgrave Macmillan, 2000), pp. 91-103.

표 6-2 '리더십 타임' - 27개 선진국의 평균 근무 시간

분류	남성	여성
전체 평균	40	36
재계 지도자들	55.85	55.18
정계 지도자들	65.10	66.15

출처: E. Alison Woodward and Dawn Lyon, "Gendered Time and Women's Access to Power,"Mino Vianello and Gwen Moore ed., Gendering Elites: Economic and Political Leadership in 27 Industrialised Societies (Basingstoke: Palgrave Macmillan, 2000), p. 93. 1993~1995 수집된 자료.

적 지위를 보여주는 일종의 척도라는 이유도 적지 않게 작용하고 있다.

그럼에도 불구하고, 리더십 타임은 가족 구성원의 '정성어린' 지원에 의존할 수 없는 사람들에게는 문제로 작용한다. 유급 지원은(다른 모든 고용의 형태와 마찬가지로) 본질적으로 '선형적(linear)' 토대위에서 작동한다. 가정을 소홀히 한다는 비난을 받게 되면, 정치인으로서 이미지나 경력에는 도움이 되지 않기 때문에 여성 정치인들은 '이중고(double bind)'를 겪게 된다.41) 영국의 베켓(Margaret Beckett)과 같이 배우자의 전적인 외조를 받는 여성 장관은 사실 드물다.42) 브르뎅(Frédérique Bredin) 프랑스 장관의 사례에서 볼 수 있듯이 남성 배우자가 전적인 외조를 할 것이라는 문화적 기대는 존재하지 않는다(글상자 6-3 참고).

리더십 타임은 남성이나 여성 모두에게 부담이 되는 것이 사실이지만, 여성에게는 특히 불리하게 작용한다. 고위직으로의 진출이라는 여성의 선

---

41) Alison E. Woodward and Dawn Lyon, "Gendered Time and Women's Access to Power," in Mino Vianello and Gwen Moore (ed.), Gendering Elites: Economic and Political Leadership in 27 Industrial Societies (Basingstoke: Palgrave Macmillan, 2000), pp. 91-103.
42) Gertraud Diem-Wille and Judith Ziegler, "Traditional or New Ways of Living," in Mino Vianello and Gwen Moore (ed.), Gendering Elites: Economic and Political Leadership in 27 Industrial Societies (Basingstoke: Palgrave Macmillan, 2000), pp. 169-176.

장관과 아들

글상자 6-3

1992년 임명된 브르뎅(Frèdèrique Bredin) 청소년체육부 장관은 자신의 재임시절 비망록에서 총리가 주재한 공식회의에 참석했을 때 일어난 일에 대해 술회하고 있다. 회의는 당시 긴급하고 논란이 많았던 사안에 관련한 것이었다. 회의 도중에 메모를 전달받았지만, 브르뎅 장관은 회의가 방해되는 것을 총리가 좋아하지 않을 것이라는 생각 때문에 메모를 읽을 엄두를 내지 못하고 있었다. 회의가 종료될 시점인 저녁 8시에 그녀는 회의의 결과를 알려주기 위해 집무실에 전화를 걸었다. 비서는 불안한 목소리로 메모를 받았냐고 물었다. 아들의 담임선생님이 전화를 했다는 것이다. 담임선생님은 아이를 마중 나온 사람이 없자 자신의 집으로 아이들 데려갔다. 그렇지 않으면 아이를 경찰서로 데려가는 수밖에 없었기 때문이다. 아이를 돌보던 오페어(au pair, 가정에 입주하여 집안일을 거들며 언어를 배우는 외국인 유학생)가 갑자기 고향생각이 간절해서 사전 예고도 없이 떠나버렸던 것이다.

브르뎅 장관은 죄책감에 사로잡힌 채 4살 된 아들을 데리러 담임선생님의 집으로 달려갔다. 담임선생님은 아이의 관리를 소홀히 한 엄마를 좋게 생각할 리 만무했다. 브르뎅은 "감정을 추스르고 나서야, 담임선생님, 비서, 심지어 나 자신도 남편에게 전화할 생각을 하지 못했다는 것이 떠올랐다"고 술회한다.[43]

택이 개인적이고 이성적 선호를 표현하는 진정한 자유 선택인가, 아니면 이들의 선택이 성에 기초한 구조적·사회적 압력에 의해 많은 제한을 받는가 하는 문제는 아직도 논란이 되고 있다.[44] 평등기회법을 적극 옹호하는 EU 집행위원회(European Commission, 제9장 참고)에서도 고위직 여성의 숫자는 극히 낮은데, 이는 이례적 현상이 아니다. 이와 같은 직위에 어울리는 여성들도조차 적극적으로 나서지 않고 있어서 2005년 최고위직에 지원한

---

43) Frédéque Bredin, *Députéé: Journal de bord* (Paris: Fayard, 1997).
44) Catherine Hakim, *Key Issues in Women's Work: Female Diversity and the Polarisation of Women's Employment* (London and Portland, OR: GlassHouse, 2004).

후보 중 15퍼센트만이 여성이었고 15개 분과 고위직의 경우 여성 지원자는 전무하였다. EU집행위원회의 긴 업무시간과 늦은 회의 문화가 여성들의 지원에 찬물을 끼얹는다는 것이 중론이다.[45]

리더십 스타일

여성리더에 관련한 논의는 관리 스타일과 우선사항을 중심으로 진행되는 경향이 있다. 여기에는 다시 평등/차이론이 제기된다.

여성리더에 대한 논의는 "여성의 리더십 스타일은 다르다"는 접근법이 대세를 이루었다.[46] 여성은 일반적으로 의사소통, 인간관계, 협상, 갈등의 해결에 있어서 특별한 능력을 가지고 있는 것으로 이해된다.[47] "일부 이론가들은 여성리더들이 구성원들 사이에 강력한 집단의식(*esprit de corps*)을 형성하는데 특별한 능력을 가진 것으로 보고 있다."[48] 이와 같은 특징은 자기주장, 독립성, 통제, 경쟁과 같은 남성적 특징과는 대조를 이루게 된다. 문제는 이와 같은 여성의 리더십 스타일이 부하직원의 스타일로는 인정이 될 수 있지만 리더의 스타일로는 받아들여 지지 않는다는 점이다.[49] 본질주의자들은 이와 같은 스타일의 차이는 타고난 것이라고 보는 반면, 다른 사람들은 가족, 사

---

45) Roger Levy and Anne Stevens, "Gender in the European Commission," in Karen Miller and Duncan McTavish (ed.), *Women in Leadership and Management: A European Perspective* (Cheltenham: Edward Elgar Publishing, 2006), pp. 204-220; *European Voice* 20 April 2006.
46) Jane H. Stanford, Barbara P. Oates and Delfina Flores, "Women's Leadership Styles: A Heuristic Analysis," *Women in Management Review*, Vol. 10, No. 2, 1995, p. 14.
47) James Collins and Val Singh, "Exploring Gendered Leadership," in Duncan McTavish and Karen Miller (ed.), Women in Leadership and Management (Cheltenham: Edward Elgar Publishing, 2006), p. 14.
48) Jane H. Stanford, Barbara P. Oates and Delfina Flores, "Women's Leadership Styles: A Heuristic Analysis," p. 10.
49) Beverly Alimo-Metcalfe, "An Investigation of Female and Male Constructs of Leadership and Empowerment," *Women in Management Review*, Vol. 2, No. 2, 1995, p. 8.

회, 미디어, 서로 다른 경험을 통해 사회화되는 과정에서 남성과 여성은 서로 다른 반응 양식과 스타일을 나타내게 된다고 본다.

여성리더십에 대한 두 번째 접근법은 남녀 리더십 스타일에 있어서 거의 차이를 발견하지 못한다. 많은 연구는 동성간의 차이가 이성간의 차이만큼 크다는 점을 시사해 주고 있다. 예를 들어 리더가 된 여성은 그러지 않은 여성보다 남성 리더적 행동 양식(전략적 사고나 위험의 감수 등)을 훨씬 많이 보일 것이다.50) 같은 맥락에서 최초의 여성 대통령 선출 가능성에 대해 취재한 미국의 유명 언론인은 최초의 여성 대통령은 '여성의 몸을 갖고 있지만 남성의 성격적 특징을 갖고 있을 것'이라고 시사한 바 있다. 고위 여성정치인들은 이들 언론인과의 인터뷰에서 포클랜드 전쟁 중 대처 전 영국 총리의 행동이 여성리더에 대한 인식을 크게 변화시켰다고 말했다. 여성리더는 강하지 않다고 이제 더 이상 말할 수 없다는 점에서 대처 총리는 "여성리더들을 위해 위대한 일을 하였다."51) 마지막으로, 세 번째 접근법은 이와 같은 논의를 무의미한 것으로 치부한다. 중요한 것은 리더의 스타일이 아니라 효율성이다. 이와 같은 접근법은 '엘리트의 성별' 연구에서도 확인이 된다. 남성리더와 여성리더를 대상으로 자신들이 실제 어느 정도 권력을 행사할 수 있는가에 대한 인식에 있어서 남녀간 통계상의 차이는 발견되지 않았다.52)

미디어와 공적 이미지

최고위 의사결정자들은 미디어로부터 엄격한 감독을 받는 상황에서 업무

---

50) James Collins and Val Singh, "Exploring Gendered Leadership", p. 15; Titus Oshagbemi and Roger Gill, "Gender Differences and Similarities in the Leadership Styles and Behaviour of UK Managers," *Women in Management Review*, Vol. 18, No. 6, 2003, pp. 288-298.
51) Eleanor Clift and Tom Brazaitis, *Madam President: Shattering the Last Class Ceiling*, p. 21.
52) Mino Vianello, "Exercising Power", in Mino Vianello and Gwen Moore (ed.), *Gendering Elites: Economic and Political Leadership in 27 Industrial Societies* (Basingstoke: Palgrave Macmillan, 2000), p. 144.

를 수행한다. 때문에 공적 이미지의 관리와 유지는 모든 리더들의 관심사가 되어 왔다. 특히 대중들은 지역구 후보나 정치 지도자에 대해 손쉽게 그리고 돈들이지 않고 정보를 입수하고자 한다. 대중이 이미 보유하고 있는 신념체계에 근거하여 정보를 가공하는 명칭이나 단서들이 이와 같은 필요를 충족시킨다. 정당의 명칭이 좋은 예이다. 독일, 미국, 영국 사람들은 기독민주당, 공화당, 보수당의 정책 노선을 알고 있다고 생각한다. 물론 다른 이미지들도 사용된다. 여기에는 신체적 매력도 포함이 될 것 이다. 스코틀랜드의 유명한 정치인 쿡(Robin Cook)은 자신의 외모 때문에 총리가 될 수 없으리라 생각했다고 회한어린 술회를 한 바 있다.[53] 다른 단서로는 목소리 — 사실 목소리는 가장 식별하기 쉬운 단서이다 — 나 성별이 있다. 성별에 따른 고정관념과 평가는 사람들로 하여금 개별 남성과 여성이 어떻게 행동을 할지 예측할 수 있다고 생각게 한다.

    리더는 남녀를 불문하고 선입견, 기타 이미지, 사회적 통념 등을 통해 이미지 정치를 하고자 하는 한편, 이와 같은 이미지 정치의 희생자가 되기도 한다. 성별은 개인을 특정 짓는 요소이기 때문에, 따라서 성별 고정관념이 자주 발생한다. 일부 이미지들은 사실 이미지 자체의 전복을 목적으로 의도적으로 설정되기도 한다. 대처의 '철의 여인(iron lady)' 이미지는 글을 통해서나 시각 이미지를 통해 제시되었는데, 대처는 이와 같은 이미지를 의도적으로 이용하였다. 그녀는 1980년 10월 10일 보수당 연설에서, "돌아가고 싶다면 돌아가라. 나는 돌아가지 않는다(You turn if you want to. The lady's not for turning)"라는 연설을 한 바 있다. 이 문구는 먼저 유턴(U-turn)이라는 단어와의 동음이의어에 의한 언어적 기교를 살리는 한편 소련이 자신을 '철의 여인'으로 부르고 있는 것을 언급한 것이며, 프라이(Christopher Fry)의 시극 『분형(焚刑)을 면한 여인(*The Lady's Not for Burning*)』이라는 작품제목을 연상시킨다. 대처 총리는 이아 동시에 섯 고

---

53) *The Telegraph* 8 August 2005.

정관념을 이용하기도 하였다. 예를 들어 주부가 가정을 꾸려나가는 것처럼 자신이 근검과 절약을 통해 국가의 정사를 수행해 간다는 이미지를 보여주고자 하였다.

지난 20년 동안 10명의 여성총리와 여성대통령을 이들의 남성 선임자나 후임자와 비교한 영어권 연구는 이들 여성들이 남성보다 미디어의 취재를 덜 받았다는 점, 즉 미디어에서 가시성이 떨어졌다는 점을 발견하였다. 그러나 일반의 예상과는 달리 여성의 개인적 특징에 대한 언급은 거의 없었으며, 이들 여성들이 고정관념에 근거해서 그려지지도 않았다. 이들 여성들은 '야망이 컸고 효율적'이었으며 '경쟁자들보다 종종 더 대립적'이었다.[54] 미디어의 보도는 상황적 단서를 제공하며 재료의 선택, 제시, 수용을 유도하는 특정한 구조 내에서 작동한다.[55] 미디어에서 여성리더들은 종종 특정 지위나 특정 업무를 맡게 된 최초의(the first) 여성으로 부각된다. 이와 같은 설정을 통해 이 여성은 야심만만하고 효율적인 존재이자 존경할 만한 선구자로 그려지기도 한다. 하지만 동시에, '최초로 신뢰할 수 있는 여성 후보' 들의 경우에서처럼, 이와 같은 보도는 해당 여성을 익숙한 유형에서 벗어난 '신기하면서 예외적 존재'로 묘사하기도 한다.[56]

더욱이, 소수 최고위직 여성리더와 관련한 노리스의 연구 결과는 좀더 낮은 직위의 리더와 리더 후보를 대상으로 한 연구에서는 재확인되지 않았다. 미국의 연구는 인쇄매체 언론인들이 남성보다는 여성정치인의 경우 이들의 개인적 삶, 외모, 성격에 대해 더 많은 관심을 할애했다는 것을 발견하였다. 이와 같은 보도는 여성에게는 불리하게 작용할 수 있다. 대통

---

54) Pippa Norris, *Women, Media, and Politics* (New York, NY and Oxford: Oxford University Press, 1997), p. 159.
55) Pippa Norris, *Women, Media, and Politics*, p. 2.
56) Carolin Heldman, Stephanie Olson and Susan J. Carroll, "Gender Differences in Print Media Coverage of Presidential Candidates: Elizabeth Dole's Bid for the Republican Nomination," American Political Science Association annual Conference, 31 August~3 September 2000. http://cawp.futgefs.edu/research/report/dole.pdf.

령 후보 경선과정에 있어서 돌 후보에 대한 '사적이고 품위를 떨어뜨리는' 언급은 "미국의 최고위직 남성후보를 묘사하는 데는 사용되지 않았을 것이다."[57]

사실 미국에서는 사회적 압력으로 인해 공공연한 성차별은 강력하게 금지되고 있는 반면(그러나 언론 보도에 영향을 끼치는 미묘한 '상징적 성차별(symbolic sexism)'은 아직도 강력하게 금지되고 있지는 않다), 프랑스 문화는 여전히 상당부분 '남성의 상스러움과 여성의 비하'를 용인하는 경향을 보이고 있다.[58] 귀구(Elisabeth Guigou)나 르와얄(Ségolène Royal)과 같은 몇몇 정치인들은 프랑스에서 여성후보가 어느 정도의 모욕적인 음담패설을 감내해야 하는지 언급하기도 하였다.[59] 프랑스 최초의 여성총리 크레송(Edith Cresson) 또한 짧은 재임기간 동안 개인적이고 정치적인 모욕을 겪기도 하였다. 그녀의 총리 임명은 "정치-미디어 세계에서 강력한 여성혐오적 반응'을 촉발하였고, 여기에는 그녀의 총리 임명이 '정치적 능력에 의한 것이 아니라 과거에 대통령과 형성했던 것으로 알려진 '친밀한(intimate)' 관계" 때문이라는 추측이 난무하였다.[60] 불행하게도, 이와 같은 악의적 마녀사냥을 경험한 크레송은 이후 EU 집행위원으로서의 자신의 행동에 대한 비난을 단순히 이와 같은 선입견의 또다른 표현이라고 치부하는 결과를 가져왔다. 그녀가 이와 같은 비난들에 대해 심각하게 대처하지 않은 것은 1999년 EU 집행위원회를 사임하게 된 주요 이유 중 하나이다.

---

57) Carolin Heldman, Stephanie Olson and Susan J. Carroll, "Gender Differences in Print Media Coverage of Presidential Candidates: Elizabeth Dole's Bid for the Republican Nomination," pp. 2, 13.
58) Carolin Heldman, Stephanie Olson and Susan J. Carroll, "Gender Differences in Print Media Coverage of Presidential Candidates: Elizabeth Dole's Bid for the Republican Nomination," p.13; Maggie Allison, "Women and the Media," In Abigail Gregory and Ursula Tidd (ed.), *Women in Contemporary France* (Oxford: Berg, 2000), p. 68.
59) Mariette Sineau, "Les Femmes Politiques sous La Ve Répulique," *Pouvoirs*, No. 82, 1997, p. 55.
60) Jane Jensen and Mariette Sineau, *Mitterrand et les Françaises* (Paris: Presse de la Fondation Nationale des Sciences Politique, 1995), p. 334.

여성에 대한 왜소화(trivialisation)는 '상징적 성차별'의 한 유형으로서 이것은 여성정치인들에게는 또 다른 함정이다. 1995년 쥐페 내각에 임명된 12명의 여성장관들은 언론에 의해 곧 치마사단(les juppettes)이라고 조롱되었다. 1997년 영국 선거에서는 여성의원들이 대거 당선되었다. 당선된 노동당 여성의원들에게 둘러싸인 블레어(Tony Blair) 영국 전 총리의 사진은 '블레어의 여자들(Blair's babes)'이라는 모욕적인 별명을 얻었다.[61] 또한 스페인에서 자파테로(Josè-Luis Zapatero)의 사회주의 내각 절반을 차지했던 여성장관들이 2004년 8월 패션 잡지 보그(Vogue)에서 스페인 디자이너의 의상을 입고 단체 사진을 찍은 결정은 이들 여성 장관들의 진지함과 신뢰성을 제대로 반영하지 못한 것으로 받아들여 질 수 있었다.[62]

책임의 할당

엘리트 여성들도 자신들이 맡게 되는 업무의 유형에 영향을 받는다. 업계에서도 관리직까지 승진하는 여성들은 주로 인사부나 마케팅 부서에 근무하는 반면, 좀더 주목을 많이 받고 수입이 높은 재부부나 생산부에 위치해 있지는 않는다.[63]

유사한 상황이 정치에도 많이 발생한다. 서구 국가들은 규모나 정치 체제에 있어서 차이점만큼 유사점도 많다. 미국, 영국, 프랑스를 대상으로 한 연구는 2006년 현재 각료급 지위에 있는 여성의 수가 미국의 경우 30명, 프랑스의 경우 26명, 영국의 경우 22명(이중 절반 이상[13명]이 1997년 블레어 총리시절 임명이 된 각료들이다)이 있다는 것을 보여주었다. 영국의 수치가 낮은 것은 장관은 의회의 의원으로서 일종의 도제 기간 — 이 기간은

---

61) Boni Sones, *The New Suffragettes* (London: Politicon's, 2005).
62) *The Guardian* 20 August 2004.
63) Marilyn J. Davidson and Ronald J. Burke, *Women in Management Current Research Issues*, Vol. 2 (London: Sage, 2000), p. 2.

종종 길다 — 을 거쳐야 한다는 관습에서 부분적인 이유를 찾을 수 있다. 미국과 프랑스는 의회 밖에서도 행정부 각료들이 충원되기 때문에 인력 풀이 더 크다고 할 수 있다.

위 3개국 모두에서, 제2차 세계대전 이후에서야 최초의 여성각료가 탄생하였다. 다만 당시 여성들에게 투표권이 허용되지 않았던 프랑스에서는 여성의 차관급 진출이 있었다. 그러나 여성 선구자들은 수적으로 적었고, 3개국 모두에서 제2차 세계대전에서 1970년대 중반에 이르기 까지 상황의 진전은 거의 이루어 지지 않았다(글상자 6-4 참조). 1975년 이후 미국에서는 매년 여성각료가 있었고, 프랑스에서도 1974년 베유(Simone Viel)의 임명 이후 정기적으로 여성각료의 임명이 있었다.64) 그러나 프랑스의 드골 대통령(1959~69년 재임)이나 대처 총리(1979~1990)는 여성각료의 임명에 있어서 부정적이었고, 1976년 윌슨(Harold Wilson)의 사임에서 1992년 메이저(John Major) 총리의 선거 승리에 이르기 까지 영 남작부인(Baroness Young, 1982~1983년)을 제외한다면 여성각료는 전무하였다.

이들 3개국에서 여성들은 초기에는 여성에게 적합하다고 여겨지는 부서에 임명이 되었는데, 특히 노동(미국에서는 6명의 여성이 노동부 장관으로 재임하였다), 교육, 보건 분야에 임명되었다. 여성들은 재무부, 외교부, 국방부와 같은 '고급 정치(high politics)' 부문 보다는 내무나 사회 업무 부문에 주로 임명이 되어 왔다. 하지만 미국의 리노(Janet Reno, 1993~ 2001년 재임) 법무부 장관, 올브라이트(Madeleine Albright, 1997~2001년 재임) 국무부 장관과 라이스(Condoleezza Rice, 2005년 임명) 국무부 장관, 프랑스의 알리오 마리(Michèle Alliot-Marie, 2002년 재임) 국방부 장관, 영국의 베켓(Margaret Beckett, 2006년 재임) 외무부 장관의 임명은 새로운 선례를 남기고 있다.

---

64) Center for American Women and Politics (2006a). *Officeholders*. http://www.cawp.rutgers.edu/Facts/Officeholders/fedcab.

미국, 영국, 프랑스: 행정부의 여성 선구자들 　글상자 6-4

미국, 영국, 프랑스 중 최초로 여성을 내각에 임명한 나라는 영국이다. 본필드(Margaret Bonfield)는 1929년~1931년에 노동부 장관으로 재임하였다. 1924년 노동당 정부에서, 그녀는 이미 차관(정무 차관)으로 재직한 바 있었다. 1924년~1929년 보수당 정부에서는 애슬 공작부인(Duchess of Atholl)이 여성 정무 차관으로 재직하였고, 1945년 이전 4명의 여성차관이 더 있었다. 본필드 장관과 1945~1947년 교육부 장관으로 재직하였던 윌킨슨(Ellen Wilkinson)는 재직 기간 중 사망하였다. 윌킨슨(노동당) 장관과 호스브러(Florence Horsbrugh, 보수당)는 1940년대와 1950년대에, 대처(Margaret Thatcher)는 1970년대 초반 교육부 장관으로 재직한 바 있다. 캐슬(Barbara Castle)은 1960년~1970년대 윌슨(Harold Wilson)의 재임기간 내내 내각에 있었고, 1968년에는 하트(Judith Hart)가 여성각료로 합류하였다. 1976년 윌슨을 승계한 칼라한(Jim Callaghan)은 여성각료를 임명하지 않았다.

미국에서 최초의 여성각료급 인사는 1933년~1945년 노동부 장관으로 재직한 해리스(Frances Harris)이다. 1953년~1955년 보건교육복지부 장관으로 호비(Oveta Culp Hobby)가 재직한 이후, 1975년 까지 여성각료는 더 이상 임명되지 않았다.

프랑스에서 여성들은 선거권과 피선거권을 부여받기 전에 장관급(각료급은 아님)에 임명이 되었다. 물론 이들 여성들은 여성에게 적합하다고 여겨지는 부처에 임명이 되었다. 1936년 블룸(Leon Blum)이 이끄는 인민전선(Popular Front) 내각에는 3명의 여성이 잠시 재임하였다. 라코르(Suzanne Lacore)는 보건부에서 아동 보호 업무를, 브런쉬비그(Cécile Brunsschvig)는 교육부내에서 복지 업무를, 노벨 물리학상 수상자인 퀴리(Marie Curie) 부인의 딸이자 노벨 화학상 수상자인 퀴리(Irène Joliot Curie)는 연구업무를 담당하였다.

전후 제4 공화국(Fourth Republic) 동안, 비에노(Andrée Vienot)가 잠시 1945년 청년체육부에서 장관급 업무를 담당하였고, 1947년에는 보건부 장관으로 쁘와조-샤삑(Germain Poinso-Chapuis)가 임명되었다.[65] 1974년까지는(베유[Simone Veil]가 보건부 장관으로 임명될 때까지), 각료급으로 임명

→

➜
된 여성은 없었다. 여기에는 드골(de Gaulle) 대통령이 여성을 개인 참모나 각료로 임명하는 것을 강경하게 반대한 것이 큰 이유를 차지한다. 드골 대통령은 여성은 국가의 정사를 다루는 냉엄한 업무에 개인적이고, 감정적이며 감상적인 요소를 불러들인다고 생각했다. 대통령 비서실장이 여성 1명을 비서실에 두자고 건의하자, 드골 대통령은 다소 곤란해 하면서 "여성이라면 문제가 다르지"라고 말하면서 거절하였다.[66] 드골 대통령 하에서는, 단지 2명의 여성이 '적당한' 차관급에 임명되었다. 알제리 출신의 회교도 카라(Nafissa Sid-Cara)가 1962년 알제리가 독립하기 전까지 알제리내 사회문제를 담당하였다. 드골은 드브레(Michel Debré) 총리가 카라를 추천하였을 때 깜짝 놀랐지만 드브레의 추천을 받아들였다.[67] 1967년부터 디에네쉬(Marie-Madeleine Dienesch)는 교육 업무를, 이후에는 사회업무를 담당하였다.

결론

이 장에서 우리는 정당 지도자, 총리, 대통령, 장관 등 정치 분야의 최고위급에서 여성의 부족 현상에 대하여 논의하였다. 또한 여성들이 이와 같은 고위직으로 진출할 수 있는 수단과 그에 수반되는 장벽, 리더십을 행사할 수 있는 여건에 대한 논의가 이루어 졌다. 이와 같은 고위직으로의 진출은 여성들에게는 특별한 부담을 가중시킨다는 것을 주지하는 것이 중요하다.

---

65) Clair Duchen, *Women's Rights and Women's Lives in France, 1944~1968* (London: Routledge, 1994), p. 53.
66) Mariette Sineau, *Profession: Femme Politique: Sexe et Pourvoir sous la Cinquième République* (Paris: Press de Sciences P., 2001), p. 30.
67) Mariette Sineau, "Les Femmes Politique sous la Ve République," *Pourvoir* No. 82, 2001, p. 47.

이들 여성들은 선구자적 존재이거나, 상대적으로 드물기 때문에 특수한 존재들이다. 따라서 이들이 실수를 저지르게 되면 더욱 눈에 띄게 된다. 남성들이 고위직에서 물러나면 대부분의 경우 눈에 띄지 않는다. 그러나 예를 들어 여성기업인이 '가족과 더 많은 시간을 보내기 위한' 결정을 내리거나, 모리스(Estelle Morris) 교육능력부 장관이 2002년 10월 능력부족을 이유로 사임을 할 때면, 언론은 과연 여성들이 이와 같은 역할에 적격인가에 대한 회의적 시각을 제시하는 기사를 싣게 된다. 에벨린(Joan Evelin)은 다음과 같이 말한다.

> 변화의 주역으로 능력을 발휘할 것이라는 예상은 여성 선구자들에게 상당한 부담으로 작용한다. 자신의 상징적 위치로 인해 이들 여성은 이른바 스미스(D. Smith)가 '지배체제(ruling regime)'라고 명명한 체제에 부합하는 방식으로 자신을 공급해야 하기 때문이다.[68] 대부분의 남성과는 달리, 최고위직에 오른 여성들은 가정에서 아내의 도움을 받는 경우가 거의 없다. … 그러나 여성리더의 이중고는 공적인 이미지, 업무 관리, 가사와 가정의 업무 사이에서 곡예를 해야 하는 수준 이상이다. 다른 여성들을 위한 개척자로서의 자리매김을 해야한다는 '보이지 않는 일(the invisible job)'에 대한 부담이 존재하기 때문이다.[69] 그러나 여성리더가 이와 같은 '보이지 않는 일'을 달성할 것이라는 기대는 지나치게 이상적이다.[70]

---

68) D. Smith, *Writing the Social: Critique, Theory and Investigations* (Toronto: University of Toronto Press, 1999)
69) J. K. Fletcher, *Disappearing Acts* (Cambridge, MA: MIT Press, 1999).
70) Joan Eveline, "Women in the Ivory Tower: Gendering Feminised and Masculinised Identities," *Journal of organizational Change management*, Vol. 18, No. 6, 2005, pp. 33-51.

07 / 페미니즘, 참여, 행동

이 장에서 우리는 민주적 제도의 공식적인 구조 밖이지만 개인적인 삶의 공적인 영역 내에서 이루어지는 여성의 정치 참여에 대해 논의할 것이다(도표 2-1 참조). 서론에서 살펴본 것처럼, 권력의 행사, 갈등, 해결전략은 공식적인 사회 구조와 제도권 내에도 존재하지만, 이와는 다른 다양한 상황과 사건 속에도 존재한다. 오늘날 여성들은 정치적인 면에서 광범위하게 사회에 참여하고 있다는 인식이 점차 확고해 지고 있다.[1] 정치 참여란 자신의 요구를 분명하게 표현하고자 하는 행동, '대규모 집단이나 나아가 사회 전체에 대하여 구속력 있는 결과를 가져오게 될 의사결정과정에 영향을 끼치고자 하는 시도' 등을 포함한다.[2] 참여는 개인이 행위의 주체가 되어 의식적인 행동을 취하는 것을 의미한다. 또한 참여는 집단적인 노력에 동참한다는 것을 의미한다. 비유하자면, 참여는 혼자 먹는 식사가 아니라 저녁 식사 파티이고, 개인적인 기도가 아니라 함께 드리는 예배인 셈이다. 의사 결정이 이루어지는 집단(작게는 지역이나 도시, 크게는 EU와 같은 지역 연합)의 규

---

1) Karen Beckwith, "Beyond Compare? Women's Movements in Comparative Perspective," *European Journal of Political Research*, Vol. 37, No. 4, 2000, p. 431.
2) Dieter Rucht, "Political Participation in Europe," in Richard Sakwa and Ann Stevens (ed.), *Contemporary Europe* (Basingstoke: Palgrave Macmillan, 2006), p. 111.

모를 고려해 볼 때, 단체 행동이라고 할지라도 한 명의 행위자가 미치는 영향은 크지 않을 수 있다. 앞에서 살펴본 것처럼 정당은 공식적인 대의정치라는 틀 안에서 개인의 목소리를 규합함으로써 이와 같은 문제에 대처할 것이다. 그러나 정치 행동은 이외에도 다양하게 나타날 수 있다. 예를 들어 선거, 단체 교섭, 공식적인 로비뿐만 아니라 탄원서나 편지 쓰기 캠페인, 소비자 불매운동, 시위 등 다양한 행동으로 표출될 수도 있다. 정치 행동은 투표소나 법정뿐만 아니라 놀이터나 거리에서도 일어날 수 있다. 또한 우회로 건설에 찬성하는(혹은 반대하는) 캠페인과 체제전복을 위한 캠페인(1989년 동유럽의 경우)이나 사회의 구조와 태도의 전면적인 변화를 모색하는 캠페인(이와 같은 캠페인은 페미니스트들이 추구하고 있다)사이에는 차이가 있을 것이다.

우리는 루흐트(Deiter Rucht)의 분류를 채택하여 아래의 논의에서 '비전통적인(non-traditional)' 정치적 행동을 고찰한다.3) 먼저, 페미니스트 운동이 논의될 것이며 노동조합을 통한 제도적 참여, 마지막으로 여성의 비제도적 정치 참여가 논의될 것이다.

페미니스트 운동

'여성운동(women's movement)'과 '페미니즘(feminism)' 또는 '페미니스트 운동(feminist movement)' 등의 용어는 보통 구분 없이 사용되지만 명료한 분석을 위해서 이들 용어들은 엄밀히 구분될 필요가 있다. 두 용어 모두 여성에 의해서, 그리고 여성을 위해서 조직된 단체를 통한 여성들의 집

---

3) Dieter Rucht, "Political Participation in Europe," p. 111; R. Inglehart and Pippa Norris, *Rising Tide: Gender Equality and Cultural Change around the World* (Cambridge: Cambridge University Press, 2003), p. 100.

단적인 행동을 의미한다. 이들 여성단체들은 '여성운동'을 형성한다. 즉 여성들은 '공동체 행동, 사회 운동, 담론을 통한 투쟁' 안에서 다른 여성들과 의식적으로 연계하며 행동을 취한다.[4] 여성단체는 "단체의 존재 의미, 활동, 리더십, 발전 방향, 주요 의제가 모두 여성과 여성의 성 정체성(gender identity)에 초점을 맞추고 있다는 점이 특징이다."[5] 여성단체는 의식적으로 여성의 입장에서 임무를 수행하게 되는데, 단체의 목적과 전략에 따라 두 가지 종류로 나눌 수 있다. 몰리뉴(Maxine Molyneux)는 여성단체를 다음과 같이 분류한다. 첫 번째 유형의 여성단체는 여성들의 즉각적인 필요와 관련된 실질적인 여성의 관심사에 중점을 두지만 기존의 젠더 관계에 반발을 하지는 않는다. 두 번째 유형의 단체는 여성의 종속 문제에 반발하며 여성해방이나 양성 평등과 관련된 전략적인 목표를 가지고 있다.[6] 첫 번째 유형의 여성단체는 '페미닌'하다는 특징이 있다(이들 단체들에 대한 논의는 아래에서 진행된다, pp. 248-249 참조). '페미니스트'라는 용어에 더 적합한 유형은 두 번째 유형의 여성단체이다. 이들 여성단체는 오늘날의 사회, 국가, 국가제도를 가부장적인 것으로 분석하며, 가부장제를 타파하는 방식으로 사회를 변화시키기 위해서 중요 현안들에 대해 캠페인을 벌일 것을 주장한다.

제1물결 페미니즘

페미니스트 운동은 복잡하게 발전하였고 페미니즘 역사의 의미와 형태에 대

---

[4] Karen Beckwith, "Beyond Compare? Women's Movements in Comparative Perspective," p. 431.

[5] Lee Ann Banaszk, Karen Beckwith and Dieter Rucht (eds.), *Women's Movements Facing the Reconfigured State* (Cambridge: Cambridge University Press, 2003), p. 2; Karen Beckwith, "Beyond Compare? Women's Movements in Comparative Perspective," p. 437.

[6] Maxine Molyneux, "Mobilization without Emancipation: Women's Interests, State and Revolution," in Richard R. Fagen, Carmen Diana Deere and José Luis Coraggio (ed.), *Transition and Development: Problems of Third World Socialism* (Boston, MA: Mothly Review Press, 1986), pp. 283-284. Nelson et al. 1994: 18에서 인용.

해서도 논란이 계속되고 있다. 널리 사용되는 접근법 중 하나는 물결(waves)이라는 관점에서 페미니즘을 정의하는 것이다. 페미니즘의 첫 번째 물결은 선진 산업민주주의 국가에서 산업 혁명과 프랑스 대혁명이 진행되는 과정에서 여성의 사회적 상황에 대한 대응으로 전개되었다. 이 시기 형성된 새로운 유형의 직업과 경제 관계 및 소위 '근대(modern)' 법 체제(예를 들어 나폴레옹 법전)는 남성의 지배를 강화하고 재확인할 뿐이었다. 남성의 지배는 사회적 관습이나 행동 규범을 통해서도 확인이 되었다. 이러한 상황에서 여성의 권익을 위한 운동이 시작되었다. 여성단체들은 초기에는 종교 집단이나 자선 단체를 통해서 발전하는 경향을 보였다. 예를 들어 노예무역(slave trade)의 폐지를 이끌었던 영국의 사회단체에서 여성은 고의적으로 배제되었지만, 1820년대에 접어들자 여성들은 독자적으로 조직을 결성하여 노예무역뿐만 아니라 노예제도 자체에 대한 폐지를 주장하였다. 1840년대 런던에서 노예제도에 반대하는 회의를 개최한 이들의 경험은 이후 미국에서 여성의 참정권을 주장하는 캠페인이 일어날 수 있었던 토양을 제공하였다. 그리고 이와 같은 작은 시도를 통해 여성들은 여성의 교육, 이혼과 재산권을 포함한 법적인 지위 변화, 고용과 직업에의 접근 권리에 대한 요구를 확대시켜 나갔다. 19세기 전반 이들 여성단체는 미국에서 적극적인 활동을 전개해 나갔다. 19세기 후반부에 접어들면서 여성 해방을 위해 활동하는 여성단체는 유럽 지역에도 널리 확산되었다.[7]

각 나라마다 사회정치적 상황이 상이하였기 때문에 페미니즘의 발전양상도 다르게 나타났다. 독일과 러시아 같은 나라에서는 계급투쟁이 여성운동에 중요한 역할을 담당했다. 사회주의 페미니스트들은 여성의 지위와 조건을 향상시키기 위해 일했지만, 이들은 사회주의 혁명만이 바람직한 변화를 가져올 수 있는 유일한 방법이라고 믿었다. 여성 해방이라는 목적이 계

---

7) Karen Offen, "Contexualising the Theory and Practice of Feminism in Nineteenth-Century Europe," in Renate Bridenthal, Susan Mosher Stuard and Merry E. Wieser (ed.), *Becoming Visible: Women in European History* (New York: Houghton Mifflin, 1998), pp. 327-355.

급투쟁의 부산물로 여겨졌기 때문에, 이 두 가지 가치 사이에는 언제나 상당한 긴장이 존재하였다.[8] 따라서 19세기 사회주의 페미니즘은 벡위드(Karen Beckwith)가 21세기 여성운동의 가장 중요한 문제로 지적했던 '이중의 투쟁(double militancy)'과 양분된 충성(예를 들어 정당에 대한 충성과 여성 연대에 대한 충성사이의 긴장)이라는 딜레마를 예고하고 있었다.[9] 한편, 북유럽이나 미국의 경우에는 부르주아적 자유주의 페미니즘이 성행하였다. '페미니스트'라는 용어는 1880년대에서야 비로소 여러 언어권에서 사용되었다. "본격적이고도 조직화된 여성운동의 성장과 1890년~1914년 사이 서유럽권에서 페미니즘과 관련된 출판물의 폭발적인 증가는 여성운동의 정치 판도에서 가장 중요한 특징을 형성하였다."[10]

제1차 세계대전까지 페미니스트 운동의 '제1물결(First-wave)'이 이루어낸 성과는 상당하다. 이들 성과는 정치적 권리 및 법적 권리, 교육의 권리, 고용에 접근할 권리 등 모든 부문에서 이루어졌다. 하지만 세계대전 후 전쟁의 상처, 사회 경제적 재건에 대한 부담, 1930년대의 경기 침체, 파시즘과 혁명적 사회주의라는 양극단으로 편향된 정치는 페미니즘에 대한 관심을 분산시켰다. 더욱이 "(양차 대전 사이의 기간 동안) 모든 국가에서 정치적으로 활발한 활동을 보였던 여성의 대다수는 페미니스트가 아니었고, 페미니스트였던 적도 없었다."[11] 제1차 세계대전 발발 이전에 양성평등 페미니스트들이 이루어 낸 성과는 전후 여성들에게 이들이 활동할 토대를 제공하였지만, 이와 같은 활동이 여성의 사회·정치적 지위 변화에 있어서 의미 있는 변화를 가져오는 방식으로 이루어지지는 않았다.

페미니즘을 물결에 비유한 것은 페미니즘이 파도와 마찬가지로 정점과

---

8) Bonnie S. Anderson and Judith P. Zinsser, *A History of their Own* (London: Penguin Books, 1990), p. 389.
9) Karen Beckwith, "Beyond Compare? Women's Movements in Comparative Perspective," p. 442.
10) Karen Offen, "Contexualising the Theory and Practice of Feminism in Nineteenth-Century Europe," p. 347.
11) Bonnie S. Anderson and Judith P. Zinsser, *A History of their Own*, p. 400.

골짜기, 그리고 다음 물결을 맞이하기 전까지 부서지고 쇠퇴하는 과정을 거쳤음을 의미한다. 따라서 "1920년대 후반부터 1960년대 말까지 여성운동의 정치적인 영향력은 크게 소진된 상태였다."12) 하지만 비유는 말 그대로 비유일 뿐이다. 이 시기의 사회 정치적 상황을 보면 여성의 참정권 운동처럼 극적인 캠페인이 존재하지는 않았지만, 평등권을 주창하는 페미니스트들은 투쟁을 통해 지속적인 진보를 이루어 냈다. 그러나 이러한 운동은 페미니즘이라는 이름 아래에서 진행된 것은 아니었다. 페미니즘이라는 용어는 갈등과 공격성을 내포하고 있다는 이유로 위에서 정의된 '페미니스트'라는 범주에 속하는 여성들 사이에서도 거부되었다.13) 1947년~1948년 사이 서독 의회의 사회당 여성 대표였고, 독일 헌법에 남성과 여성이 동등한 권리를 갖는다는 내용을 포함시키기 위해 성공적으로 힘을 결집했던 젤버트(Elisabeth Selbert)마저도 "나는 페미니스트였던 적이 없고, 앞으로도 페미니스트가 되지 않을 것이다"라고 말했다.14) 프랑스 여성들이 투표권과 정부 고위직 관련 연수 프로그램 접근법을 얻은 것은 1945년이었다. "1945년~1965년 사이에 프랑스에서는 여성의 법적 지위를 변화시키는 것에 특별히 초점을 맞춘 법안이 통과된 것은 없었지만, 여성의 '문제(issues)'와 여성의 권리에 대한 논의는 이전보다 더욱 활발하게 진행되었다."15) 비록 논의는 다소 적대적인 분위기에서 이루어 졌지만 말이다. 이와 같은 논의의 결과로 1956년에는 1960년대 진행된 가족계획 운동(Family Planning Movement)의 모태가 형성되었고, 1967년에는 1920년대에 제정된 피임 금지법이 개정되었다. 1965년 혼인법의 개정도 뒤따랐다. 1930년대 영국에서 일부 여성들은 고용에 있어서 결혼 장벽(marriage bar)을 종식시키기 위해서 캠페인을

---

12) Joni Lovenduski, *Women and European Politics* (Brighton: Harvester Wheatsheaf, 1986), p. 61.
13) Clair Duchen, *Women's Rights and Women's Lives in France, 1944~1968* (London: Routledge, 1994), p. 170.
14) Eva Kolinsky, *Women in West Germany* (London: Berg, 1989), p. 45.
15) Clair Duchen, *Women's Rights and Women's Lives in France, 1944~1968*, p. 164.

벌였다. 이를 위해서 1936년에는 낙태법개정협회(The Abortion Law Reform Association)가 설립되었다. 한편, 여성의원 래스본(Elenor Rathbone)은 여성에게 직접 지불되는 가족수당체제의 도입을 위한 캠페인을 전개하였는데, 이 제도는 결국 1946년 도입되었다. 공공 부문에서 평등 임금을 주장한 캠페인도 1950년대에 성공을 거뒀다. 두 차례의 세계대전을 거치면서 여성운동은 영국이나 독일의 경우에서처럼 '여성의 복지'나 '합리적인' 페미니즘 쪽으로 기울기는 하였지만, 엄밀한 의미에서 여성운동이 쇠퇴한 것은 아니었으며 여성운동의 물결이 흔히 논의되는 것과 같이 약화된 것도 아니었다.16)

제2물결 페미니즘

1960년대에는 양과 질에서 페미니즘의 두 번째 물결이라고 부를 만한 새로운 흐름이 부상하였다. 1960년대는 극명한 대조의 시대였다. 서유럽의 선진 산업민주주의 국가에서 전후 경제의 급성장은 실업과 빈곤이라는 전쟁 전의 망령을 몰아내는 듯했다. 주택 공급은 여전히 부족했지만 많은 가정의 물질적 여건은 꾸준하게 개선되었다. 또한 많은 나라에서 복지 정책은 질병과 노후에 대한 심각한 우려를 덜어주었다. 영국 총리 맥밀란(Macmillan)은 1957년에 있었던 보수당 전당 대회에서 "영국 국민들 대부분이 이렇게 좋은 시기를 보냈던 적이 없다"고 말할 정도였다. 이는 당시의 자신감과 만족감을 단적으로 보여주는 슬로건이었다.

그러나 이와 같은 발전과 함께 무언가 잘못되어 가고 있다는 인식도 존재했다. 특히 '어려운 시기에도 타협을 거부하며 자신의 이상을 꺾지 않은' 젊은이들은 '산발적인 저항(disorganised rebellion)'을 전개하였다.17) 미국의 시민권 운동은 인종 분리와 불평등에 대한 저항을 전개해 나갔다. 영

---

16) Joni Lovenduski, *Women and European Politics*, pp. 72–73, 101; Jane Freeman, *Feminism* (Milton Keynes: Open University Press, 2001), p. 4.
17) David Bouchier, *The Feminist Challenge* (London: Macmillan, 1983), p. 51.

국에서는 핵무기해제캠페인(Campaign for Nuclear Disarmament)이 영국의 핵무기 보유 반대를 주장하였고, 베트남전쟁 반대 집회와 시위는 미국뿐만 아니라 유럽 전역으로 퍼져나갔다. 이 시기 급진적 좌파들과 마르크스주의자들의 정치 단체가 급증하였는데 여성들은 이와 같은 활동에 광범위하게 참여하였다.

그러나 여성들은 급진적 반체제 운동에의 참여를 통해 심지어 이들 조직 내에서도 남성과 여성에 대한 역할과 기대가 다르다는 것을 발견하였다. 또한 이들 여성들은 자신들의 성해방 담론과 여성의 삶의 현실 사이에는 큰 간극이 있다는 것을 절감하였다. 이 시기의 여성들은 두 권의 책을 통해 크게 영향을 받았다. 하나는 프랑스 철학자 보부아르(Simone de Beauvoir)가 1949년 출판한 『제2의 성(Le Deuxième Sexe)』이다. 이 책은 여성이 된다는 것의 의미를 분석적이고 냉철한 어조로 통찰력 있게 고찰했다. 『제2의 성』은 1953년에 영어로 번역되었고(비록 좋은 번역은 아니었지만), 1961년에는 문고판 버전으로 소개되었다. 1963년에 미국에서 출판된 프리던(Betty Friedan)의 『여성의 신비(The Feminine Mystique)』는 여성들로 하여금 '마치 내가 존재하지 않는 것처럼' 느끼도록 하는 '명명할 수 없는 문제(problem that has no name)'를 분석하였다.[18]

미국의 경우, 여성 해방 단체들은 1967년부터 결성되었다. 1969년 11월에는 여성연대회의(Congress to Unite Women)가 뉴욕에서 10개의 요구 사항을 공표했다. 이들의 요구 사항에는 평등한 기회 보장과 매스 미디어의 여성 이미지 왜곡 중단, 낙태할 권리, 24시간 운영하는 무료 탁아소의 설치가 포함되어 있었다. 영국 국가 회의가 1970년 옥스퍼드에서 공표한 4가지 요구 사항도 이와 비슷하였는데 동등한 임금, 평등한 기회와 교육, 자유로운 피임권과 낙태권, 24시간 무료 탁아방의 설치 등이 바로 그것이었다.[19]

---

18) Betty Friedan, *The Feminine Mystique* (Harmondsworth: Penguin Books, 1965), p. 18.
19) David Bouchier, *The Feminist Challenge*, p. 94; Joni Lovenduski, *Women and*

선진 산업 민주주의 국가에서 다시 불붙은 페미니즘의 기원과 궤적은 국가마다 현저하게 차이가 있었다. 영국에서는 다양한 요인들이 페미니즘의 기원과 궤적에 영향을 미쳤다. 여기에는 미국이나 프랑스 68혁명과 같은 해외의 영향뿐만 아니라, 평화 캠페인, 베트남 반전 캠페인, 학생과 급진적 극우좌파(1966년 『뉴레프트 리뷰(*New Left Review*)』지는 미첼[Juliet Michell]의 '가장 긴 혁명[*The Longest Revolution*]'이라는 기사를 실었다), 여성주도의 투쟁적 노동운동(1968년 다겐햄의 포드 공장에서 동등한 임금을 주장하며 일어났던 파업 등), 1970년의 동등임금법(Equal Pay Act)을 이끌어냈던 로비 활동 등이 포함된다. 1968년 5월 프랑스에서는 새로운 페미니스트 단체의 첫 출현이 있었다. 당시 68혁명에 참여하였던 학생들은 선반적 사회질서에 대해 의문을 제기하였고, 학생들의 시위에 이어 노동계의 총파업이 뒤따랐다.20) 이탈리아에서도 마찬가지로, 학생 운동의 내부와 주변에서 새로운 페미니즘이 태동하였다. 여성들은 신생 여성단체를 통해 젠더화된 사회에서 여성으로 살아가는 자신들의 경험을 분석하고 공유할 수 있다. 이와 같은 의식제고(consciousness raising)라는 기술은 1970년대 새로운 페미니즘의 특징을 이루었다. 이와 같이 새로운 페미니즘의 기반 위에서 출판, 여성 센터와 공간, 정치 연대와 캠페인 연대가 발생하였다(글상자 7-1 참조).

러벤더스키(Joni Lovenduski)는 여성단체를 두 가지 유형으로 분류하는 것이 중요하다고 강조한다. 첫 번째 유형의 여성단체는 전통적인 유형의 여권 단체로서 오랜 역사를 가지고 있고, 다소 공식적이고 관료적이라는 특징이 있다. 두 번째 유형의 여성단체는 신생 여성단체로서, 첫 번째 유형보다 덜 공식적이고 덜 위계적이며, 좀 더 급진적인 페미니스트 '여성해방' 단체이나. 이들 단체들은 사지적이며, "영향력을 획득하는 것보나 내안을 창조해내는 데 관심을 두고 있다."21) 이러한 구별은 페미니즘과 관련한 두 가

European Politics, p. 75.
20) Joni Lovenduski, *Women and European Politics*, p. 86.

그린햄 커먼의 여성들 　　　　글상자 7-1

유럽에서 미국의 크루즈 미사일이 배치된 장소 중 하나는 잉글랜드 남부의 버크셔(Berkshire)의 그린햄 커먼(Greenham Common)에 있는 미국 공군 기지였다. 미국의 크루즈 미사일은 1983년 이곳에 도착하였다. 이 미사일은 1987년 중거리핵전력협정(Intermediate Nuclear Forces Treaty)의 결과로 1989년에서 1991년 사이에 철수되게 된다. 1981년 9월, 여성 36명과 남성 4명, 그리고 아동 몇 명이 웨일스 남부에서 공군 기지까지 항의 시위를 벌였다. 그리고 일부 여성들은 울타리 경계선 옆에 영구적 야영 캠프촌을 설치하였다. 이 캠프는 여성평화캠프(Women's Peace Camp)로 알려졌다.[22] 여성들은 비폭력 저항 전략을 사용하였다. 그들은 미사일이 들어오고 나가는 움직임을 막기 위해 울타리를 꽃, 수예물, 어린이들의 옷 등으로 장식하였다. "체포될 각오가 되어 있었던 여성들은 장갑차의 정면 진흙길에 드러누웠다. 경찰이 드러누운 여성을 끌어내면 다른 여성이 그 자리를 차지하였다."[23] 여성들은 울타리를 잘라서 열고 기지 안으로 들어갔다. "파커(Parker)여사는 당시 기지에 불법침입 할 경우 벌금이 25파운드였다고 말했다. 그래서 누군가 생일을 맞으면 나머지 여성들이 그녀에게 기지에 침입할 수 있도록 25파운드를 선물로 주었다. '한 여성은 활주로에서 롤러스케이트를 타는 생일 퍼포먼스를 벌였고, 다른 여성은 활주로에 플라스틱으로 만든 노란 오리를 풀어놓기도 하였다.'"[24] 1982년 12월, 그들은 '기지 에워싸기'를 계획하게 된다. 이 이벤트에서 3만 명의 여성들이 손을 맞잡고 9마일의 울타리 경계를 에워쌌다. 그리고 이듬해인 1983년 겨울에는 5만 명의 여성이 동일한 시위에 참여하였다. 울타리의 일부가 훼손되고, 수백 명이 체포되었다. 참가자들은 그때를 '슬픔과 승리의 의식'으로 회고하였다(참여자 Catherine Taylor).[25]

→

---

21) Joni Lovenduski, *Women and European Politics*, p. 63.
22) David Fairhall, *Public and Private: The Dichotomies of Citizenship* (London: I.B. Tauris, 2006).
23) *The Guardian*, 9 September 2006.
24) BBC 1999.
25) *The Guardian*, 23 September 2006.

> "그때의 분위기는 행복하면서도 절망이 뒤섞인 것이었다. 우리는 우리가 바꿀 수 있는 것이 아무 것도 없더라도, 어쨌든 그것을 해야 한다고 느꼈다." 다른 시위 참여자는 진흙과 추위뿐만 아니라 '위대한 연대감을 느낀 즐거운 행사'로 기억하였다('기지 에워싸기' 참여자 인용 보도).26)
>
> 많은 여성들이 하루나 이틀 왔다 간 반면, 일부 여성들은 춥고, 습기 차고, 원시적인 상황 아래에서 장기 체류를 불사하였다. 남성들은 캠프와 대부분의 시위에서 배제되었다. 참가자들은 그 캠프를 페미니스트들의 승리라고 회고한다. "우리는 여성들만의 환경을 만드는 데에도 성공하였다. 거기에서 여성들은 남성들이 바라는 조건으로 말하거나 행동할 필요가 없다는 것을 배울 수 있었다"(BBC 평화캠프 참여자 인용보도).
>
> 우파 언론을 포함한 언론의 보도는 거의 한결같이 적대적이었다. 보도 내용은 혼란스러웠고 서로 모순되기조차 하였다. 언론에서 여성들은 "(1) 냄새 나고, 벼룩을 옮기고, 더럽다고 경멸당했다, (2) 평화 빠순이, 마귀할멈, 이상한 레즈비언이라고 모욕당했다, (3) 그들의 약함 때문에 비웃음을 샀다, (4) 진흙 속에 있는 감상적인 불쌍한 인간들이라고 동정 받았다, (5) 야만성, 성도착, 폭력의 이미지가 덧칠되어 두려움과 혐오의 대상으로 그려졌다."27) 이러한 보도는 의심할 여지없이 페미니즘을 부자연스럽고 불쾌한 이미지로 왜곡하는 데 기여하였다.
>
> 기지는 1992년에 영국 공군에게 반납되었고 이후에 공군 기지로 사용되는 것이 중단되었다. 여성평화캠프는 2000년에 막을 내렸지만, 평화 시위는 오늘날 알더마슨(Aldermaston)의 핵무기 연구소에서 지속되고 있다.

지 전략을 반영한다. 첫 번째 전략은 성평등을 위한 투쟁을 강조하는 해방 전략이고, 두 번째 전략은 사회가 성차를 인식하고 이를 위한 공간을 제공할 필요를 강조하는 해방 전략이다.

---

26) *The Guardian*, 9 September 2006; Barbara Hartford and Sarah Hopkins, *Greenham Common: Women at the Wire* (London: Women's Press, 1984).
27) U. H. Meinhof, "Subversion and its Media Representation," in Sian Reynolds (ed.), *Women, State, and Revolution* (Brighton: Harvester Wheatsheaf, 1986), p. 157.

1970년대의 다른 논평가들은 페미니즘을 세 가지 조류로 분류한다. 첫 번째 조류는 자유주의 페미니즘이다. 자유주의 페미니즘은 크게 보면 전통적인 부르주아 중심의 평등권 페미니즘과 일치한다. 두 번째 조류는 사회주의 페미니즘이다. 사회주의 페미니즘은 본질적으로 자본과 성(性)이라는 두 가지 억압에 대한 마르크스주의적 분석 틀에 기초한다. 세 번째 조류는 급진적 페미니즘이다. 급진적 페미니즘은 자유 민주주의의 젠더화된 구조에 도전할 뿐만 아니라 계급에 기초한 분석틀의 우위에 대해서도 도전한다(계급에 기초한 분석틀에 대해 도전했다고 해서 이들이 반 사회주의자라는 것을 의미하지는 않는다). 급진적 페미니즘은 가부장제라는 개념을 페미니스트 담론에 포함시켰고, 이 개념은 기타 다른 유형의 페미니즘에 의해서도 의제로 받아들여졌다. 일부 급진적 페미니스트들은 가족제도 자체나 이성 간 결혼을 거부하는 것을 가부장제에 대항하는 유일한 수단으로 보았다(하지만 이것이 반드시 모성의 거부를 의미하는 것은 아니다). 그들은 가부장제는 가족이라는 구조에 내재하는 것으로 보았기 때문이다. 하지만 이와 같은 유형별 분류가 항상 유용한 것은 아니다. 서로 다른 접근법이 하나의 유형으로 통합될 수도 있고 유사한 현상들이 서로 다른 범주들로 분류될 수도 있기 때문일 것이다.[28]

지난 30년간 여성운동이라는 틀 안에서 이루어진 중요한 진보는 초기 제2물결 페미니스트들이 일명 선진국의 교육받은 중산층 백인 여성의 시선으로 세상을 바라보았다는 사실에 대한 인식이다. 사실상 현실을 보면 대부분의 여성들은 선진국의 교육받은 중산층 백인 여성이 아니기 때문이다. 인종, 민족, 계급, 성적인 선호, 정치적인 상황(침묵이 반드시 동의를 의미하는 것은 아니었다 할지라도, 1989년까지 국가사회주의(state socialism) 체제하의 여성들은 서양 여성들과 같은 방식으로 반응할 수는 없었다) 등 모든 요소는 "세상이 여성을 포함한 모든 사람들이 살기 좋은 곳이 되려면

---

28) Jane Freeman, *Feminism*, p. 6.

우리가 무엇을 해야 하는가?"라는 질문에 대한 여성들의 다양한 반응에 영향을 끼친다.29) 페미니즘에 관련한 논쟁과 이론화 과정에서 '상호교차성(intersectionality)'이라고 불리는 문제, 즉 여성과 여성을 구분하는 다양한 요인들에 대한 문제는 점점 더 중요한 주제가 되고 있다.

오늘날의 여성운동

1970년대 들어와서 여성운동은 '여성해방운동(women's lib)'이라는 다소 경멸적 뉘앙스로 불려지기도 했지만, 서구의 많은 국가에서 상대적으로 공감을 얻었고 심지어 단결된 모습을 보이기도 했다. 변화를 설명함에 있어서 사회운동 조직이 끼친 영향과 다른 요인들이 끼친 영향을 분리하는 일은 상당히 어렵다. 하지만 우리는 적어도 스페인을 포함한 일부 국가에서 여성단체들이 정책 입안의 내용과 분위기를 바꾸는 데 영향을 미쳤다는 주장을 할 수 있다.30) '1970년대에는 여성운동과 관련해서 일부 덜 혁명적인 요구사항에 대한 여론의 공감이 증가하였다.'31) 서유럽 전역에서 여성권리의 증진과 관련된 정치적 성공사례와 정책적 성공사례가 있었다. 예를 들어 스위스에서는 1971년 여성에게 투표권이 부여되었고, 일부 서구 국가에서는 피임, 낙태, 이혼, 고용조건과 관련된 규제의 개혁이 있었다.

여성운동은(여성운동은 종종 여성 일반의 운동과 전체적으로 융합하게 된다) 사회운동으로 정의할 수 있을 것이다. 어떤 분석은 여성운동을 '잠재적 유권자들이 자신의 주장을 표현할 수 있을 만큼 충분한 정통성을 소유하

---

29) Joni Lovenduski, *Women and European Politics*, p. 63; Barbara Nelson and Najma Chowdhury (eds), *Women and Politics Worldwide* (New Heaven, CT: Yale University Press, 1994), p. 46.
30) Celia Valienter, "The Feminist Movement and The Reconfigured State in Spain (1970s~2000)," in Lee Ann Banaszak, Karen Beckwin and Dieter Rucht (ed.), *Women's Movements Facing the Reconfigured State* (Cambridge: Cambridge University Press, 2003), p. 23.
31) Lee Ann Banaszak, Karen Beckwin and Dieter Rucht (ed.), *Women's Movements Facing the Reconfigured State*, p. 20.

고 있지만, 정작 엄청난 수선을 떨지 않고서는 많은 것을 얻을 수 없을 만큼 소외되어 있을 때 발생하는 것'으로 보고 있다.32) 다른 분석은 여성운동의 특징을 다음과 같이 정의한다.33)

- 특정한 연대를 보유함
- 특정한 적(敵)과의 투쟁
- 행동을 위해 사회적 규범을 붕괴시키기

이와 같은 분석은 이탈리아와 프랑스에서 여성운동이 발전한 방식에 특별한 관심을 기울이는 한편, 문제의 적(敵)은 가부장제 자체이거나 심지어 남성 전체일 수 있다고 제안한다. 이와 같은 입장은 지적, 언어적, 문화적 측면에서 여성의 특수성과 차이를 강조한 프랑스와 이탈리아의 여성주의 철학과 일맥상통하는 것이다. 가부장제를 저항의 대상으로 삼은 페미니스트들은 남성에 대해 반기를 들게 되었고, 남성들은 가부장제를 통해 누려온 지배(dominance)를 포기하지 않으려는 존재로 간주되었다.

이와 같은 분석은 1970년대의 여성운동을 설명하는 유용한 틀을 제공하는 한편, 1970년대 후반 여성운동의 소멸, 혹은 급격한 쇠퇴를 설명할 수도 있다. "대중적 호응의 증대와 다른 정치 단체들과 연계를 통해 많은 국가에서 여성운동은 규모가 커졌고, 다양해졌고, 다층적으로 되었다. … 이것은 일부 경우에는 여성운동이 지나치게 파편화되어서 전략적으로 행동할 수 있는 능력이 상실되는 결과를 가져왔다."34) 여성운동에 분열을 가져온 요소

---

32) David Meyer, "Restating the Women Question: Women's Movements and State Restructuring," in Lee Ann Banaszak, Karen Beckwin and Dieter Rucht (ed.), *Women's Movements Facing the Reconfigured State* (Cambridge: Cambridge University Press, 2003), p. 277; K. Nash, "A Movement Moves… is there a Women's Movement in England Today?" *European Journal of Women's Studies*, Vol. 9, No. 3, 2002, p. 316.
33) Alberto Melluci, *Challenging Codes: Collective Action in the Information Age* (Cambridge: Cambridge University Press, 1996); K. Nash, "A Movement Moves… is there a Women's Movement in England Today?" p. 320.

는 다양하다. 여성들 간의 차이에 대한 강조, 여성 문제에 동조적인 남성이나 기관(정당)들과의 연계의 증대 등이 여성운동의 파편화를 가져온 것으로 분석된다. 이와 같은 상황에서 여성운동은 일종의 압력단체가 된다.[35] 하지만 다른 시각을 제시하는 사람들도 있다. 이들은 위에서 언급된 자유주의, 사회주의, 그리고 급진적 경향의 여성운동 안에 서로 다른 '이합집산'이 존재한다는 점을 인정하지만, 여성운동의 파편화가 아닌 분권화 내지는 문화적 다양성을 주장한다. 이와 같은 분권화와 문화적 다양성을 통해 여성운동은 환경의 변화에 대한 대응에 있어서 탄력성, 적응성, 구조적 유연성을 갖추게 되었다고 이들은 주장한다.[36]

21세기 초반, 현대 여성운동의 본질과 여성운동의 정치적 역할에 대한 논의는 진지하게 이루어지고 있다. 우리는 논의를 통해 다음과 같은 결론을 끌어 낼 수 있을 것이다. 첫째, 페미니스트들의 실질적인 성과가 과소평가되거나 당연한 것으로 여겨져서는 안 된다. 페미니스트들이 요구한 정책의 이행정도는 다양하다. 또한 대부분의 페미니스트들은 어떤 나라에서도 자신들이 할 수 있거나, 혹은 해야 하는 모든 것들을 성취했다고 주장하지는 않을 것이다. 하지만 페미니즘의 '제2물결' 이후에 이루어진 진보는 의심할 바 없이 중요하고도 실질적이었다. 시민권과 취업권(제2장과 제9장 참조)은 여성운동의 오랜 주제였고 이 부문에서도 일부 진보가 있었다. 이 책의 연구대상이 되고 있는 모든 나라에서 페미니스트들이 우선순위를 두었던 일부 영역에서 현저한 진보가 이루어 졌다. 이들 우선순위 사항에는 성(性)과 출산을 통제할 권리(낙태와 피임에 대한 접근을 포함), 고용평등정책(제9

---

34) Lee Ann Banaszak, Karen Beckwin and Dieter Rucht (ed.), *Women's Movements Facing the Reconfigured State*, p. 20.
35) Alberto Melluci, *Challenging Codes: Collective Action in the Information Age* (Cambridge: Cambridge University Press, 1996), ch.7, Nash 2002: 321에서 인용.
36) Carol M. Mueller and John D. McCarthy, "Cultural Continuity and Structural Change: the Logic of Adaptation by Radical, Liberal and Socialist Feminists to State Reconfiguration," in Lee Ann Banaszak, Karen Beckwin and Dieter Rucht (ed.), *Women's Movements Facing the Reconfigured State* (Cambridge: Cambridge University Press, 2003), pp. 220, 240-241.

장 참조), 이혼 자유화 조항, 가정폭력 방지와 가정폭력 피해자를 위한 지원 등이 포함되어 있었다.37) 여성 대표의 증가라는 주제는 제4장과 제5장에서 다룬 바 있다.

여성의 지위가 후퇴하거나 위축된 사례들도 존재한다. 이와 같은 사례는 특히 중부 유럽이나 동유럽 국가들이 체제전환과 민주화를 거치는 과정에서 도표 2-1에 제시된 3가지 영역 사이에 바람직한 관계를 형성하는 데 있어서 어려움을 겪고 있기 때문이다. 이러한 구(舊) 공산주의 국가의 여성들은 서유럽에서 페미니즘에 반대한 사람들이 제시한 것과 동일한 이유로 '페미니즘'을 거부하였다. 그리고 출산(낙태)과 취업권(보육에 대한 접근권)과 같은 부문에서 보수적인 국수주의와 종교적 가치가 다시금 맹위를 떨침에 따라 사회적으로는 '특유의 퇴행적인' 분위기가 형성되었다.38) 하지만 이와 같은 분위기는 사실 '현대적(modern)' 이미지를 갈망하는 이들 국가의 염원과는 상치되는 것이었다. 오늘날 '현대' 국가라고 하면 자동적으로 수반하는 여러 개념들, 즉 여성의 지위 증진, UN의 여성차별철폐협약(Convention on the Elimination of All Forms of Discrimination against Women)의 채택, 그리고 EU가입을 희망하는 국가의 경우 EU가입의 선결 조건인 EU의 여성 지위와 권리에 대한 입장 수용 등은 모두 페미니스트들이 이루어낸 성과이다(제9장 참고).39) UN과 EU의 입장도 페미니스트들의 캠페인의 산물이었다.

둘째, 동유럽의 경우와 마찬가지로 서구에서도 여성의 지위향상은 역전되거나 역행할 수 있다. 아마도 "여성들은 정책 문제에 대한 권한이 거의

---

37) Lee Ann Banaszak, "When Power Relocates: Interactive Changes in Women's Movements and States," in Lee Ann Banaszak, Karen Beckwin and Dieter Rucht (ed.), *Women's Movements Facing the Reconfigured State* (Cambridge: Cambridge University Press, 2003), p. 141.
38) Maxine Molyneux, "Women's Rights and the International Context in the Post-Communist States," in Monica Threlfall (ed.), *Mapping the Women's Movement* (London: Verso, 1996), p. 248.
39) Maxine Molyneux, "Women's Rights and the International Context in the Post-Communist States," p. 254.

없는 기관에 접근하는데 있어서 가장 큰 성공을 거두었다."40) 더욱이 미국의 경우에서처럼 중산층 여성만이 가장 많은 수혜를 받은 반면 빈곤층 여성들의 여건은 개선되지 않는 상황도 발생하였다.41) 많은 국가에서 신자유주의의 영향으로 국가가 맡았던 복지와 경제 불평등 해소에 대한 책임이 시장 또는 비선출 조직(non-elected bodies)으로 이양되는 결과가 빚어졌다. 이렇듯 국가가 짐을 내려놓음으로써 보살핌에 대한 부담은 여성에게 전가되었고 결과적으로 여성의 경제적·사회적 지위와 기회는 제한될 수밖에 없었다.42) 세계화의 물결 속에서 국가관계가 재편되고 정치 환경이 글로벌화됨에 따라, 여성단체는 여성의 당연한 권리가 위축되거나 축소되지 않도록 지속적인 경계 태세를 유지해야만 했다.

셋째, 여성해방과 관련이 있는 정치 프로젝트는 존재하더라도, '여성해방'이라는 관념은 정치 담론에서 거의 완전히 사라졌다. 또 '페미니스트'라는 꼬리표는 일반적인 사용에 있어서(위에서 제시된 페미니스트라는 단어의 특정한 의미와 대조해서) 모순적인 의미가 되었다.43) 페미니스트라는 용어는 중부 유럽과 동부 유럽뿐만 아니라 프랑스를 포함한 일부 국가에서도 거부되었다. 이들 국가는 페미니스트라는 용어가 이질적이고 '미국적(American)'이며 양성 사이의 자연스럽고 조화로운 관계에 반하는 용어라는 근거로 이를 거부하였다.44) 한편 '포스트 페미니즘'에 대한 논의도 제안

---

40) David Meyer, "Restating the Women Question: Women's Movements and State Restructuring," p. 294.
41) Mary Finsod Katzenstein, "The Reconfigured US State and Women's Citizenship," in Lee Ann Banaszak, Karen Beckwin and Dieter Rucht (ed.), *Women's Movements Facing the Reconfigured State* (Cambridge: Cambridge University Press, 2003), p. 216.
42) Lee Ann Banaszak, "When Power Relocates: Interactive Changes in Women's Movement and States," pp. 1, 6; Sylvia B. Bashevkin, *Women on the Defensive: Living through Conservative Times* (Toronto: University of Toronto Press, 1998); Barbara Einhorn, *Citizenship in an Enlarging Europe* (Basingstoke: Palgrave Macmillan, 2006), p. 154.
43) Shelly Budgeon, "Emergent Feminist Identities: Young Women and the Practice of Micropolitics," *European Journal of Women's Studies*, Vol. 8, No. 1, 2001, p. 23.

되었다. 포스트 페미니즘은 한편으로는 평등이 이루어졌다고 주장하면서도 동시에 이와 같은 평등은 사실 독이든 술잔이라는 입장을 보인다. 왜냐하면 '모든 것을 다 가지는 것'이 가능하다는 신기루를 만들어 내지만 결국 그것이 신기루임이 밝혀질 때는 좌절만을 안겨주기 때문이다.[45] 포스트 페미니즘은 과거 방식의 페미니즘은 현재로서는 더 이상 유효하지 않으며, 페미니즘에는 여성들이 더 이상 찬성할 수 없는 문화적 기대와 행동 양식이 내재되어 있다고 주장한다.

'제2물결 페미니즘(Second-wave feminism)'은 그 어느 때보다 혼란스러운 새로운 세기의 소용돌이와 흐름에 흡수되었다. 한편 제2물결 페미니즘은 점차 정치제도와 정책 분야뿐만 아니라 젊은 여성을 위주로 많은 여성들의 일상적인 생활 속으로 "주류화 되기도 하였다(mainstreamed)." 여성들은 사회를 일변시킬 변화가 발생하지는 않았다는 점을 인식하지만, 이와 같은 변화가 이루어져야 한다는 점에 대해서는 의문을 가지지 않는다. 비록 대부분의 경우 이와 같은 변화가 집단적인 행동이 아니라 개인적인 행동을 통해 이루어지리라 기대하지만 말이다. 버전(Shelly Budgeon)이 20세기 말에 진행한 인터뷰에서, 16~17세 사이의 소녀들은 여자란 모름지기 이러이러 해야 한다는 사회의 기대에 귀를 기울일 것이 아니라 자신이 원하는 대로 행동해야 하고 또 그렇게 행동할 것이라고 응답하였다.[46] 인종, 민족, 성별, 나이, 직업, 계급에 따라 여성단체는 분권화되었다. 이와 같은 분산 현상은 연대의 개념을 약화시켰다. 또다른 분산은 주류 단체(혹은 개인)와 비주류 단체(비주류 계층 사람들은 빈곤, 국가내 법적 지위(예컨대, 미국에서는 불법 체류자나 난민들), 급진적/혁명적 이데올로기 등의 이유로 인해서

---

44) Judith Ezekiel, "Open Forum le Women's Lib: Made in france," European Journal of Women's Studies, Vol. 9, No. 3, 2002, pp. 345-361.
45) Shelly Budgeon, "Emergent Feminist Identities: Young Women and the Practice of Micropolitics," p. 13.
46) Shelly Budgeon, "Emergent Feminist Identities: Young Women and the Practice of Micropolitics," p. 16.

자신들의 지위를 방어하거나 향상시킬 수단과 재원이 없는 사람들이다) 사이에서 발생한다. 하지만 이와 동시에 여성들이 여성으로서 자신들의 개인적, 직업적, 정치적 이해관계를 추구하기 위해 연대하는 상황 또한 많이 존재한다. 여성운동이 더 이상 운동으로서 존재하지 않는다는 주장은 크게 보아 개념 정의의 문제이다. 즉, 이는 운동의 개념을 어떻게 정의하느냐에 따라 달라진다. 하지만 이러한 주장으로 인해 여성이 개인 차원에서나 집단 차원에서 다양한 방식을 통해 국가, 정치, 지역, 그리고 사회 전체의 구조와 성격을 결정하고 형성하며 영향을 미친다는 인식이 약화되지는 않을 것이다.

시민 사회에서의 제도화된 행동: 여성과 노동조합

여성운동은 대의 정치라는 공식적인 구조 외부에 있는, 제도화된 단체에서의 참여를 통해 많이 발생한다. 이들 단체에는 노동조합, 직능 단체, 노동자 조직 등이 포함된다. 노조가 존재하는 가장 중요한 이유는 노조가 개별 노조원들을 대신하여 단체교섭을 담당한다는 점이다. 영국의 경우에서처럼 노조가 정당과 연계되어 있는 사례도 있지만, 노조는 대부분 구성원들의 실제적인 이해관계를 추구하는 것을 주된 임무로 삼고 있다. 다른 선진 산업국가에서 노조나 고용주 단체를 통한 직능 대표제(functional representation)는 지역구에 근거한 대표제와 마찬가지로 정책 결정에 관련한 특정 부분에서 중요한 역할을 담당하기도 한다. "스칸디나비아 국가 시스템에서는 유권자보다는 강력한 (이익)단체나 제도들이 중앙의 게이트키퍼 역할을 수행하였는데 이들 단체들이 특별히 '여성 친화적'이었던 것은 아니었다."[47]

---

47) Helga M. Hernes, "Women and the Welfare State: the Transition from Private to Public Dependence," in Anne Showstack Sassoon (ed.), *Women and the State* (London: Routledge, 1992), p. 76.

프랑스에서도 노조와 고용주 단체는 공동으로 연대하여 복지 규정의 많은 영역을 담당하고 있다.

노조는 어느 정도는 산별적이다. 예를 들어 노조는 사업장을 단위로 형성되지만, 최근 경향을 보면 산별적 노조는 감소하고 있고 전후 독일의 경우에서 볼 수 있는 바와 같이 업계 전반에 걸친 노조가 조직되고 있다. 신디칼리스트(노동조합주의자)들의 전통, 즉 노동자들이 상황의 개선을 위해서는 정치권력을 장악하는 것이 필요하다는 신념이 강하게 뿌리내리고 있는 국가의 경우 노조는 특정한 산업적인 목표 외에도 이념적·정치적 강령을 가지고 있다. 예를 들어 프랑스와 이탈리아의 노동운동은 이데올로기 노선을 따라 서로 경쟁하는 노동조합이 난맥상을 이루고 있다. 이와 같은 경우 노조 활동과 정치 활동의 경계는 확실히 애매해 질 수 밖에 없다.[48]

여성 노조 활동의 범위

노동조합의 긴 역사와 강력한 제도화는 노동조합을 매우 구조화된 조직으로 만들었다. 노조의 조직화 경향은 사실 정부가 위험하고 갈등적인 조직이라고 판단하는 조직에 대해서 규제를 강화하는 경향에 의해 가속화되었다. 예를 들어 정부는 지도부 투표에 있어서 비밀 투표를 강제함으로써 규제를 행사하였다. 그 결과, 노조는 관료적이고, 공식적이고, 계급적이며 경직된 구조를 갖게 되었다. 또한 많은 경우에 남성적 정서가 강하게 자리 잡고 있었다. 19세기에 노조가 조직되었을 때, 노조의 대부분은 여성을 배제하고, 여성 노동자들에게 적대감을 가지고 있었다. 그 이유는 여성들의 낮은 임금이 남성들의 임금도 낮춘다는 생각이 지배적이었기 때문이다. 20세기 초반 "(영국의) 노동운동은 여성노동자에 대한 태도에 따라 둘로 나뉘어져 있었고 노조 자체가 내부적으로 분열되기도 하였다."[49] 양차 대전 사이 프랑스의 경

---

[48] Gill Allwood and Khursheed Wadia, *Women and Politics in France* (London: Routledge, 2000), p. 84.

우 "노조가 기울였던 주된 노력은 (여성들이) (고용의) 틀 안으로 진입하는 것을 막는 것에 맞추어져 있었다. 반면에 여성들이 위협으로 작용하지 않는 곳에서 여성에 대한 태도는 관용적이었지만, 여전히 여성을 노조 안으로 편입시키려는 노력은 시도되지 않았다."[50]

노동조합이 여성을 받아들인 곳에서조차 성별 고용 분리는 강력하게 유지되었다. '여성이 일부 경우 창립 멤버로 참여하였던' 영국 직물노동조합에서도 여성들이 조직위나 집행위로 진입하는 사례는 거의 없었다.[51] 여성에 대한 남성의 반대, 특히 평등 임금에 대한 반대는 일부 경우에는 영국여교사노조(United Kingdom the National Union of Women Teachers)와 같은 독자적인 노동조합의 설립을 가져왔다. 결국 노동조합은 더디게, 그리고 마지못해서 평등 임금을 지지하는 방향으로 선회하였다(제9장 참조). 우호적이지 않은 환경에도 불구하고 직장에서 여성의 비율이 증가함에 따라, 여성 노조원의 비율도 증가하게 되었다. 하지만 여성 노조원의 증가율은 여전히 여성 근로자가 차지하는 비율을 충분히 반영하는 수준은 아니었다(도표 7-1 참고). 우리는 노동조합 가입 비율이 전통적으로 낮은 영역에 여성이 집중되었다는 점에서 부분적인 이유를 찾을 수 있을 것이다.[52]

그러나 일반적으로 20세기~21세기 초에 이르는 기간 동안 노조 가입률은 뚜렷한 감소 추세를 보이게 된다. 예를 들어, 비세(Jelle Visser)의 연구에 따르면, 1970년~2003년 사이 EU 선진 산업국가 24개국 중 19개국에서 노동조합의 밀집도는 11퍼센트 이상 감소하였다.[53] 이 시기의 또 다른 특

---

49) Sarah Boston (ed.), *Women Workers and the Trade Unions* (London: lawrence and Wishart, 1987), p. 88.
50) Siân Reynolds, *France between the Wars: Gender and Politics* (London: Routledge, 1996), p. 119.
51) Sarah Boston (ed.), *Women Workers and the Trade Unions*, p. 74.
52) Ada Garcia and Isabella Dumont, *Women in Trade Unions: Making the Difference* (European Trade Union Confederation, 2003). http://www.etuc.org/a/234.
53) Jelle Visser, "Union Membership Statistics in 24 Countries," *Monthly Labour Review*, 2006 January, pp. 44-45.

도표 7-1 성별 노조 가입 비율

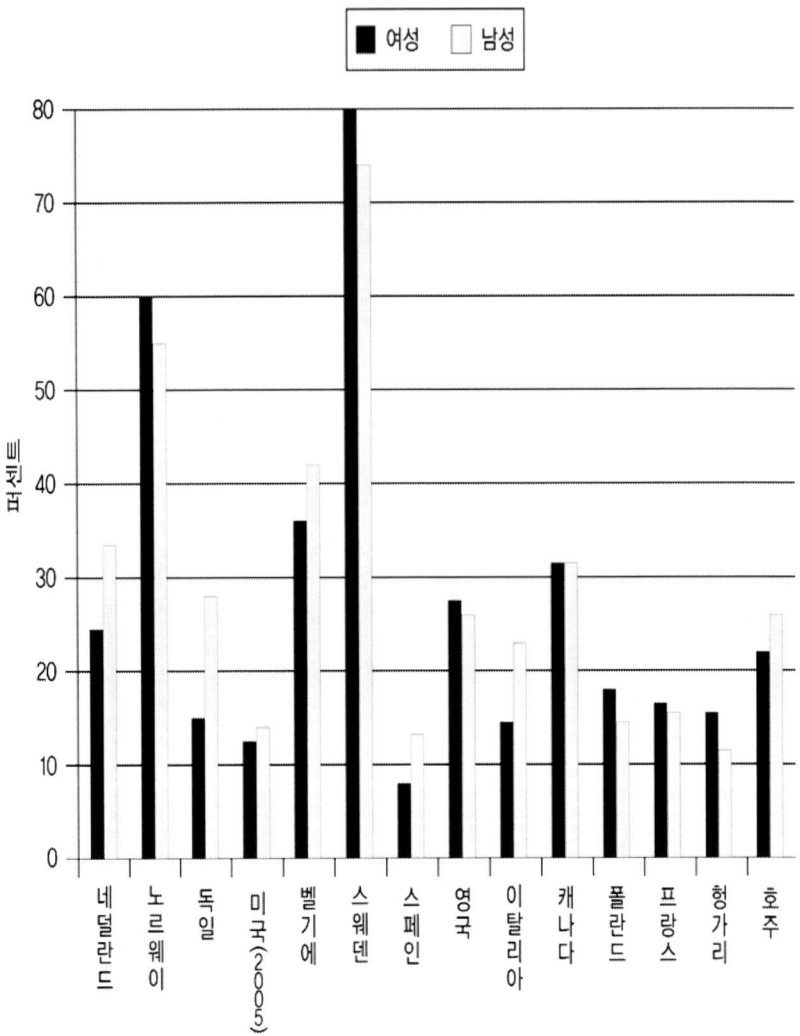

출처: 미국 데이터 US Department of Labor, *Bureau of Labor Statistics* 2006; 캐나다 데이터 Statistics Canada, *Fact Sheet on Unionization*, 2003; EU 데이터 Claus Schnabel and Joachim Wagner, *Determinants of Union Membership in 18 EU Countries: Evidence form Micro Data, 2002/03*, 2005, p. 19; 호주와 노르웨이 데이터 Jelle Visser, "Union Membership Statistics in 24 Countries," *Monthly Labour Review*, January 2006, p. 46.

징은 여성 노조원의 비율이 증가한 것이다.

'노동조합이 페미니즘적인 공감대를 가지고 있는 것은 아니었지만', 남성 중심적인 노동조합의 여성에 대한 적대감은 최근 수 십 년간 현저하게 변화하였다.54) 이것은 유급고용의 양태에 있어서 중요한 변화가 발생하였기 때문이다. 선진 산업국가에서, 노동계층 남성의 주요 취업원이며 노조의 주된 관심 영역인 기업의 고용이 줄어든 반면, 여성직원이 상당수를 차지하는 부문에서 고용이 증가하게 되었다. 결과적으로 노조의 관심도 여성관련 사안으로 이동하게 되었다. 미국의 사례를 보자.

> 여성들은 적어도 지난 20년 동안 신규 노조 가입자의 대다수를 차지하였다. … 여성들, 특히 유색인종의 여성들은 남성들보다 노조 가입에 대해 더욱 적극적인 성향을 보였다. 신규 노조 가입 여성 노동자들의 대다수가 간호조무사, 재택간호사, 호텔 청소부, 음식 서비스 노동자, 교육 지원 스태프, 잡역부, 보육원 노동자와 같은 저임금 서비스 직종에 집중되어 있었다. 한편 공공 부분이나 민간 부문의 전문직, 기술직, 사무직 여성 근로자 중에서도 상당수가 노조에 신규 가입하였다.55)

여성의 노조 참여수준에 대한 이론은 '참여(participation)'에 대한 개념 정의가 어렵기 때문에 더욱 복잡해진다. 회비를 내고 회원 자격을 유지하는 것이 참여의 증거인가? 대부분의 논평가들은 참여는 이보다는 좀더 적극적인 행동, 예를 들어 노조 회의의 참석과 같은 것을 전제로 한다고 제안한다. 로렌스(Elizabeth Lawrence)가 언급한 것처럼, 노조 참여에 관한 연구는 여성의 경우에는 왜 그들이 참여하지 않는가에 집중하는 반면, 남성

---

54) *Le Monde Diplomatique*, June 2000; Ada Garcia and Isabella Dumont, *Women in Trade Unions: Making the Difference* (European Trade Union Confederations, 2003). http://www.etuc.org/a/234.
55) Kate Bronfenbrenner (2005) *Union Organizing among Professional Women Workers*, DPE Conference on Organizing Professionals in the 21st Century, Crystal City, Virginia. http://digitalcommons.ilr.cornell.edu/cgi/viewcontent.cgi?article=1024&context=cbpubs.

의 경우에는 왜 그들이 많이 참여하는가에 집중하는 경향이 있다.56) 노조 불참여에 대해서는 전통적으로 다음의 이유들이 거론된다.

- 업무관련 요인 — 보통 노동계급 구조에서 하위지위를 차지하고 있는 여성들은 그들 스스로의 능력에 대해 자신감이 부족할 수 있다. 여성들은 유급노동에 대한 참여를 자신들의 삶에 있어서나 자기 정체성을 정의하는데 있어서 핵심적인 부분으로 생각하지 않을 수 있다. 직업을 자기 정체성의 핵심적 요소로 파악할 경우 노조의 참여가 높아진다고 주장된다.
- 노조관련 요인 — '노조문화(trade union culture)'는 사용하는 언어, 절차, 회의 스타일, 그리고 무엇보다도 정규 근무 시간이 아닌 시간에 열리는 회의의 장소와 시간 등에 있어서 특히 '남성적인' 성격을 띤다. 노조의 주요의제나 주장들은 일반적으로 많은 여성들의 고용 경험에 있어서 핵심적인 사안들과 관련된 것은 아니다.
- 사회-문화-개인적 요인 — 유급 노동에 사용되지 않는 시간에 대한 사회적·문화적 기대가 여성에게는 남성과는 다른 방식으로 작동한다.

이와 같은 요인들을 통해 여성들의 노조 가입이 남성에 미치지 못하는 원인을 파악할 수 있을 것이다. 한편 로렌스(Elizabeth Lawrence)는 여성 노조원의 비율 증가로 인해 노조 자체의 변화를 주장하는 목소리가 커지게 되었고, 노조 참여에 대한 여성들의 생각에 있어서도 변화를 주장하는 목소리가 힘을 얻게 되었다고 주장한다. 여성들이 경제적 자립을 중요하게 받아들이게 됨에 따라, 여성들은 노동 환경에 관련된 캠페인에 있어서 더욱 적극적인 자세를 보이게 되었다. 직종별 분리가 심한 분야에서 일하는 여성들의 경우, 일단 노조가 조직되면 활발하게 참여할 가능성이 높다.57) 결국 1970년대 이후 여성운동과 페미니즘적 사고의 확산으로 인해, 노조는 여성

---

56) Elizabeth Lawrence, *Gender and Trade Unions: Gender and Society* (London: Taylor and Francis, 1994), p. 13.
57) Elizabeth Lawrence, *Gender and Trade Unions: Gender and Society*, p. 13.

의 참여에 관심을 기울이게 되었고 일부 여성들은 노조내에서 적극적인 활동을 전개하게 되었다.58)

그럼에도 불구하고 여성들은 여전히 노동조합의 의사 결정 구조에서 상당히 소외되어 있는 것이 현실이다.59) 하지만 몇몇 예외도 존재한다. 예를 들어, 노따(Nicole Notat)는 1992년~2002년까지 10년 동안 프랑스의 양대 노조 중 하나인 민주노동동맹(CFDT: The Confédération Française Démocratique Du Travail)의 위원장직을 수행하였고, 딘(Brenda Dean)은 1985년~1993년까지 영국 인쇄업계의 노동자들로 구성된 인쇄 및 동업협회(SOGAT)에서 사무총장직을 맡았다. 또 버로우(Sharan Burrow)는 2000년부터 호주 노동조합회의(Australian Council of Trade Unions)의 의장을 맡고 있는 한편, 2004년부터 국제자유노동조합연맹(International Confederation of Free Trade)의 의장직도 겸직하고 있다. 노조에서 여성 리더가 많지 않은 이유는 다른 영역에서 고위직 여성이 없는 이유와 유사하다(제6장 참조).

노조에서 여성의 영향

여성노조원의 증가가 가져온 영향을 보여주는 증거들은 복잡하다. 제9장에서 논의하겠지만, 노동운동은 평등 임금을 쟁취하기 위한 투쟁에서 역할을 수행하였다. 여성운동은 여성부서나 여성위원회의 창설이라는 결과를 가져왔다. 유럽노동조합회의(European Trade Union Congress)와 제휴 관계를 맺고 있는 유럽 전역의 노동조합 연맹을 대상으로 실시한 조사에 따르면, 2002년 기준 모든 유럽 국가들은 여성부나 여성위원회를 중앙조직 차원에서 설치하고 있었으며 둘 다를 설치한 국가들도 있었다. 이들 국가

---

58) Elizabeth Lawrence, *Gender and Trade Unions: Gender and Society*, pp. 17, 21.
59) Ada Garcia and Isabella Dumont, *Women in Trade Unions: Making the Difference*, p. 22.

중 절반이하에서는 여성회의가 개최되었다.60)

노조는 스스로의 우선순위를 파악할 필요가 있다. 탄력근무시간제나 휴가조건의 개선 등은 특정 부류의 근로자들 위주의 혜택을 가져오는 것처럼 보일 지도 모른다. 하지만 1950년대 은행 근로자들이 토요일 오전 근무를 없애기 위해 벌인 캠페인을 통해 살펴본 바와 같이, 결국 남성과 여성 모두 혜택을 받게 된다. 차이가 있었던 점은 과연 토요일 오후를 어떤 용도로 사용하느냐 하는 문제였다. 노조의 우선순위 결정에 있어서 두 가지 입장이 있다. 먼저 노조는 노동자계급의 이해 관계를 대변한다는 입장이지만, 여기에서 "남성의 이해관계는 '계급전체의 이해관계'로 받아들이는 반면, 여성의 이해관계는 '부분적인 이해관계'로 치부하는 경향이 있어왔다. (결과적으로) 여성의 이해관계를 증진하는 것은 분열을 조장하는 것처럼 보이게 된다."61) '여성 사안들'은 유급노동과 무관한 것으로 치부되거나, 기껏해야 지엽적인 것으로 분류되게 된다.62) 물론 여기에는 여성 노조원들의 저항도 뒤따랐다. 예를 들어 1970년대 이탈리아의 여성 노조간부들은 탄력근무시간제와 같은 구체적인 여성 이슈를 노조의 정책 강령에 도입하고자 하였다.63) 이와 동시에 노조의 평등 담론은 모든 사람에 대한 동일 대우라는 개념을 주장한다. "이해관계의 다양성에 대한 인정은 노조의 가장 기본적인 특성을 약화시킬 수 있다."64) 로렌스도 이와 같은 의견을 표명한 바 있다. 로렌스는 노조 간부(노조 조직책)들을 대상으로 한 인터뷰를 통해서, 단체협상 우선순위에 있어서 남성노조원과 여성노조원 사이에 차이점보다는

---

60) Ada Garcia and Isabella Dumont, *Women in Trade Unions: Making the Difference*, p. 47.
61) Gill Allwood and Khursheed Wadia, *Women and Politics in France*, p. 85; Anne Munro, *Women, Work and Trade Unions* (New York: Mansell, 1999), pp. 197-198.
62) Paola Bono and Sandra Kemp, *Italian Feminist Thought: A Reader* (Oxford: Blackwell, 1991), p. 274; Ada Garcia and Isabella Dumont, *Women in Trade Unions: Making the Difference*, p. 23.
63) Porta Della, Donatella, Hanspeter Kriesi and Dieter Rucht, *Social Movements in a Globalizing World* (New York: St Matin's Press, 1999), p. 53.
64) Anne Munro, *Women, Work and Trade Unions*, pp. 197-198.

유사점이 더 많다는 것을 발견하였다. 성별을 떠나 노조원들은 저임금 근로자를 위한 임금 개선(비록 이것이 남성보다 여성에게 더 많은 영향을 미친다고 할지라도)과 근로 조건을 단체 협상의 최우선 과제로 꼽았다.

그럼에도 불구하고 여성노조원의 증가로 인해, 서유럽과 영어권의 선진산업국가의 노조는 자신들의 접근법을 재고하지 않을 수 없었다. 한편 여성들은 노사분쟁이나 노조의 행동에 참여할 의지가 있음을 적극적으로 알렸다. 영국에서는 이미 19세기에 소위 '성냥팔이 소녀들'(성냥 제조 근로자)이 임금과 노동조건의 개선을 목적으로 주도한 1888년 파업은 노동조합주의의 발전에 즉각적이고도 장기적인 영향을 미쳤다.[65] 근로자들의 작업장 점유의 형태로 일어난 1936년 프랑스 대규모 파업은 여성근로자의 비율이 높았던, 노동조합이 가장 약했던 산업 부문에서 발생하였다. 여성들은 파업에 실질적으로 그리고 적극적으로 참여하였고, 노동 운동내에서 "많은 여성들이 갑자기 가시적 존재가 되었다."[66] 제2차 세계대전 후, 프랑스의 '쌩 나자르 지역 금속 노동자들이 주도한 1967년 대규모 파업은 특정한 요구 사항을 내세운 사무직 여성 근로자들에 의해 합류되었다.'[67] 또한 총파업이 수반되었던 1968년 5월 혁명에서 여성들은 동맹 파업 참여자와 시위자들 중에서 상당한 비율을 차지하였다.[68] 한편 영국 여성들이 전개한 노조 활동에 있어서 두드러진 특징은 다양한 인종의 여성들이 적극적으로 참여하였다는 점이다. 예를 들어 아시안계 여성들은 영국에서 지난 30년간 가장 주목을 끌었던 두 가지 노사 분쟁에 ― 즉 1976년과 1977년 그룬윅 사진 처리 공장의 파업과 2005년 기내식 공급업체인 게이트 구메(Gate Gourmet)사의 파업 ― 적극적으로 참여하였다.

---

65) Sarah Boston, *Women Workers and the Trade Unions*, pp. 48-51.
66) Siân Reynolds, "Marianne's Citizens? Women, the Republic and Universal Suffrage in France," in Siân Reynolds (ed.), *Women, State and Revolution* (Brighton: Harvester Wheatsheaf, 1986), p. 124.
67) Gill Allwood and Khursheed Wadia, *Women and Politics in France*, p. 87.
68) Gill Allwood and Khursheed Wadia, *Women and Politics in France*, p. 87.

1970년대 페미니즘이 확산되면서, 과거에는 전적으로 사적인 영역으로 치부되었던 문제에 대한 노조의 관심이 증가하게 되었다. 프랑스, 이탈리아, 영국, 미국과 같은 국가에서 노조 활동을 하는 여성들은 노조를 상대로 낙태권, 의료보장 제도와 같은 사안에 대해 캠페인을 전개할 것을 요구하였다. 1974년 미국에서 설립된 여성노동조합연맹(The Coalition of Labor Union Women)은 이와 같은 캠페인에 더 많은 여성 노조원을 참여시키는 것을 핵심 목표로 삼았고, 오늘날에도 피임권과 같은 사안에 대해 지속적으로 캠페인을 벌이고 있다.69)

하지만 1980년대와 1990년대는 세계 어디에서나 노조의 입장에서는 시련의 시기였다. 영국의 대처(Margaret Thatcher)정부는 노조 활동을 제한하는 많은 법안을 통과시켰다. 또 1984년 대처 정부는 폐광 조치에 반발해 파업을 벌인 광부들과 심각한 대립의 국면에 접어들게 되었다. 이 파업은 전통적인 남성 주도적 노사분규로 시작되었지만, 광산 지역의 많은 여성들이 파업을 지원하기 위해 꾸준하게 단결하였다. 여성들은 영국 전역의 지지자들과 연대하는 한편 기금 마련이나 식량 공급·요리·분배 등을 조직적으로 진행하면서, 여성들은 "파업을 변모시켰을 뿐만 아니라 … 자신의 삶과 정치를 변화시켜 나갔다. 여성들은 대처 정부의 가치에 대항해서 종속적이지 않은 여성으로서, 자신들의 독자적이고 영향력 있는 역할을 수립하였다." 이 경험은 분명히 관련 여성들에게 중대한 영향을 미친 것은 사실이지만, 그렇다고 이것이 새로운 시대를 예고하는 것은 아니었다. 산업 재건과 세계화라는 장기적인 트렌드는 모든 노동자들의 취약성을 드러냈다. EU는 사회적 파트너(social partner)라는 담론과 타협이라는 담론을 장려하였다. 올우드와 와디아(Gill Allwood and Khursheed Wadia)는 상황의 변화로 인해 프랑스의 대표적 노동조합 연맹 중 하나인 CFDT가 여성 위원장을 두고 있었음에도 불구하고, "전통적 지지자들과 여성들의 이해관계에 역행하여 고용

---

69) Coalition of Labor Union Women, *History Timeline*. http://www.cluw.org/about-histotytimeline.html.

주와 정부를 지지하였다"고 주장한다.[70] 마찬가지로, 이탈리아의 한 관찰자는 1980년대를 연대의식의 쇠퇴기로 정의하면서 결과적으로 페미니스트들이 노조라는 구조 외부에서도 활동하게 되었다고 언급한다.[71]

그럼에도 불구하고 여성부서와 여성 위원회는 존재한다. 또한 노조는 일반적으로 평등 임금, 평등 대우, 평등 기회와 같은 사안에 있어서 더욱 적극적인 관심을 기울여 왔고 이와 같은 사안의 추진에 있어서 성공을 거두어 왔다. 호주노조연맹(Australian Confederation of Trade Unions)은 법정에서 시험적 사례를 통해 평등 임금, 육아 휴직, 간병 휴직과 같은 사안에 있어서 진전을 이루어 냈다. 육아 휴직에 관한 유럽노동조합회의(The European Trade Union Congress)와 고용주 사이의 1996년 기본 합의는 EU의 육아 휴직 지시(parental leave directive)의 기초를 형성하였다. 성희롱 예방(EU는 성희롱 예방을 직장에서의 인격 존엄에 대한 보호로 규정한다) 또한 미국과 영국의 개별 노동조합과 노동조합 연맹이 활발한 활동을 전개하고 있는 사안들이다. 노조는 최근 수 십 년 사이에 여성 정치 활동의 중요한 무대이자, 여성들이 점점 더 활발하게 활동하는 무대가 되었다. 하지만 공식적인 정치 무대와 마찬가지로, 고위직에서의 여성의 비율은 지나치게 낮다.

비제도적 행위

노동조합은 국가 구조에 깊숙이 편입된 반면, 사적인 삶(private life)의 공적인 영역(public sphere)은 한층 더 다양한 결사체들로 구성되어 있다. 사람들은 일정한 유형의 행동에 공동으로 참여하기 위해 자발적으로 모인다. 종교 단체는 예배를 하고(물론 예배 외에 다양한 활동도 수행한다), 스포츠

---

70) Gill Allwood and Khursheed Wadia, *Women and Politics in France*, p. 104.
71) Paola Bono and Sandra Kemp, *Italian Feminist Thought: A Reader*, p. 278.

단체들은 스포츠를 하고, 성가대는 노래를 한다. 물론 그 외에도 다양한 활동들이 존재한다. "여성들은 정치적 의사의 표현에 있어서 전통적인 방식보다는 이와 같은 대안적 채널을 통해 더욱 적극적인 활동을 전개하고 있다."[72]

사람들 간의 친교와 결사체에 대한 정치학자들의 관심은 '사회자본(social capital)'의 효과에 관한 논의와 함께 성장하였다. 사회 자본은 '공식·비공식적인 사회적 활동 양상'에 의해 구축되는 '신뢰와 상호의존의 관계'로 구성된다.[73] 사회자본이 풍부한 곳에서는 결과적으로 민주주의와 경제의 발전은 물론 우수한 거버넌스가 이루어진다.[74] 공식적인 활동뿐만 아니라 비공식적인 활동에 대한 관심은 여성의 정치적 참여를 새로운 시각에서 조망하는 계기가 되었다. 하지만 로운데스(Vivien Lowndes)가 지적한 바와 같이, 사회자본 분석가들은 성 역학(gender dynamics)에 대해서는 무심하였고, 이러한 관심의 부족은 "성 중립성보다는 남성 편향성을 불러일으키는 경향이 있었다. 사회자본 논의에 관련한 개념들을 운용하는데 있어서, 남성 중심적인 활동에 불균형하게 초점이 맞추어졌다."[75]

영국과 미국의 자료는 잉글하트와 노리스(R. Inglehart and Pippa Norris)의 연구결과를 뒷받침하고 있다. 이들에 따르면, 전 세계적으로 여성은 남성보다 스포츠나 레크리에이션 단체에 가입하는 경우는 적지만, 교육, 미술, 음악, 문화 활동과 관련이 있는 단체나 종교 단체, 건강이나 사회 복지와 관련있는 단체(예를 들면 노인을 위한 복지 단체)에 가입할 가능성은 더 높다. 이것이 의미하는 바는 전체적으로 보면 여성의 사회자본이 남성보다 적지 않다는 점이다. 하지만 "여성과 남성은 서로 다른 사회자본을 소유하

---

72) R. Inglehart and Pippa Norris, *Rising Tide: Gender Equality and Cultural Change around the World* (Cambridge: Cambridge University Press, 2003), p. 111.
73) V. Lowndes, "Getting On or Getting By? Women, Social Capital and Political Participation," *British Journal of Politics and International Relations*, Vol. 6, No. 1, 2004, p. 45.
74) Robert D. Putnam, *Democracies in Flux: The Evolution of Social Capital in Contemporary Society* (Oxford: Oxford University Press, 2002).
75) V. Lowndes, "Getting On or Getting By? Women, Social Capital and Political Participation," p. 47.

는 경향이 있다. 여성들의 사회자본은 비공식적인 사교활동이 주를 이루는 지역사회 한정적 네트워크(neighbourhood- specific networks)에 내재하는 경향이 강하다."[76] 특별한 이슈가 떠올랐을 때, 이웃사람과 주민들, 교문을 지키는 어머니들, 가족과 친구들로 이루어진 지역의 협력적 네트워크는 마치 조직의 구성원들처럼 일치된 정치행동을 유발할 수 있다(아래 참조). 여성들이 공동체 발전을 위해 투쟁하고, 정책 변화를 위해 로비 활동을 벌인 사례는 p.242에서 언급한 영국 광산 지역의 여성들과 다이옥신 오염에 맞서 싸운 미국 나이아가라 폭포 지역 여성들의 사례를 꼽을 수 있다.[77]

따라서 여성단체의 전략적이고 집중된 활동의 외연에서 발생하는 여성의 비제도화된 정치 참여는 다양한 집단에서 발생한다. 이와 같은 조직들은 두 가지 유형으로 나눌 수 있다. 첫 번째 유형의 단체는 여성이 참여하고 있고, 어떤 경우에는 대다수의 회원이 여성이지만, 회원들 중 누구도 자신의 단체를 '여성단체(women's groups)'로 생각하지 않으며 자신들의 활동도 '여성 이슈(women's issues)'와 관련 되어 있다고 생각하지 않는다. 벡위드(Beckwith)는 이와 관련하여 '운동 안에서의 여성(women in movement)'이라는 용어를 사용하고 있는데, 이들 단체의 행동은 특별히 젠더 문제와 관련되어 있지 않으며, 단체 내에 남성들이 존재하고 일반적으로 지도부에서 남성이 차지하는 비중이 여성보다 높다.[78] 전 세계적으로 여성이 계급에 기반한 운동이나 혁명적 운동에 참여한 증거들은 상당히 많이 존재한다. 여성들은 민족주의 운동이나 저항 운동에도 참여하였으며, 이들은 감시와 폭력적 억압의 주요 대상이 되는 남성보다 더 많은 행동의 자유를 가졌다.[79]

---

76) V. Lowndes, "Getting On or Getting By? Women, Social Capital and Political Participation," p. 54.
77) Temma Kaplan, *Crazy for Democracy: Women in Grassroots Movements* (New York: Routledge, 1997).
78) Karen Beckwith, "Beyond Compare? Women's Movements in Comparative Perspective," *European Journal of Political Research*, Vol. 37, No. 4, 2000, p. 437.
79) Barbara Klugman, "Women in Politics under Apartheid: A Challenge to the New South Africa," Barbara J. Nelson and Najma Chowdhury (ed.) *Women and*

예를 들어 1940년~1945년 프랑스 레지스탕스 운동, 폴란드 자유노조(Solidarity Trade Union, 폴란드 자유노조는 1981년에서 1983년까지 노조 활동이 금지 되었었다)의 여성들, 남아프리카의 흑백분리 정책하의 여성들(여기에는 블랙 새시[Black Sash, 반(反) 인종분리 여성단체]에 동참한 백인 중산계급 여성과 아프리카민족회의[African National Congress]와 산하 무장단체인 움콘토 웨 시즈웨[Umkhonto we Sizewe, 민족의 창이라는 뜻]에서 활동했던 흑인 여성들)의 여성들이 포함된다.80) 이밖에도 많은 다른 사례들이 존재한다. 여성들은 소규모의 풀뿌리 행동에도 참여하였다. 종교 단체, 거주자들의 지역 공동체 모임, 자연 또는 문화유산 보존 단체, 육성회와 같은 단체들이 그 예이다. 페미니즘과 페미니즘의 정치적 역할에 대해서는 많은 연구가 진행된 반면, 페미니즘 단체가 아닌 단체에서 수행한 여성들의 역할에 대한 연구는 심각한 정도로 미진하다. 일화적인 사례를 찾는 것은 어렵지 않다. 필자가 사는 곳의 거주자 협회는 환경 보존과 지역 발전, 나무 보호, 교통 관리(속도 제한이나 주차 문제)와 같은 지역의 정치적 현안에 관심을 두고 있는데, 협회의 현회장과 협회의 대다수는 여성이다. 분명한 점은 여성에 의한 정치 참여가 활발하게 그리고 역동적으로 이곳에서 일어나고 있으며 여성들은 지역의 정책 입안에 영향을 끼치고 있다는 점이다. 그러나 선진 민주주의 국가 전역에서 이와 같은 현상의 전체적인 규모는 불분명하다. 반면 잉글하트와 노리스는 공동체의 조직들이 남성 지배적인 경향이 있다고 주장한다.81)

Politics Worldwide (New Haven: Yale University Press, 1994), p. 657.
80) Paula Schwartz, "Partisanes and Gender Politics in Vichy France," *French Historical Studies*, Vol. 16, 1989, No. 1; Margaret Collins Weitz, *Sisters in the Resistance: How Women Fought to Free France, 1940~1945* (New York: J. Wiley, 1995); Shana Penn, *Solidarity's Secret* (Ann Arbor, MI: University of Michigan Press, 2005); Barbara Klugman, "Women in Politics under Apartheid: A Challenge to the New South Africa," Barbara J. Nelson and Najma Chowdhury (ed.) *Women and Politics Worldwide* (New Haven: Yale University Press, 1994), p. 657.
81) R. Inglehart and Pippa Norris, *Rising Tide: Gender Equality and Cultural Change around the World*, p. 112.

여성의 참여가 두드러진 또 다른 영역으로는 1970년대의 환경과 생태운동 영역이다. 1970년대에 프랑스와 독일의 여성들은 환경운동에서 주도적이고 두드러진 역할을 담당하였다. 예를 들어 1980년대 여성들은 브르타뉴 지역의 플로고프 마을에 핵 원자로를 개발하는 것에 대한 항의운동을 주도하였고, 녹색당 발전의 핵심적 역할을 수행하였다(글상자 7-2 참조).82) 프랑스의 사례와 관련한 올우드와 와디아(Gill Allwood and Khursheed Wadia)의 결론은 다른 나라의 경우에도 적용된다. 다만 우리는 어떤 이유로 인해서 여성들이 다른 단체보다는 이와 같은 단체에서, 주류 정당보다는 이들 단체에서 더 적극적으로 활동했는지 알지 못할 뿐이다.83)

환경 문제 뿐만 아니라 다른 사안에 있어서도, 대중적이고 실질적이며 소규모적인 캠페인이야 말로 가장 크고, 보편적이며, 효율적인 여성의 정치참여 형태일지도 모른다. 이와 같은 참여가 남성의 참여와는 어떻게 비교될 수 있을지 언급하는 것은 불가능하다. 참여의 수준을 측정하기가 어렵다는 점이 한 이유가 될 수 있다. 단체의 구성원에 대한 증거는 일부 존재하겠지만, 성별 비교를 가능하게 할 참여의 수준, 활동 정도, 영향력의 범위에 대한 증거는 존재하지 않는다.

두 번째 유형의 단체는 '여성적'이지만, 페미니스트 단체는 아닌 단체이다. 이와 같은 (여성적인) 여성단체는 친교, 개인적인 발전, 자선 활동을 망라하는 모든 단체들을 포함한다. 예를 들어 국제직업여성회(Soroptimist International), 영국과 캐나다의 여성회(Women's Institute), 호주의 농촌여성연합(Country Women's Association of Australia) 등이 그 예이다. 몇몇 단체들은 종교적 성격을 지닌다. 세계가톨릭여성연합(World Union of Catholic Women's Organizations), 아프리카 지역에서 특히 영향력 있는 성공회어머니연합(Anglican Mother's Union), 국제유대여성협회(International Council of Jewish Women)와 같은 단체를 예로 들 수 있다. 최근에는 모

---

82) Gill Allwood and Khursheed Wadia, *Women and Politics in France*, p. 163.
83) Gill Allwood and Khursheed Wadia, *Women and Politics in France*, pp. 163, 167.

> ### 여성과 환경운동 : 두 명의 여성인물에 대한 초상 – 켈리와 부아네
> 글상자 7-2
>
> **페트라 켈리 (Petra Kelly)** : 켈리는 1947년에 태어나서 1992년 사망하였다. 독일과 미국에서 수학한 켈리는 1960년 어머니와 계부를 따라 미국으로 이주했으며, 미국 이주 뒤에도 독일 시민권을 보유하였다. 워싱턴에 있는 아메리칸 대학(American University)에서 국제관계로 문학사를 받았고, 암스테르담 대학(Amsterdam University)에서 1971년에 석사 학위를 받았다. 그 후 1983년까지 유럽공동체의 사회경제위원회(European Community Economic and Social Committee)의 행정 사무관으로 일했다. 1970년대 초반부터 그녀는 독일의 시민단체(Bürgerinitiativen)에서 환경보호 활동에 참여하였다. 켈리는 핵 발전 원자로의 확산에 반대했고, 평화 운동을 주장하였다. 이와 같은 활동을 통해 그녀는 전통적인 정치에 좀 더 광범위하게 참여하게 되었다. 1979년 유럽의회 선거에서 그녀의 이름은 독일 녹색당의 선거명부에서 맨 앞에 있었다. 1980년에는 독일 녹색당(German Green Party)의 창당 멤버가 되었다. 1983년에는 총선을 통해 독일 하원(Bundestag)에 진출하였고, 1990년까지 의원직을 유지했다. 그녀는 녹색당의 훌륭한 대변인이었으며, 행동주의자이자 사상가였고, 환경보호와 평화와 군비 축소를 위해 싸운 저술가였다. 그녀는 1992년에 살해되었다.
>
> →

든 나라에 특정한 자격을 가진 여성들을 위한 단체들이 많이 있다. 여성 대학 졸업생을 위한 단체나 언론, 과학, 공학, 경찰과 같은 특정한 직업적 관심을 반영한 직능 단체들이 존재한다.84) 이들 단체들은 정기적 또는 비정기적으로 정치적 행동과 캠페인에 참여하였다. 실제로 오랜 역사와 전통을 자랑하는 영국 여성회(WI: Women's Institute)는 홈페이지에 다음과 같이 밝히고 있다. "WI는 성숙하고 책임 있는 단체로서 정부와 전문적 수준의 대화를 수행해온 오랜 전통을 자랑하고 있다. WI를 통한 협력을 통해, 여성들은 급변하는 첨단 기술의 시대에 지속적으로 변화를 이루어 낼 수 있다."85)

---

84) Mary Fainsod Katzenstein, "The Reconfigured US State and Women's Citizenship," pp. 211-212.

➜

도미니끄 부아네 (Dominique Voynet) : 1958년에 태어난 부아네는 마취과 전문의 출신이다. 학창 시절부터 그녀는 생태운동과 반핵운동, 평화운동 부문에서 활발하게 활동했다. 1984년에 프랑스 녹색당(French Green Party/ les Verts)의 창당 멤버 중 한 명이 되었고, 1989년~1991년까지는 유럽의회에서 프랑스 녹색당을 대표하였다. 1991년 이후 프랑스 녹색당의 대변인으로 일했고, 1993년에는 녹색당이 좌파 정당과의 선거 동맹을 받아들이기로 하는 결정에 있어서 중요한 역할을 수행하였다. 1995년에는 녹색당의 대선 후보로 출마해 첫 번째 선거에서 3.32%의 지지율을 획득했다. 1997년 총선에서는 녹색당과 사회당(Socialist Party) 사이의 선거 동맹에 근거하여, 사회당은 유라(Jura)의 지역구에서는 후보를 내지 않았고 결과적으로 부아네는 의회에 진출하게 되었다. 1997년부터 사회당 정부에서 지역개발부(aménagement du territorie)와 환경부의 장관을 지냈고, 2001년에 사임했다. 2004년에는 프랑스 의회의 상원(the Senate) 의원으로 선출되었고, 2007년 프랑스 대선에서는 녹색당의 공식 대선 후보로, 1.57%의 득표율을 보였다.

이들 단체들은 중부 유럽과 동유럽에서도 발전하기 시작하였다. 예를 들어 2000년 체코와 리투아니아에서는 59개의 여성단체가, 같은 시기에 루마니아에는 73개의 여성단체가 활동하고 있었다.[86] 1990년대에는 여성 클럽, 학회, 스터디 센터, 자립 단체들이 출현하였다. 이들 단체 중 일부는 여성의 전통적인 가사 노동을 지원하는 등 매우 보수적인 입장을 보이고 있었다.[87] 다른 나라와 마찬가지로 루마니아에도 여성 직능단체가 조직되었

---

[85] http://www.womens-isntitute.org.uk/archive/indexpresent.shtml.
[86] Amanda Sloat, "The Rebirth of Civil Society: the Growth of Women's NGOs in Central and Eastern Europe," *European Journal of Women's Studies*, Vol. 12, No. 4, p. 439; Christina Chiva, "The Nation and Its Pasts: Gender, History and Democratization in Romania," in Vera Tolz and Stephanie Booth (ed.), *Nation and Gender in Contemporary Europe* (Manchester: Manchester University Press, 2005), p. 90.
[87] Christina Chiva, "The Nation and Its Pasts: Gender, History and Democratization in Romania," p. 91.

다. 중부 유럽과 동유럽국가에서 여성단체는 비정부기구로 발전함으로써 공산주의의 붕괴로 야기된 복지의 공백을 메우는 역할을 수행하였다. "종종 재취업에 어려움을 겪고 있던 여성들의 무보수 노동은 보육이나 노인 돌보기와 같은 사회적 지원을 제공한다. 이와 같은 노동은 여전히 눈에 띄지 않을 뿐만 아니라, 정부의 공식 기구에 의해 인정을 받지도 못하는 노동으로 남아있다. 여성 NGO 단체들이나 풀뿌리 운동단체는 정부가 공공 서비스 공급에서 철수한 결과 생긴 공백을 메우고 있다."[88] 그러나 이들 단체는 구체제의 유산이라고 할 수 있는, 페미니즘과 해방 정치에 대한 뿌리 깊은 불신의 환경 속에서 어려움을 겪고 있다. 또한 그동안 재정지원을 받았던 서유럽으로부터의 지원마저도 취소되고 있다.

> 재정자원의 감소는 여성 NGO 사이에 경쟁을 야기하고 있으며 결과적으로 NGO의 노력은 종종 분열되고 해체되기도 한다. 협력도 제한적으로 이루어지고 있다. 특정 주제(낙태 등)에 대한 관심의 공유나 상부 단체의 노력도 미진한 부분이 있다. 공동의 목표를 달성하기 위해 여성들이 서로 도와야 한다는 생각이 폭넓게 공유되지 못하고 있을 뿐만 아니라 … 정부와 행정기관에 있는 많은 여성들이 젠더를 정치적인 이슈로 인식하기 않고 있기 때문에 이와 같은 생각은 더욱 위축되고 있다.[89]

중부 유럽과 동유럽의 여성단체들은 주로 중산계급의 교육받은 여성들로 한정되어 있어서, 정치 기관이나 대다수의 여성과의 관계를 형성하지 못하고 있다.[90] 서유럽과 동유럽 사이의 이러한 차이에도 불구하고, 이들 단체들이 국가에서 시민 사회의 부흥을 이끌어 내는데 공헌한 점은 인정해야만 할 것이다.

---

88) Barbara Einhorn, "Citizenship, Civil Society and Gender Mainstreaming: Contested Priorities in an Enlarging Europe," In conference on *Gendering Democracy in an Enlarged Europe*, Prague 20 June 2005 conference.
89) Amanda Sloat, "The Rebirth of Civil Society: the Growth of Women's NGOs in Central and Eastern Europe," p. 448.
90) Christina Chiva, "The Nation and Its Pasts: Gender, History and Democratization in Romania," p. 91.

중부 유럽과 동유럽의 사례를 통해 우리는 벡위드가 언급한 다음의 주문을 유념하는 것이 중요하다는 것을 깨닫게 된다. 벡위드는 "여성의 행동주의를 (무조건) 여성운동의 일환으로 정의하고자 하는 충동과 여성의 행동주의라면 (거의 무조건) 페미니즘과 관련있다고 단정하는 섣부름"에 대해 저항할 것을 권고하고 있다.[91] 이것은 개별 여성들 사이의 실질적인 차이를 호도하는 동시에, 여성들이 자신의 이해관계와 목표로 정의한 것들 사이에 발생할 수 있는 차이와 갈등을 호도할 수 있기 때문이다. 예를 들어 1980년대 경제 위기의 시기에 아르헨티나의 중산층 여성들은 젠더라는 틀 위에서 소비자 단체를 통해 자신의 경제적 지위를 보호하고자 하였는데, 이와 같은 움직임은 다른 계층의 여성들에게는 불리하게 작용할 수 있었다.[92] 미국의 경우, 미국을 걱정하는 여성들(Concerned Women of America)이나 독립여성포럼(Independant Women's Forum)과 같은 단체는 정책과정에서는 보수진영 여성의 목소리를 대변하지만, 낙태권과 차별철폐조치(affirmative action)에 반대함으로써 페미니스트 단체와는 뚜렷한 차별화를 선언하고 있다.[93] 추구하는 목표가 페미니스트 단체가 추진하는 목표와는 전혀 일치하지 않는 전통적인 여성단체들도 사회내에서 여성의 복리와 여성의 지위향상에 관심을 둔 운동의 일부분으로 인정되어야 할 것이다. 일부 학자들은 이들을 배제한 상황에서 여성운동의 정의를 시도한다. 예를 들어 1990년대에 플로렌스에서 26개의 여성단체를 조사했던 연구에서, 발렌자(Valenza)는 26개 여성단체

---

[91] Karen Beckwith, "Beyond Compare? Women's Movements in Comparative Perspective," p. 435.
[92] Karen Beckwith, "Beyond Compare? Women's Movements in Comparative Perspective," p. 436; Maria Del Carmen Feijó, "From Family Ties to Political Action, Women's Experiences in Argentina," in Barbara J. Nelson and Najma Chowdhury (ed.), *Women and Politics Worldwide* (New Haven, CT: Yale University Press), p. 66.
[93] Ronnee Schreiber, "Injecting a Women's Voice: Conservative Women's Organisations, Gender Consciousness and the Expression of Women's Policy Preferences," in Karen O'Connor, Sarah Brewer and Michael Philip Fisher (ed.) *Gendering American Politics: Perspectives Form the Literature* (New York: Pearson Longman, 2006), pp.141-150.

중 13개 단체만을 여성운동의 부류로 분류했다. 그녀가 사용한 기준에는 자기 인식, 단체 설립회원의 이전 경력, 조직의 역사와 다른 조직과의 네트워크 등이 포함되었다.94) 하지만 이와 같은 분류는 '여성(women's)'과 '페미니스트(feminist)'를 함께 뭉뚱그린 협의의 개념화로부터 야기된 것으로 보인다. 결과적으로 여성이 소위 여성적인 단체와 전통적 여성단체에서 수행한 실질적 정치 역할을 간과하거나 과소평가하는 위험이 있다.

제4장의 논의를 통해 밝혀진 것처럼, 여성이 자신의 사회자본을 공식적인 정치참여로 전환하는 경우가 남성보다 적다는 점은 아쉬움으로 남는다. 로운데스는 이에 대해 두 가지 이유를 제시했다. 첫째, 여성들은 그들의 사회자본을 단순히 '생활하는데' 사용한다. 즉 일상의 여러 가지 일들을 용이하게 관리하는데 사용한다. 둘째, 공적인 정치 활동에 성공적으로 참가하기 위해서는 개인적인 지원 메커니즘이 뒷받침되어야 하는데, 이와 같은 개인적 지원은 여성들이 자신의 모든 자원을 사용하면서 남성에게 제공해 주는 반면 여성들은 정작 "남성들이 아내의 역할을 수행하도록 하는 방법을 터득하지 못했다."95) 로운데즈는 다음과 같이 말하고 있다. "내 경험을 통해 보면, 남성 (학교) 운영위원은 아내가 가지고 있는 비공식적인 '엄마들 사이의' 정보를 효율적으로 이용하면서 회의를 진행하거나 의사결정을 한다. 남성들이 회의를 하는 동안 이들 여성들은 집에서 아이를 보거나 혹은 자신들의 친분을 이용해 아이 보는 일을 해결해 줌으로써 남성 위원에게 실질적인 지원을 제공한다!"96)

---

94) Della Porta, Donatella, Hanspeter Kriesi and Dieter Rucht, *Social Movements in a Globalizing World* (New York: St Martin's Press, 1999), p. 49.
95) Terri Apter, *Why Women Don't have Wives: Professional Success and Motherhood* (Basingstoke: Macmillan, 1985), p. 10.
96) V. Lowndes, "Getting On or Getting By? Women, Social Capital and Political Participation," p. 59.

여성은 정치를 변화시키는가?
정치 이론과 실제

1997년 12월 10일, 영국 하원 의원들은 정부 제출안에 대한 투표를 실시하였다. 정부 제출안은 유급 고용 상태에 있지 않은 편부모에게 지불되는 보조금 삭감을 내용으로 하고 있었다. 법안이 통과되면 풀타임 육아를 선택한 편부모들은 불리한 상황에 놓여질 것이고, 이들 편부모의 대다수는 여성이었다. 따라서 이 사안은 여성문제로 비춰질 수 있었고, 여성을 위한다면 여성의원들이 마땅히 반대해야 할 사안처럼 보였다. 결국 노동당 의원 47명은 노동당 정부가 제출한 법안에 대해 반대표를 던졌고, 그 중 여성은 고작 1명뿐이었다. 좀 더 진보적이고 여성친화적인 언론 논평가들은 즉각 반발하고 나섰다.[1] 실질적 대의(substantive representation)가 뒤따르지 않는다면, 기술적 대의(descriptive representation, 제4장 참조) — 1997년 초 여성의원의 비율이 9퍼센트에서 18퍼센트로 확대되었을 때, 기술적 대의는 결실을 맺는 것처럼 보였다 — 를 이루고자 고군분투하는 것이 무슨 의미가 있다는 말인가? 사실 이와 같은 비판은 편협한 것이었으며 우리가

---

1) Joni Lovendunski, *Feminizing Politics* (Cambridge: Polity, 2005), p. 155.

앞으로 논의하겠지만 공정하지도 못하였다. 그러나 이 사건은 우리에게 중요한 질문을 제기하고 있다. 여성의 정치 참여가 과연 정치를 변화시키고 있는가? 여성이 수행하는 일은 남성이 수행하는 일과는 다른 것인가? 그리고 여성의 업무 수행방식은 남성과는 다른가? 만약 그렇다면, 여성들은 정치적 과정이 낳은 결과에 가시적인 영향을 끼쳤는가? 이 장은 먼저 여성들이 어떤 방식으로 변화를 가져올 수 있는지 고찰해 본 다음, 여성들을 둘러싼 조건들이 어떤 방식으로 여성들의 능력을 제한하는지 혹은 반대로 이들이 능력을 발휘하도록 도와주는지에 대해 논의한다.

이와 같은 논의의 저변에는 중요한 가설이 존재한다. 즉 정치라는 공적인 영역에서 어느 정도 의미있는 수준의 여성의 진출은 과거와는 구별되는 새로운 현상이라는 점이다. 물론 여전히 여성은 정치에 어울리지 않는다는 생각이 남아 있어서, 정치 제도 내에서 여성이라는 존재는 의외의 존재로 여겨지는 것이 현실이다(제4장과 5장 참조).2) 사회의 변화와 정치의 변화는 모든 정치 조직 내에서 서로 상호작용한다. 남성과 여성은 사회적 경험이 다르기 때문에, 특정 행위에 참여하는 남성과 여성의 비율상의 변동은 비록 변동의 폭이 적다하더라도 변화를 가져올 수 있다. 그러나 이와 같은 변화는 남녀의 성비뿐만 아니라 변화가 발생하는 제도에 의해 형성되고 조정될 것이다.

상이한 행동 양식

문제는 과연 여성의 위상과 목소리가 과거보다 중요해졌고, 여성이 실질적으로 남성과는 다른 방식으로 행동하기 때문에, 정치의 양상이 변화하였고

---

2) N. Puwar, "Thinking about Making a Difference," *British Journal of Politics and International Relations* Vol. 6, No. 1, 2004, p. 71.

현재도 변화하고 있으며 앞으로도 변화할 것인가 하는 점이다. 변화는 예를 들어 다음과 같이 나타날 수 있다.

- 정치가 보다 정직해지고 부패가 줄어들 것이다.
- 정치가 보다 양심적으로 이루어 질 것이다.
- 정치 스타일이 덜 공격적이며 덜 전투적이 될 것이다.
- 정책이 사회적으로 진보성향을 띠게 될 것이다.
- 정치적 문제를 언어로 표출하는 방식이 다양해 질 것이고 보다 다변화될 것이다.

우리는 여러 증거를 통해 위의 가설들이 증명되거나 혹은 반대되는 사례들을 발견할 수 있다. 이들 가설들이 아래에서 차례대로 논의될 것이다.

정치가 보다 정직해지고 부패가 줄어들 것이다

여성정치인은 남성보다 청렴하고 원칙을 준수하며 부패에 연루되는 사례가 적을 것이라는 고정관념이 존재한다. 따라서 여성정치인의 수가 증가하면, 정치가 더욱 정직해지고 부패가 줄어들 것이라는 주장이 제기되고 있다. "이와 같은 견해는 여성 고유의 '선함(goodness)'에 대한 신뢰를 전제로 하고 있다는 면에서 눈길을 끈다. 모성, 아기, 애플파이를 염두에 두고 있는 사람이 어떻게 선하지 않을 수 있겠는가?"[3]

여성리더에 대한 이와 같은 이미지는 정당이 어려운 시기가 되면 특히 여성리더에게 의존하는 경향이 있는 것을 통해 확인할 수 있다. 여성들은 '남성 전유익(men only)' 끈끈한 네트워크 — 이들 네트워크는 배후 활동을 통해서든, 사업을 통해서든, 혹은 사회활동을 통해서든 건전하지 못한

---

[3] Karen Ross, "Women's Place in Male Space: Gender and Effect in Parliamentary Contexts," *Parliamentary Affairs*, No. 55, 2002, p. 190.

것으로 판명이 될 수 있다 — 에 휘말릴 가능성이 낮을 것이라는 인식이 있기 때문이다. 예를 들어, 베테랑 여성의원이자 이탈리아 최초의 여성각료인 안셀미(Tina Anselmi)의원이 1980년대 초반 이탈리아의 금융 정치 스캔들을 조사하는 국회조사단의 단장으로 임명된 사례가 이와 같은 인식을 보여주는 예가 될 수 있다. 2006년 시실리 시장선거에서, 여성 후보인 보르셀리노(Rita Borsellino)후보는 '정치적 채무가 없는 아웃사이더'라는 이유로 지지를 받았다. 그러나 반(反)마피아 문화의 확산을 포함한 그녀의 선거공약은 선거에서 승리를 가져오지는 못하였다. 마찬가지로 여성 당수의 선택이 항상 모든 문제의 만병통치약으로 작용하지는 않았다(대처수상은 아마도 예외적인 경우일 것이다).

여성정치인은 정직할 것이라는 인식은 여러 면에서 비판을 받고 있다. 첫째, 이와 같은 시각은 여성에게는 여성이기 때문에 특유의 장점이 있다고 보는 '본질주의'적 한계를 벗어나지 못하고 있기 때문이다. 우리가 살펴본 것과 같이 생식능력이나 성별에 근거한 경험으로 인해 여성은 남성과는 다른 우선과제, 이해관계, 시각을 갖게 된다는 견해를 지지하는 주장들이 있어왔다. 길리건(Carol Gilligan)은 성은 심리적 지향에 영향을 미치기 때문에 결과적으로 남성과 여성은 도덕(morality)에 대해서 서로 다른 접근방식(approaches)을 갖게 된다고 주장한다. 그러나 이와 같은 주장은 남성과 여성 사이에 도덕성의 정도(levels)에 있어서 차이가 있다는 견해를 지지하는 것은 아니다. 두 번째, 여성정치인의 도덕성을 지지하는 경험적인 증거가 존재하는 것도 아니다. 정치적으로 탁월한 능력을 발휘했던 여성들조차도 부정부패 혐의에서 자유로웠던 것은 아니었으며, 일부 부정부패 혐의는 입증이 되기도 하였다. 영국의 웨스트민스터 자치구 의회 의장이었던 포터(Dame Shirley Porter) 사건은 법정에서 유죄 판결을 받았다. 다른 경우에서도 부정부패 혐의는 정치 경력에 오점을 남겼다. 1999년 프랑스의 크레송(Edith Cresson) 전(前) 총리의 유럽집행위원회 사임을 초래한 사건이 하나의 예가 될 수 있다. 부토(Benazir Bhutto) 파키스탄 전 총리에 관련한 여러 혐의도 존재한다. 동일한 맥락에서, 여성이 남성보다 더 도덕적일 것이라는 가설은 형법에 관련한 여성의 경험에서 논의한 바 있듯이, 여성들에게 부가적인 부담으로 작용한다. 로스(Karen Ross)와의 인터뷰에서 호주 여성정치인은 "자신에 대해 책임을 추궁하는 것을 싫어하지는 않는다. 그러나 남성과는 다른 기준을 기대한다는 사실에는 반대한다"고 밝혔다.4)

정치가 보다 양심적으로 이루어 질 것이다

여성의 참여가 확대되면 정치가 좀더 양심적으로 이루어질 것이라는 생각은 여성이 남성보다 더 열심히 일하고 더 양심적일 것이라는 일반적인 인식에서 기원한다. 사실 일부 국가의 여성의원들을 대상으로 한 설문조사에서도 동일한 내용이 밝혀지기도 하였다. 프랑스의 국민 의회의 경우 "여성들은 분과 위원회의 활동을 통해서든 아니면 회기 중 토론에 있어서든 남성보다 더 많은 일을 한다는데 모든 사람이 동의하고 있다."5) 로젠탈(Cindy Simon Rosenthal)의 연구에서, 아리조나 출신 의원은 "소속 정당에 상관없이… 여성들이 더 열심히 일한다"고 언급한 적이 있고 오하이오 출신 의원은 "우리는(여성들) 업무 부담이 더 많은 위원회를 맡는데 더 적극적이다"라고 언급하였다.6) 여성이 더 양심적이라는 생각은 여성이 더 업무 중심적(task-oriented)이라는 견해와 관련되어 있다. 즉 여성들은 '일을 진척시키는 것' '계획을 완수하는 것'에 더 집중한다는 시각이다.7) 버클리(Mary Buckley)

---

4) Karen Ross, "Women's Place in Male Space: Gender and Effect in Parliamentary Contexts," p. 190.
5) Marc Abelès, *Un Ethnologue à l'assemblée* (Paris: Odile Jacob, 2000). 필자의 번역문이 Green 2004: 189에서 인용되어 있음.
6) Cindy Simon Rosenthal, "Women Leading Legislature: Getting There and Getting Things Done," in Clyde Wilcox and Sue Thomas (ed), *Women and Elective Office: Past, Present and Future* (New York: Oxford University Press, 2005), pp. 206-207.
7) Cindy Simon Rosenthal, "Women Leading Legislature: Getting There and Getting

의 연구에서 구소련 러시아 의회의 여성의원들은 남성보다 자신들이 더 양심적이고 근면하며 실용적이라고 주장하였다.8)

이와 같은 인식을 뒷받침하는 경험적 증거들도 존재한다. 미국의 주(州)의회의 여성의원들이 8개 항목의 상이한 업무 활동에 사용한다고 보고한 시간(엡스타인과 동료들의 조사)은 남성들이 보고한 시간보다 훨씬 길었다.9) 그린(Manda Green)은 프랑스 국민 의회에서 1999년~2000년 사이 여성의원들의 실질 출석률을 조사한 결과, 성격이 상당히 다른 4개의 위원회에서 ― 프랑스를 비롯한 많은 유럽 국가의 의회에서 이들 위원회는 가장 중요한 입법 기구이며, 이는 영국식 의회와는 대조를 이룬다 ― 여성의원들이 차지하는 비율은 12퍼센트였던 반면, 여성은 출석인원의 17퍼센트를 차지하였고 여성들의 출석이 좀 더 규칙적이었다.10)

정치 스타일이 덜 공격적이며 덜 전투적이 될 것이다

차일즈(Sarah Childs)의 설문조사에 참여한 의원들이 언급한 바와 같이, 여성들의 경우 '공격보다는 협력, 팀워크, 토론, 상대방의 의견에 귀를 기울이는 자세'가 일반적이라는 인식이 보편화되어 있고, 이에 대한 실질적인 증거들도 존재한다.11) 엡스타인(Michael Epstein)과 동료들은 미국의

Things Done," p. 205.
8) Mary Buckley, "Adaptation of the Soviet Women's Committee: Deputies' Voices from "Women of Russia," in Mary Buckley (ed), *Post-Soviet Women: From the Baltic to Central Asia* (Cambridge: Cambridge University Press, 1997), p. 73; Wendy Stokes, *Women in Contemporary Politics* (Cambridge: Polity, 2005), p. 33.
9) Michael J. Epstein, Eichard G. Niemi and Linda W. Powell, "Do Women and Men State Legislators Differ?" Clyde Wilcox and Sue Thomas (ed), *Women and Elective Office: Past, Present, and Future* (New York: Oxford University Press, 2005), pp. 94-109.
10) Manda Green, "Women and the National Assembly in France: an Analysis of Institutional Change and Substantive Representation with Special Reference to the 1997~2002 Legislature," p. 191.
11) Sarah Childs, *New Labour's Women MPs: Women Representing Women* (London:

여성 주(州)의원들을 대상으로 한 연구에서 여성들이 일반적으로 '남성보다 팀플레이에 있어서 적극적'이며 여성의 접근 방식이 남성보다 "협력에 도움이 되는 경향이 강하다"는 주장을 제시하였다.12) 유럽 의회의 여성의원들은 푸티트(Hilary Footitt)의 연구에서 "나는 이기는 것 자체보다는 합의를 이끌어 내는데 더 관심이 있다"고 말하고 있다.13) 마찬가지로, 프랑스 여성의원은 국민 의회의 여성 위원회의 경우 '여성들이 다수를 차지하기 때문에' 팀워크가 원활하다고 그린(Manda Green)의 연구에서 밝히기도 하였다.14)

그러나 이와 같은 분석 역시 비판으로부터 자유롭지 못하다. 어느 여성정치인이 지적한 바와 같이, 여성이라면 무조건 '상냥함' 이나 '선함', 공격성의 배격 등의 이미지와 연결되어야 할 본질적인 이유는 없기 때문이다. 사실 많은 여성정치인들은 "냉혹하고 강하며 남성들처럼 경쟁을 해오고 있다."15) 프랑스 여성정치인 역시 정치적 입지를 쟁취하기 위해 적극적으로 투쟁하고, 모사와 전략 혹은 무모한 약속들도 사용하는 존재로 인식되어 왔다.16) 영국 하원 의장을 역임한 바 있는 다선 의원 부스로이드(Betty Boothroyd)는 하원의 적대적이고 공격적인 분위기에 대한 여성의원의 불만을 의회의 성격과 야당의 역할에 대한 이해의 부족으로 인해서 발생한 것으로 치부한다.17) 유럽의회 의원들의 연설을 검토한 푸

Routledge, 2004), p. 10.
12) Michael J. Epstein, Eichard G. Niemi and Linda W. Powell, "Do Women and Men State Legislators Differ?", p. 101.
13) Hillary Footitt, *Women, Europe and the New Languages of Politics* (London: Continuum, 2002), pp. 53-54.
14) Manda Green, "Women and the National Assembly in France: an Analysis of Institutional Change and Substantive Representation with Special Reference to the 1997~2002 Legislature," p. 275.
15) Sarah Childs, *New Labour's Women MPs: Women Representing Women*, p. 182. 영국의원 인용.
16) Nicole Belloubet-Frier, "Sont-Elles Différentes?", *Pouvoirs*, No. 82, 1997, pp. 63-64.
17) Betty Boothroyd, *The Autobiography* (London: Arrow Books, 2002), p. 437.

티트는 남성과 여성 모두 "정치 행위를 투쟁으로 인식하는 데 있어서 유사점이 있다"고 결론을 내렸다. 그러나 "여성들은 정치에 대하여 덜 대립적이고 더 인간적이며 방어적인 싸움으로 생각한다. 여성정치인들은 정치를 문제의 현장으로 생각하기 보다는 치료의 현장으로 생각한다. … "[18]

정책이 사회적으로 진보성향을 띠게 될 것이다

진보성향의 정책형성이 이루어질 것이라는 가설은 일반적으로 여성들, 특히 여성의원들은 여러 이유로 인해 남성보다 사회적으로 진보적 성향이 강하다는 생각에서 비롯된다. 이와 같은 주장은 정치체제가 개인의 정책 선호를 표현할 수 있도록 하고 있는 미국의 상황에서 가장 설득력을 얻고 있다.

미국의 경우 일부 경험적 증거도 존재한다. 미국 관련 연구는 남성의원들과 여성의원들 사이에 평균적으로 태도상의 차이가 있음을 시사해 주고 있다. 예를 들어, 사형제도를 반대하는 여성의원의 수가 남성보다 훨씬 높았다. 또한 공공 지출(public spending)이 삭감된다면 세금감면에 반대하겠다는 비율도 여성의원들 사이에서 압도적으로 높게 나타났다.[19] 소속정당과 지리적 영향을 분리하여 분석한 통계에서도 "여성의원들은 심지어 자신의 지역구민이나 소속정당의 다른 의원들과 비교해보아도 남성들보다 진보적 성향이 강하였다."[20]

디아즈(Mercedes Mateo Diaz)는 유사한 방법을 이용하여 EU 10개국의 남녀 의원들과 이들의 유권자들이 정치적 견해에 있어서 어느 정도 일치하는지 측정하였다. 좌파/우파 대비 측정을 통해, 디아즈는 여성의원들이 남성의

---

18) Hillary Footitt, *Women, Europe and the New Languages of Politics*, p. 74.
19) Michael J. Epstein, Eichard G. Niemi and Linda W. Powell, "Do Women and Men State Legislators Differ?", p. 102.
20) Michael J. Epstein, Eichard G. Niemi and Linda W. Powell, "Do Women and Men State Legislators Differ?", p. 104.

원이나 남녀 유권자 보다 좌파적 성향이 강한 것을 발견하였다.21)

스웨즈(Michele L. Swers)의 연구는 정책 발의에 있어서 개인적인 재량을 인정하는 환경이라면(pp. 276-277 참조), 여성의원들은 남성보다 유방암이나 대여성폭력 근절대책과 같은 '페미니스트' 사안에 대해 법안을 발의할 가능성 또한 높게 나타난다고 밝혔다. 반면 사회정책에 있어서 일반 남성과 여성의 차이는 덜 두드러지게 나타났다.22)

여성들이 사회문제에 있어서 더 진보적이라는 주장은, 아래에서 논의되겠지만, 여성들이 남성들과는 다른 방식으로 정치에 대해 이야기한다는 주장과 연계되어 있다. 만약 캐슬린(Lyn Kathlene)과 푸티트가 제안한 것처럼 여성들은 상호관계, 다원성, 다양성, 추상적 시민이 아닌 실제적 인간이라는 맥락에서 정치에 대해 논하며, 장기적이고 다면적 해결책을 염두에 두고 정책에 대해 사고한다면, 여성의 정치적 지향은 사회적으로 더 진보적으로 보일 수 있을 것이다.23) 그러나 우리가 이와 같은 경향을 어느 정도 식별하고 측정할 수 있느냐 하는 문제는 정당 이데올로기 구조가 다소 느슨한 미국과 이와는 달리 훨씬 엄격하고 통제된 정당 이데올로기 구조를 갖춘 유럽 사이에서 다르게 표출될 수 있다. 아래에서 정치 환경에 대한 논의에서 다루어지겠지만, 여성대표의 증가 자체만으로도 진보적 정책 지향을 발생시킬 수 있을지, 그리고 이와 같은 상황이 미국에서 실제 발생하였는지는 결코 분명하지 않다.24)

---

21) Mercedes Mateo Diaz, *Representing Women? Female Legislators in West European Parliaments* (Colchester: ECPR Press, 2005), p. 190.
22) Michele L. Swers and Carin Larson, "Women in Congress: Do they Act as Advocates for Women's Issues?", in Clyde Wilcox and Sue Thomas (ed), *Women and Elective Office: Past, Present, and Future* (New York: Oxford University Press, 2005), pp. 115-116.
23) Hillary Footitt, *Women, Europe and the New Languages of Politics*, p. 152; Lyn Kathlene, "In a Different Voice: Women and the Policy Process," in Clyde Wilcox and Sue Thomas (ed), *Women and Elective Office: Past, Present, and Future* (New York: Oxford University Press, 2005), pp. 216, 228.
24) Debra L. Dodson, *The Impact of Women in Congress* (Oxford: Oxford University Press, 2006), pp. 249-250.

정치적 문제를 언어로 표출하는 방식이 다양해 질 것이고 보다 다변화될 것이다

이 가설은 여성들이 남성보다 좀더 직접적이고 솔직한 언어를 사용한다는 여성정치인과 여성기업인의 자기 인식에서 비롯된다. 차일즈와의 인터뷰에서 한 응답자는 남성의원들은 "언제나 반복해서 말하고자 한다"고 응답했고, 여성들은 "정치적인 장광설(과) 전문용어를 잘 쓰지 않는 경향이 있다"고 응답한 응답자도 있었다.[25] "여성들은 더 적게 말하고 더 많이 행동한다. 여성들은 지루하게 이어지는 지껄임에 허비할 시간이 없다"고 룩셈부르크 출신의 여성 유럽 의원은 언급하였다.[26] 프랑스의 한 남성 상원의원은 여성들이 더 권위있고, 더 간결하게 말을 하고, 더 단호하다고 응답하였다.[27]

이와 같은 주장에 대한 연구를 통해, 캐슬린은 미국의 주의회에서 위원회의 여성 위원장이 남성 위원장보다 적게 말하고, 말차례도 적었으며 말을 가로채는 횟수도 적다는 것을 발견하였다. 남성위원들은 "여성위원들 보다 더 오래 말하고, 의사발언 기회도 많았고 중간에 말을 가로채는 경우도 많았다."[28] 푸티트는 '언어'라는 개념을 넓은 의미에서 여성이 문어와 구어를 통해 정치 활동을 규정·정의·표현하는 방식으로 정의하면서, "여성들이 일반적으로 사용하는 정치 언어의 일부는 남성들이 일반적으로 사용하는 정치 언어와는 다르다"고 주장한다.[29] 푸티트는 여성과 남성이 사용하는 언어는 다양하지만, 일부 언어는 남성보다는 여성들이 자주 사용하는 경향이 있다고 언급한다. 유럽 의회의 여성의원들은 시민권이라는 단어를 '여

---

[25] Sarah Childs, *New Labour's Women MPs: Women Representing Women*, p. 184.
[26] Hillary Footitt, *Women, Europe and the New Languages of Politics*, p. 54.
[27] Nicole Belloubet-Frier, "Sont-Elles Différentes?", *Pouvoirs*, No. 82, 1997, p. 64.
[28] Lyn Kathlene, "In a Different Voice: Women and the Policy Process," p. 226.
[29] Hillary Footitt, *Women, Europe and the New Languages of Politics*, p. 147.

러개 중복되는 정체성'을 포함하는 뜻으로 사용하였으며, 대화를 강조하고 인격화되고 구체화된 시민을 강조하였다. 또한 유럽이라는 문제를 구조와 틀의 문제가 아닌 다양성과 이동의 문제로 이해하였다.

맥락이 중요하다: 정치기회구조

특정 집단과 운동이 어떤 조건아래에서 정치적 영향력을 가지는지 분석하기 위하여, 정치학자들은 정치기회구조(political opportunity structure)라는 개념을 발전시켰다. 정치기회구조를 통해 정치학자들은 정치적 의사결정과정에 영향을 끼치고자하는 집단이 나타나서 집단적인 행동을 취할 때 이와 같은 행동을 촉진하거나 혹은 제한하는 정치문화와 정치제도상의 특징을 식별하고자 한다. 정치기회구조를 형성하는 요소는 다음과 같다. 첫째, 이와 같은 행동이 발생하는 역사적 배경, 둘째 특정 집단이 동원할 수 있는 재원, 셋째 정치 체제의 성격과 그 집단이 정치 체제의 구조에 변화를 도입할 수 있는 정도 등이다. 이들 요소들은 위에서 진행된 논의와 향후 진행될 논의에 모두 내재해 있다.

역사적 배경: 젠더 레짐

여성의 정치 활동이 발생한 역사적 배경을 보면, 여성 정치사는 배제(exclusion)의 역사이다(제2장 참조). 여성 배제의 역사는 정치적 삶과 정치 제도의 젠더 레짐(gender regime), 즉 '양성 비율, 양성 지위, 남녀의 적절한 직업에 대한 규범, 저항과 침입의 패턴'에 영향을 끼쳐왔다.[30] 따라서 일상이

---

30) Joni Lovendunski, *Feminizing Politics* (Cambridge: Polity, 2005), p. 143.

모든 사소한 것들, 예를 들자면 건물과 설치물이나 비품에서부터 토론/의사진행방식에 이르기까지 모든 것들이 남성들의 기대, 습관, 관습을 중심으로 형성되어 왔다. 영국 하원의 케케묵은 시간표의 '현대화(modernisation)'(글상자 8-1 참조)에 관한 논의를 예로 들어 보자. 이 논의는 '민주주의와 책임정치에 관한 관심이 전문화와 대의제에 대한 고려와 맞물렸다는 복잡한 일련의 주장 속에서 설정된' 반면, 젠더라는 차원은 하원의 '제도적 성차별(institutional sexism)'에 대한 전술상의 양보라는 명목으로 억제되었다.31) 여성들은 이와 같은 종류의 전략적 타협이라는 문제에 자주 봉착한다. 따라서 여성이 가질 수 있는 영향력이란 정치기회구조의 다른 요소들, 즉 재원과 제도라는 요소에 극히 의존적이다.

재원

여성의 진출과 크리티컬 매스(critical mass): 오늘날 공식적인 여성의 배제는 일반적으로 극복되었지만, 여성들이 이용할 수 있는 재원과 관련된 과거의 유산은 여전히 청산되지 않고 있다. 여성들이 동원할 수 있는 재원 중 하나는 바로 규모의 확장이다. 즉 더 많은 여성들이 정계에 입문한다면, 행동을 취할 수 있는 기회와 능력에는 변화가 발생할 수 있을 것이다.

여성의 정계진출이 가져올 수 있는 영향에 대해서는 두 가지 접근 방식이 있다. 이들 접근 방식은 유사하지만 동일하지는 않다.32) 첫 번째 접근법은 여성의 진출이 중요하다는 입장이다. 필립스(Anne Phillips)는 진출의 정치(politics of presence)를 주장하면서, 제도권에서 여성의 참여가 (비록 소폭으로 나마) 확대되면 두 가지 효과를 가져올 것이라고 제안한다.

---

31) Joni Lovendunski, *Feminizing Politics* (Cambridge: Polity, 2005), p. 171.
32) Fiona Mackay, "Gender and Political Representation in the UK: The State of the Discipline," *British Journal of Politics and International Relations*, Vol. 6, No. 1, 2004, p. 101.

먼저 여성의 참여는 상직적인 효과를 가진다. 즉 여성의 정치 참여는 사회의 모든 구성원을 위한 정의(justice)라는 가치와 모든 시민의 정치 참여라는 가치를 상징하게 된다. 이와 함께, 서로 다른 목소리들도 대변될 것이라는 가능성이 자리잡게 된다.[33] 여성은 다양하다. 따라서 필립스가 주장하는 바와 같이, 다양한 여성의 이해관계(interests)는 '이해력 있는 관찰자라도 언제나 손쉽게 식별할 수 있는 것'은 아니다. 그러나 오늘날 젠더화된 사회에서 여성들이라면 누구나 남성과는 다른 삶의 경험을 공유한다. 더욱이 과거에는 남성들이 배타적으로 독점했던 제도권 내로 여성이 진출한 사실만으로도 상황은 일변한 것이다. 비록 일부 사람들이 주장하듯이, "백인 남성이 지배하는 공간에서 이들 (여성 혹은 인종적으로 다른 사람들)의 존재 그 이상이 요구되지만 말이다."[34] 이 접근방법은 그러나 남성과 여성사이의 차이뿐만 아니라 여성들 사이의 차이를 무시하지는 않는다.

여성의 정계 진출에 대한 두 번째 접근법은 여성의 특정 조직에로의 진출이 중요한 것이 아니라 여성의 비율이 중요하다는 시각이다. 이와 같은 주장은 두 가지 중요한 연구를 증거로 제시한다. 1977년, 캔터(Rosabeth Moss Kanter)는 여성임원이 극소수인 기업체를 대상으로 연구를 수행하였다. 이 회사에서 고위직 여성들은 "종종 남성 동료들 사이에서 자신들이 혼자라는 것을 느끼게 된다"라고 말하였다. 캔터는 연구를 통해, "(회사 내에서) 이들 여성들이 처한 상황은 여성의 진출이 부진한 정계, 법조계, 의료계의 여성들의 경험과 유사하다"고 밝혔다.[35] 캔터는 조직 내에서 가시적 소수집단(visible minority)의 비율이 "65:35의 비율에 이르게 되면, 소수집단의 구성원들은 집단 내에서 서로 동지가 되어 줄 수 있고, 동맹관계를 형성

---

[33] Anne Phillips, *The Politics of Presence* (Oxford: Oxford University Press, 1995), pp. 39-44.
[34] N. Puwar, "Thinking about Making a Difference," p. 66.
[35] Rosabeth Moss Kanter, *Men and Women of the Corporation* (New York: HarperCollins: Basic Books, 1993), p. 207.

할 수 있으며 조직의 문화에 영향을 끼칠 수 있다"고 주장한다. 더 나아가 비율이 60:40으로 개선되면, 특정 집단(이와 같은 비율에서는 더 이상 소수 집단이라고 할 수 없을 것이다)과의 집단 동일시는 더 이상 집단의 역학 관계를 결정하는데 있어서 중요한 요소로 작용하지 않는다.[36]

두 번째 중요한 연구로는 달레루프(Drude Dahlerup)의 연구가 있다. 사실 캔터의 연구는 달레루프의 연구에 영향을 끼쳤으며 그녀의 연구에서 원용되었다. 달레루프는 1988년 스칸디나비아의 경험이 물리학에서 이른바 '연쇄반응(chain reaction)'을 촉발하는 '크리티컬 매스'의 달성에 비유될 수 있을지 연구하였다.[37] 달레루프는 상황에 따라 결과가 달라질 수 있음을 인정하면서 이와 같은 비유의 한계를 시인하였다. 물리학의 연쇄 반응은 진공상태에서 발생하는 반면, 인간사에서는 비율상의 변화가 가져오는 영향을 다른 상황적 요소에 의해 발생한 영향과 분리하는 것이 지극히 어려울 뿐만 아니라, 역사 시기별로 그리고 개별 국가별로 비교를 통해서 이것을 통제하는 것이 어렵기 때문이다. 달레루프의 연구는 정치에서 여성의 비율이 대략 30퍼센트에 육박하면 연쇄 변화를 촉발할 크리티컬 매스가 발생할 것으로 종종 인용된다.[38] 사실 그녀의 주장은 정확도가 떨어지는 편이었고(그녀는 여성 할당제의 비율이 30퍼센트 혹은 그 이상이 되어야 한다고 주장하였지만 말이다), 그녀는 '크리티컬 행동'(즉 여성들이 획득할 수 있는 모든 지위와 가용할 수 있는 모든 수단을 활용하는 행위라는 의미로서 달레루프 자신이 명명한 용어)이야 말로 페미니스트들이 관심을 두는 사안에 있어서 좀더 구체적인 효과를 가져올 것이라고 주장하였다.

---

36) Rosabeth Moss Kanter, *Men and Women of the Corporation*, p. 209; Joni Lovenduski and Pippa Norris, "Westmister Women: the Politics of Presence," *Political Studies*, Vol. 51, No. 1, 2003, pp. 84-102.
37) Drude Dahlerup, "From a Small to a Large Minority: Women in Scandinavian Politics," *Scandinavian Political Studies*, Vol. 11, No. 4, 1988, p. 276.
38) Mercedes Mateo Diaz, *Representing Women? Female Legislators in West European Parliaments*, p. 122; D. T. Studlar and I. McAllister, "Does a Critical Mass Exist? A Comparative Analysis of Women's Legislative Representation since 1950," *European Journal of Political Research*, Vol. 41, No. 2, 2002, p. 235.

그럼에도 불구하고, 크리티컬 매스라는 개념은 여성대표의 비율확대를 주장하는 사람들을 포함해서 많은 사람들에 의해 널리 활용되어 왔다. 선출직이나 공직에 진출한 여성의 비율이 일정수준이 되면, 이 비율은 자기 지속력을 갖게 되어 여성의 비율이 다시 떨어지지는 않을 것이며, 또한 크리티컬 매스의 달성이 입법 활동의 결과에도 변화를 가져올 것이라고 제안되어 왔다.[39] 크리티컬 매스에 관련한 다양한 개념들에 대해서는 많은 논란과 비판이 지속되어 왔다. 부분적으로는 캔터와 달레루프의 초기 공식이 오해되고 잘못 적용된 데에서 원인을 찾을 수도 있을 것이다.[40] 아래에서 크리티컬 매스 개념이 어떤 비판을 받고 있는지 논의하도록 한다.

첫째, '크리티컬 매스' 개념을 적용한 한 가지 제안은 여성대표의 비율은 연쇄 반응에서처럼 가속도가 붙는 방식으로 증가할 것이라는 제안이다. 따라서 크리티컬 매스라는 개념은 '여성의원 증가의 단초'를 제공할 것이라는 근거 하에, 여성 할당제를 옹호하는데 활용된다. 이 주장은 두 가지 방면에서 비판을 받고 있다. 먼저, 스칸디나비아의 경우에서처럼 여성대표의 증가가 완만하고 점진적인 곳에서의 역학관계는 여성대표의 증가가 갑작스럽고 법으로써 강제된 곳에서의 역학관계와는 다르다.[41] 둘째, 20개 선진 민주국가를 대상으로 50여 년에 걸쳐 이루어진 통계 조사는 여성의원의 가속적 증가에 대한 증거를 발견하지 못하였다.[42]

크리티컬 매스의 두 번째 적용 사례는 일정한 수준을 넘어서면 대의기

---

[39] Pippa Norris, "Women Politicians: Transforming Westminster?" in Joni Lovenduski and Pippa Norris (ed.), *Women in Politics* (Oxford: Oxford University Press, 1996), p. 94.

[40] Sarah Childs and Mona Lena Krook, "The Substantive Representation of Women: Rethinking the "Critical Mass" Debate," Political Studies Association Conference at Reading, UK, April 2006. http://www.psa.ac.uk/Journals/pdf/5/2006/Childs.pdf.

[41] Drude Dahlerup and Lenita Friedenvall, "Quotas as a "Fast Track" To Equal Political Representation for Women: Why Scandinavia is no Longer the Model," *International Feminist Journal of Politics*, Vol. 7, No. 1, 2005, p. 27.

[42] D. T. Studlar and I. McAllister, "Does a Critical Mass Exist? A Comparative Analysis of Women's Legislative Representation since 1950," pp. 247-248.

관에서 여성의 참여비율은 자동적으로 유지될 것이라는 제안이다. 이와 같은 입장은 할당제가 필요하기는 하지만 이는 임시적 대책이며, 여성의 정계 진출이 일정 수준까지 이루어지면 정치 문화의 변화가 초래되어 낡은 편견과 장벽은 적어도 자유민주주의 국가에서는 지속될 수 없을 것이라는 시각이다. 1980년대 이후 중앙유럽과 동유럽의 여성의원의 감소는 이와 같은 논리의 선상에서 본다면 비민주적인 체제라는 유산이 남긴 결과이다. 변화가 스스로 지속될 것이라는 기대는 변화에 대한 반발이 없을 것이라는 전제를 설정하고 있다는 면에서 '낙관론의 정치(politics of optimism)'라는 요소를 내포하고 있다.[43] 대부분의 의회에서 여성의원의 비율이 두 자리 수를 넘어서게 된 것은 전례없는 현상이기 때문에 이와 같은 가설에 대한 실증적인 검사가 이루어 진 바는 없다. 평균적으로 여성의원의 비율은 1970년대 초반 이후 꾸준히 증가하고 있지만, 의회 내에서 정당간 의석 변화의 결과로서 일부 감소하는 경우도 있었다. 따라서 향후 중장기적으로 여성의원의 비율이 꾸준히 증가할 것인지 아니면 안정될 것인지에 대해서는 섣불리 예단할 수 없다.

셋째, 크리티컬 매스가 달성되면 여성의원들의 근무환경이 개선될 것이라는 시각이 존재한다. 사실 여성의원들이 겪게 되는 어려운 여건에 대해서는 상당한 양의 정성적(定性的) 증거(qualitative evidence)가 있다. 예를 들어 캐나다, 프랑스, 영국의 의회에서 여성의원은 그 비율이 낮기 때문에 남성의 공간에 대한 '공간 침입자(space invader)'로 비춰지기도 한다.[44] 기

---

43) Sarah Childs and Mona Lena Krook, "The Substantive Representation of Women: Rethinking the "Critical Mass" Debate," p. 8.
44) N. Puwar, "Thinking about Making a Difference," *British Journal of Politics and International Relations*, Vol. 6, No. 1, 2004, pp. 65-80; Jane Freeman, *Femmes Politique: Muthes et Symboles* (Paris: L'Harmattan, 1997); Linda J. Trimble, "When Do Women Count? Substantive Representation of Women in Canadian Legislatures," in Marian Sawer, Manon Trembly and Linda J. Trimble (ed.), *Representing Women in Parliament: A Comparative Study* (London: Routledge, 2006), pp. 120-133.

관의 관례나 절차를 변화시키는 것에 대해 완강하게 저항하고 있는 일부 기관도 있지만(글상자 8-1 참조), 여성들의 비율이 증가함에 따라 가장 심각한 유형의 성차별적 사례는 완전히 사라지지는 않았어도 많이 줄어들었다는 증거도 존재한다.[45] 그러나 어느 수준(levels)이 되면 변화가 발생하는 지에 대해서는 논란이 많다. 디아즈(Mateo Diaz)는 상대적으로 낮은 여성의원 비율(그녀는 10퍼센트를 제시하고 있다)로도 문화접변(acculuration)과 전이(spillover)의 과정을 유발할 수 있고 이를 통해 기관의 가치와 아젠다가 변화한다는 것을 발견하였다(글상자 8-1 참조). 여성의원의 비율이 20퍼센트로 확대되면 변화의 가능성은 더욱 증가하게 된다.[46]

넷째, 차일즈와 크룩(Sarah Childs and Mona Krook)에 따르면 크리티컬 매스와 관련한 중대한 가설은 "(여성의원의 증가)를 통해 여성들은 여성들 사이에 상호지원적 연대를 형성하여 페미니스트들이 지향하는 변화를 촉진하게 될 것이다"라는 가설이다.[47] 이와 같은 시나리오는 가능성은 있지만 한편으로 복잡한 면도 존재한다. 숫자가 중요하다는 것은 자명한 사실이다. 또한 학자들도 숫자가 증가하면 어떤 변화가 **가능할지** 관측하기도 한다.[48] 그러나 달레루프의 연구는 소수 집단의 규모 증가가 **실제로**(*in fact*) 대대적인 변화를 가져오지는 않았다는 것을 보여주었다. 실제로 발

---

[45] Manda Green, "Women and the National Assembly in France: an Analysis of Institutional Change and Substantive Representation with Special Reference to the 1997~2002 Legislature," p. 109; Boni Sones, *The New Suffrages* (London: Politico's, 2005).

[46] Mercedes Mateo Diaz, *Representing Women? Female Legislators in West European Parliaments*, p. 230.

[47] Sarah Childs and Mona Lena Krook, "The Substantive Representation of Women: Rethinking the "Critical Mass" Debate," p. 15.

[48] Drude Dahlerup, "From a Small to a Large Minority: Women in Scandinavian Politics," *Scandinavian Political Studies*, Vol. 11, No. 4, 1998, pp. 257-298; Jane Mansbridge, "Should Blacks Represent Blakcs and Women Represent Women? A Contingent "Yes"," *Journal of Politics*, Vol. 61, No. 3, 1999, pp. 628-657; Sarah Childs and Mona Lena Krook, "The Substantive Representation of Women: Rethinking the "Critical Mass" Debate," Political Studies Association Conference at Reading, UK, April 2006. http://www.psa.ac.uk/Journals/pdf/5/2006/Childs.pdf.

여성의원과 영국 하원의 업무 관행

글상자 8-1

1997년 여성의원의 비율이 2배로 증가한 결과 영국 하원에서는 업무 관행에 있어서 변화가 발생하였다. 결과적으로 다소 이상했던 업무 시간이 변경되었고 자녀친화적인 관행이 도입되었다.

근무 시간: 19세기 당시 급료를 받지 않았던 의원들은 오전에는 자신들이 소득을 얻을 수 있는 일에 종사해야 했다. 따라서 하원에서는 금요일을 제외하고는 오후에 회의가 시작되었고, 의원들의 출석이 요구되는 중요 사안에 대한 투표는 밤 10시에 시작되었다. 1997년 이후 이와 같은 관행에 대한 개혁 압력이 거세어 졌다. 그러나,

- 여성의원과 남성의원들은 과연 변화가 바람직한가에 대해 의견을 달리하였다.
- 일부 여성들은 자신들이 의원이라는 직무를 감당할 수 없는 것으로 비춰질 것을 염려하여 이와 같은 관행에 대해 적극적으로 비판을 하지 못하였다.[49]
- 일부 개혁 옹호자들은 여성들(특히 초선 여성의원)이 이와 같은 변화를 적극적으로 지지한다는 사실만으로 재선 의원들이 이 개혁안을 중요하지 않은 것으로 치부하지는 않을까 우려하였다. 이것은 아마도 '여성의원에 대한 1997년 반발의 후유증'이었다.[50]

결국 2002년 개혁과 2005년 부분적인 내용 수정을 거치면서, 변화는 최소 수준으로 이루어졌다. 하원은 월요일과 화요일은 오후와 저녁에, 수요일과 목요일은 오전에서 초저녁까지, 금요일은 좀더 일찍 개정하지만 늦게 마친다. 심야 개정도 여전히 가능하다.

육아: 2000년, 의원들은 아기를 토론실이나, 표결 로비, 위원회실에 데리고 올 수 없다는 통지를 받았다. 위원회의 회의가 진행중일 때는 결과적으로 모유 수유를 할 수 없었다. 여성의원들로 구성된 대표단은 이와 같은 사안에 대해 결정권을 갖고 있는 의장에게 규칙을 변경하여 좀더 여성친화적이며 덜 '구시대적인' 의회를 만들자고 요구했지만 실패로 돌아갔다. 의장(최초의 여성 의장)은 위원회의 회의 중에 이루어지는 모유 수유는 "공무의 효율적 수행에 도움이 되지 않는다"는 견해와 함께 하원의 회의는 "아기가 젖을 먹을 때 필요한 조용한 분위기를 제공하지 않는다"는 견해를 피력하였다.[51]

생한 변화의 정도라면 고정관념이 일정부분 줄어들었고, 일부 새로운 역할 모델이 부상하였으며, 의회 조직의 사회적 관습이 다소 변화하였고, 여성정치인에 대한 공개적인 반대가 사라지는 정도였다.[52] 역설적인 점은 여성의원의 비율이 낮을 때 페미니스트 정책의 성공 가능성이 높고 여성의원의 업무 효율이 높을 수 있다는 점이다. 이와 같은 역설은 여성의 비율이 낮을 경우 남성의원들이 이들 '공간 침입자'들로 인해 조직이 과도하게 교란될 가능성이 낮다고 판단하게 되고 결과적으로 여성의원들에 대해 반발의 수위를 낮추기 때문에, 여성들은 공포, 불안, 분노를 덜 느끼게 된다는 점으로 설명이 된다.[53]

여성의원의 증가가 필연적으로 페미니즘 지향적인 변화를 가져오지는 않을 것이라고 전망하는 데는 두 가지 부가적인 이유가 더 있다. 먼저, 여성 정치인들 사이에 의견의 일치나 연대가 이루어 지지 않을 수 있다. 영국의 대처수상을 예로 들어 보자. 대처 수상은 자신을 '신념의 정치인(conviction politician)'이라고 주장하면서 여성의 이해관계를 증진하기 위한 정당간 제휴관계의 형성에는 관심이 없음을 내비췄다. 둘째, 여성의원들 사이에서 여성과 관련하여 중요한 사안으로 상호 동의된 경우에 있어서도, 소속 정당이나 개인적 이데올로기로 인해 여성의원들 사이에서 정책의 향후 파장에 대해 서로 다른 입장차가 있을 수 있다.[54] 이 장의 서두에 언급된 사건은 이 점을 잘 보여주고 있다. 미국의 일부 주에서 여성의원들은 '낙태금지(pro-life)'가 생명 존중과 가족이라는 '여성적(female)' 가치를 반영한다는

---

49) Sarah Childs, *New Labour's Women MPs: Women Representing Women*, p. 66.
50) Joni Lovenduski, *Feminizing Politics*, p. 173.
51) Betty Boothroyd, *The Autography*, p. 436.
52) Drude Dahlerup, "From a Small to a Large Minority: Women in Scandinavian Politics," p. 295.
53) Sarah Childs and Mona Lena Krook, "The Substantive Representation of Women: Rethinking the "Critical Mass" Debate," p. 8.
54) Sarah Childs, *New labour's Women MPs: Women Representing Women* (London: Routledge, 2004), p. 101.

주장을 펴며 낙태반대법의 강화를 지지하였다. 페미니스트들은 여기에 반발하였다.

따라서 일정한 비율의 달성은 변화를 촉발시킬 계기라기 보다는 엘리트와 일반대중 사이에, 그리고 남성과 여성 사이에 발생한 사회적 변화와 태도상의 변화의 결과로 보는 것이 타당할 것이다. 따라서 여성정치인의 양적인 증가와 페미니스트들의 요구에 부응하는 정책의 변화는 더 넓은 사회적 변화의 결과일 것이다.[55]

안전한 공간(Safe Space): 여성의원의 비율이 갖는 영향과 함께, 여성들이 활용할 수 있는 또 다른 자원은 '안전한 공간(safe space)'이라고 개념화할 수 있는 공간의 창설이다. 즉 이 공간에서 여성들과 여성들의 가치에 공감하는 남성들은 적대적 환경 속에서도 자신들의 아이디어를 발전시켜나갈 수 있다. "동료 여성의원들이 존재한다는 사실은 여성의원들이 남성동료와는 다른, 자신들의 아젠다에 대해 행동을 취할 수 있는 중요한 전제조건이 된다."[56] '페미니스트'라는 용어가 갖고 있는 부정적인 뉘앙스를 고려해 볼 때, 안전한 공간을 통해 여성의원들은 여성들에게 영향을 끼치는 사안에 대해서 실질적인 행동을 추구할 수 있을 것이며, 그 과정에서 외부의 비난으로부터 보호를 받을 수 있을 것이다.[57] 안전한 공간은 정당간, 때로는 성별간 협력이 가능한 여지를 제공할 것이며, '여성 친화적(women friendly)' 제도를 증진하고자 하는 사람들에게는 유대감과 신뢰감을 제공해 줄 것이다. 사실 이와 같은 젠더화된 제도권의 내부에 존재하는 여성을 위한 제도적 '피난처(haven)'는 궁극적인 변화를 불러오는데 있어서 크리티컬 매스의 달성보

---

55) Mercedes Mateo Diaz, *Representing Women? Female Legislators in West European Parliaments*, p. 122.
56) Manda Green, "Women and the National Assembly in France: an Analysis of Institutional Change and Substantive Representation with Special Reference to the 1997~2002 Legislature," p. 225.
57) Sarah Childs, "Attitudinally Feminist?" The New Labour Women MPs and the Substantive Representation of Women," *Politics*, Vol. 21, No. 3, 2001, p. 181.

다 더욱 효율적일 수 있다.

안전한 공간에 대한 예는 많이 있다. 예를 들어, 미국의회 내에는 여성코커스(women's caucus)가 있다. 여성코커스는 15명의 여성의원에 의해 1977년 창설되어, 2006년에는 회원수가 63명으로 증가하였다. 1981년~1995년 사이, 여성회의는 여성문제를 위한 의회 코커스(Congressional Caucus for Women's Issues)로 확대되어 남녀 모두에게 문호가 개방되었다. 그러나 1995년 하원의 절차상의 규칙 변경으로 인해, 여성 전용 기구로 재전환되었다. 이 기구는 언제나 초당적 조직이었고 공화당 여성의원과 민주당 여성의원을 공동 의장으로 세웠다. 여성 보건, 사회 보장, 성희롱, 대여성 폭력 등과 같은 사안에 대해 특별한 관심을 두어 왔으며, 그동안 관련 사안에 있어서 많은 법규가 여성코커스의 노력으로 말미암아 제정되었다. 영국 의회의 경우, 노동당은 소규모 여성조직을 구성하여 노동당 여성의원들이 여성문제를 논의할 수 있는 장을 제공하고 있으며, 정부 정책에 영향을 끼치기 위한 목적으로 장관들과의 회의도 열고 있다. 이 기구의 효율성에 대한 견해는 여성의원들 사이에서도 다양하게 나타난다.[58] 앞에서 예로 든 미국와 영국의 두 기구는 의회 절차의 주변부에 존재하는 반면, 프랑스의 국민의회 여성권리위원회(Delegations for Women's Rights of the National Assembly)와 평의원회(Senate)는 법으로 제정된 공식 의회 조직이며, 이들 조직은 남녀동수법(the parity)과 관련한 헌법 개정과 같은 시기에 창설되었다(제5장 참고).[59] 사실 여성권리위원회와 남녀동수법은 긴밀하게 관련되어 있다. 여성권리위원회는 의석에 비례하여 정당에 의해 지명된 남녀 의원들(여성이 다수를 차지한다. 2006년 경우 비율은 27:9이다)로 구성된다. 위원회의 효율성은 입증되었다. 여성권리위원회가 심사한 대부분의 법안들은 그것들이 의회에서 통과될 때 즈음에는 더욱 평등쪽

---

[58] Sarah Childs, *New Labour's Women MPs: Women Representing Women*, p. 138.
[59] France National Assembly, 2006 http://www.asseblee-national.fr/connaisance/delegation-femmes.asp.

으로 기울었다. 초당적 그리고 (때로는) 성별을 초월하는 협력과 팀워크, 의회내 다른 기구들과의 유기적 협력(위원회는 법안 내용의 심리에 있어서 의회의 지도부나 상임위원회의 의장에게 의존하고 있기 때문이다), 실질적인 태스크포스 위주의 접근법이 원동력이 되었다. 위원회는 차일즈의 용어에서처럼 안전한 공간으로서의 역할을 하고 있다. "의회내에서 평등을 위한 공식적인 '공간(place)'의 존재는 (의원들의) 마음에 정당성이라는 핵(nucles)을 이식한다."60) 예를 들어, 2002년~2007년 활동적인 중도 우파 짐머만(Marie-Jo Zimmerman)의원이 의장으로 있었을 때는 더욱 그러하였다.

이와 같은 안전한 공간의 또 다른 예로는 영국의 여러 지자체에 설치된 여성위원회(Women's Committees)를 들 수 있다. 가장 주목을 받았던 위원회는 1980년대 초반 대런던의회(Greater London Council)에 설치된 여성위원회이다(글상자 8-2 참조). 이들 여성위원회는 제2물결 페미니즘(제7장 참고)과 좌파 사이의 제휴를 상징한 것으로서, 페미니즘의 여러 명분을 증진하는데 있어서 적극적이면서도 가시적인 활동을 전개하였다. 그러나 이들 위원회의 운명은 '안전한 공간'의 약점을 여실히 보여주었다. 먼저, '안전한 공간'의 존재는 여성의 이해관계와 관련된 사안을 다루는데 있어서, 정치 시스템의 다른 부분이 실패한 것을 정당화하는 것으로 비춰질 수 있다. 둘째, 남성이 포함된 경우에서도, 남성들은 당혹감을 느끼거나 때로는 위협을 느끼게 되어 손을 떼는 경향이 있다. 셋째, 관련 여성들도 여성 위원회의 내부 업무에 매몰되어 외부와의 소통에 실패할 수 있다.61) 넷째, 이들 조직은 종종 정당 지도부의 선의에 의존하여 명맥을 이어가는 경우가 있다.

---

60) Manda Green, "Women and the National Assembly in France: an Analysis of Institutional Change and Substantive Representation with Special Reference to the 1997~2002 Legislature," p. 318.

61) Manda Green, "Women and the National Assembly in France: an Analysis of Institutional Change and Substantive Representation with Special Reference to the 1997~2002 Legislature," pp. 295-296 and p. 305.

영국 지자체의 여성위원회 　　　　글상자 8-2

1981년 노동당은 대런던의회(GLC: Greater London Council)에서 다수당이 되었고, 1982년 여성위원회를 설치하였다. 여성위원회는 공개 회의 개최를 통해, 그리고 '여성이야말로 여성이 원하는 것에 대한 전문가라는 원칙'하에 정책 제안을 할 독립적인 실무 조직의 설치를 통해 여성 운동을 보다 폭넓게 수용하고자 하였다.62) 위원회의 활동은 가정 내외에서 여성의 안전 제고, 육아 시설의 확충, 여성의 교육 기회 확대, 여성의 문화적 활동 증진 등을 목표로 하는 정책을 포함하였다. 이후에 노동당이 장악하고 있는 런던의 자치구나 버밍햄, 리즈, 브리스톨에서도 이와 같은 위원회가 설치되었다. 영국 지자체의 11퍼센트가 여성의 이익 제고라는 명시적 임무를 가진 위원회를 설치하였다.63) 그러나 이들 위원회는 아주 취약하였다. 위원회는

- 소모적이고, 현실에 어둡고, 지나치게 페미니스트적인 '미치광이 좌파(loony Left)'로 인식되기도 하고 실제 그렇게 그려지기도 하였다. 이것은 GLC에 대한 보수당의 공격의 빌미가 되었고, 결국 1986년 GLC는 폐지되었는데 결과적으로 선구적인 여성위원회도 사라지게 되었다.
- 노동당의 정치에 지나치게 매몰되어 있다. 위원회는 한편으로는 전통적인 반페미니스트 노조 친위세력과 다른 한편으로는 '개혁 세력(modernisers)' 모두에 의해 반대를 당했다. 개혁 세력은 이들 위원회를 노동당의 당선가능성을 저해하는 '이상한' 조직으로 보았다.64) 예를 들어, 버밍햄에서 여성위원회는 1987년 지방선거에서 노동당이 패배한 것에 일조했다는 비난 속에서 폐지되었다.
- 여성들 사이의 견해차이로 인한 갈등과 난관을 겪었다. 유색인종 여성들과 백인 여성들, 젊은 사회주의 페미니스트와 장년층 여성정치인들, 동성애자들과 이성애자들 등은 접근방식과 기대에 있어서 차이가 많이 존재하였다.

1990년대에 이르자, 여성위원회의 역할은 거의 사라졌다. 위원회가 초기에 가졌던 열정과 혁신성은 일상성으로 대체되었고, 예산은 삭감되었으며 업무 또한 다른 부서로 흡수되었다. 2006년 런던 자치구에서 여성정책위원회가 최초로 창설된 캄덴 의회(Camden Council)의 경우 위원회가 폐지되었다. 반면, 캄덴 의회는 인종관계법(Race Relations Act)에 의해 모든 공공 기관이 도입해야 하는 정책인 평등 정책, 사회 통합·평등·갱생을 위한 행정위원, 이해관계자 그룹은 두고 있었다.

제도적 제한과 행동의 영향

정치기회구조의 마지막 구성요소인 정치의 제도적 구조는 정치 기구(초국가적 의회, 중앙 의회, 지방 의회, 행정부, 노조, 위원회 등)의 위치, 건물, 공식적 규칙, 권한과 관계뿐만 아니라 관례, 절차, 비공식적인 기대까지 아우른다. 제도적 구조는 어느 정치 구조에서든지 개인이 어떻게 행동해야 하며 어떤 해결책이 가능한 지에 대한 기대와 규범을 포함한다. "의회와 같은 제도는 강력한 규율 능력, 자체의 논리, 강력한 타성을 가지고 있을 뿐만 아니라 혁신과 '반체제인사(dissidents)'를 사회화하고 동화시키는 데에 매우 인색하다."65)

정책 발의의 여지: 여성들은 개별 의원이 정책을 발의하고 지지할 수 있는 여지를 허용하는 제도 내에서 상황을 변화시킬 능력을 더욱 왕성하게 발휘할 수 있을 것이다. 입법부와 행정부 사이에 엄격한 권력의 분리가 존재하고 상대적으로 정당의 강령(party programme)이 갖는 영향력이 약한 미국의 연방의회와 주 의회와 같은 시스템 내에서, 의원들은 법안의 제안자나 지지자로서 정책 형성에 참여하게 된다. 러벤더스키와 노리스(Joni Lovenduski and Pippa Norris)가 지적한 바와 같이, "호명 투표 분석(roll call analysis, 다시 말해서 여성의 행동이 미치는 영향을 측정하기 위한 방식의 일환으로 투표 양태[voting patterns]를 분석하는 것)은 (다른 국가의 의회보다는) 미국 의회에 가장 적합하다."66) 미국 의회의 의원들은 '자신의 입법활동 포트폴

---

62) Joni Lovenduski andVicky Randall, *Contemporary Feminist Politics* (Oxford: Oxford University Press, 1993), p. 194.
63) Wendy Stokes, *Women in Contemporary Politics*, p. 188.
64) Joni Lovenduski andVicky Randall, *Contemporary Feminist Politics*, p. 206.
65) Mercedes Mateo Diaz, *Representing Women? Female Legislators in West European Parliaments*, p. 225.
66) Joni Lovenduski and Pippa Norris, "Westminster Women: the Politics of Presence," p. 90.

리오를 구축하고' '자신의 입법 활동의 우선순위를 결정'할 수 있는 일정 부분의 자율권과 권한을 가진다.67)

여성의 경우 이와 같은 능력은 두 가지 요소에 의해 영향을 받는다. 그 중 하나는 소속 당의 위상이다. "온건파 공화당 여성의원의 경우, 공화당(공화당의 지지자들은 사회적으로 보수주의자들이다)이 다수당일 때 보다는 소수당일 때 페미니스트 법안을 더욱 쉽게 지지할 수 있었다. … (이들 여성의원들은) 공화당의 동료들과의 관계에 덜 위협이 되는 사회복지 법안에 역점을 두어야 했다."68) 두 번째 요소는 여성이 당이나 의회의 기구, 즉 아래에서 언급될 위원회 등에서 차지하는 위치이다. 당내에서나 위원회 내에서 힘이 있는 위치를 차지하지 않으면, 여성들은 세밀한 정책 설계과정에 참여할 수 없을 것이다. 예를 들어, 1990년대 조반 낙태에 관련한 정책 입안에 있어서, 여성의원들이 할 수 있었던 일이라고는 의사당에서 연설을 하는 것뿐이었다. 결과적으로 여성들은 위원회에서 논의되는 정책의 세부내용에는 관여를 할 수 없었다.69) 2003년과 2006년, 민주당이 다수당이 되었을 때 펠로시(Nancy Pelosi)가 하원의장으로 선출된 것과 공화당 의원 프라이스(Deborah Pryce)가 당내에서 4인자의 위치에 선출된 것을 계기로, 여성들은 당내에서 여성들의 위치를 제고할 수 있었다. 정책 결정과 입법 아젠다가 주로 중진 의원들에 의해 독점되고 당의 규율에 의해 통제되는 의회 시스템의 경우 여성들의 입법 활동 여지는 훨씬 줄어들게 된다.

신생(新生) 의회: 여성의원들이 입법 활동을 적극적으로 할 수 있게 하는 또 다른 제도적 토대는 신생 의회에서 발견된다. 신생 의회에서 여성들의 정계

---

67) Michele K. Swers and Carin Larson, "Women in Congress: Do They Act as Advocates for Women's Issues," pp. 115-116.
68) Michele K. Swers & Carin Larson, "Women in Congress: Do They Act as Advocates for Women's Issues," pp. 115-116.
69) Michele K. Swers and Carin Larson, "Women in Congress: Do They Act as Advocates for Women's Issues," p. 113.

입문은 의회의 출발 시점에서부터 두드러졌다. 사실 이와 같은 현상은 모든 신생 의회에 적용되는 것은 아니다. 구 공산주의 국가의 의회는 이들 의회가 변화된 정치 환경에서 작동을 하고 있다는 점에 있어서 '신생(new)'의회라고 할 수 있을 것이다. 그러나 여성의원의 비율은 오늘날에도 낮은 수준이다. 반면 스코틀랜드와 웨일즈의 신생 지역 의회는 시작부터 여성의원의 비율이 높았다. 초기 설계 과정에서부터 여성들은 남녀가 동등한 위상을 점하고 기회의 균등을 규정하는 명문화된 틀을 마련하기 위해 노력하였다. 또한 웨일즈 의회의 한 여성의원이 밝힌 것처럼, "모든 것이 이와 같이 정해졌기 때문에 누구라도 달리 행동할 수 없었다."[70] "초기부터 평등이라는 문제는 가장 중요한 사안으로 받아들여졌다. 평등은 뒤늦게 불거진 문제가 아니었고, 의회라는 공간 안에서 실질적으로 주류 사안으로 받아들여졌다."[71] 결과적으로 스코틀랜드 의회의 운영 절차는 처음부터 여성을 배려했다는 평가를 받고 있다. 의회의 일정은 일반 근무 시간에 맞추어졌고 방학에 대한 고려도 눈에 띈다.[72] '기회의 균등'은 스코틀랜드 의회와 웨일즈 의회 운영 철학의 핵심이었다. 두 의회는 입법 과정이 진행되기 이전에 협의 절차를 두는 위원회 시스템을 두고 있어서, 영국의 의회 보다는 대륙의 의회와 더 유사하며 합의의 정치를 위한 기회를 제공한다. 제도의 설계가 여성의원의 비율을 확대하는 방향으로 이루어 졌고(제5장 참조), 이와 같은 특징은 정당내의 여성과 여성운동으로부터 압력과 로비활동의 결과로 이루어졌다. 결과적으로 "의사결정과정에 있어서 여성의 영향력의 확대가 달성되었다"고 주장할 수 있을 것이다.[73]

---

70) Paul Chaney, "Women and Constitutional Change in Wales," *Regional and Federal Studies*, Vol. 14, No. 2, p. 288.
71) Paul Chaney, "Women and Constitutional Change in Wales," *Regional and Federal Studies*, p. 288에서 웨일즈 출신 각료의 말 인용.
72) A. Brown, T. B. Donaghy, F MacKay and E. Meehan, "Women and Constitutional Change in Scotland and Northern Ireland," *Parliamentary Affairs*, Vol. 55, No. 1, 2002, p. 76.
73) A. Brown, T. B. Donaghy, F MacKay and E. Meehan, "Women and Constitutional

정당 규율: 신생 제도에서든 역사가 오래된 제도에서든 정당의 규율은 의원들이 무엇을 할 수 있는가를 결정하는 중요한 특징이다. 정당은 자체적으로 젠더화된 구조이다. 대부분의 경우에서 정당의 출현이 여성의 정계 진출보다 앞선다는 것도 하나의 이유가 될 수 있을 것이다. 여성의원들은 결과적으로 소속 정당의 정체성과 젠더 정체성('여성을 위한 행동'을 하게 하는 요인)사이에서 발생하는 긴장을 경험하게 된다.74) 좋은 예가 1990년 호주에서 발생하였다. 호주 연방의회에서 여성의원들의 비율은 증가하였지만, 가정 폭력이나 육아 휴가와 같은 사안에 대한 개입 사례는 줄어들었다. 당시 여성의원의 수가 증가한 주요 원인은 우익 연정 정당의 여성의원이 재선에 성공한 결과였다. 연정은 '반 페미니스트적(anti-feminist)'이었고 "자신들은 '특별한 이해관계'로 인해 혼란스러워 하지 않으며 "주류층을 위한 통치(governing for the mainstream)"를 한다고 자부하였다… (따라서) 연정의 여성의원들은 자신들이 특별히 여성운동의 옹호자로 분류되는 것을 원치 않았고 이로 인해 자신의 정치 생명이 위협을 받는 사태를 피하고자 하였다."75) 돕슨(Debra Dodson)은 연구에서 미국 의회의 공화당 여성의원들은 "여성 단체와 교류하게 되면 소속 정당에 의해 불충한 행위로 꼬리표를 달게 될 것으로 느끼고 있다"고 밝히고 있다.76) 소속 정당에 대한 충성은 이 장의 서두에 언급된 편부모 지원이라는 사안에 대한 대응 방식을 촉발하였다. 챈시(Paul Chancey)의 연구에 따르면, 여성의원의 비율이 높았던 신생 웨일즈 의회의 첫 회기가 끝나는 시점이 되자, 의회의 신설 초기에 있었던 합의에 의한 정치 스타일로의 움직임이 "정당 정치에 의해 지연되거나 좌초되기도 하였다."77)

Change in Scotland and Northern Ireland," p. 82; Paul Chaney, "Women and Constitutional Change in Wales," p. 299.
74) Sarah Childs, "Hitting the Target: Are Labour Women MPs "Acting for" Women?" *Parliamentary Affairs*, Vol. 55, No. 1, 2002, p. 151.
75) Marian Sawer, "The Representation of Women in Australia: Meaning and Make-Believe," *Parliamentary Affairs*, Vol. 55, No. 1, 2002, p. 9.
76) Debra L. Dodson, *The Impact of Women in Congress*, p. 192.

차일즈와 코울리(Sarah Childs and Pholip Cowley)는 1977년~2001년 의회에서 초선 여성 노동당 의원의 정당 충성도를 조사하였다. 이들 여성의원은 남성의원이나 재선 이상의 여성의원들보다 자신의 정부에 대해 반대표를 던질 확률이 두드러지게 낮았다. 초선 여성의원들은 너무 젊거나 경험이 없어서 반기를 들 수 없다는 등의 여러 가지 설명이 제안되었지만, 문제를 좀 더 면밀하게 분석해 보면 이와 같은 설명들은 설득력을 잃게 된다. 다른 모든 요인들은 고려해 보았을 때, 남성과 여성 사이의 차이는 근소하였지만 분명히 존재한다는 것을 발견하게 된다. 아마도 가장 설득력 있는 결론이자 관련된 여성들이 가장 환영하는 결론은, 이들 초선 의원들은 소속 정당에 대한 불충(不忠)이 단지 대립이라는 '마초(macho)' 정치를 강화하게 되는 경우, 불충이라는 무익한 제스처를 취할 이유가 없다고 판단했다는 것이다.[78]

배후에서 일하기: 위원회 활동, 질문과 발의

정치에 참여하는 것은 새로운 법안을 지지하거나 새 안건과 관련하여 소속 정당의 지침을 벗어난 찬성(혹은 반대) 투표를 하는 수준에 그치는 것은 아니다. 의회는 의원들이 자신의 입장을 표명할 수 있고 여성들이 영향력을 끼칠 수 있는 다양한 장을 제공한다. 앞에서 언급한 영국의 편부모 지원 삭감에 반대표를 던졌던 여성의원들 중 많은 사람들은 자신들이 막후에서 느낀 분노와 더 좋은 정책에 대한 압력이 결과적으로는 이전 정권보다 불우한 여성들에게 더 많은 혜택을 제공하는 정책의 입안이라는 결실을 가져왔다고 주장하였다.[79]

---

77) Paul Chaney, "Women and Constitutional Change in Wales," *Regional and Federal Studies*, p. 294.
78) Philip Cowley and Sarah Childs, "Too Spineless to Rebel? New Labour's Women MPs," *British Journal of Political Science*, Vol. 33, No. 3, 2003, p. 363.
79) Boni Sones, *The New Suffragettes* (London: Politico's, 2005).

의회 내 위원회가 이와 같은 활동을 할 수 있는 하나의 장을 제공한다. 위원회의 위상이나 위원회를 통해 정책에 영향을 끼칠 수 있는 기회는 여성들의 역할에 영향을 끼친다. 전문 위원회가 의안·청원 등의 심사에 있어서 핵심적 역할을 수행할 경우, 위원회 간의 위계가 존재한다. 외교, 재경 위원회가 교육, 보건, 기타 유사 소관 위원회보다 위상이 높다. 여성의 관리직 배정의 경우와 마찬가지로(제6장 참조), 여성의원의 위원회 배정(일반적으로 당 지도부에 의해 결정이 되지만, 의원 자신의 개인적 선호가 때로는 변수가 될 수도 있다) 역시 지위(status)와 관련해 젠더화된 접근 방식을 보여주고 있다. 프랑스를 예로 들자면, 1997년 이후 여성의원이 소속되어 있지 않는 위원회는 없지만, 재경 위원회와 국방 위원회의 경우 숫자에 있어서나 권한에 있어서 여성은 주변석인 소수 집단에 지나지 않았다.[80] 1997년 의회에서 (여성의원의 비율은 10.9퍼센트), 여성은 사회문제 위원회의 18퍼센트를 차지하였다. 여성의원의 비율이 12.3퍼센트로 증가한 2004년, 여성의원은 사회문제 위원회의 26퍼센트를 차지하였다.[81] 사회문제 위원회는 무역산업 위원회와 더불어 '쓰레기통(dustbin)'이라는 별명을 가지고 있었다. 사회문제 위원회에 대한 이와 같은 비하적인 태도가 국내 정책 형성에 있어서 사회문제 위원회가 갖고 있는 중요성과 업무량을 반영하는 것은 물론 아니다.

벨기에와 스웨덴에서도 유사한 예를 찾아 볼 수 있다. 벨기에 출신 여성의원은 디아즈의 연구에서, "대부분의 여성의원들은… 보건이나 사회문제 위원회, 즉 '연성 위원회(soft committees)'에 소속되어 있다"고 밝혔다.[82] 이들 두 국가에서 여성의원의 비율이 두드러지게 확대됨에 따라, 여성들은

---

[80] Manda Green, "Women and the National Assembly in France: an Analysis of Institutional Change and Substantive Representation with Special reference to the 1997~2002 Legislature," pp. 125-138.

[81] Manda Green, "Women and the National Assembly in France: an Analysis of Institutional Change and Substantive Representation with Special reference to the 1997~2002 Legislature," p. 155.

[82] Mercedes Mateo Diaz, *Representing Women? Female Legislators in West European Parliaments*, p. 131.

다양한 위원회에 더욱 고르게 분포하게 되었다. 성분리적 분포 현상에 대한 설명이 반드시 간단한 것은 아니다. 스웨덴의 경우 디아즈가 조사한 거의 모든 경우에서 의원 자신의 이전 관심 영역과 위원회 배정에 상관관계가 있어서, 위원회 배정이 결국 전체 사회의 노동의 성별 분리를 반영하고 있다. 벨기에에서는 성분리적이고 심지어 '불공정한' 위원회 배정 사례도 많았다. 3개국 모두(프랑스, 스웨덴, 벨기에)에서, 의원들 간의 연공서열과 위원회 내에서 현직의원의 자리 굳히기가 여성들이 자신이 선호하는 위원회에 배정되는 가능성에 영향을 미쳤다.[83] 그러나 정치적 결과란 공식적인 입법 절차의 일부를 형성하고 따라서 당파적 제약을 받기 때문에, 여성위원들이 끼치는 구체적 영향은 식별하기가 어렵다.

정책 형성과 정책 집행을 조사하고 이에 대해 보고하는 다른 위원회(상임 위원회일수도 있고 특별 위원회일수도 있다)도 있다. 예를 들어 프랑스 국민 의회는 조사 위원회와 특별 위원회를 두고 있다. 호주와 영국을 포함한 기타 '영국의회 스타일(Westminster-type)' 의회는 엄선된 위원회를 두고 있으며, 미국의 의회 위원회는 전입법 위원회(pre-legislative committee)와 검토 위원회로서의 역할을 수행하고 있다. 이들 위원회는 여성의 의견이 어느 정도 표출될 수 있는 장을 제공하고 있다. 1997년 이후 하원 국방 위원회에 여성이 참여한 것을 계기로 여성 주제는 활발하게 논의되고 있다. "국방 위원회는 과거에는 군인들을 위한 위원회였으나, 현재는 군인가족들의 생활과 인사 문제 등에 초점을 맞추고 있다."[84] 프랑스의 여성의원들은 특별 위원회에서의 참여를 통해 보람을 얻고 있다. "여성의원들이 관심을 두고 있는 사안이 걸려 있을 때, 여성들은 특별 위원회에 참여하고자 할 뿐만

---

83) Manda Green, "Women and the National Assembly in France: an Analysis of Institutional Change and Substantive Representation with Special reference to the 1997~2002 Legislature," p. 147; Mercedes Mateo Diaz, *Representing Women? Female Legislators in West European Parliaments*, pp. 132-133.

84) Karen Ross, "Women's Place in Male Space: Gender and Effect in Parliamentary Contexts," p. 200.

아니라… 남성들보다 더욱 적극적으로 참여한다."[85] 다른 예로는 미국의 103대 의회를 들 수 있다. "여성들이 의료 개혁에 대해 양당 간에 어느 정도 공통된 입장을 발견한 경우, 의료 개혁을 담당하는 위원회의 다수당 소속 여성의원이야말로 여성의 가치를 입법 과정에 접목하는 중요한 매개체의 역할을 수행하였다."[86]

주 의회에서도 여성들이 목소리를 낼 수 있는 장을 제공하고 있다. 여기에는 대 정부 질문도 포함된다. 여성의원들과 남성의원들의 비교를 통해 그린(Manda Green)은 프랑스의 1997년~2001년 의회에서 여성들은 남성보다 더 많은 질문을 하였다는 점을 발견하였다. 또한 여성들의 질문이 정부 활동의 다양한 범위를 망라하고 있었지만, 남성들과 비교해 보았을 때 사회 문제와 문화 문제에 관련하여 더 많은 질문을 제기하였다는 것을 발견하였다.[87] 그러나 질문의 제기는 정당에 의해 꽤 엄격하게 통제되었고 당 지도부가 홍보 전략의 일환으로 여성의원들을 돋보이게 하기도 하였다. 영국의 하원에서는 얼리데이 모션(Early Day Motions, 어떠한 이슈나 사안과 관련하여 하원의원의 활동을 고시하는 서명 운동. 다른 의원들의 서명을 받음으로써 이슈에 대한 관심을 집중시키고 지지를 구한다 – 역주) 장치를 통해 의원들이 다양한 사안에 대해 자신의 견해를 표현할 수 있었다. 1997년 의회 관련 연구는 여성(정확히 말하자면, 여성의원 중 다수를 차지하는 노동당 여성의원)들은 남성들보다 이와 같은 발의에 서명을 함으로써 자신의 의견을 표현하는 경우는 적었지만 '여성' 문제나 '페미니스트' 문제에 관련된

---

85) Manda Green, "Women and the National Assembly in France: an Analysis of Institutional Change and Substantive Representation with Special reference to the 1997~2002 Legislature," p. 173.
86) Debra L. Dodson, "Making a Difference: Behind the Scenes," Clyde Wilcox and Sue Thomas (ed.), *Women and Elective Office: Past, Present, and Future* (New York: Oxford University Press, 2005), p. 138.
87) Manda Green, "Women and the National Assembly in France: an Analysis of Institutional Change and Substantive Representation with Special Reference to 1997~2002 Legislature," pp. 208-210.

동의안에는 남성보다 서명하는 확률이 높다는 점을 보여주었다. 이와 같이 발의안에 서명을 하는 행위는 여성의원들이 의회의 '배후(behind the scenes)'에서 '여성을 위하여' 행동하는 경향을 가시적으로 보여주는 예가 될 것이다.[88]

토론의 조건을 변경하기

달레루프(Drude Dahlerup)의 연구에서 노르웨이 오슬로의 시의원은 시의회에서 여성이 다수를 차지하게 되면서 결과적으로 "과거에는 여성들만이 관심을 가졌던 사안에 대해 남성들이 관심을 가지기 시작했다"고 말한 바 있다.[89] 여성 보건, 육아, 군인 가족의 복지, 일반적 의미의 양성 평등은 이제 진지한 논의의 주제로 자리매김하였다. 사실 "양성 평등은 오늘날 더욱 주류적 사안이 되었다."[90] 이와 같은 상황은 스칸디나비아에서 발견된다. 영국 총선에 출마하였던 후보자와 당선자를 대상으로 한 태도 연구는 보수당와 노동당의 여성 모두 같은 당의 남성들 보다 평균적으로 차별철폐조치와 양성 평등을 더욱 적극적으로 지지한다는 것을 발겼다. 러벤더스키와 노리스(Joni Lovenduski and Pippa Norris)는 이와 같은 태도상의 차이가 변화를 유도하는데 있어서 결정적인 역할을 수행한다고 제안한다. 정당 규율과 '당의 통일성이라는 문화'는 정책과 행동에 있어서 남녀 의원의 차이를 억제하지만, 여성의 자율(women's autonomy)과 관련된 사안에 있어서 입장의 차이는 법의 제정과 집행이 검토되고 우선순위가 논의되는 방식을

---

[88] Sarah Childs and J. Withey, "Women Representatives Acting for Women: Sex and the Signing of Early Day Motions in the 1997 British Parliaments," *Political Studies*, Vol. 52, No. 3, 2004, pp. 562-563.
[89] Drude Dahlerup, "From a Small to a Large Minority: Women in Scandinavian politics," p. 292.
[90] Mercedes Mateo Diaz, *Representing Women? Female Legislators in West European Parliaments*, p. 229.

변화시킬 것이다. 여성의원의 비율 증가는 과연 어떤 사안들이 논의의 대상이 되는가에 대한 인식을 변화시킬 것이다. 비록 이들 사안에 대한 여성들의 입장은 다양할 수 있지만 말이다. 미국의 사례 연구는 만약 여성의원들이 시민 사회로부터 강력한 지지를 이끌어 낼 수 있다면 이와 같은 변화가 일어날 수 있는 가능성은 커질 것이라고 제안한다.[91]

여성 영향력의 성격: 여성은 여성을 위해 행동하는가?

이 장에서 우리는 경직된 제도, 제도적 방해나 반발에도 불구하고 여성의원들의 비율이 증가함에 따라, 가치와 우선 사항이 변화하기 시작하였다고 주장하였다. 여기에서 주의할 점은 정치적 변화를 일반적인 사회 변화로부터 분리하는 것은 지극히 어렵다는 점이다. 그러나 논의 주제의 변화가 필연적으로 결과의 변화를 의미하는 것은 아니다. 과연 여성의원과 여성정치인들은 여성을 대변하고 여성을 위해 행동하는가?

여성은 여성을 위해 '행동(acting for)'함으로써 상황을 개선해 나갈 것이라는 믿음의 저변에는 여성은 남성과는 다른 관심사와 이해관계를 가지고 있다는 전제가 존재한다(글상자 4-2 참조). 그렇다면 여성의 이해관계는 무엇으로 구성되어 있는가? 가장 포괄적이고 일반적인 수준에서, 일부 이론가들은 사람이라면 누구나 모든 사람에게 공정하고 인간적인 사회의 형성에 관심을 가지고 있다고 주장할 것이다. 사회내의 이해 관계를 연구하는 이론가들은 — 대표적으로 마르크스주의자들을 들 수 있겠지만 사회의 이해관계라는 주제는 이들만의 관심사는 아니다 — 이해의 충돌을 근본적으

---

91) Debra L. Dodson, "Making a Difference: Behind the Scenes," p. 134.

로 경제적이고 사회적인 것으로 보았으며, 이해관계의 충돌은 경제적 자원과 생산 활동에 대한 서로 다른 관계에서 발생한다고 믿었다. 그 결과 계층 간의 구별에 근거한 정치, 일부 경우에는 인종간 구별과 민족간 구별에 근거한 정치가 발생하게 되었다. 그러나 많은 페미니스트 이론가들은 계층 간 구별만큼 근본적인 구별이 생식 활동(*reproductive* activity)에 의해 비롯된다고 주장한다.92) 다이아몬드와 하트삭(Diamond and Nancy Hartsock)의 연구에서 언급되고 있듯이, 여성들은 '자신의 무력함'에 대한 생존 전략을 마련하였지만, 이와 같은 생존전략은 인종과 계층에 따라 다를 수밖에 없다.93) 엄밀하게 말하자면 여성의 역할이란 여성들의 삶에 영향을 끼치는 '보이지 않는(invisible)' 문제를 식별해 내는 과정에 있어서 여성을 위해 '일을 하는 것'으로 정의할 수 있다.94)

생식 활동을 여성 특유의 핵심적인 이해관계로 규정하게 되면, 우리는 여성 특유의 이해관계를 좀더 용이하게 정의할 수 있다. 여성의 이해관계는 다음의 세 영역으로 구성되어 있다. 1) 아동 복지, 아동 보건, 육아(육아가 이루어지는 장소로서의 가정을 포함); 2) 가사, 의료보장, 넓은 의미의 사회 정책 등을 포함하는 돌봄(care); 3) 생식 활동과 관련된 권리(출산, 불임 치료, 피임, 낙태 등), 여성 폭력, 성폭력, 성적 착취와 매춘 등의 사안을 포함한 여성의 몸과 섹슈앨러티에 관련된 사안 등이 바로 그것이다. 위의 세 가지 중요 영역에 네 번째 사안이 첨가될 수 있을 것이다. 그것은 바로 젠더화된 사회 내에서 여성의 지위 변화와 관련된 사안들이다. 여기에는 2장에서 논의된 시민권(citizenship rights), 즉 교육 및 노동시장 접근권, 사회

---

92) Virginia Sapiro, "When Are Interests Interesting?" Anne Phillips (ed.) *Feminism and Politics* (Oxford: Oxford University Press, 1998), p. 166.
93) Diamond and Nancy Hartsock, "Beyond Interests in Politics: A Comment on Virginia Sapiro's "When are Interests Interesting?" The Problem of Political Representation of Women," in Anne Phillips (ed.) *Feminism and Politics* (Oxford: Oxford University Press, 1998), p. 199.
94) Diamond and Nancy Hartsock, "Beyond Interests in Politics: A Comment on Virginia Sapiro's "When are Interests Interesting?" p. 198.

보장, 결혼과 재산의 소유가 끼치는 영향 등의 문제가 포함된다.

위의 사안들을 여성에게 특별히 중대한 사안으로 규정하는 것은 사회적 파장, 위험, 논란을 수반한다.

첫째, 특정 사안을 '여성문제(women's issues)'로 규정한다고 해서 다음을 의미하는 것은 아니다.

- 남성들이 여성문제에 대해 관심이 적거나 없다는 것을 의미하지는 않는다.
- 이들 여성문제가 올바르고 공정한 정치조직 내에서 어떻게 다루어 져야 하는지에 대해 남녀가 합의할 수 없음을 의미하지는 않는다.
- 이들 문제에 대한 입장에 있어서나 문제의 해결 방안에 있어서 여성들 사이에 완전한 의견의 일치가 이루어 질 것을 의미하지는 않는다.

둘째, 여성문제의 규정은 이들 사안과 관련이 있는 것으로 여겨지는 사람들에게는 일정한 위험과 대가를 발생시킨다. 남성주도의 제도 내에서, '여성문제(women's issues)'로 분류되는 사안들은 자칫 무시되고 평가절하될 수 있다. 결과적으로 이들 문제에 관심을 둔 사람들의 경우, 만약 이들의 관심이 여성문제에만 국한되어 있다는 인상을 주게 되면 '깊이(having any depth)'가 없는 것으로 보일 수 있다.[95] 둘째, "'여성문제'와 '연성 문제(soft issues)' 사이에는 암묵적인 동일시 현상"이 존재한다. 프랑스의 여성의원들은 자신들이 배정된 사회문제 위원회에 대해 '애증' 관계를 갖는 것도 이 때문일 것이다.[96] 남성들은 사회문제에 대해서는 발을 뺄 것이고, 이들 사안 중 일부 사안(예를 들자면 교육)에 한해서 여성의원들의 비율이 더 적었더라면 자신들이 울며 겨자 먹기 식으로 맡았을 것이다. 셋째, 남성들은 여성의원의 비율이 증가하면, 이들 사안에 대해서 자신들은 '신경쓰지 않아

---

[95] Sarah Childs, *New Labour's Women MPs: Women Representing Women*, p. 127.
[96] Manda Green, "Women and the National Assembly in France: an Analysis of Institutional Change and Substantive Representation with Special Reference to 1997~2002 Legislature," p. 151.

도 될 것'이라는 입장을 보일 수 있다.[97] 남성의원들은 '여성의원들이 자신들의 책임을 면제해 줄 것'이라고 느낄 수 있다.[98] 마지막으로, 여성문제가 주류 사안으로 평가되지 못하고 '연성' 문제로 분류되면, 여성들조차 여성문제에서부터 거리를 두고자 하거나 의식적으로 여성의 실질적 대표성(substantive representation)에 관한 하등의 책임을 회피하고자 할 수도 있다. 사실 일부 저명 여성인사들이 자신들은 '페미니스트'가 아니라고 주장한 것도 같은 맥락에서 이루어 진 것이다. 차일즈가 인터뷰한 사람들 중 다수는 여성문제에 대한 지나친 동일시는 자신의 정치 경력에 해를 끼치거나 적어도 방해가 될 수 있다고 피력하였다.

이와 같은 위험은 이들 사안을 둘러싼 논란과도 관련이 있다. 앞에서 논의한 바와 같이, 여성들에게는 여성 특유의 이해관계가 있다는 생각 그 자체가 논란의 여지를 안고 있다. 여성을 포함한 많은 사람들은 개인적, 사회적, 경제적 삶이 성(性)에 의해 구성된다는 생각에 대해 선뜻 동의하지는 않는다. 따라서 이들은 특정한 사안이 남성보다는 여성에게 더욱 긴밀하게 관련된 것으로 인식하지도 않고 페미니스트의 시각을 수용하지도 않는다.[99] '여성문제'라는 용어가 제한적이고 평가절하되는 특정 사안들을 지칭하고 있는 상황을 감안해 볼 때 그리고 위에서 언급한 논란의 정도를 고려해 볼 때, 차일즈나 로스(Karen Ross)의 인터뷰에 참여한 많은 영국인, 호주인, 남아프리카인들이 이들 여성문제를 언급하는데 있어서 신중한 자세를 보인 것은 놀랄 일이 아니다.[100] 차일즈에 따르면 일반적으로 여성들은 여성문제라는 입장보다는 '여성들에게 영향을 끼치는 사안'이라는 관점에서 논

---

97) Sarah Childs, *New Labour's Women MPs: Women Representing Women*, p. 128.
98) Sarah Childs, *New Labour's Women MPs: Women Representing Women*, p. 128.
99) Karren Ross, "Women's Place in Male Space: Gender and Effect in Parliamentary Contexts," p. 189; Marian Sawer and Marian Simms, *A Women' Place: Women and Politics in Australia* (North Sydney: Allen and Unwin, 1993).
100) Sarah Childs, *New Labour's Women MPs: Women Representing Women*, p. 126; Karren Ross, "Women's Place in Male Space: Gender and Effect in Parliamentary Contexts," p. 189.

의하는 것을 선호하였다. 차일즈의 인터뷰에 참여한 한 여성은 "개인에게 영향을 끼치지 않는 문제는 없다. 또한 어떤 문제도 여성문제로만 존재하는 것은 아니다"라고 말했다.101) 프랑스에서, 여성 권리 위원회는 여성 로비 단체로 인식되지 않기 위해 신경을 쓰고 있다. 이들은 이혼 조정에 관한 법안의 경우에서처럼 남성의 권리가 제한된다고 판단되는 경우에도 적절한 제안을 하기도 하였다.102)

정책 내용의 딜레마

'여성에 반해서' 일을 한다고 주장하는 정치인은 없을 것이다. 편부모 혜택 삭감 (p. 253 참조)을 찬성하는 사람들도 여성들로 하여금 유급 직장을 찾도록 유도하면, 결국 여성들의 자립과 부는 증진될 것이라고 주장하였다. 페미니스트들은 선진 민주주의 국가에서 자신들이 주장하는 방식으로 법과 정책이 변화하고 있다는 것을 실감하고 있다.(제7장과 9장 참조). 정치 영역에 있어서 여성들의 가시성과 활동은 이와 같은 변화를 촉진하였고, 페미니스트적인 시각을 가진 남성들의 영향력도 긍정적으로 작용하였다.103) 그러나 "정치와 가정에서 여성의 지위가 갖는 의미에 대한 의견 충돌이 발생할 것이고, 여성의 삶에 있어서 정부의 역할에 대해서도 의견 충돌이 발생할 것이다. … 페미니스트 여성단체와 보수 여성단체는 여성에 대한 어떤 시각이 여성을 가장 효율적으로 대변하느냐 하는 문제에 있어서 충돌하고 있다."104) 미국 의회에서 여성의 이해관계에 관련된 최근의 활동 목록

---

101) Sarah Childs, *New Labour's Women MPs: Women Representing Women*, p. 126
102) Manda Green, "Women and the National Assembly in France: an Analysis of Institutional Change and Substantive Representation with Special Reference to 1997~2002 Legislature," p. 248.
103) Paul Chaney, "Women and Constitutional Change in Wales," Regional and Federal Studies, Vol. 14, No. 2, 2004, pp. 281~303; Finona Mackay, *Love and Politics: Women Politicians and the Ethics of Care* (London and New York: Continuum, 2001).

| 미국 의회에서 선구적인 여성에 관한 최근 사례 | 글상자 8-3 |

- 윌슨(Heather Wilson)의원은 여성 군인들이 수행할 수 있는 업무를 더욱 제한하고자 하는 의회의 움직임에 대해 투쟁하였다
- 아프가니스탄과 이라크의 여성과 아동의 인권을 증진하기 위한 초당적인 노력
- 프라이스(Deborah Pryce) 공화당 의원은 아동 학대 방지를 위한 예산 확대를 위해 노력하였다
- 공화당 여성들은 보육 포괄 보조금(childcare block grants)에 대한 추가 예산을 확보하는데 성공하였다
- 금연 지원 캠페인에 대한 초당적인 지원
- 의료서비스 지원을 목적으로 환자 내비게이터(Patient Navigator), 아웃 리치(Outreach), 만성질환 예방법(Chronic Disease Prevention Act)에 대한 초당적인 지지
- 공화당 여성들은 가족친화적 조직 경영이라는 목적 아래 노동법을 개정하여 근로자들이 초과근무시간에 대해 초과근무수당을 수령하는 방법과 초과근무한 시간을 적립하여 나중에 휴가로 사용할 수 있는 방법(근로시간 계좌제) 중에 선택할 수 있도록 하고자 하였다(이 책을 집필하는 현재 이와 같은 노력은 의회 통과되지 못한 상태이며 민주당 여성과 전국여성연맹(NOW: National Organisaton of Women)의 반대에 부딪혀 있다105)
- 부시 대통령이 지명한 보수성향 여성 법관 후보자들에 대한 공화당 여성들의 지지 결집 노력

출처: Debra L. Dodson, *The Impact of Women in Congress* (Oxford: Oxford University Press, 2006), p. 266, fn 1.

---

104) Ronnee Schreiber, "Injecting a Woman's Voice: Conservative Women's Organizations, Gender Consciousness and the Expression of Women's Policy Preferences," in Karen O'Connor, Sarah Brewer and Michael Philip Fisher (ed.), *Gendering American Politics: Perspectives from the Literature* (New York: Pearson Longman, 2006),

은(글상자 8-3 참조) 이와 같은 의견차를 노출하고 있다.

따라서 우리는 다음과 같이 말할 수 있다.

- 여성들은 출산을 하고 육아를 한다. 젠더화된 선진 민주국가에서 여성들은 유아, 노인, 장애인, 환자의 돌봄에 있어서 주된 책임을 지고 있다. 여성들은 남성과는 다른 사회화 과정과 삶의 경험을 거치게 된다. 사회가 이와 같은 여성의 특징으로 인해 발생하는 문제를 고려하지 않는다면, 여성은 사회 질서의 변화를 희망하게 될 것이다.
- 그러나 사회 변화의 바람직한 방향에 대해서는 상당한 의견 차이가 있을 수 있다. 예를 들어 일부 국가의 경우 가족 정책은 우익 정당의 고유 영역으로 존재해 왔다. '태도적으로 페미니스트'인 사람들은 여성의 자립을 강조하는 반면, 다른 사람들은 보다 전통적이고 의존적인 여성 역할에 대한 지원을 강조하기도 한다. 이들은 여성의 자립 보다는 여성의 보호를 강조할 수 있다(제9장 참조).[106]

결론

이 장은 먼저 정치기회구조가 일반적으로 여성의 정치 분야 진출로 인해 촉발된 가시적이고 신속한 변화를 제한한다고 주장하였다. 이와 같은 구조 내에서, 오늘날 정치가 현 위치에 머물러 있는 것은 여성 대표의 수가 적기 때문이라기보다는 무엇보다도 전통적인 젠더 레짐과 제도상의 특징 때문일 것이다. 둘째, 여성이 여성을 위해 일하는 분명한 징후를 식별하기 어려운 이유는 여성을 위해 일한다는 것이 무엇을 의미하는가에 대한 견해의 차이

---

pp. 141-150.
105) http://www.now.org/issues/economic/050103familyflex.html.
106) Katherine A. R. Opello, *Gender Quotas, Parity Reform and Political Parties in France* (Lanham, MD: Lexington Books, 2006), pp. 51-57.

가 있기 때문이다. 현대 산업 민주주의 국가는 변화하고 있고, 많은 여성들은(모든 여성은 아니더라도) 새로운 정책의 많은 부분(모든 부분은 아닐지라도)과 정책상의 변화가 자신들의 지위에 이익을 가져올 것으로 보고 있다. 러벤더스키(Joni Lovenduski)가 언급한 바 있듯이, 이와 같은 변화가 여성의 정치적 역할 확대에서 비롯되었다는 가설은 증명하기도 반증하기도 어렵다.[107]

---

[107] Joni Lovenduski, *Feminizing Politics*, p. 179.

09 / 여성 정책: 평등고용정책 사례

앞의 장에서 여성의 정치 활동에 관련하여 논의된 많은 요소들은 여성에 대한 임금·처우·기회의 평등이라는 주제의 논의에서 다시 부각된다. 이 장은 따라서 편의상 평등고용정책(equal employment policy)이라 불리는 정책에 대한 사례연구이다. 평등고용이라는 문제는 여성의 지위, 자아, 자립에 대한 페미니스트들의 주장에 있어서 가장 핵심적 사안이다. 따라서 "평등 처우법이나 성차별 금지법은 중요한 초석으로서의 기능을 지닌다."[1] 이들 사안은 사회내에서 경제적 삶의 참여와 관련이 있기 때문에, 시민권(citizenship)이라는 개념과도 상호작용적 관계를 가진다(제2장 참고). 더욱이, 평등고용정책은 국제기구가 관심을 기울이고 있는 사안이기 때문에, 개별 국가는 정책 형성에 있어서 국내 단체뿐만 아니라 국외 기구로부터도 압력을 받고 있다.

평등고용정책의 운용은 3가지 요소에 달려 있다. 먼저 평등이라는 가치가 범사회적 원칙으로 인정을 받아야만 평등고용정책은 정책으로서 정당성을 인정받고 대중적 지지를 이끌어 낼 수 있다. 둘째, 구속력을 갖는

---

[1] Ian Forbes, "The Privatisation of Equality Policy in the British Employment Market for Women," in Frances Gardiner (ed.), *Sex Equality Policy in Western Europe* (London and New York: Routledge, 1996). p. 163; Jo Shaw, "Gender and the Court of Justice," Conference paper. http://eucenter.wisc.edu/conferences/Gender/shaw.htm.

법률상의 틀이 존재하여야 한다. 이와 같은 노력에 있어서 종종 평등임금 규정이 시발점이 되어 왔다. 더 중요한 것은 접근권이다. 유급 고용에 대한 접근, 지위와 기회에 대한 접근, 서비스와 재원에 대한 접근은 소극적 조치(negative action)과 적극적 조치(positive action) 모두를 필요로 한다. 몇몇 예외가 있지만, 법률은 소극적 조치에 대한 틀을 제공한다. 예를 들어 법률은 공식적 장벽, 법적인 장벽, 규제적 장벽, 절차상의 장벽의 제거를 명시하고 있다. 적극적 조치(실제로 여성에게 일자리나 승진을 제공하는 행위)는 고용주로부터 나와야 한다. 평등고용정책의 세 번째 요소는 절차이다. 즉, '접근성과 기회를 증진하는 방향으로 태도, 사고방식, 사회적 관습과 삶의 방식이 발전하도록' 정책을 집행하는 제도들이다.[2]

동일가치 업무(work of equal value)에 대한 동일임금론(論)의 이론적 뿌리는 고전적 자유주의(classical liberalism)나 급진적 사회주의/마르크스주의에서 유래하였지만, 이들 주장은 평등과 사회 정의, 다양성에 대한 존중이라는 근본적인 원칙에 있어서는 뜻을 같이 한다.[3] 그러나 심지어 오늘날에도 동일가치 업무 동일임금 원칙은 논란으로부터 자유로운 것은 아니다. 첫째, 동일임금 원칙은 평등과 차이라는 딜레마를 제기한다. 직장생활을 하는 여성들은 '마치 남성인 것처럼' 대우받아야 하는가? 아니면 이들 여성들은 남성들과는 다르기 때문에 별도의 대우, 즉 보호적 대우를 받아야 하는가? 예를 들어, 독일 헌법재판소(Constitutional Court)는 동일임금 동일처우라는 원칙이 법률적으로 천명되고 난 후 20년 동안, 이 원칙이 이른바 '기능분화(functional differentiation)'를 허용하는 것으로 해석하였다.[4] 둘째, 보수주의자들은 사회 구조와 태도에 있어서 변화를 유도하는데

---

2) Ian Forbes, "The Privatisation of Equality Policy in the British Employment Market for Women," p. 166.
3) Ian Forbes, "The Privatisation of Equality Policy in the British Employment Market for Women," p. 166.
4) Mrya Marx Ferrer, "Making Equality: the Women's Affairs Offices in the Federal Republic of Germany," Amy Mazur and Dorothy M. Stetson (ed.), *Comparative*

동원되는 사회공학(social engineering)에 반대하고 있다. 이들은 '비지니스와 경제적 논리'에 의거하여 평등고용정책을 정당화하고자 하며, 능력/경쟁의 논리(이 논리는 단순히 장벽의 철폐와 같은 소극적인 수준의 변화를 요한다)와 안정적 사회 구조의 보존을 선호한다.5)

평등고용정책은 긴 역사를 가지고 있다. 이들 정책의 전개에 있어서 연대기적 단계는 다음과 같다.

- 특별 보호(special protection)
- 평등 권리(equal rights)
- 불차별(non-discrimination)
- 역할과 기회의 평등(equal roles and rights)
- 가장 최근에 들어서는, 주류화(mainstreaming)6)

이 장은 선진 산업국의 평등고용정책의 현 위치를 진단해 보고, 그동안 정책과 법률이 어떤 변천 과정을 통해 오늘날의 평등고용정책을 가능케 하였는지 짚어 본다.

평등고용정책의 초기

19세기 후반 민주주의 국가에서 산업화가 진행됨에 따라 두 가지 역설적인

State Feminism (Thousand Oaks, Calif.: Sage Publications, 1995), pp. 95–113.
5) Ian Forbes, "The Privatisation of Equality Policy in the British Employment Market for Women," p. 167.
6) Bob Reinalda, "*Deux ex Machina* or the Interplay between National and International Policy-Making: A Critical Analysis of Women in the European Union," Frances Gardiner (ed.), *Sex Equality Policy in Western Europe* (London and New York: Routledge, 1996), p. 208; Theresa Rees, *Mainstreaming Equality in the European Union: Education, Training and Labour Market Policies* (London and New York: Routledge, 1998).

경향이 전개되었다. 여성들은(어린이들도 해당된다) 산업화로 촉발된 대량생산 체제에서 노동자로 착취를 당하게 되었다. 동시에 부르주아 계층에서는 품위에 관한 규범이 발달하여, 여성들의 행동반경은 사적인 영역으로 제한을 받게 되었다. 유급 고용과 무급 고용 사이의 간극은 더욱 벌어졌다. 경제의 공적인 영역으로의 여성 진출을 허용한 유급 고용은 더욱 가시적 현상이 되었고 동시에 우려의 대상이 되었다.[7] 그러나 동등대우와 동등임금은 초기에는 별 호응을 얻지 못하였다. 여성운동단체들도 다른 우선 사항들(재산권과 이혼권, 교육권, 정치권)에 관심을 쏟고 있었고, 남성노동자들은 가족을 부양하기 위해서는 '가족 임금(family wage)'이 필요하다는 주장을 임금 인상을 위한 논리로 내세웠다. 반면 중산층 옵저버들이나 엥겔스(Friedrich Engels)와 같은 자본주의 비판세력은 "생계를 부양하는 권리는 남성의 권리이며 여성의 (유급) 고용은 '부자연스럽거나(unnatural)' 어머니로서의 책무에 대한 왜곡"이라는 시각을 가지고 있었다.[8] 결과적으로 여성의 유급 노동은 평가절하 되었고, 여성의 경제적 지위와 경제 활동과 관련된 대부분의 정치 행위는 지향점에 있어서 본질적으로 가부장적이었고 보호적 성격을 띠게 되었다. 예를 들어, 야간 근무의 금지나 근로 시간의 제한에 있어서도 평등보다는 차이가 강조되었다.

고용주들은 여성노동에 대한 평가 절하를 교묘하게 이용하였고, 여성의 참여 비율이 미미한 노조로부터의 저항도 거의 없었다(제7장 참조). 저임금 여성들이 남성 노동자의 임금 수준을 낮추게 될 것이라는 우려가 있었지만, 남성의 '가족 임금'에 대한 주장이 일반적으로 우세하였다. 여성들이 남성의 영역에 진입하지 못하도록 하는 노력은 이와 같은 우려에 대

---

7) Laura L. Frader, "Doing Capitalism" Work: Women in the Western European Industrial Economy," Renate Bridenthal, Susan Mosher Stuard and Merry E. Wieser (ed.), *Becoming Visible: Women in European History* (New York: Houghton Mifflin Company, 1998), pp. 306-307.
8) Laura L. Frader, "Doing Capitalism" Work: Women in the Western European Industrial Economy," pp. 306-307.

한 반응으로 광범위하게 발생하였다. 남녀의 고용 분리는 고용주뿐만 아니라 남성주도의 노조의 구미에도 맞는 결정이었다. 고용주들은 신기계가 도입되면, 여성을 고용하여 '새로운(new)' 일을 수행하게 함으로써 인건비를 줄일 수 있었다.9) 위기가 잠시나마 차이를 압도하기도 하였다. 제1차 세계대전의 영향으로 여성에 대한 보호적 차원의 법률 적용이 보류되었고, 정부는 고용주를 대상으로 이전에 남성이 하던 일을 여성이 하는 경우에도 임금 수준은 과거와 동일한 수준으로 유지할 것을 권고하였다. 이렇게 하면 남성들이 다시 직장에 복귀하더라도 남성의 지위를 보호해 줄 수 있으리라 보았기 때문이다. 일반적으로 고용주들이 이와 같은 권고에 귀를 기울인 것은 아니었다.10) 하지만 전쟁이라는 위기는 하나의 유산을 남겼다. 베르사이유 평화조약(Versailles peace treaty)은 노동관련 조항을 담고 있었고, 이를 근거로 국제노동기구(ILO: International Labour Organization)가 창설되었다. 조약의 427조는 직장에서의 권리와 근로 여건에 관한 일반적인 원칙을 명시하고 있는데, 그 중에는 동일한 가치의 노동에 대해서는 성별에 관계없이 동일한 보수를 주어야 한다는 내용이 담겨져 있다. 그러나 앞에서 언급된 평등고용정책의 연대기별 특징이 시사하는 바와 같이, ILO의 초기 활동은 차이(difference)와 보호(protection)라는 가치에 맞추어져 있어서 모성 모호와 여성의 야간작업에 관련한 조항이 포함되어 있었다.11) ILO 규정의 동인은 다양하다. ILO 규정은 일정 부분 사회정의에 대한 관심에서 비롯되었지만, 동시에 러시아 혁명을 겪고 난 후 사회적 안정뿐만 아니라 국가들이 개별적으로 행동해야 할 경우 개별 국가의 경쟁력에 대한 우려도 원인으로 작용하였다.

---

9) Bonnie S. Anderson and Judith P. Zinsser, *A History of their Own* (London: Penguin Books, 1990), pp. 292-293; Sarah Boson (ed.), *Women Workers and Trade Union* (London: Lawrence and Wishart, 1987), pp. 41-42.
10) Bonnie S. Anderson and Judith P. Zinsser, *A History of their Own*, p. 296.
11) International Labour Organisation (2006) *History*. http://www.ilo.org/public/english/about/history/htm.

1954년 이후 전후 재건과 인권보장이라는 맥락 안에서 저항과 재건에 있어서 여성의 역할은 재인식되게 된다. 이와 같은 인식 아래 UN헌장 전문(preamble)은 '남성과 여성의 동등한 권리'를 재확인하였다. 헌장의 제 1조는 기본적인 자유와 인권 존중에 있어서 성별에 따른 차별을 금지하고 있다.[12] 1948년 12월 UN은 세계인권선언(Universal Declaration of Human Rights)을 채택하게 된다. 선언문의 제2조는 "인종, 피부색, **성별**(저자 강조), 언어, 종교, 정치적 견해나 기타 견해, 국적이나 사회적 출신, 재산, 출생과 기타 지위에 근거한 차별"을 금지하고 있다. UN 기구로 재편된 ILO는 1944년 필라델피아 선언(Declaration of Philadelphia)에서 기회의 균등에 대한 의지 등을 포함한 원칙을 재천명하였다. 1951년, 권고문이 수반된 ILO 협약 제 100호는 동일 보수에 관한 내용을 담고 있었다. 모든 개별국가는 권고문을 비준하게 되면 조약에 의해 구속을 받게 된다. 하지만 ILO는 강제 메커니즘(enforcement mechanism)이 없기 때문에 ILO의 원칙과 조약은 선언적 효과나 도덕적 효과 이상을 발휘하지는 못한다. 마찬가지로, 동일한 시기에 프랑스, 이탈리아, 호주의 신(新)헌법과 서독의 기본법은 남녀간 평등에 대한 언급을 담고 있었다.[13]

정책형성 틀

평등고용정책은 20세기 후반에서 21세기 초반에 이르는 기간 동안 수립되었기 때문에, 선진 산업국들 전반에 걸쳐 정치적 틀 안에서 수립되었고 다양한 방식으로 이용되고 다양한 효과를 발휘하였다. 이러한 정치적 틀은 다

---

12) Tony Judt, *Postwar* (London: William Heinemann, 2005), p. 565.
13) Angelika von Wahl, "Liberal, Conservative, Social Democratic or ...European? The European Union as Eqaul Employment Regime," *Social Politics international Studies in Gender State and Society*, Vol. 12, No. 1, 2005, p. 84.

음과 같다.

- 국제적 차원에서의 대계획
- 국가적 차원에서의 대계획
- 국가의 구체적 법률
- 단체 협약

각각의 항목이 아래에서 논의된다.

대계획(Grand Designs): 국제기구 – UN과 유럽의 제도

UN이 1946년 창설한 여성지위위원회(Commission on the Status of Women)는 당초 인권위원회의 하위 위원회로서 시작하였으나 여권 운동가들의 압력에 의해 곧 독자적 위원회가 되었다.[14] 1963년 다시 여성계의 압력에 의해 UN은 여성 권리에 대한 완전한 성명서를 채택하기 위한 작업에 착수하게 된다. 그 결과 1968년 UN 총회는 여성차별철폐선언문(Declaration on the Elimination of Discrimination against Women)을 채택하게 된다. 선언문은 고용에 관련된 장(제10장)을 포함하고 있다. 고용은 가장 논란이 많은 사안이었고, 여성의 고용에 관한 관행은 개별 국가의 다양한 문화, 사회, 경제에 깊게 뿌리박고 있었다. 즉 젠더 레짐의 뿌리는 깊었다. 여성차별철폐선언문은 선언문 그 이상은 아니었다. 따라서 1974년을 기점으로 여성지위위원회는 법적으로 더욱 구속력이 강화된 조약을 준비하는 과정에 착수하게 되었다.

여성차별철폐협약(CEDAW: Convention on the Elimination of All Forms of Discrimination against Women)은 1979년 찬성 130표 반대 0표(기권 10표)로 채택되어 1980년 공식 행사를 통해 64개국에 의해 서명되었다. (2006

---

14) United Nations Statistics Division (2006), *Demographic and Social Statistics*. http://unstats.un.org/unsd/demographic/default.htm.

년 현재) 여성차별철폐협약은 183개국에서 비준이 된 상태이다. 미국은 협약의 서명국이기는 하지만 비준국은 아니다. 여성차별철폐협약은 편견의 철폐와 정치적 권리에 대한 의지 등 다양한 권리를 골자로 하고 있다. 협약의 10조과 11조는 경제 활동에 있어서의 차별 철폐와 고용 평등에 대해 언급하고 있으며 동일가치노동 동일보수에 관한 내용도 포함되어 있다.

UN의 경제사회국 산하 여성지위향상과(Division for the Advancement of Women)는 여성 지위와 관련한 UN의 노력을 뒷받침하고 있다. 또한 여성지위향상과는 세계여성대회를 통해서도 부각이 되었다. 세계여성대회는 UN 개발계획(Development Programme)에 의해 장려되었는데, 1975년 멕시코 세계여성대회에서 UN은 1975년을 국제여성의해(International Women's Year)로 선언하였고 1976~1985년을 양성평등, 개발, 평화를 위한 UN여성10년(United Nations Decade for Women: Equality, Development, and Peace)으로 지정하였다. 여성 10년의 대미는 나이로비 세계여성대회로 장식되었다. 1995년 베이징에서 개최된 제4차 세계여성대회는 특별히 중요한 회의였다. 국가별 대표단의 철저한 사전 준비가 있었고 사후에는 여성의 생식 권리(reproductive rights)에 대한 대책이 뒤따랐기 때문이다.[15] 어쨌든 베이징 세계여성대회는 여성 권리를 재확인하는 선언문과 행동 강령(Platform for Action)의 채택이라는 결과를 낳았다. 행동 강령의 핵심적인 내용은 '주류화(mainstreaming)'라고 알려진 전략에 대한 강력한 의지의 표명이다. 주류화 전략은 젠더 문제를 주변적인 문제나 혹은 다른 정책 관심사와 분리된 문제로 접근하는 것이 아니라 모든 정책 논의와 정책 형성에 있어서 중심적인 요소로 접근한다는 것이다. 베이징 여성대회의 담론은 강력하면서도 영향력이 있었다. 그러나 UN의 의지는 UN 산하 기관에만 적용이 된다. 개별 국가에서 협약이 비준되고 행동 강령이 승인된 경우에도,

---

[15] Emily Hafner-Burton and Mark A. Pollack, "Mainstreaming Gender in Global Governance," *European Journal of International Relations*, Vol. 8, No. 3, 2002, pp. 339-373.

UN은 협약의 강제집행을 강요할 능력을 갖추고 있지 않다. 다만 CEDAW 서명국은 적어도 4년에 한 번 의무사항을 실천하기 위해 어떤 행동을 취하였는지 보고해야 할 의무가 있기 때문에, UN은 제출된 보고서에 대한 전문가 집단의 의견을 통해 상황을 모니터링하거나 평가하고 있다.

EU는 자체적으로 사법 질서를 갖추고 있다는 점에서 독특한 국제기구라고 할 수 있다. EU 회원국은 집단 주권을 행사하기 때문에, 일부 회원국의 헌법에 양성 평등 원칙이 존재할 경우 다른 회원국에도 영향을 미치게 된다. 1956년~1957년 유럽경제공동체(ECC: Europe Economic Community) 창설을 위한 협상이 진행되는 동안, 프랑스는 자국의 기업들이 경쟁을 해야 할 뿐만 아니라 그것도 불공정한 상황에서 경쟁을 해야 한다는 사실을 인식하게 되었다. 프랑스는 1946년 헌법 개정 이후 사용자측과 노소 사이의 협약에는 동일임금이 명문화되어야 한다는 법이 제정되었고, 1950년에는 동일한 임금표에 의한 최저임금법이 제정되었다. 그러나 동일임금은 다른 유럽 국가에서는 강제 조항이 아니었다. 따라서 이들 국가의 경우 여성 고용은 프랑스에서와는 달리 구조적으로 인건비의 절감을 가져왔다. 여성 근로자의 고용을 통한 인건비의 절감에 대해 네덜란드가 그냥 지나칠 리 없었다. 네덜란드의 섬유 산업을 포함한 일부 산업 분야는 낮은 임금으로 여성 근로자를 고용함으로서 이윤을 얻었다.16) 그러나 ECC 창설을 위한 협상은 시급한 문제였고 결국 프랑스를 달래는 것이 중요한 과제가 되었다. 따라서 당시 협상당사국 6개국 중 4개국이 비준한 ILO 협약에 덧붙여 짧은 조항이 마련되었는데 이 조항은 처음으로 그리고 분명하게 경쟁의 왜곡(distortions to competition)에 관련한 내용을 담고 있었다. 결국 이 조항은 조약 초안의 사회 정책(social policy) 부문에 포함이 되었다.17) 당시 사회 정책이라는

---

16) Catherine Hoskyns, *Integrating Gender: Women, Law and Politics in the European Union* (London: Verso, 1996), p. 55.
17) Catherine Hoskyns, *Integrating Gender: Women, Law and Politics in the European Union*, p. 56; Roberta Guerrina, *Mothering the Union: Gender Politics in the EU* (Manchester: Manchester University Press, 2005), p. 42.

개념은 한계가 있었고, 관심은 다분히 경제에 맞추어져 있었다. 또한 양성평등과 같은 사안에 대한 고려는 전혀 이루어 지지 않았다.[18] 그러나 이와 같은 노력의 결과로 이루어진 로마조약(Treaty of Rome)은 하나의 범주로서의 여성에 대한 구체적인 언급을 담게 되었다.[19] 119조가 조약에 포함되어 있었기 때문이다(글상자 9-1 참조).

그러나 "회원국들이 119조를 심각하게 받아들인 것은 아니었다."[20] 의회 비준을 위한 논의에서, 네덜란드, 벨기에, 프랑스 정부는 한결같이 협약이 단순히 의지의 천명일뿐 의무의 천명은 아니라고 언급하였다.[21] 1960년, EU집행위원회는 동일 임금에 대한 법적인 정의를 발표하였지만, 그 내용은 단순히 임금수준의 결정에 있어서 근로자의 성별이 척도가 될 수 없다는 것을 언급하는 수준에 그쳤다. 1961년, 회원국들이 1962년 12월 31일로 정해진 '제 1단계 시한'을 맞출 수 없을 것이라는 점이 분명해지자, 각료회의(Council of Ministers)는 EU 집행위원회의 제안에 동의하여 단계별 시행을 약속하였다. 국가 수준에서뿐만 아니라 초국가적 수준에서도 구체적인 규정을 통해 뒷받침되지 않는 헌법상의 원칙은 공허할 수밖에 없었다.

대계획: 여성 지위를 위한 국가수준의 청사진

앞에서 논의한 초국가간 원칙은 '청사진(blueprint)' 정책, 즉 여성의 지위와 관련한 전체적인 정책 설계를 뒷받침하는 규정의 예이다.[22] 헌법의 기

---

18) Roberta Guerrina, *Mothering the Union: Gender Politics in the EU*, p. 43.
19) Gisela Kaplanm, *Contemporary West European Feminism* (London: UCL Press, 1992), p. 29.
20) Sonia Mazey, *Women and the European Community: Polytechnic of North London European Dossier Series* (London: the PNL Press, 1989), p. 9.
21) Eliane Vogel-Polsky, "Les Impasses de l'égalité ou Pourquoi les Outils Juridiques Visant à l'égalité des Femmes et des Hommes Doivent être Repensés en Termes de Parité," *Parité-Infos*, May 1992.
22) Amy G. Mazur, *Theorizing Feminist Policy* (Oxford: Oxford University Press, 2002), pp. 47-61.

EU 조약을 통해 본 평등 권리   글상자 9-1

1958년

EC조약 119조 (로마조약: 1958년 발효)

1. 각 회원국은 제 1단계 동안 성별에 상관없이 근로자는 동일한 업무에 대해서는 동일한 임금을 받아야 한다는 원칙의 적용을 준수하고 이후에도 이 원칙이 유지될 수 있도록 하여야 한다.

1999년

EC조약 3조 2항 (암스테르담 조약에 의해 개정: 1999년 발효)

1. 본 조항에서 언급된 모든 행위(다시 말해서, 유럽 공동체[European Community]가 수행하는 중요한 행위)에 있어서 유럽 공동체는 불평등을 철폐하고 남성과 여성 사이에 평등을 증진하는 것을 목표로 삼아야 한다.

EC 조약 141조 (구(舊) 119조) (암스테르담 조약에 의해 개정: 1999년 발효)

1. 각 회원국은 성별에 관계없이 근로자는 동일업무나 동일가치의 업무에 대해 동일임금을 받는다는 원칙이 적용되도록 해야 한다.

   ...

4. 남성과 여성 사이에 완전한 평등을 실질적으로 확립시키기 위하여, 평등 처우 원칙은 회원국이 저대표된 성별(under-represented sex)의 직업 활동을 용이하게 하거나 그들의 직업상의 불이익을 예방하거나 보상하려는 목적에서 취하는 특별한 조치의 채택이나 유지를 막아서는 안된다.

능 중 하나는 사회의 작동을 위한 전체적인 설계를 정밀하게 제시하는 것이다. 따라서 사회의 작동에 관련된 원칙들은 헌법에 명확하게 기술되고, 헌법의 개정은 종종 젠더 관계에 대한 일반 원칙을 삽입하는 기회를 제공하기도 하였다. 이와 같은 사례는 전후뿐만 아니라 1970년대 파시즘의 몰락 이후 스페인에서도 적용이 되었다. 1982년 캐나다는 일련의 헌법 개정을 통해 캐나다 권리자유헌장(Canadian Charter of Rights and Freedoms)을

캐나다헌법으로 확립하였다. 헌장의 평등권 관련 부문은 성별 등의 이유를 근거로 차별을 하는 것을 금하는 반차별(anti-discrimination) 조항을 담고 있다. 마찬가지로 1983년 네덜란드는 헌법의 현대화를 통해 성별에 근거한 차별을 반대하는 일반 조항을 끼워 넣었다. 그러나 유념해야 할 사항들이 있다. 먼저, 모든 선진 산업국에서 헌법이 고용평등 원칙의 확립을 위한 토대로 사용되고 있는 것은 아니다. 스칸디나비아 국가와 일부 동유럽 국가는 평등고용을 명문화하는 조항이 헌법에 없고, 영국은 성문화된 헌법 자체가 없다. 이들 국가에서는 개별 사항에 초점을 맞춘 법률이 발전해 왔다. 둘째, 마주르(Mazur)의 연구에서처럼 경건한 의도만을 담고 있는 상징적 문서와 실제 집행이 가능한 상세하고도 구속력 있는 청사진을 구별하는 것이 중요하다. 상징적 문서들은 다른 행위나 대책에 의해 실행이 되지 않으면 그 효과가 최소 수준에 그친다.[23]

국가수준의 평등고용정책을 위한 틀: 법률

남녀의 고용관계와 노동시장을 형성하는 조건들은 세계어디에서나 동일하지 않다. 이와 같은 차이는 각국의 보편적 젠더 레짐에서 발생한다. 더욱이 어느 현대 국가도 노동시장의 완전한 자유를 용인하고자 하지 않았다. 현대 국가의 젠더 레짐만으로는 남녀간 평등한 고용 기회, 평등한 조건, 평등한 처우를 가능케 하는 자유 계약(free contract)이 이루어 질 수 없다는 점이 역사적 경험을 통해 분명해졌기 때문에, 이와 같은 평등을 달성하기 위해서는 법률적인 틀이 필요하다. 하지만 이것은 필요조건일 뿐 충분조건은 아니다. "평등고용정책의 설계를 위해서는 노동시장의 불평등이 사실은 노동시장 외부의 힘의 결과라는 점을 여전히 인식할 필요가 있다."[24] 정부는 정부

---

23) Amy G. Mazur, *Theorizing Feminist Policy*, p. 49.
24) Amy G. Mazur, *Theorizing Feminist Policy*, pp. 80-81.

보조금, 세금 감면, 교육, 연수, 정보, 사고방식의 변화를 통해 사회적 관행의 변화를 도모할 수 있을 것이다. 그러나 이와 같은 유화책과 함께, 법적인 수단을 통한 강경책의 집행도 필수적이다.

평등고용법은 성별에 따른 차별을 금지하는 소극적 법과 고용주로 하여금 기회의 평등과 처우의 평등을 증진하도록 요구하는 적극적 법으로 분류할 수 있다.[25] 소극적 법은 일반적으로 개인에게 권리를 부여하는 한편 법률상의 개념들이 실천으로 옮겨질 수 있도록 하는데 사용된다. 평등고용정책을 구성하는 국내법의 범위는 확장되는 경향을 보이고 있다. 즉 EU의 경우에서처럼 동등임금과 동등대우에 관한 규정에서부터 출발하여, 21세기 초 현재 평등고용법은 다음의 내용을 포함할 수 있다.

- 동일노동에 대한 동일임금 규정
- 동일가치노동을 포함한 동일노동에 대한 정의 확대
- 고용이나 근로 여건의 접근에 있어서 직·간접적인 차별을 금지하는 규정
- 파트타임 근로자들이 풀타임 근로자에 비해 차별받지 않도록 하는 파트타임 고용 규정
- 연금(공적 연금이나 개인 연금)과 복지 혜택에 있어서 평등을 요구하는 규정
- 최저 임금(minimum wage)의 정의.

표 9-1에서 볼 수 있듯이, 국제 협약에 대한 지지는 초기에 이루어 졌음에도 불구하고 이와 같은 포괄적인 틀을 향한 움직임은 더디게 진행되어 왔다. 전후 헌법이나 EC 조약도 초기에는 정확하고도 실행가능한 법률 규정으로 전환되지 않았다. 사실 헌법상의 원칙이나 국제 의무에 의해 구속을 받지 않는 미국이 오히려 이와 같은 법안을 최초로 도입한 국가 중 하나였다.

---

25) Joni Lovenduski, *Women and European Politics* (Brighton: Harvester Wheatsheaf, 1986), p. 250; Vicky Randal, *Women and Politics: An International Perspective*, 2nd edn (London: Macmillan, 1987), p. 314.

표 9-1 평등고용정책 최초 도입/비준 날짜

	헌법	CEDAW	ILO 100	동등법 날짜	성차별/동등처우 법령
EC/ EU	1958	n.a	n.a	1975	1976
네덜란드	1983	1991	1971	1975	1980
노르웨이	없음	1981	1959	1978	1978
독일	1949	1985	1956	1955[8]/1980	1972
미국	ERA 비준되지 않음	없음	없음	1963	1964
벨기에	1992[6]	1985	1952	1975[7]	1978 (경제 오리엔테이션법)
스웨덴	없음	1980	1962	1979[4,5]	1979[5]
스페인	1978	1984	1967	1988	1995 노동법 규정
영국	없음	1986	1971	1970	1975
이탈리아	1948	1985	1956	1977	1977
체코 공화국	1931[1]	1993	1993	–	2000
캐나다	1982 연방 헌장	1881	1972	1970년대~80년대[3]	–
폴란드	1997[2]	1980	1954	없음	1996/2002 노동법 개정

프랑스	1946	1983	1953	1972	1975/1983
헝가리	없음	1980	1956	2001/03	–
호주	없음	1980	1974	1969[8]	1984

CEDAW = 1979년 유엔여성차별철폐협약
ILO 100 = 1951년 ILO 동등임금 협약 100호
n.a = 해당사항 없음
ERA = 남녀평등헌법수정안

비고:
1. 기본근 관련 헌장은 모든 사람들을 위한 '공정한(fair)' 보수를 규정하고 있지만 청소년 자녀를 둔 여성과 장애인은 건강과 근로 환경에 있어서 강화된 보호를 받을 권리가 있다는 내용을 담고 있다.
2. 기존 헌법(1952년 헌법 아니면 스탈린식 헌법)과 1992년 임시 헌법의 내용에 근거함. 폴란드 여성 권리 센터(http://temida.free.ngo.pl/general.htm) 참고.
3. 주(州)마다 남짜는 다름
4. 1979년 평등기회법에 포함되어 있음
5. 1991년, 2005년(동등임금), 2003년(차별 금지)에 수정되고 개편됨
6. 개정 헌법은 명시적으로 평등을 보장함
7. 노조와 사용자 사이에 이루어진 국가차원의 단체 협약
8. 일반 원칙의 준수를 규정한 범용 편결 남서

출처: 세계지방자치단체(UCLG: United Cities and Governments), 유럽노사관계연구원(EIRO: European Industrial Relations Observatory), 국제노동기구(ILO: International Labour Organisation), 삶의 질과 노동조건 개선을 위한 유럽재단(European Foundation for the Improvement of Living and Working Conditions) 웹사이트 등.

EU는 현재 최저 임금을 제외한 앞에서 언급된 모든 사항을 포함하는 법률을 제정한 상태이다. 2002년까지 EU의 당시 15개 회원국 중 9개국은 국내적으로 최저임금 규정을 제정하였고, 이 규정은 남성보다는 여성에게 더 영향을 끼치는 경향을 보이고 있다. 일부 경우와 일부 부문에 있어서, 회원국들은 EU행정명령(EU directives)이 제정되기 전에 관련 법률을 도입하였다. 이와 같은 법률이 항상 새로운 기준을 충족한 것은 아니었다. 영국 정부도 법원의 판결 결과를 통해 이 사실을 발견하고 당혹하지 않을 수 없었다(아래 내용 참조).

평등고용정책을 위한 틀: 사용자측과 노조간의 합의

법률 제정은 정책 변화에 있어서 핵심적인 요소이기는 하지만, 정책 변화의 상당부분은 노사간의 단체 협약에 의해서 달성될 수 있다. 평등고용정책의 핵심에는 사용자측과 고용인의 계약 관계가 존재하기 때문에(이와 같은 계약관계가 평등고용정책의 전적인 관심사는 아니라 할지라도), 단체 협약은 일부 국가에서, 특히 노사관계에 있어서 '사회적 파트너(social partner)' 전통이 있는 국가에서는 중요한 정책 개발 방식으로 자리잡고 있다. 벨기에가 그와 같은 예이다. 벨기에의 노동인구의 80퍼센트는 단체협상 메커니즘을 이용하고 있으며 동등임금은 단체 합의에 의해 처음으로 도입되었다.[26] 스웨덴에서도 평등고용정책은 단체협상을 통해 등장하였다. "스웨덴에서는 … 사용자측의 저항(평등정책에 관련한 경비부담을 우려한 저항)과 노조측의 특권에 대한 보호로 인해 노동시장관련 문제는 노사 대표에 의해 해결하는 것이 가장 효율적이라는 쌍방간의 합의가 이루어졌다."[27] 이와 같

---

26) Briank Bercussson, "Equality Law in Context: Collective Bargaining," in Tamara Hervey and David O'keefe (ed.), *Sex Equality Law in the European Union* (Chichester: John Wiley, 1996), p. 185.
27) Joni Lovenduski, *Women and European Politics*, pp. 278-279.

은 관행은 1979년 정권교체로 인해 법령이 통과되기 전까지 지속되었다. 더욱이, EU의 사회 정책은 항상 사회 파트너 사이의 협력을 강조해왔다. 따라서 EU의 사회정책 규정(사회정책 규정은 1992년 마스트리트 조약에도 포함되어 있고 1997년까지 모든 회원국이 준수하여야 하는 규정이다)은 사용자와 노조사이에 범유럽 차원에서 도출된 합의는 자동적으로 EU법으로 통합된다고 명시하고 있다. 이와 같은 메커니즘은 육아휴직과 입증책임(burden of proof)에 관련한 EU행정명령에도 이용되어 왔다.

이와 같은 합의는 평등고용에 대한 사회 파트너들의 의지, 특히 노조의 의지에 상당부분 의존하고 있기 때문에 단체교섭(collective bargaining)의 역할은 중요하였지만 동시에 이중적이었다. 평등고용을 염두에 두고 분석해 보면, 외견상 '중립적인(neutral)' 단체 합의(예를 들어 급여 체계나 근로시간에 관련한 단체 합의)라고 할지라도 상당한 젠더 효과(gender effects)를 가질 수 있으며 간접적인 차별을 포함할 수도 있다.[28] 선진 민주국가의 경우 노조원들이 대부분 백인남성 전업근로자이기 때문에, 단체교섭에서 대두되는 가치와 사안은 이들의 이해 관심사와 편견을 반영할 가능성이 크다(제7장 참조).[29]

평등고용정책 – 동기와 수단

선진 산업 민주국가에서, 평등고용법(소극적 평등법과 적극적인 평등법 모두)의 제정은 대부분 오랜 과정이 낳은 산물이었다. 평등고용권이 오랜 기간 동안 페미니스트 운동의 최우선 과제는 아니었다는 점은 다소 놀라운 사

---

28) Briank Bercussson, "Equality Law in Context: Collective Bargaining," p. 183.
29) Theresa Rees, *Mainstreaming Equality in the European Union: Education, Training and Labour Market Policies*, p. 107.

실이다. 물론 평등권에 대한 공공연한 반대는 거의 없었다.[30] 미국의 1963년 동등임금법(Equal Pay Act)의 지지자가 언급한 바 있듯이 평등고용에 대한 반대는 '모성(motherhood)에 반대하는 것처럼' 느껴졌으며 평등고용에 반대했던 한 사람은 자신의 반대가 마치 '덕성(virtue)에 반대하는 것' 같았다고 언급할 정도였다.[31] 그럼에도 불구하고, 폴란드의 폴란드여성로비(Polish Womens' Lobby)가 의회에서 평등기회법안을 상정하고자 했을 때 실소와 조소를 자아냈던 사회적 태도가 완전히 잠잠해진 것은 아니다.[32] 노동시장에서 활동하고 있는 여성들을 위한 평등이라는 문제는 논란의 소지가 덜하다. 비록 이와 같은 평등이 어느 정도까지 법률을 통해 달성되어야 하는가에 대해서는 논란의 소지가 있지만 말이다. 그러나 '가족의 가치(family value)'를 지지하는 사람들은(여성들도 포함된다) 여성들로 하여금 유급고용을 택하도록 하는 규정을 고수하는 것에 대해서는 반대한다.[33] 따라서 다른 문제와 마찬가지로 이 문제에서도 평등과 차이에 대한 문제와 함께 여성간 차이(differences between women)라는 문제 역시 제기된다.

법령제정을 가져온 여러 원인들은 글상자 9-2에 예시되어 있다. 대부분의 국가에서 노동운동, 여성단체, 여성의원, 사회환경의 변화 등이 동인으로 작용하였다.[34] 물론 표 9-1에 나타난 날짜에서 알 수 있듯이, EC의 많은 회원국들은 1975년 EC행정명령과 1976년 행정명령(아래 내용 참조)에 쫓겨 구체적 법률을 마련하게 되었지만 말이다. 단, 아일랜드에서처럼 이와

---

30) Vicky Randall, *Women and Politics: An International Perspective* (London: Macmillan, 1982), p. 283.
31) Alice Kessler-Harris, *A Woman's Wage: Historical Meanings and Social Consequences* (Lexington, KY: University Press of Kentucky, 1990), p. 81.
32) Barbara Einhorn, "Citizenship, Civil Society and Gender Mainstreaming: Contested Priorities in an Enlarging Europe," in conference on *Gendering Democracy in an Enlarged Europe*, Prague 20 June 2005. http://qub.ac.uk/egg/
33) Carol Lee Bacchi, *Women, Policy and Politics: The Construction of Policy Problems* (London: Sage, 1999).
34) Vicky Randall, *Women and Politics: An International Perspective*, 2nd ed., pp. 163, 287.

미국 평등고용법의 도래 **글상자 9-2**

미국의 1963년 동일임금법(Equal Pay Act)과 뒤이은 1964년 평등권리법(Equal Rights Act, 이 법은 차별을 금지하였다)은 다양한 요소들이 낳은 결과물이었다.

- 여성의 지위가 향상되고 있었고, 특히 직장에서 여성 지위가 제고되었다. 고등교육을 받은 여성의 숫자가 증가하였고 더 많은 여성들이 고용시장에 뛰어들게 되었다. 여성들은 점차 더 높은 직업과 직위로 이동하게 되었다.
- 혼인관계의 불안정과 이혼율이 증가하였다. 여성은 사실상 가족의 일원이며 남성 생계부양자의 임금에 의해 부양된다는 생각이 더 이상 현실성이 없게 되었다.
- 현대화와 진보가 화두가 되었다. "높은 생활수준은 세계 지도자를 자처하는 미국의 주장에 정당성을 부여하는 한편 공산주의와의 전쟁을 정당화하는데 도움이 될 것이다"라는 주장도 있었다.[35]

    동일임금은 다음의 효과를 가져올 것으로 주장되었다.
    - 근로의욕와 생산성을 개선할 것이다
    - 여성이 필요한 일자리로 여성인력을 끌어 낼 것이다
    - 케인즈식 경제론에 따르면 소비가 증가하는 결과를 가져올 것이며 경제 성장이 가속화 될 것이다.

상황은 더욱 유리하게 전개되었다.

- 현대화라는 구호에 발맞추어, 케네디(John Kennedy) 대통령은 1961년 여성지위에 관한 대통령위원회(President's Commission on the Status of Women)를 설치하였다.
- 민권운동은 흑인여성(대표적 인물로는 민권운동의 대모 파크스[Rosa Parks])의 활약이 돋보였던 운동이었고, 1950년대 중반 이후에는 민주적 평등, 민권상의 평등, 경제적 평등과 관련된 이슈들을 제기하였다.
- 노조도 지지적 입장을 표명하였다. 일부 노조는 1940년 이후 이유는 석연치 않았지만 동일임금을 위한 로비를 벌였다.[36]
    - 노조는 남성의 임금이 여성으로 인해 식감되지 않도록 하기 위해 지지 입장을 보였다.

→

→
- 노조는 동일임금이라는 의무로 인해 사용자측이 여성 고용을 기피할 것이라고 기대하였다. 이데올로기, 사회적 압력, 남녀직종분리 등은 더이상 여성이 남성의 업무 영역에 진입하는 것을 막기에는 역부족이라는 점이 드러났다.
- 일부 조직화된 여성단체들이 있었고 의회나 행정부에 진출한 여성들은 광범위하면서도 적극적인 여성운동이 존재하지 않는 상황에서도 개혁을 추진해 나갔다. 노동부 차관보이자 여성국 국장으로 임명된 피터슨(Esther Peterson)은 노련한 노동조합주의자였다. 그녀는 정보를 수집하고 로비활동을 조직하여 케네디로 하여금 평등고용법을 지지하도록 설득하였다. 또한 케네디로 하여금 여성 유권자들에 대한 관심을 표현하도록 설득하는 한편, 이를 통해 훨씬 대처가 어려울 것으로 판단되는 남녀평등헌법수정안(Equal Rights Amendment)에 대한 요구를 잠재우도록 설득하였다.
- 1950년대 중반이 되자, 16개 주와 알래스카에서는 동일임금법이 이미 제정되었다.
- 동일임금과 평등처우 옹호자들은 자신들의 주장에 대해 반기를 드는 것이 어렵도록 논지를 펴는데 성공하였다. 더욱이, 1964년 민권법(Civil Rights Act)에 반대했던 일부 의원들은 차별철폐 조항을 법안에 포함하는 것을 지지하고 나섰는데, 여기에는 차별철폐 조항이 포함이 되면 법안 전체가 폐기될 가능성이 커질 것이라는 계산이 있었기 때문이다. 이들의 전략은 실패하였다.

같은 행정 명령은 하나의 영향력에 불과하고 평등고용정책은 노동 운동이나 기타 더욱 포괄적인 사회 메커니즘을 통해 여성단체에 의해 오랜 기간 동안 주장되어온 사례도 있다.37)

---

35) Alice Kessler-Harris, *A Woman's Wage: Historical Meanings and Social Consequences* (Lexington, KY: University Press of Kentucky, 1990), p. 102.
36) Alice Kessler-Harris, *A Woman's Wage: Historical Meanings and Social Consequences*, p. 84.
37) Y. Galligan, W*omen and Politics in Contemporary Ireland: From the Margins*

평등고용정책은 다양한 요소들을 포함하고 있고, 이들 요소들은 문제의 소지가 있는 고용에 관련한 다양한 양상에 대처하기 위해 고안되었다. 먼저, 동일임금법은 임금이나 연금에 있어서 고용주나 공공 분야에 의해 발생하는 차별에 대응한다. 둘째, 호주의 법원 판결(1972년)과 EU법에서처럼 동일가치의 업무를 인정한 동일 업무에 대한 정의의 확장은 여성화된 업무의 평가절하 문제와 구조적 문제를 다룬다.[38] 구조적 문제의 예로는 독일(1955년)과 호주(1969년)에서 동일임금에 관련한 법원 판결에 대해 사용자측이 즉각적으로 반발하고 나선 것을 들 수 있다. 법원 판결은 업무 유형의 재분류와 노동 인구의 세부 분리를 통해 직접 비교를 방지하는 것을 내용으로 하고 있었다.

셋째, 최저임금법은 남성보다는 여성에게 유리하게 작용하는 경향이 있기 때문에 여성의 불평등 관련 사안을 다룬다. 2000년 아일랜드에서 최저임금법이 도입되면서 당시 근로 여성의 7.3퍼센트는 임금인상을 받은 것으로 추산되고 있다. 최저임금을 받는 사람 중 여성의 비율이 높다는 것은 두 가지 점을 시사해 준다. 먼저, 여성들이 적어도 최저임금보다 더 낮은 수준의 임금으로부터는 보호를 받는다는 것을 의미한다. 영국의 경우 2000년 당시 최저임금을 받는 사람들 중 70퍼센트는 여성이었다. 다른 한편으로 최저임금을 받는 여성의 비율이 높다면, 이는 여성의 임금 수준이 남성에 비해 열악하다는 점을 부각시킨다. 예를 들어 2001년 프랑스의 경우 여성 노동자의 19.9퍼센트가 최저임금을 받았던 반면 남성들의 경우 이 비율은 9.9퍼센트에 머물러서 대조를 이루었다.[39]

넷째, 파트타임 근로 규정은 고용주에 의한 불공정 대우를 다룬다. 여성

---

to the Mainstream (London: Pinter, 1998), pp. 71, 78.
[38] Carol Lee Bacchi, *Women, Policy and Politics: The Construction of Policy Problems*, p. 73.
[39] Jill Rubery, Dimian Grimshaw and Hugo Figuerido, *The Gender Pay Gap and Gender Mainstreaming Pay Policy in EU Member States* (Manchester: Manchester School of Management, UMIST, 2002), p. 103.

파트타임 근로자의 비율은 높다(OECD 평균은 26퍼센트, 남성의 경우 7퍼센트 이하 수준을 유지한다). 1997년 파트타임 근로에 관한 행정명령(EC97/81)은 파트타임 근로 계약관계에 있는 근로자들이 풀타임 근로자에 비해 불리한 대우를 받지 않도록 하는 EU차원의 노사합의를 발생시키는데 있어서 법적인 영향력을 끼쳤다. 이 행정명령은 1998년 영국으로 확대되었다. 그러나 더 광범위한 구조적 문제가 존재한다. "파트타임 직업은 풀타임 직업에 비해 저임금 직업군에서 발견되는 경향이 강하고 이들 직업은 커리어 발전의 기회가 훨씬 제한되어 있다. … 결과적으로, 파트타임 직업을 찾는 많은 여성들은 '불완전 고용(underemployed)'의 상황에 놓여지게 된다. 파트타임 일을 찾기 위해서 이들은 보수나 업무능력에 있어서 자신의 수준에 못미치는 일을 수락해야 하기 때문이다."40)

다섯째, 차별반대법은 동일임금법과 동시에, 혹은 동일임금법을 뒤따라 제정되었다. 비록 차별반대법은 이익과 불이익에 관한 근본적인 구조를 다루지는 않는다고 할지라도 사회적 태도를 다루는 법이다.41) 영국과 미국에서, 사회내 특정집단에 대한 대우라는 문제는 1960년대에 집중적으로 부각되었다. 양국에서 성별에 근거한 차별을 금지하는 법은 일정부분 인종 문제와 유사하다는 점에서 추진력을 얻었다. 또한 소수의 여성정치인들이 열정적으로 그리고 실질적으로 여성의 입장을 대변했다는 점도 차별반대법 제정에 박차를 가하였다. EC는 동일임금에 관한 행정명령 이후 평등처우 명령(Equal Treatment directive)을 내렸고 회원국은 이제 행동에 착수하지 않을 수 없었다.

차별반대와 평등처우는 정치 체제와 관련해서는 주목할만한 문제를 제

---

40) OECD (Organisation for Economic Cooperation and Development), *OECD Employment Outlook 2002_Surveying the Jobs Horizon.* http://www.oecd.org/home/0,2605, en_2649_201185_1_1_1_1_1,00.html.
41) Carol Lee Bacchi, "Policy and Discourse: Challenging the Construction of Affirmative Action as Preferential Treatment," *Journal of European Public policy*, Vol. 11, No. 1, 2004, 94ff.

기하였다. 첫째, 편견은 개인(직접적 차별)뿐만 아니라 집단전체(간접적 차별)에도 영향을 끼칠 수 있다. 차별반대법은 일반적으로 이와 같은 불공정 대우의 두 가지 유형을 모두 다루는 것으로 해석되어 왔다. 그러나 "차별이란 본질적으로 불합리한 편견의 명시적 표현이다. 사람의 감정으로 인해 발생하는 행위를 법률적으로 금지하고 (법의 집행을 위한) 적절한 메커니즘을 제공하는 일은 의원들에게는 특별한 문제를 제기한다."[42] 이에 대한 대응의 한 방식으로 영국은 2007년 공공 기관이나 유사 공공기관을 대상으로 단순히 성별에 근거한 차별을 금지하는 수준이 아니라 구체적으로 양성평등을 증진하도록 하는 법적 의무를 지웠다. 그러나 전반적으로 법은 사람들이 느끼거나 생각하는 방식을 변화시킬 수는 없고, 특히 간접적 차별은 어느 사회에서나 젠더 레짐의 뿌리 깊은 양상에서 기인한다.

둘째, 어떤 행위가 편견이나 불공정 대우의 결과라는 것을 증명하기 위해서 그 행동의 동기를 증명하는 일은 쉽지 않다. 관련 행위의 당사자가 이를 부인할 수도 있고 결정적인 증거가 없을 수 있기 때문이다. EU는 이와 같은 문제를 어느 정도 시정하기 위해서 입증책임(burden of proof)에 관련한 행정명령을 내렸다. 1984년 처음으로 제안된 이 행정명령은 만약 차별에 관한 불만이 제기될 경우 원고가 자신의 성별이 불공정 대우의 원인이었다는 것을 입증할 것이 아니라 피고측이 자신들이 불공정하게 행동하지 않았다는 것을 입증해야 한다는 내용이다. 입증책임 명령은 부담이 된다는 이유로 강력한 저항을 받았지만 결국 마스트리히트 조약의 사회 헌장(social chapter) 아래에서 노사간 합의를 통해 명문화되었다. 당시 영국은 마스트리히트 조약에 참여하지 않았었지만, 1997년 정권교체를 계기로 독자적인 행정명령을 통해 이 법안이 영국에까지 확대되었다.

셋째, 차별반대법은 특정 집단에게 제공되는 적극적 조치를 차단하거나 예방하는데 주로 성공적으로 이용되었다. 누구나 불리한 대우를 받아서

---

[42] Joni Lovenduski, *Women and European Politics*, p. 250.

는 안된다. 그러나 여성들에게 특혜를 주는 것, 그것이 비록 여성들이 사회 구조적으로 오랜 기간 동안 불이익을 받았다는 사실을 보상한다는 근거에서 이루어진다고 할지라도 이것은 남성들에게는 불이익을 가져올 수 있다고 주장할 수 있다. 노동당의 여성전용후보자 명단의 사용을 금지하기 위해 발동된 성차별법(Sex Discrimination Act, 제5장 참조)이나 유럽사법재판소(European Court of Justice)의 1995년 칼란케(Kalanke) 사건의 법원 판결(아래 참조)에서 보인 남성 역차별 인정은 이와 같은 입장을 대변해 준다. EU는 이후 저대표되는 성별을 우대하는 대책을 허용하는 조항을 통해 이 판결을 뒤집고자 하였다.

넷째, 많은 급진적 비평가들은 평등고용정책을 증진하는 방안으로 법률에 의존하는 것은 취약하고 제한적인 전략이라고 주장한다.[43] 법률은 단순히 임금 고용관계에만 적용이 되고, 여성들이 노동시장에서 직면하게 되는 실질적인 상황을 변화시키는 것과는 무관한, 엄밀하게 말하자면, 형식적 권리와 관련되어 있다. 즉 평등고용법의 목적은 여성들이 마치 남성처럼 대우받도록 하는 것이며 어떤 차이도 인정하지 않는 것이다.[44] 또한 가정 내에서 여성의 위치라든가 여성에게 불이익의 주원인이 되는 가사 분담에 대해서는 수수방관하고 있다.

여성정책기구: 역할과 딜레마

여성의 권익을 증진하는 임무를 지닌 공식 기구, 즉 여성정책기구들이 20세기 후반 많은 국가에서 설치되었다.[45] UN 여성지위위원회(위의 내용 참

---

43) Sonia Mazey, "European Community Action on Behalf of Women: the Limits of Legislation," *Journal of Common Market Studies*, Vol. 27, No. 1, 1988, pp. 63-84.
44) Ian Ward, "Beyond Sex Equality: The Limits of Sex Equality Law in the New Europe," in Tamara Hervey and David O'keefe (ed.), *Sex Equality Law in the European Union* (Chichester: John wiley and Sons, 1996), p. 378.
45) Joni Lovenduski, M. Guadagnini Baudino and D. Sainsbudy (eds), *State Feminism*

조)는 모든 국가 정부는 여성의 지위를 다각적으로 제고하기 위한 임무를 지닌 여성정책기구(Womens' policy agencies)를 설치할 것을 권고하고 있다. 현재 모든 선진 산업 민주국가들은 여성의 이해관계에 근거한 정책을 추진시키기 위한 기구를 두고 있다(표 9-2 참고). 이와 같이 여성의 필요를 충족시키는 방향으로 정부의 정책을 개발하고 집행하는 과정을 우리는 '국가페미니즘(state feminism)'이라고 부른다. 일부 기구들은 이중의 임무를 수행하기도 한다. 예를 들어 영국의 평등기회위원회(EOC: Equal Opportunities Commission)는 정책 감독과 집행의 역할 뿐만 아니라 연구, 정책 개발, 캠페인 역할을 수행한다. 여성정책기구의 특징과 효율성은 국가 별로 다양하게 나타나고 있다. 이들 기구는 기구의 구조나 관심 사안에서 뿐만 아니라 의사결정이 실제로 이루어지는 본청과의 관계 등에서 각국마다 차이가 있다. 또한 재원 충당, 내부/외부 프로그램에 대한 재정 능력, 인적 자원, 자립도, 의사결정과 규제 능력에서도 차이를 보이고 있다.

여성정책기구에 관련하여서도 일부 근본적인 딜레마가 존재한다. 먼저 기구의 구조에 관련하여 문제가 제기된다. 독립적인 자문기구의 형식을 취하는 기구는 어젠다를 설정하는데 있어서 중요한 역할을 수행할 수 있다. 하지만 동시에 이들의 정책 권고가 정당이나 정부의 입장과 일치하지 않게 될 경우 입지가 약화되거나 의견이 묵살당할 수 있다. 정부 부처나 정부 부서의 형식을 취하는 기구는 정책 형성에 있어서 더 큰 정통성을 가진다. 그러나 '공식적인(official)' 정부 조직으로서의 편입은 NGO 여성단체와의 협력과 정보공유에 있어서의 이탈을 초래할 수 있다.[46] 또한 정부내에서도 실질적인 정책영향력, 인원, 예산이 모두 부족한 조정기구(co-ordinating

---

and the Political Representation of Women (Cambridge: Cambridge University Press, 2005), pp. 3-4; Amy G. Mazur and Dorothy M. Stetson, *Comparative State Feminism* (thousand Oaks, CA: Sage Publications, 1995), p. 3.

46) Marian Sawer, "Women's Policy Machinery in Australia," Sirin M. Rai (ed.), *Mainstreaming Gender, Democratising the State: Institutional Mechanisms for the Advancement of Women* (Manchester: Manchester University Press, 2003), p. 248.

표 9-2   여성정책기구의 설치

국가	여성정책기구 / 메커니즘
네덜란드	1975~81 (전문가로 구성된 자문기관) 해방위원회; 1981~97 해방협의회; 1998~2001 해방을 위한 임시 전문가위원회
노르웨이	1978 문화사회부 내에 평등정책을 위한 차관과 공식 기구; 1981 사회부로 이전
독일	1972 평등지위협의회
	1986 보건가족청소년부가 보건가족여성청소년부로 변경
	1991~94 여성청소년부로 독립, 1994 이후, 가족노인여성청년부로 변경
미국	1920 노동부 내에 여성국
	1964 평등고용기회위원회
벨기에	1985 (사회 해방을 위한 국무장관) 자권급
	1986 해방협의회(자문기구)가 1993년 평등기회협의회(자문기구)로 대체
스웨덴	1972~76 남녀 평등문제 총리 자문 협의회
	1973 '여성문제에 관한 특별 책임을 진' 노동부 자관보
스페인	1982 양성평등 장관 (양성평등국으로부터 지원을 받는다)
	1983 여성연구소(문화부, 당시 사회부)
영국	1969 독립적 자문기구로서 국가여성위원회(정부출연 공공기관)
	1975 평등기회위원회 (2007년부터 장애인권리위원회와 합병하고 2009 인종평등위원회와 합병하여 평등과 인권 위원회로 재개편 예정)
	1986 여성문제에 대한 각료급 조직, 1992 내각내 하부위원회(sub-committee)가 됨

국가	연도	내용
	1997	여성부 장관으로 장관급 직위 (규모가 더 큰 업무를 맡고 있는 장관이 겸직하는 형태로 운영), 장관은 여성부의 무급 자문관과 여성청(Women's Unit)에 의해 지원 받음
	2001	여성청이 여성평등청이 됨. 제도상의 위치는 당시 업무를 담당하는 장관의 부서를 따른다
이탈리아	1983	양성근로자 평등처우와 평등기회의 원칙 실행을 위한 국가 위원회(노동부)
	1984	양성평등과 평등기회를 위한 국가 위원회(총리실)
	1996	평등기회부(현재는 평등 기회를 위한 부) 장관
체코공화국	2001	남녀평등기회를 위한 정부 자문협의회
캐나다	1954	노동부 여성국(여성노동자 관련 업무)
	1971	연방정부자원의 여성지위담당관(여성지위실[Status of Women Canada])
폴란드	2001	여성 평등지위를 위한 정부특별명위원(총리실내)
프랑스	1965	여성업무 문제를 위한 연구 및 교섭 자문위원회
	1974	여성지위 차관: 1981~1986 여성권익 장관: 1986 이후 다양한 명칭 하에 평등기회를 위한 차관급 자리 (2005년 이후 '사회 결속과 평등' 차관)
	1995	남녀평등관측기구(협의체)
	2000	민원업무 부서, '여성권리와 평등 서비스'
헝가리	1995	가족사회부내에 여성정책사무국
	1999	여성문제협의회
호주	1972	총리실 여성 고문
	1974	여성지위실(Office of the Status of Women)

출처: Masur and Stetson 1995; Bundesministerium für Familie 2006; Noss 2005; Swedish Government 2007.

bodies)로 종종 비춰지기도 하였다. 여성기구는 신설기구이기 때문에 정책심의에 있어서 각 정부 부처의 영향력을 결정하는 위계에서도 서열이 낮다. 따라서 총리실 산하에 있는 것이 도움이 될 것이지만 총리의 관심이나 우선과제가 변경되면, 정책 추진력이 상실될 수 있다. 예를 들어 캐나다 여성정책기구는 추밀원내에 설치되었다가 이내 독립 기구로 떨어져 나와 "주변부로 이전이 되었다. … 위치의 변경으로 인해 캐나다내의 여성기구는 정치적 영향력과 조정능력의 부재로 인한 지장을 받을 수밖에 없었다."47) 아울러, 위상이 약한 여성정책기구는 정부의 구조조정에 매우 취약할 수밖에 없다. 예를 들어 영국의 여성평등청(Women and Equality Unit)은 개각이 있을 때 마다 서로 다른 부서로 이관이 되었다(2006년에는 상공부에서 지역사회 및 지방정부부(Department of Communities and Local Government)로 이관). 사실 여성관련 업무를 특정 부서로 이관하는데 있어서 분명한 논리가 있었던 것도 아니다. "(여성업무를 맡게 된 장관들은) '본연의(proper)' 업무에다 여성 관련 업무를 겸해 줄 것으로 기대된다. 결과적으로 여성관련 업무는 정치적인 집안일 정도로 평가절하되었다."48)

소어(Marian Sawer)는 호주에서 신공공관리론(New Public Management)의 관리자 중심의 효율지향적인 접근법은 여성정책기구에게는 특히 불리하게 작용하였다고 주장한다.

- 정부구조의 변동성(volatility)이 증가하여 장기적 프로젝트에 악영향을 끼친다.
- 과정과 정책에 대한 전문지식이 평가절하된다. 결과적으로 젠더 영향(gender impact)을 목적으로 제안된 정책에 대한 사전 평가가 방해될 수 있다.
- 책임묻기(accountability)에 있어서도 문제가 발생한다. 새로운 관리 구

---

47) Lousie A. Chappel, "The 'Femocrat' Strategy: Expanding the Repertoire of Feminist Activities," *Parliamentary Affairs*, Vol. 55, No. 1, 2002, p. 87.
48) *The Economist*, 23 December 2000.

조 하에서의 책임묻기는 목표 설정과 업무능력 평가를 통해 달성이 된다. 그러나 이것은 반드시 성별분리대책(gender-disaggregated measures)을 포함하지는 않는다.[49]

둘째, 리더십의 양태는 다양하다. 여성정책기구가 자문 기구의 형식을 취할 경우 여성지위 향상이라는 목표에 헌신하는 사람을 수장으로 두는 경향이 있는 반면, 정부조직으로서 설치될 경우 여성부서가 여성운동이나 페미니스트의 요구에 대해 어느 정도 민감하게 반응하는가 하는 문제는 장관의 개인적 지향에 의해 상당부분 좌우된다. 일례로 호주에서 보수적 색채가 아주 강한 여성이 총리를 도와 여성 지위를 향상시키는 부서에 장관으로 임명되었을 때, 예산이 삭감되었고 "1999년에 이르자 여성부의 운영자금은 보수성은 강하고 정책형성능력은 약한 NGO 단체에게만 제공되었다."[50] 또한 공무원의 경우 여성정책기구로 배정되면 실질적 어려움을 겪게 되는데, 여성공무원의 경우는 더욱 그러하다(글상자 9-3 참조).

셋째, 자금이 풍부한 여성정책기구는 드물다. 단시간 내에 예산과 인력을 확보한 스페인 여성연구소(Institute of Women)는 이례적인 경우일 것이다.[51] 대부분의 경우 여성정책기구는 지속적인 예산부족 현상을 겪거나 재정 긴축시에는 예산삭감의 주요 대상이 된다.

따라서 조직의 유형, 권력의 핵심부와 거리, 행정능력, 지도부 등은 여성정책기구의 입장에서는 모두 문제가 될 수 있다.[52] 1980년대 초반 잠시 존재하였던 프랑스 여성권익부(Ministry for Women's Rights)는 앞에서 언급한 약점의 많은 부분을 보여주고 있다.[53] 반면 호주의 여성정책기구는

---

[49] Marian Sawer, "Women's Policy Machinery in Australia," p. 250.
[50] Marian Sawer, "Women's Policy Machinery in Australia," p. 253.
[51] Monica Threlfall, "Feminist Politics and Social Change in Spain," in Monica Threlfall (ed.), *Mapping the Women's Movement: Feminist Politics and Social Transformation* (London: Verso, 1996), p. 124.
[52] Joni Lovenduski, M. Guadagnini Baudino and D. Sainsbury, *State Feminism and the Political Representation of Women*, p. 15.

1990년대 초반 다음의 이유로 인해서 모범적 기관으로 평가되었다.

- 조직의 위치: 총리실 아래에 있으면서 정부의 주요 정책조정의 핵심적 위치 점유
- 다른 연방 기관이나 주정부 기관과의 핵심사안에 있어서의 연계
- 지역 사회가 정책자문기구에서 대표성을 가질 수 있도록 장려했으며 여성지원 프로그램이나 여성지원 서비스에 보조금을 제공
- 여성지위 향상이라는 목표에 대해 구체적 의지가 있는 여성 공무원(여성주의 관료)을 직원으로 편입시킴
- 성인지 예산제도(gender budgeting, '주류적(mainstream)' 지출이 남성과 여성에게 끼치는 영향을 구분하여 예산을 편성)과 성인지 결산제도(gender auditing, 결과가 남성과 여성에게 끼치는 영향을 평가)를 강조

그러나 이와 같은 특징들은 결국 정치 환경이나 이데올로기 환경의 변화에 취약한 것으로 나타났다. 1997년 이후, 연방정부 차원이나 주정부 차원의 여성정책기구는 정부조직도에 있어서 중심부에서 밀려났고, 정책 도구로서의 책임묻기(accountability)와 성인지 결산제도(gender auditing)는 새로운 공공관리 기술의 도입으로 인해 평가절하되었다. 또한 여성단체에 대한 예산은 삭감되었다. 자문 기관의 인사발령은 정당 충성도에 따라 이루어지게 된 반면, 많은 여성정책기구(인권과 기회균등 위원회[Human Rights and Equal Opportunities]나 적극적 조치기구[Affirmative Action Agency]) 등의 예산 삭감과 인원 감축은 높은 이직률을 낳았고 여성주의 관료(femocrats)를 위한 자리도 줄어들었다(글상자 9-3 참조).[54]

---

53) Siân Reynolds, "The French Ministry of Women's Rights, 1981-1986," in John Gaffney (ed.), *France and Modernisation* (Aldershot: Brookfield CT: Ashgate, 1988), pp. 149-169; Siân Reynolds, "Whatever Happened to the French Ministry of Women's Right?," *Modern and Contemporary France*, No. 33, 1988, pp. 4-9.

54) Marian Sawer, "Women's Policy Machinery in Austalia," in Shirin M. Rai (ed.), *Mainstreaming Gender, Democratising the State: Institutional Mechanisms for the Advancement of Women* (Manchester: Manchester University Press, 2003), pp. 250-251.

여성주의 관료 　　　　　　　　　　　　　　　　　글상자 9-3

'여성주의 관료(femocrat)'라는 용어는 호주 출신의 학자들에 의해 처음으로 도입되어 국가기관 특히 여성정책기관에 고용되어 있는 여성을 지칭하는데 쓰이고 있다. 여성주의 관료라는 용어는 초기에는 여권운동가 출신으로서 여성차별 철폐와 페미니스트 이데올로기에 기반한 정책 형성과 대책을 증진하는 관료를 의미하는 것으로 사용되었다. 이 용어는 오늘날에는 국가의 관료조직에서 일하는 모든 여성에게 적용되기도 한다. 그러나 일부 관료조직에서는 (예를 들어 캐나다) "공무원은 조직으로서 여성을 위한 내부의 압력단체의 역할을 담당해야 한다는 생각은 금기사항이었다."[55] 따라서 여성정책기구는 종종 (주로 여성) 직업 공무원으로 충원되었다. 이들은 압력단체의 역할을 수행하지 않으면 여성 운동측으로부터 비난을 받고, 반대로 압력단체의 역할을 하게 되면 동료 공무원으로부터 신뢰를 받지 못하는 위험을 무릅쓰고 있다.[56]

1980년대 영국의 지방의회에 의해 설치된 여성위원회의 사정도 비슷하였다(글상자 8-2 참조). 여성정책기구는 정책형성에 있어서 자문기구의 역할을 할 수 있고, 이들의 책임묻기 기능과 감시 기능은 일단 정책이 개발되면 보다 효과적인 정책집행을 보증한다. 하지만 이들 기구는 정책 구조내에서 적정한 위치를 확보하는데 있어서 상당한 딜레마에 봉착해 있다.

정책 규정의 해석: 법원의 역할

평등고용정책이 헌법이나 법률을 통해 뒷받침될 경우, 정책의 해석과 집행

---

55) Linda Geller-Schwarz, "An Array of Agencies: Feminism and State Institutions in Canada," in Amy Mazur and Dorothy M. Stetson (ed.), *Comparative State Feminism* (Thousand Oaks, CA: Sage Publications, 1995), p. 49; Marian Sawer, "Women's Policy Machinery in Australia," pp. 250-251, 257-258)
56) Amy G. Mazur and Dorothy M. Stetson, *Comparative State Feminism*, pp. 35, 56-57, 105.

에 있어서 법원의 결정은 핵심적인 역할을 수행하게 된다. 사법행위를 통해 강화되어온 '법앞의 평등(Equality before the law)' 원칙은 '향후의 상황을 대비한 초석'으로서의 역할을 종종 수행해 왔다.57) 우리는 이와 같은 예를 독일과 호주에서 찾아 볼 수 있다. 1955년 서독의 연방노동법원은 남녀평등을 명시하는 기본법 제 3항에 의거하여 임금 산정 시 여성에게 불리하게 작용하는 차별적 임금비율을 두어서는 안된다고 판결하였다.58) 1969년 호주의 호주노조위원회(Australian Council of Trade Unions)는 연방중재 및 조정 법원(Commonwealth Court of Conciliation and Arbitration)에 사건을 가져갔고 법원은 동일임금을 규정하는 판결을 내렸다(표 9-1참조). 1972년 또 다른 소송을 통해 동일임금이라는 원칙은 더욱 확대되어 동일한 가치의 노동에 대해서는 동일한 임금을 지불해야 한다는 판결이 내려졌다. 동일가치라는 원칙은 EU의 법원 판결을 통해서도 확인이 되었다. 1970년 동등임금법(Equal Pay Act)에 대한 논의가 진행될 당시 영국 정부는 동일가치라는 개념을 받아들이지 않았다. 하지만 유럽사법재판소(European Court of Justice)의 판결은 영국정부로 하여금 1983년에 수정 조항을 도입하게 하였다.59) 로마조약 119조(글상자 9-1 참조)에 명시된 기본 규정이 유럽사법재판소의 판결에 근거를 제공하였는데, 유럽사법재판소의 판결은 향후 더욱 세밀한 법률의 도입과 회원국 전반에 걸친 법률의 적용에 있어서 상당한 영향을 끼쳤다. EU 조약은 개인의 권리에 관한 내용을 담고 있지만, 개인의 불이익에 관련한 사건은 일단 개별 회원국의 국내 법원에서 다루어진다. 국내법의 범위와 적용이 확립되어 있지 않는 경우에 한해서 유럽사법재판소의 결정을 구하게 된다. 드프렌(Gabrielle Defrenne) 사건은

---

57) Jo Shaw, "Gender and the Court of Justice," Conference paper. http://educenter.wisc.edu/conferences/Gender/shaw.htm.
58) Eva Kolinsky, *Women in West Germany* (London: Berg, 1989), p. 55.
59) Evelyn Ellis, "Equal Pay for Equal Work: The United Kingdom's Legislation Viewed in the Lights of Community Law," Tamara Hervey and David O'Keefe (ed.), *Sex Equality law in the European Union* (Chichester: John Wiley, 1996), p. 8, fn 2.

이와 같은 상황에서 유럽사법재판소에 회부되었고(글상자 9-4 참조), 법적

드프렌 사건 글상자 9-4

1960년대 초반은 여성들 사이에 의식과 행동이 확산되는 시기였다. 여성들의 행동을 보여주는 사건 중에 하나로는 벨기에의 무기 공장에서 발생한 동일임금 요구 시위를 들 수 있다. 시위가 최고조에 이르자 3,000여명의 여성 근로자들이 시위에 동참하였다.[60] 시위 참여자 일부는 로마조약 119조(글상자 9-1 참조)의 적용을 요구하는 현수막을 내걸었다. 당시 포켈-폴스키(Eliane Vogel-Polsky)라는 젊은 여성 변호사는 국가 정부가 구체적 규정을 두고 있지 않더라도 로마조약 119조에 따라 개인은 자국의 법정에서 권리를 인정받는 것이 가능할 것이라고 주장하는 기사를 썼다. 이제 필요한 것은 판례가 될 소송 사건이었다. 또 다른 변호사 꾸벨리에(Marie-Thérèse Cuvelliez)와의 협력을 통해 그녀는 소송 사건을 찾을 수 있다. 사베나 항공의 여성승무원은 전문직 여성으로서 항공사의 남성승무원과 동일한 업무를 수행하고 있었다. 그러나 남성승무원의 퇴직 연령은 55세인 반면, 여성승무원의 퇴직 연령은 40세로 규정되어 있었다. 여성들은 신분과 임금을 잃게 될 뿐만 아니라 수령하는 연금도 훨씬 낮았고 중도에 새로운 일을 찾아야만 했다. 1968년, 1951년부터 사베나 항공에서 일해 온 드프렌(Gabrielle Defrenne)은 40세가 되어서 퇴사를 해야만 했다. 그녀는 포켈-폴스키와 꾸벨리에가 자신의 소송을 진행하는 것에 동의하였다.

소송은 1969년에 열렸다. 그리고 곧이어 사베나의 연금 체계에 관련된 두 번째 소송이 제기되었다. 사베나의 연금제도는 후한 편이었지만 유독 승무원에게만은 그렇지 않았다. 두 소송은 결국 벨기에의 법원에 의해 유럽사법재판소로 회부되었고, 유럽사법재판소는 법의 적용 범위와 법의 의미에 관한 판결을 내리게 되었다. 사실 두 번째 소송에 대한 1차 판결은 1971년에, 2차 판결은 1976년 내려졌다. 2차 판결에서 유럽사법재판소는 119조는 경제적 그리고 사회적 의미를 기진 직접적 권리를 발생시키는 동시에 '유럽 공동체의 토대의 일부(part of the foundations of the Community)'를 형성한다는 점을 인정하였다. 즉 회원국이 동일임금을 실행하지 않으면 조약을 준수하지 않는 것으로 간주한 판결이었다.[61]

인 절차가 진행된 오랜 시간 동안 구체적인 법률의 제정을 촉구하는 다른 압력들이 발생하였다.

　법원의 판결은 법이라는 실체위에 토대를 둔다. 그러나 법원의 판결, 특히 유럽사법재판소(유럽사법재판소는 EU 조약에 명시된 목표의 증진이라는 역할에 대해 대략적인 입장을 취해왔다)의 판결은 법의 한계를 부각시키고 있어서 결과적으로 부가적인 변화의 단초를 제공하고 있는 셈이다. 예를 들어 1995년 칼란케 (Kalanke) 사건에서 유럽사법재판소는 만약 공직에 있어서 두 명의 동일한 자격을 갖춘 후보가 있을 경우 자동적으로 여성에게 특혜를 주는 독일 브레멘 주(州)의 적극적 조치에 대해 불법이라는 판결을 내리는 방식으로 EU 행정명령을 해석하였다. 호스킨즈(Catherine Hoskyns)와 구에리나(Roberta Guerrina)가 주장한 바 있듯이, 판사의 손에서 '평등은 가혹한 원칙'이며 제한적 원칙일 수 있다.[62] 특히 엄격한 법리적 논리로 인해 결과의 평등보다는 과정의 평등이라는 협의의 적용이 이루어질 때는 말이다. 1982년 캐나다권리자유장전(Canada Charter of Rights and Freedoms)의 평등규정 적용에 관련한 법원의 판결에 관해서도 유사한 비판이 이루어졌다. 즉 캐나다권리자유장전이 남성이 여성의 권리를 제한하는 메커니즘으로 사용되고 있다는 주장이었다.[63] 그러나 이것은 자체적으로 변화를 조장할 수 있다. 칼란케 사건을 계기로 불이익을 극복하기 위한 대책을 허용하는 내용이 조약에 첨가되었다(글상자 9-1 참조). 칼란케 판결에 대한 반

---

60) Catherine Hoskyns, *Integrating Gender: Women, Law and Politics in the European Union*, p. 67.
61) Catherine Hoskyns, *Integrating Gender: Women, Law and Politics in the European Union* (London: Verso, 1996).
62) Catherine Hoskyns, *Integrating Gender: Women, Law and Politics in the European Union*, pp. 158-159, 198; Roberta Guerrina, *Mothering the Union: Gender Politics in the EU* (Manchester: Manchester University Press, 2005).
63) Sylvia Bashevkin, *Women on the Defence: Living through Conservative Times* (Toronto: University of Tronto Press, 1998); François-Pierre Gingras, *Gender and Politics in Contemporary Canada* (Toronto: Oxford University Press, 1995); Amy G. Mazur, *Theorizing Feminist Policy*, p. 53.

응은 호의적이지 않았다. 특히 여성정책기구와 여성단체는 이를 비판하고 나섰고, 여성운동은 "칼란케 판결에 대한 반대를 … 구체적 정책 제안으로 승화시키는 부러움을 살 만한 능력을 발휘하였다. 이들이 내놓은 제안들은 이후 EU의 최고위층에서 채택되었다."[64]

법원에 의한 정책집행은 또한 개인적으로는 대가를 수반할 수 있다. 미국의 성차별에 관련한 가장 유명한 사건(젠슨 대 에벨레스 광산(Jenson vs. Eveleth Mines) 사건)에 참여했던 변호사는 이 사건으로 인해 발생한 대가에 대해 다음과 같이 반추하였다. 물론 위대한 승리도 있었지만 다른 한편 "소송비용도 컸다. 그리고 이는 사실 원고측, 즉 여성들이 감당해야 했다. 그 사건은 몇 년이 걸렸고 사건의 변호사로서 나는 비용의 일부가 여성들에게 지워지는 것을 보았다."[65]

● ● ●
정책 감시와 정책 집행

법의 효력과 법원의 역할은 다음 요소 등에 의존한다.

- 고용주에 의한 불법적 행위라고 판단되는 사례에 대해 이의를 제기할 수 있는 개인의 자발적 의지(때로는 개인의 자발적 의지에 대한 광범위한 지지도 중요한 역할을 수행함)
- 법의 적용과 준수를 감시하고 법이 집행되도록 하는데 있어서 제도, 기관, NGO의 감독자로서의 역할

여러 국가에서, 평등고용법은 법의 집행을 감시할 수 있는 메커니즘을

---

64) Jo Shaw (1999), "Gender and Court of Justice," Conference paper. http://eucenter.wisc.edu/conferences/Gender/shaw.html.
65) Jean Boler (2004), EEOC panel. http://www.eeoc.gov/abouteeoc/40th/panel/40thpanels/panel2/transcript.html.

두고 있었다. 예를 들어 미국은 1964년 평등고용기회위원회(EEOC: Equal Employment Opportunity Commission)를 설치하였다. 평등고용기회위원회는 인종 차별을 포함한 다양한 분야에서 불공정 대우에 대한 고소 사건을 접수하여 조사한다. 그러나 "평등고용법 제정이후 첫 1년 동안, EEOC에 접수된 사건의 1/3은 성차별에 관련한 것이었다. 법령에 성별(sex)이 포함된 것은 예기치 않은 결과였는데 이를 계기로 1960년대 여성 근로자들과 신생 여성운동단체들은 법정에서 평등을 추구할 수 있게 되었다."66) 미국의 경험은 영국의 평등기회위원회(EOC: Equal Opportunities Commission)와 아일랜드의 평등고용위원회(Equal Employment Agency)가 설립되는데 일조하였다. 영국의 EOC는 법집행의 감시에 있어서 초기 난항을 겪었다. 여기에는 1980년대 정치 환경이 적대적이었다는 점도 적지 않은 이유로 작용하였다.67) 그러나, "(점진적으로) EOC는 법과 법원의 판결을 이용하는 것이 정부의 의견에 대해 산발적으로 반기를 드는 것보다 신속하고 효과적이라고 판단하였다."68) 따라서 개인이 제기하는 주요 사건들을 지원하는 동시에 정부에 대해서는 사법심사 절차를 취하기 시작하였다. 마찬가지로 캐나다에서는 1980년대에 정부는 법원에 사건을 가져가는 변호단(legal defence organization)을 지원하기 위한 보조금을 제공하였다.69)

여성의 권익과 다른 인권 문제의 제도적 연계(이와 같은 연계는 미국 EEOC 창설 초기부터 특징을 이루었다)도 점차 보편화되고 있다. 이와 같은 현상은 영국에서도 발생할 것이고 노르웨이의 경우는 이미 2006년 1월 1일 차별반대 옴부즈만 제도를 설치하였고 평등과 차별금지심사위원회(Equality and Anti-discrimination Tribunal)를 설립하였다. 2005년 초반

---

66) EEOC (2004), Equal Employment Opportunity Commission, USA *Celebrating the 40th Anniversary of Title VII*. http://www.eeoc.gov/abareeoc/40th/parcel/expanding.html.
67) Joni Lovenduski and Vicky Randall, *Contemporary Feminist Politics* (Oxford: Oxford University Press, 1993), p. 185.
68) Joni Lovenduski and Vicky Randall, *Contemporary Feminist Politics*, p. 183.
69) Amy G. Mazur, *Theorizing Feminist Policy*, p. 53.

프랑스에서는 차별반대와 평등 증진을 목적으로 하는 차별금지 및 고용기회 확대 위원회(HALDE: Haute Autorité de Lutte contre les Disciminations et pour l'Egalité)가 설치되었다. 한편 이와 같은 연계로 인해 젠더 문제에 대한 구체적인 관심이 줄어들 것을 염려하는 페미니스트들에게는 우려의 원인이 되고 있다.

    EU법의 준수를 관장하는 임무를 지닌 EU 집행위원회는 평등고용정책에 관련한 행정명령이 회원국의 국내법으로 통합되도록 하는데 중요한 역할을 수행하였다. 예를 들어, 영국은 1975년과 1976년 동일임금과 동일처우를 명시한 행정명령에 관련하여 어떠한 행동도 취하지 않았다. 영국은 이들 행정명령에서 명시된 목적은 이미 기존 법에 의해 충족이 되고 있다는 근거를 들고 나왔다. EU 집행위원회는 결국 영국을 유럽사법재판소 법정에 세웠고, 유럽사법재판소는 1982년 판결을 통해 영국은 동일가치 노동에 대해서는 동일임금을 지불해야 한다는 규정을 준수하지 않고 있다고 판시하였다.[70] 결국 영국법은 개정되었다. 마찬가지로, EU 집행위원회는 이탈리아와 서독에 대해서도 사법절차를 취하였다.[71] 동일임금법(Equal Pay Act)의 통과 이후 아일랜드 정부는 정부 내에서뿐만 아니라 업계로부터 법의 집행을 연기해 달라는 강력한 압력을 받게 되었다. 정부나 업계는 법의 집행에 따른 비용 부담에 대해 우려하였고, 남성의 실직 가능성에 대해 우려를 표명한 노동 단체도 일부 있었다. EU 집행위원회는 법집행의 연기에 반대하는 판결을 통해 아일랜드 정부로 하여금 즉각적으로 법의 효력을 발생시키도록 지시하였다.[72] 그러나 행정명령의 준수여부에 대한 EU 집행위원회 감시 권한은 국가별로 필요한 조치가 도입되도록 하는 것까지만 미

---

70) Evelyn Ellis, "Equal Pay for Equal Work: The United Kingdom's Legislation Viewed in the Light of Community Law," pp. 9-10.
71) Roberta Guerrina, *Mothering the Union: Gender Politics in the EU* (Manchester: Manchester University Press, 2005); Eva Kolinsky, Women in West Germany, p. 64.
72) Y. Galligan, *Women and Politics in Contemporary Ireland: From the Margins to the Mainstream*, p. 79.

친다. 즉 구체적인 대책의 실행은 회원국 국내 법원의 결정에 좌우된다. 또한 국가 법원의 경우 개인이 자신의 권리가 침해되었다고 주장하는 경우에 한해서만 행동에 착수한다.

평등고용정책: 결과

위에서 기술한 여러 틀을 통해서, 모든 선진 산업국들은 현재 공식적인 평등고용정책과 규정을 마련해 두고 있다. 그러나 이들 정책과 규정들이 평등고용을 객관적으로 확보하고 태도의 변화와 차별의 발생 가능성을 줄이는 데 있어서 어느 정도 효과적이었을까?

고용 불평등의 감소

선진 민주주의 국가에서 평등고용은 잘 발달된 관련법의 제정을 가져왔다. 이들 관련법을 통해 여성들은 고소를 하고 일부의 경우 법원의 판결을 통해 심각한 차별 사례에 대해서는 시정을 요구할 수 있게 되었다. 역설적인 점은 양성평등에 대해 강력한 의지를 가지고 있었던 구공산권 국가들이 여성정책기구를 설치하는데 있어서 눈에 띄게 움직임이 느렸다는 점이다. 이들 국가가 여성정책기구를 뒤늦게나마 설치하게 된 데에는 UN과 EU의 기준이 중요한 계기가 되었다. CEDAW 협약의 의무사항 준수와 관련하여 회원국별로 진전 상황을 UN에 정기적으로 보고하도록 하는 규약은 구공산권 국가들의 행동에 박차를 가하였다. 또한 EU 가입을 위해서는 기존의 EU법을 준수하도록 하는 규정도 동일한 효과를 발생시켰다. 그러나 모든 국가에서 공식적 법률과 사회의 관습/행동양식 사이에는 간극이 존재한다. 사용자측은 자신의 입장에서는 '비생산적(counterproductive)'으로 보이는 양성평등 법안에 대해서 특별히 달가워하지 않고 있으며, 양성평등은 노조의 단체교섭 안건에 있어서 중요사안으로 자리잡지 못하고 있다.[73] 제1장에서 논의된 바 있듯이, 구체적이고 실질적인 변화의 속도는 완만하였다. 여전히 성별 임금편차가 존재하고 있고 수직적 그리고 수평적 직업 분리는 심각한 수준이다(제1장 참조). 27개 EU회원국에서 21세기 최초 10년 동안, "여성이 남성보다 저소득 계층으로 떨어질 가능성은 상당히 높게 나타나고 있다. 여성이 유사한 직업, 풀타임 지위, 신분 보장 등의 혜택을 받고 있는 남성보다 더 높은 소득 계층으로 올라갈 가능성은 현저히 낮다."[74]

태도의 변화

사회적 태도의 변화 또한 종종 차별반대법의 목적이다. 그러나 법제정을 통한 구체적 결과로서의 변화는 측정이 가능하지만, 태도나 사회적 반응의 변화를 측정하기는 훨씬 어렵다. 이와 같은 법률에 대해 비판적인 입장을 가진 사람들은 태도의 변화를 이끌어 내기 위한 수단의 일환으로 '사회공학(social engineering)'적 기법을 도입하는 것에는 반대할 것이다. 그러나 여성대표를 위한 할당제(제5장 참조)의 경우에서 볼 수 있듯이, 차별반대법은 법이 요구하는 행위가 깊게 뿌리내리게 되면 결과적으로는 잉여적인 법이 될 것이라는 관측도 존재한다.

이와 같은 견해가 현실과는 동떨어진 전망이라는 시각이 감독 기관에 회부되거나 법원에 제소된 여러 사례들을 통해 제기되고 있다. 또한, EU의 통계연구는 대부분의 EU 국가에서 성별 임금격차의 일정 부분은 노동시장에 진출한 남성과 여성의 성별 특징에 의해 발생한다는 것을 발견하였다.

---

73) EFILWC (European Foundation for the Improvement of Living and Working Conditions) (2006), *The Gender Pay Gap: Background Paper*, pp. 8-9. http://eurofound.europa.eu/pubdocs/2006/101/en/1/ef06101en.pdf.
74) EFILWC (European Foundation for the Improvement of Living and Working Conditions) *The Gender Pay Gap: Background Paper*, p. 7.

그러나 이와 같은 특징을 보상하는데 있어서 사회가 어느 정도 준비가 되어 있는가에 따라 성별 임금 격차는 일정 부분 양상을 달리하였다(한 추산에서 이탈리아의 경우 성별 임금격차는 모두 사회의 태도로 인해 발생하였다). 많은 논평가들에게(모든 논평가들은 아니지만) 이와 같은 차이는 차별이나 다름없으며 여성들이 수행하는 일에 대한 불합리한 평가절하이다.[75] 이와 같은 평가절하는 제6장에서 고위직 여성과 관련하여 논의하였듯이 항상 공공연한 것도 아니며 항상 고의적인 것도 아니다. 그러나 이와 같은 현상은 보편적이고 지속적으로 존재한다.

태도의 변화를 이끌어내지 못하고 있다는 것을 보여주는 증거들은 공공 분야와 민간 분야의 고용의 차이에서도 발견된다. 공공분야의 고용주들은 대부분 법의 준수에 대해 관심을 기울이고 결과에 책임을 져야한다. 이들은 상대적으로 투명한 채용/승진 과정과 급여 체계를 두고 있다(그러나 신공공관리의 효과는 p. 6 참조). 따라서 일반적으로 남녀 임금격차와 '수직적' 분리 현상이 공공 분야에서는 덜 심각하다는 점은 놀라운 사실이 아니다.

많은 페미니스트들은 평등정책이 단순히 차별을 방지하는 수준이 아니라 양성평등을 증진할 것을 요구하더라도, 평등정책 자체만으로(평등정책이 세밀하게 설계되어 있더라도) 여성의 고용을 둘러싼 가부장적인 행동양태가 해체되리라 기대할 수는 없다고 주장한다. "남성과 동일한 조건에서의 고용은 이들 조건이 변화하지 않는 한 여성에게는 실현가능하지도 바람직하지도 않은 목표이다."[76] 이들은 여성고용을 둘러싼 가부장적 양태의 해체는 임금노동뿐만 아니라 가사와 돌봄을 포함한 모든 노동의 성별 분리의 종식에 달려있다고 주장한다. 이와 같은 변화는 또한 근로시간, 육아휴직

---

75) Miriam Beblo, Denise Beninger, Anja Heinze and François Laisney (2003), "Measuring Selectivity-corrected Gender Wage Gaps in the EU," *Equal Pay in Europe Seminar*. http://www.mbs.ac.uk/vesearth/european-employment/conferecne-seminars/documents/DP_2ew.pdf.
76) Valerie Bryson, *Feminist Debates: Issues of Theory and Political Practice* (Basingstoke: Manmillan, 1999), p. 143.

및 간병휴직, 육아와 노인돌봄을 포함한 다양한 사안에 대한 정책적 그리고 법적 틀을 요구한다. 일부 선진 산업국들은 이와 같은 방향으로 나가고 있다. 그러나 사적인 영역에서의 노동의 분리라는 문제를 정면으로 다루고자 하는 국가는 없었다. "고용관행의 변화는 남성의 가정 내에서의 역할을 제고하는데 있어서 필요조건이기는 하지만 이것이 충분조건은 아니다."[77]

결론

이 장에서 이루어진 논의로부터 많은 비관적인 결론이 도출될 수 있을 것이다. 먼저, 평등고용이라는 문제에는 거의 회복하기 어려운 갈등과 딜레마가 존재한다. 만약 평등의 기준이 남성근로자(남성 근로자들은 경제적 자립뿐만 아니라 여성의 지원을 누릴 수 있다)라면, 평등정책은 앞으로도 사적인 영역에 대해서는 관심을 기울이지 않을 것이다. 결과적으로 많은 여성들은 고용과 돌봄이라는 이중의 짐을 져야 할 것이며 여성들의 행동반경은 제약을 받을 수밖에 없다. 아울러 돌봄은 일정부분 임금수준이 열악한 여성 노동력으로 아웃소싱될 것이다. 그러나 새로운 기준을 설정하는 작업은 현재로서는 법적인 틀에서나 정책적인 틀 내에서 가시화되지 않고 있다.

이와 같은 딜레마와 관련이 있는 문제가 보호와 평등 사이의 충돌이다. 여성들은 야간 근무 금지, 임신 수유기간 동안의 배려와 같은 특별한 보호를 필요로 하는 것으로 이해되어 왔다(여기에는 여성들이 그동안 억압을 받아왔다는 사실이 부분적인 원인으로 작동했을 것이다). 그러나 이와 같은 보호는 차이를 강조하고 있으며 구직활동에 있어서 여성들에게 불리하게 작용할 수 있다. 반면 오늘날의 정책은 영국의 경우에서처럼 '일과 생활의

---

[77] Valerie Bryson, *Feminist Debates: Issues of Theory and Political Practice*, p. 134.

균형(work-life balance)'이라는 성중립적 용어로 표현되지만, 일단 시행이 되면 표현과 내용에 있어서 모두 여성에게 초점을 맞추게 될 것이다. 이들 정책의 목적은 여성이 이중의 부담으로 인해 발생하는 한계를 수용하고, 임금(종종 실질적으로는 경력발전의 기회도 해당)을 개인적인 시간과 바꿀 수 있도록 돕는 것이다.[78] 더욱이 이것은 다른 사회적 구분과 상호관련이 있다.

> 일부 중요한 측면에 있어서, (계층간 차이)는 1990년대 동안 더욱 심각해졌다. 일과 생활의 균형 정책에 대한 의미있는 접근이라면 생활과 일의 균형이라는 권리에 대한 접근이나 권리의 향유에 있어서 직업에 따른 계층차라는 골치 아픈 현상을 간과해서는 안된다. 고소득 관리직 여성과 전문직 여성들은 예를 들어 소매업이나 섬유업에 종사하는 저소득 비정규직 여성보다는 이와 같은 균형을 달성하는데 있어서 훨씬 유리한 위치에 있다.[79]

셋째, 평등고용으로의 움직임은 과거에는 여성이 무상으로 제공하였던 많은 서비스의 상업화를 가져왔다. 취업여성이 증가하면서, 보육사, 가정간호사, 가사도우미, 편의식(convenience foods) 생산자와 유사 인력 등의 직업이 생겨났다. 이와 같은 서비스는 '암시장(black economy)'이나 불법 시장을 통해 거래가 될 수 있다. 이와 같은 직업은 여전히 '여성 직업(women's work)'으로 간주되고 있어서 임금수준은 낮고 만약 불법 경제로 전락하면(예를 들어 불법 이민자들이 이와 같은 직업을 채우게 되면) 엄청난 착취의 위험이 있다. 이들 직업은 여성을 위한 진정한 의미의 경제자립의 진로가 되지 못하고 있다. 이처럼 상대적으로 임금수준이 낮은 직업으로의 여성 진출을 통해 우리는 스칸디나비아와 같은 가장 '평등한(egalitar-

---

[78] J. Kodz, H. Harper and S. Dench, *Work-Life Balance: Beyond the Rhetoric* (Falmer, Brighton: Institute for Employment Studies IES Report 384, 2002).

[79] Robert Taylor, The Future of Work-Life Balance: Economic and Social Research Council. http://www.esrcsocietytoday.ac.uk/ESRCInfoCentre/about Corporate Information.

ian)' 사회에서도 성별 임금 격차가 지속되고 있는 현상을 일부분 설명할 수 있을 것이다.

갈등의 마지막 예는 법의 준수(이들 법은 사회적 기대와 관습에 반하는 내용이다)와 뿌리 깊은 사회적 태도 사이에 존재해 왔다. 오늘날 많은 국가에서, 개인주의를 강조하고 근원적 구조에 대해서는 도전을 하지 않는 신자유주의 이데올로기나 보수주의 이데올로기가 점점 확산되고 있다.80) 포브스(Ian Forbes)는 신자유주의 이데올로기를 평등고용정책으로 인해 자신의 이해관계가 도전을 받고 있다고 느끼는 기득권층(특히 백인중산 전문직 남성)이 가하는 반격의 표상이라고 주장한다.81) 변화는 느려 보일 수밖에 없다.

이들 비관론에 맞서 일부 낙관적인 전망도 제시되고 있다. 평등고용정책은 국제사회의 협약에 의해, 그리고 EU의 경우 초국가적 법에 의해 지지되고 있다. 평등고용법은 차별철폐를 위한 필요조건이며 선진 민주주의 국가에서는 아주 보편적인 법이다. 세계 어디에서도 평등고용법이 심각한 도전을 받고 있지는 않다. '특정한 이익을 제공하는' 대책을 허용하는 EU 협약규정이 극소량이나마 활용된다 하더라도 말이다.

페미니스트 학자들의 비교연구는 국가마다 다른 실천양상과 국가별 사례를 통한 교훈에 관심을 기울이고 있다. 페미니스트들은 자신들의 믿음의 근거에 대해 그리고 여성들 사이의 계층간 그리고 인종간 다양성에 대해 되짚어 보고 있다.

---

80) Barbara Einhorn, *Citizenship in an Enlarging Europe* (Basingstoke: Palgrave Macmillan, 2006), pp. 167-169; Robert Taylor, *The Future of Work-Life Balance: Economic and Social Research Council*. http://www.esrcsocietytoday.ac.uk/ ESPCInfoCentre/about Corporate Information: Corporate Publications: Research Publications.
81) Ian Forbes, "The Privatization of Equality Policy in the British employment Market for Women," P. 168.

결론

이 책은 신중한 낙관론(cautious optimism)을 견지하면서 끝을 맺는다. 제1장에서 논의한 바와 같이, 21세기 초 현재 OECD 국가 내에서 여성의 경제적 지위, 위상, 권한은 남성에게는 미치지 못하고 있는 것이 현실이다. 여성의 위상과 권한의 향상을 희망하는 사람들은 더 많은 진전이 이루어져야 한다는 사실을 인정한다. 그러나 지난 40년에 걸친 기간 동안 상당히 실질적인 변화가 이루어졌고 그 결과 오늘날 젊은이들은 불과 몇 세기 전만 해도 좋게 말하면 대단히 급진적인, 나쁘게 말하면 상상조차 할 수 없었던 여성의 지위와 관련된 일상적 가정(everyday assumptions)들을 할 수 있고 실제로 하고 있다. 이와 같은 낙관론은 여성들이 자신의 투표권의 사용에 있어서 자율성을 발휘하고 있으며 정당이 무시할 수 없는 유권자가 되었다는 인식에 근거한다(제3장). 여성들은 정치적 의사결정 권한을 갖는 엘리트 집단사이에서도 자신의 위치를 확보해 가고 있다. 21세기 첫 10년에 있을 두 차례의 중대한 정치적 실험의 선두주자들 사이에 여성(미국의 클린턴[Hillary Clinton]과 프랑스의 루아얄[Ségolène Royal])이 포함되어 있을 정도이다. 이와 함께 공식적인 정치 제도의 외부에서 이루어지는 활동을 통해 사회적으로 구속력을 갖는 집단적 결정(이들 결정들은 결국 사람들의 삶을 형성한다)을 형성하고 결정과정에 영향을 끼칠 수 있는 장을 확보하게 된다는 인식도 여성들 사이에서 확산되고 있다(제7장). 그러나 여전히 공식적인 제도는 의사 결정과정에 있어서 뿐만 아니라 결정을 실행, 집행, 모니터링하는 데 있어서 중요한 역할을 담당하고 있다(제9장). 정치 분야에서 여성이 수행해 온 역할을 보면, 여성의 정치행위와 사회변화는 상호작용적이며 상호강화적 작용을 한다는 1세기 전의 참정권론자들의 주장이 입증이 된다. 이제 여성의 정치권 진출과 법적 제도로 인해 편견을 공개적으로나 공식적으로 표현하는 행위는 많은 국가에서 용납될 수 없는 행위로 인식이 되고 있다. 즉 여러 방면에서 진전이 이루어진 것이다. 그러나 이와 같은 의심할 바 없는 진전에도 불구하고 낙관론은 신중할 수밖에 없을 것이다. 역설과 딜레마가 여전히 존재하기 때문이다.

첫째, 이 책 전체를 관통하고 있는 평등(equality)과 차이(difference)라는 주제와 이로 인한 딜레마는 결코 완전히 해결된 것은 아니다. 수천 년에 걸쳐 이루어진 남성에 의한 지배를 보상한다는 의미에서 차이(difference)를 지속적으로 인정하는 것이 정당화될 수 있다는데 많은 사람들이 동의하지만, 만약 평등(여기에서 말하는 평등은 단순히 남성의 권리를 여성에게 확대하는 것을 의미하는 것은 아니다)이 달성된다면 실현될 '동등한 인간(equal person)'의 본질은 결코 명확하지 않다.[1] 이와 같은 동등한 인간은 (남성적) 정치·경제 행위자라는 전형적 모델에 단순하게 부합하지는 않을 것이라는 게 보편적 인식이다. 그러나 과연 동등한 인간은(남자든 여자든) 어떤 사람일까?

이 질문과 관련된 딜레마에는 인간의 필요(human needs)에 대한 배려와 제공의 문제가 있다(글상자 4-2 참조). 전통적 정치학이 상정하는 '추상적 개인(abstract individual)'이란 존재할 수 없다. 왜냐하면 인간은 돌봄의 수혜자가 되는 것에서부터 벗어날 수 없기 때문이다. 적어도 모든 아기는 보살핌을 필요로 하고 모든 인간은 일반적으로 인생의 각기 다른 단계에서 지속적으로 누군가의 보살핌을 필요로 하기 때문이다.[2] 그렇다면 보살

---

[1] Valerie Bryson, *Feminist Debates: Issues of Theory and Political Practice* (Basingstoke: Macmillan, 1999), p. 204.
[2] Selma Sevenhuijsen, *Citizenship and the Ethics of Care* (London: Routledge,

핌은 어떤 방식으로 누구에 의해 제공되어야 마땅한가? 사회내에서 부의 창출과 보살핌 사이에 있어서 보수, 사회적 존경, 재원의 적절한 균형이란 가장 포괄적인 의미에서 무엇인가? 만약 이와 같은 균형을 우리가 식별할 수 있다면, 어떤 방식으로 이와 같은 균형을 이룰 수 있을까? EU 정책의 일부 양상들은 이와 같은 문제의 전형적인 예를 보여주고 있다. 2000년 리스본 어젠다(Lisbon Agenda)는 한편으로는 향후 10년 동안 노동 시장에서 여성의 평균 참여율을 51퍼센트에서 60퍼센트로 향상시킨다는 목표를 설정하였다. 그러나 다른 한편으로 EU의 사회입법(social legislation)은 명시적으로 '주로 여성들이 가정과 일을 조화시켜야 하는 부담을 진다는 사실을 고려'하고자 한다.3) 일명 '가족친화적' 정책들이 실제적으로는 여성을 대상으로 하는 정책이며 따라서 여성들만이 보살피는 역할을 수행하기 위한 일종의 '양보(concessions)'를 필요로 한다는 의미가 내재되어 있을 위험이 있다. 예를 들어 2007년 1월 영국 정부는, 언론의 표현에 따르면, **여성**(저자강조)을 위한 경력직 파트타임 일자리의 창출과 유지를 위해서 '퀄리티 파트타임 일자리기금(Quality Part-Time Work Fund)'의 설치를 발표하였다.4)

또 다른 딜레마는 정치적 수준에서의 참여를 어떻게 보다 포괄적인 사회변화로 승화시키는가 하는 문제이다. 노르웨이와 스페인은 유일하게 여성의 정치참여에 대한 의지가 다른 의사결정 영역으로의 여성참여를 보장하는 유사한 의지로 확산된 사례이다. 공기업 이사회에 대해서 여성할당제가 부과되어 노르웨이의 경우 상위 50개 기업의 이사회에서 여성은 1/3 이상을 차지한다.5) 여성의원의 비율이 이들 국가보다 높은 스웨덴의 경우 이 비율은 대략 10퍼센트 정도 낮다. 2006년 포춘(Fortune)지 선정 미국의 500대 기업 중 여성이사의 비율은 13.6퍼센트로 나타난 반면, 여성하원의

1998), p. 846.
3) European Commission (2006), *Press Release IP/06/493 of 12 April 2006*.
4) news release of 30 January 2007.
5) European Union (2006), Database on Men and Women in Decision-Making. http://europa.eu.int/comm/mployment_social/women_men_stats/out/measures_out4211_en.htm.

원의 비율은 16.2퍼센트를 기록하였다.

따라서 딜레마가 계속되고 있고 진전의 속도가 느리다는 사실로 인해 낙관론은 신중해질 수 밖에 없어진다. 더욱이, 여성지위의 변화는 다양한 형태를 취한다. 특정한 행동유형이 강압적 이데올로기의 결과로써 발생한 곳에서(예를 들어 유럽의 공산권 내에서 여성의 역할이 그랬던 것처럼), 정치 체제와 이데올로기 체제의 변화는 이와 같은 행동유형이 전반적인 사회적 태도에 의해 뒷받침되지 않았다는 점을 이내 드러냈다. 흥미로운 점은 역전 상황이 스페인에서 관찰된다는 것이다. 스페인의 강압적인 파시즘은 여성의 '해방'이 아닌 여성의 억압을 강제하였다. 파시즘의 몰락이 있고 난 후 여성지위는 신속하게 향상되었고 현재 스페인 여성은 정부 각료의 절반을 구성하고 있다.

따라서 우리가 내릴 수 있는 하나의 결론은(이 결론 역시 이 책을 관통하는 주제이다) 심지어 자율적이고 능동적인 여성 사이에서도 바람직한 해방의 유형이나 자신들의 이해관계의 본질에 대해서는 의견의 일치가 이루어지지 않고 있다는 점이다. 여성은 인종, 자신이 속한 사회의 유형, 사회적 이익의 수혜정도, 종교, 정치적 신념 등에 있어서 엄청나게 다양한 상황에서 출발한다. 이와 같은 특징들은 젠더(gender)와 상호작용을 하며 그 결과로써 이론적 차이뿐만 아니라 실질적인 차이를 발생시킨다. 정치 영역 내에서 여성의 역할에 대한 연구는 이와 같은 차이를 보여주는 한편, '진전'이란 상당히 다양한 형태와 방향을 취할 수 있다는 점을 시사해 준다.

여성운동의 일부 결과는 뿌리를 잘 내린 것처럼 보인다. 다양한 정치적 색채를 지닌 사람들이 대거 선출된 결과 프랑스의 남녀동수법은 폐지되지 않을 수 있었다. 그러나 남녀동수법을 허용한 헌법 개정은 일견 헌법과 마찬가지로 견고해 보이지만, 이 법은 사실 시효기간이 제한되어 있는 법이며 결코 확고부동한 법은 아니다. 예를 들어 낙태권(abortion rights)에 대해서도 유사한 발언을 할 수 있을 것이다. 페미니스트 사이에서도 낙태를 둘러싼 도덕성에 대해서는 이견이 분분하다. 그럼에도 불구하고, 낙태권은 페미니스트 운동의 전형적 상징으로 받아들여지고 있다. 하지만 동독과 폴란드에서 낙태는 대개 금지되고 있으며 낙태권에 대해 의문을 제기하는 국가들도 있다.

느린 변화의 속도와 공식기관에 대한 남성지배의 지속은 여성의 지위 향상을 기대하는 사람들에게는 위압감과 함께 실망감을 안겨주고 있다. 메르켈(Angela Merkel) 독일 총리와 펠로시(Nancy Pelosi) 미국 하원의장의 정치역정은 여성들이 점차적으로 공식적인 권력직으로 진출하고 있다는 것을 시사해 준다. 비관론자들은 위로부터의 세계화와 아래로부터의 지방분권화로 인해 국민국가(nation-state)의 공식 기구들이 취할 수 있는 정책 행위의 반경이 사라지고 있다고 주장할지 모른다. 그러나 다른 한편으로 낙관론적인 시각도 존재한다. 첫째, 상당한 양의 권력이 여전히 이들 기구에게 존재한다. 따라서 이와 같은 기구로의 여성의 진출 확대는 낙관론의 이유가 되고 있다. 마찬가지로 권력의 분권화에 따라 권력은 이슈정치(issue politics)와 관련된 영역, 지역사회 운동과 지역참여의 영역으로 이동하고 있으며 이들 부문에서 여성은 손쉽게 중대한 역할을 수행할 수 있고 이미 수행하고 있다. 우리가 경계를 늦추고 진전을 당연한 것으로 받아들인다면 많은 것을 잃어버릴 수 있다. 여성들은 집단적인 의사결정과정에 참여하는 개인이나 단체의 담론과 행위를 이해하고 설명하는데 관심을 기울이고 이 과정에 참여할 수 있으며, 또 그래야만 할 것이다. 여성들은 정치를 구성하는 갈등을 해결하기 위한 전략을 창출하고 기존의 전략을 수정하는데 있어서 광범위하게 참여할 수 있고 사실 참여하고 있다.

추천문헌

랜달(Vicky Randall)과 러벤더스키(Joni Lovenduski)는 페미니스트 사상의 경향과 페미니스트적 사상이 정치학에 미친 영향에 대해 매우 유용한 연구 결과를 제시하였다.[1] 여성과 정치라는 주제에 대한 이들의 초기 연구는 연구가 담고 있는 지혜와 통찰로 인해 오늘날에도 읽을 가치를 충분히 가지고 있다고 하겠다.[2]

여성사(women's history) 부문도 상당히 빠른 속도로 성장하였다. 앤더슨과 진서(Bonnie S. Anderson and Judith P. Zinsser)는 이 주제에 대한 좋은 개론서의 역할을 할 수 있을 것이며, 레이놀즈(Siân Reynolds)의 연구는 여성에 주안점을 두고 특정 국가나 특정 시대의 역사를 기술하는 방식에 있어서 모범이 되고 있다.[3]

---

1) Vicky Randall, "Feminism and Political Analysis," *Political Studies* 39, No. 3, 1991, pp. 513-532; Joni Lovenduski, 'Gender Research in Political Science,' *American Review of Political Science*, No. 1, 1998, pp. 335-356; Vicky Randall, "Feminism," in David Marsh and Gerry Stoker (ed.), *Theory and Methods in Political Science* (Basingstoke: Palgrave macmillan, 2002), pp. 109-130.

2) Vicky Randall, *Women and Politics: An International Perspective*, 2nd edn (London: Macmillan, 1987); Joni Lovenduski, *Women and European Politics* (Brighton: Harvester Wheatsheaf, 1986).

3) Bonnie S. Anderson and Judith P. Zinsser, *A History of their Own* (London: Penguin Books, 1990); Siân Reynolds, *France between the Wars: Gender and*

사실 여성은 헤이그와 해롭(Rod Hague and Martin Harrop)의 연구를 비롯한 비교정치학 분야의 고전적 교재에 있어서 거의 소외되어 있으며, 다양한 국가에 걸쳐서 여성의 위상과 정치를 다룬 최신 개론서는 극히 드문 실정이다.4) 그러나 넬슨과 초우드허리(Barbara J. Nelson and Najma Chowdhury)는 무려 43개국을 다루고 있다.5) 책에 실린 정보는 일부 시대에 뒤진 면이 있지만, 책의 배경과 분석은 대단히 광범위하면서도 상당히 적절하다. 스토크스(Wendy Stokes) 또한 연구의 주요 관심대상은 영국이지만, 다양한 국가를 대상으로 그동안 이루어진 발전에 대한 개관을 담고 있어서 유용한 연구자료가 되고 있다.6) 프랑스에 관한 교재는 아쉰(Catherine Achin)과 그녀의 동료들이 출판한 두 권의 서적이 도움이 될 것이다.7)

개별 지역이나 개별 국가에 대한 정보는 더 많이 존재한다. 헤니그와 헤니그(Ruth Henig and Simon Henig)는 서유럽 국가에 대한 정보를 집대성하였고, 벡위드(Karen Beckwith)의 출간예정 서적은 최신 정보를 포괄적으로 담고 있을 것으로 보인다.8) 베르그비스트(Christine Bergqvist)의 편집서는 스칸디나비아 국가의 사례를 다루고 있고, 매틀란드와 몽고메리(Richard Matland and Kathleen Montgomery)는 동유럽에 관한 좋은 입문서가 될 수 있을 것이다.9) 미국의 여성과 정치라는 주제에 있어서는 방

Politics (LondonL Routledge, 1996).
4) Rod Hague and Martin Harrop, *Comparative Government and Politics*, 6th edn (Basingstoke: Palgrave Macmillan, 2004).
5) Barbara J. Nelson and Najma Chowdhury (eds), *Women and Politics Worldwide* (New Haven, CT: Yale University Press, 1994).
6) Wendy Stokes, *Women in Contemporary Politics* (Cambridge: Polity, 2005).
7) Catherine Achin and Sandrine Lévêque, *Femmes en Politique* (Paris: La Découverter, 2006); Catherine Achin, *Sexes, genre et politique* (Paris: Economica, 2007).
8) Ruth Henig and Simon Henig, *Women and Political Power: Europe since 1945* (London: Routlege, 2001)
9) Christine Bergqvist (ed.), *Equal Democracies? Gender and Politics in Nordic Countries* (Oslo: Scandinavian University Press, 1999); Richard Matland and Kathleen Montgomery (eds), *Women's Access to Political Power in Eastern Europe* (Oxford; Oxford University Press, 2003).

대한 양의 참고 문헌이 존재한다. 이들 문헌의 상당수는 접근 방법에 있어서 실증주의적이며 행동주의적이다. 지난 30년 동안 출판된 연구 중 중요한 기여를 한 연구로는 오코너(Sandra O'Connor)와 동료들의 편집서를 들 수 있다.[10] 상황의 전반적 개관을 보고자 한다면 돌란 외(Julie A. Dolan et al)의 연구를 참고하기를 권유한다.[11] 트렘블레이와 트림블(Manon Tremblay and Linda J Trimble)은 캐나다에 관한 좋은 개론서가 될 것이다.[12]

젠더(gender)라는 개념과 이 개념이 갖는 의미는 코넬(Robert W. Connell)이나 킴멜(Michael S. Kimmel)의 연구에서 포괄적으로 다루어지고 있다.[13] 젠더 개념이 정치사상에 대해 갖는 의미는 스퀴어즈(Judith Squires)의 연구에서 논의되고 있는데, 이 연구는 가히 필독서라고 할 수 있다.[14] 프리드먼(Jane Freedman)은 페미니즘이라는 주제에 관한 아주 접근이 용이한 개론을 제공한다.[15] 본서의 전반에 걸쳐 논의된 핵심 개념이나 페미니즘적 정치 분석에서 사용되고 있는 개념들의 상당부분은 캔터(Rosabeth Moss Kanter)의 연구와 길리건(Carol Gilligan)의 연구에서 기원한 것이다.[16] 두 연구는 다른 연구에서 걸러진 내용으로 접하는 것 보다 직접 읽어 보아야 할 연구이다. 필립스(Anne Phillips)의 편집서는 페미니즘 이론과 정치사상에 대한 정평있는 논문을 묶고 있다.[17] 그녀의 단독 연구들 또한

---

10) Sandra O'Connor, Sarah Brewer and Michael Phillip Fisher (eds), *Politics: Perspectives from the Literature* (New York: Pearson Longman, 2006).
11) Julie Dolan, Melissa M. Deckman and Michele L. Swers, *Women and Politics: Paths to Power and Political Influence* (Upper Saddle River, NJ: Person Prentice Hall, 2006).
12) Manon Tremblay and Linda Trimble (eds), *Women and Politics in Canada* (New York: Oxford University Press, 2003).
13) Robert W. Connell, *Gender and Power: Society the Person and Sexual Politics* (Cambridge: Polity Press, 1987); Michael S. Kimmel, *The Gendered Society* (Oxford; Oxford University Press, 2000).
14) Judith Squires, *Gender in Political Theory* (Cambridge: Polity, 1999).
15) Jane Freedman, *Feminism* (Milton Keynes: Open University Press, 2001).
16) Rosabeth Moss Kanter, *Men and Women of the Corporation*, new edn (New York: HarperCollins: Basic Books, 1993); Carol Gilligan, *In a Different Voice* (Cambridge, MA: Harvard University Press, 1982).

필독서이다.18)

리스터(Ruth Lister)와 아인혼(Barbara Einhorn)은 시민이라는 개념에 관련한 참신한 통찰력을 선보이고 있고, 프리드만(Friedman)은 최근에 이루어지고 있는 이론적 논의를 편집하였다.19) 대의제(representation)라는 개념에 대한 논의는 피트킨(Hanna Pitkin)의 연구로 시작되어야 할 것이다.20) 전세계적으로 그리고 각 시대별로 여성의 정치적 지향과 여성의 정치 행위에 대한 논의라면 잉글하트와 노리스(R. Inglehart and Pippa Norris)의 연구를 주목해야 할 것이다.21) 성별 투표율에 대한 최고의 자료는 민주주의 및 선거지원을 위한 국제기구(IDEA: International Institute for Democracy and Electoral Assistance)의 홈페이지에서 조회할 수 있다.22) 캠벨(Rosie Campbell)은 영국 여성의 투표 양태를 조사하였고, 노리스는 미국의 현 상황을 고찰하고 있다.23) 할당제나 남녀동수법을 포함한 개선 전략과 결과를 보고자 한다면 러벤더스키(Joni Lovenduski)의 연구를 참고하길 바란다.24) 디아즈(Mateo Diaz)의 심도깊은 논의와 이 분야의 선구자 중 한 명인 달레

---

17) Anne Phillips (ed.), *Feminism and Politics* (Oxford: Oxford University Press, 1998a).
18) Anne Phillips, *Engendering Democracy* (Cambridge: Polity Press, 1991); Anne Phillips, *The Politics of Presence* (Oxford: Oxford University Press, 1995); Anne Phillips, *Which Equalities Matter?* (Cambridge: Polity, 1999).
19) Ruth Lister, *Citizenship: Feminist Perspectives*, 2nd edn (Basingstoke: Palgrave Macmillan, 2003); Barbara Einhorn, *Citizenship in an Enlarging Europe* (Basingstoke: Palgrave Macmillan, 2006).
20) Hanna Pitkin, *The Concept of Representation* (Berkeley, CA: University of California Press, 1972).
21) R. Inglehart and Pippa Norris, *Rising Tide: Gender Equality and Cultural Change around the World* (Cambridge: Cambridge University Press, 2003).
22) http://www.idea.int/gender/
23) Rosie Campbell, *Gender and the Voter in the Britain* (Colchester, Essex: ECPR Press, 2006); Pippa Norris, "The Gender Gap: Old Challenges, New Approaches," in Susan J. Carrol (ed.), *Women and American Politics: New Questions, New Directions* (Oxford: Oxford University Press, 2003), pp. 146-170.
24) Joni Lovenduski (ed.), *State Feminism and Political Representation* (Cambridge: Cambridge University Press, 2005a).

루프(Drude Dahlerup)의 최근 연구도 참고 대상이 되어야 할 것이다.[25] 이 부문에서 이루어진 정책 변화의 과정들도 최근 출판된 편집서의 주제가 되었다.[26] 스퀴어즈(Judith Squires, 출판예정)는 투입과 산출의 문제를 고찰한다. 여성대표의 수가 증가함에 따라, 여성대표에 대한 연구도 광범위하게 이루어지고 있다. 차일즈(Sarah Childs)와 도슨(Debra L. Dodson)의 연구는 이 주제에 있어서 훌륭한 지침서 역할을 하고 있다.[27] 푸티트(Hillary Footitt), 푸와르(N. Puwar), 캐슬린(Lyn Kathlene)은 여성이 의회에서 말하고 활동하는 방식에 대해 논의하고 있는 반면, 스티버스(Camilla Stivers)는 공공행정 문제를 고찰한다.[28]

여성운동의 본질과 성장은 트레폴(Monika Threfall)이나 마쉬 외(Marsh et al) 편집서의 기고자들에 의해 논의되고 있다.[29] 현재의 변화가 국가의 성격에 미치는 영향은 바나스작 외 2인(Lee Ann Banaszak et al)의 편집서의 기고자들에 의해 논의되었다.[30]

---

[25] Mercedes Mateo Diaz, *Representing Women? Female Legislators in West European Parliaments* (Colchester: ECPR Press, 2005); Drude Dahlerup (ed.), *Women, Quotas and Politics* (New York: Routledge, 2006).

[26] Joni Lovenduski (ed.), *State Feminism and Political Representation* (Cambridge: Cambridge University Press, 2005a).

[27] Sarah Childs, *New Labour's Women MPs: Women Representing Women* (London: Routledge, 2004); Debra L. Dodson, *The Impact of Women in Congress* (Oxford: Oxford University Press, 2006).

[28] Hillary Footitt, *Women, Europe and the New Language of Politics* (London: Continuum, 2002); N Puwar, "Thinking about Making a Difference," *British Journal of Politics and International Relations*, Vol. 6, No. 1, 2004, pp. 65–80; Lyn Kathlene, "Words that Matter: Women's Voices and Institutional Bias," in Susan T. Carroll (ed.), *The Impact of Women in Political Office* (Bloomington, IN: Indiana University Press, 2001), pp. 22–48; Lyn Kathlene, "In a Different Voice: Women and Policy Process," in Clyde Wilcox and Sue Thomas (ed.), *Women and Elective Office: Past, Present and Future Second Edition* (New York: Oxford University Press, 2005), pp. 213–229; Camilla Stivers, *Gender Images in Public Administration* (London: Sage Publications, 1993).

[29] Monica Threfall, "Feminist Politics and Social Change in Spain," in Monica Threfall (ed.), *Mapping the Women's Movement: Feminist Politics and Social Transformation* (London: Verso, 1996), pp. 115–151.

젠더정치와 국가 연구네트워크(Research Network on Gender Politics and the State)는 페미니스트들이 특별히 관심을 기울이고 있는 부문에 있어서 정책과 정책 형성에 관련한 귀중한 연구 결과를 내놓고 있다.31) EU에 관한 연구는 구에리나(Roberta Guerrina)와 로실리(Mariagrazia Rossilli)의 연구를 참조하면 좋을 것이다.32)

---

30) Lee Ann Banaszak, Karen Beckwin and Dieter Rucht (eds.), *Women's Movements Facing the Reconfigured State* (Cambridge: Cambridge University Press, 2003).
31) Amy G. Mazur and Dorothy M. Stetson, *Comparative State Feminism* (Thousand Oaks, CA: Sage Publications, 1995); Amy G. Mazur, *State Feminism, Women's Movement and Job Training: Making Democracies Work in a Global Economy* (London and New York: Routledge, 2001); D. M. Stetson, *Aborting Politics, Women's Movements, and the Democratic State: A Comparative Study of State Feminism* (Oxford: Oxford University Press, 2001); Amy G. Mazur, *Theorizing Feminist Policy* (Oxford: Oxford University Press, 2002); Joyce Outshoorn (ed.), *The Politics of Prostitution: Women's Movements, Democratic States and Globalisation of Sex Commerce* (Cambridge: Cambridge University Press, 2004).
32) Roberta Guerrina, *Mothering the Union: Gender Politics in the EU* (Manchester: Manchester University Press, 2005); Mariagrazia Rossilli, "Introduction: The European Union's Gender Policies," in Mariagrazia Rossilli (ed.), *Gender Policies in the European Union* (New York: Peter Lang, 2000a).

참고문헌

Abelès, Marc (2000) *Un Ethnologue à l'assemblée* (Paris: Odile Jacob).
Achin, Catherine (2007) *Sexes, genre et politique* (Paris: Economica).
Achin, Catherine and Sandrine Lévêque (2006) *Femmes en Politique* (Paris: La Découverte).
Agacinski, Sylviane (2000) *Politique des Sexes, Précédé de mise au point sur la Mixité* (Paris: Seuil: Collection Points).
Alban-Metcalfe, Beverly and Michael A. West (1991) "Women Managers". In *Women at Work*, ed. Jenny Firth-Cozens and Michael A. West (Buckingham: Open University Press), pp. 154–71.
Alimo-Metcalfe, Beverly (1995) "An Investigation of Female and Male Constructs of Leadership and Empowerment". *Women in Management Review* 10, no. 2: 3–8.
Allison, Maggie (2000) "Women and the Media." In *Women in Contemporary France*, ed. Abigail Gregory and Ursula Tidd (Oxford: Berg), pp. 65–87.
Allwood, Gill and Khursheed Wadia (2000) *Women and Politics in France* (London: Routledge).
Almond, Gabriel A. and Sidney Verba (1963) *The Civic Culture: Political Attitudes and Democracy in Five Nations* (Princeton, NJ: Princeton University Press).
Amar, Micheline, ed. (1996) *Le Piège de la Parité-Arguments pour un débat* (Paris: Hachette).
Andersen, Kristi (1996) *After Suffrage: Women in Partisan and Electoral Politics before the New Deal* (Chicago, ILL: University of Chicago Press).
Anderson, Bonnie S. and Judith P. Zinsser (1990) *A History of their Own* (London: Penguin Books).
Apfelbaum, E. and M. Hadley (1986) "Leadership Ms-Qualified: 11 Reflections on Initial Case-Study Investigation of Contemporary Women Leaders", In *Changing Conceptions of Leadership*, ed. Carl F. Graumann and Serge Moscovici (New York and Berlin: Springer-Verlag), pp. 199–221.
Apter, Terri (1985) *Why Women Don't Have Wives: Professional Success and Motherhood*

(Basingstoke: Macmillan).
Australian Bureau of Statistics (2000/6) 6302.0 *Average Weekly Earnings 16 November 2000 and 18 May 2006* accessed 10 July 2006.
Australian Public Service Commission (2004-5) *Statistical Bulletin*, available at http://www.apsc.gov.au/stateoftheservice/0405/statistics/mainfeatures.htm#ses; accessed 13 April 2006.
Bacchi, Carol Lee (1999) *Women, Policy and Politics: The Construction of Policy Problems* (London: Sage).
Bacchi, Carol Lee (2004) "Policy and Discourse: Challenging the Construction of Affirmative Action as Preferential Treatment". *Journal of European Public Policy* 11, no. 1: 128-46.
Badinter, Elisabeth (1996) "Non aux Quotas des Femmes". In *Le Piége de la Parité: Arguments pour un Débat*, ed. Micheline Amar (Paris: Hachette), pp. 18-22.
Baer, Denise L. (2003) "Women, Women's Organizations and Political Parties". In *Women and American Politics*, ed. Susan J. Carroll (Oxford: Oxford University Press), pp. 111-45.
Banaszak, Lee Ann (2003a) "When Power Relocates: Interactive Changes in Women's Movements and States". In *Women's Movements Facing the Reconfigured State*, ed. Lee Ann Banaszak, Karen Beckwith and Dieter Rucht (Cambridge: Cambridge University Press), pp. 1-29.
Banaszak, Lee Ann (2003b) "The Women's Movement Policy Successes and the Constraints of State Reconfiguration". In *Women's Movements Facing the Reconfigured State*, ed. Lee Ann Banaszak, Karen Beckwith and Dieter Rucht (Cambridge: Cambridge University Press), pp. 141-68.
Banaszak, Lee Ann, Karen Beckwith and Dieter Rucht eds. (2003) *Women's Movements Facing the Reconfigured State* (Cambridge: Cambridge University Press).
Bashevkin, Sylvia B. (1998) *Women on the Defensive: Living through Conservative Times* (Toronto: University of Toronto Press).
Baudino, Claudie (2005) "Gendering the Republican System: Debates on Women's Political Representation in France". In *State Feminism and Political Representation*, ed. Joni Lovenduski (Cambridge: Cambridge University Press), pp. 85-105.
BBC News (1999) Evelyn Parker: 'Greenham Women Succeeded.' BBC, Wednesday, 10 November 1999, 17:44 p.m.
BBC (2003) *Women's Party to Fight On*. Available from http://news.bbc.co.uk/1/hi/northern_ireland/3299125.stm; accessed 11 January 2007.
Beblo, Miriam, Denis Beninger, Anja Heinze and François Laisney (2003) "Measuring Selectivity-corrected Gender Wage Gaps in the EU". In *Equal Pay in Europe Seminar* (held in Manchester on 12 December 2003; available at http://www.mbs.ac.uk/vesearth/european-employment/conference-seminars/documents/DP_2ew.pdf; accessed 31 March 2007).
Beckwith, Karen (2000) "Beyond Compare? Women's Movements in Comparative Perspective". *European Journal of Political Research* 37, no. 4: pp. 438-61.
Belloubet-Frier, Nicole (1997) "Sont-Elles Différentes?" *Pouvoirs*, no. 82: pp. 59-75.

Bendix, John (1994) "Women and Politics in Germany and Switzerland". *European Journal of Political Research* 25, no. 4: 413-438.
Bennie, Lynn (2002) *Survey of Political Studies* 2002. Available from http://www.psa.ac.uk/psanews/0210/survey.htm; accessed 20 November 2006.
Benoit, Kenneth and Jacqueline Hayden (2004) "Institutional Change and Persistence: The Evolution of Poland's Electoral System, 1989-2001". *The Journal of Politics* 66, no. 2: 396-427.
Bercusson, Brian (1996) "Equality Law in Context: Collective Bargaining". In *Sex Equality Law in the European Union*, ed. Tamara Hervey and David O'Keefe (Chichester: John Wiley), pp. 179-200.
Bergqvist, Christine (ed.) (1999) *Equal Democracies? Gender and Politics in Nordic Countries* (Oslo: Scandinavian University Press).
Bird, Karen (2003) "Who are the Women? Where are the Women? And What Difference can they Make? Effects of Gender Parity in French Municipal Elections". *French Politics* 1, no. 1: 5-38.
Bird, Karen (2004) "Who Needs Women? Gender Parity in French Elections". In *The French Presidential and Parliamentary Elections of 2002*, ed. J. Gaffney (Aldershot: Ashgate).
Boler, Jean (2004) EEOC panel, available at http://www.eeoc.gov/abouteeoc/40th/panel/40thpanels/panel2/transcript.html; accessed 31 March 2007.
Bono, Paola and Sandra Kemp (eds) (1991) *Italian Feminist Thought: A Reader* (Oxford: Blackwell).
Boothroyd, Betty (2002) *The Autobiography* (London: Arrow Books).
Borrelli, Mary Anne (2000) "Gender Politics and Change in the United States Cabinet: The Madeleine Korbel Albright and Janet Reno Appointments". In *Gender and American Politics: Women, Men, and the Political Process*, ed. Sue Tolleson-Rinehart and Jyl J. Josephson (Armonk, NY: M. E. Sharpe), pp. 185-204.
Boston, Sarah, (ed.) (1987) *Women Workers and the Trade Unions* (London: Lawrence & Wishart).
Bouchier, David (1983) *The Feminist Challenge* (London: Macmillan).
Bourque, Susan. C. and Jean Grossholtz (1984) "Politics an Unnatural Practice: Political Science Looks at Female Participation". In *Women and the Public Sphere*, ed. Janet Siltanen and Michelle Stanworth (London: Hutchinson), pp. 103-21.
Box-Steffensmeier, Janet. M., Suzanna De Boef and Tse-Min Lin (2004) "The Dynamics of the Partisan Gender Gap". *American Political Science Review* 98, no. 3: 515-28.
Bredin, Frédérique (1997) *Députée: journal de bord* (Paris: Fayard).
Brimelow, Elizabeth (1981) "Women in the Civil Service". *Public Administration* 59, no. 3: 313-35.
Bronfenbrenner, Kate (2005) *Union Organizing among Professional Women Workers*. DPE Conference on Organizing Professionals in the 21st Century, Crystal City, Virginia; available at http://digitalcommons.ilr.cornell.edu/cgi/viewcontent.cgi?article=1024&context=cbpubs; accessed 7 August 2006.
Brown, A., T. B. Donaghy, F. MacKay and E. Meehan (2002) "Women and Constitutional

Change in Scotland and Northern Ireland", *Parliamentary Affairs* 55, no. 1: 71-84.
Bryson, Valerie (1999) *Feminist Debates: Issues of Theory and Political Practice* (Basingstoke: Macmillan).
Buckley, Mary (1997) "Adaptation of the of the Soviet Women's Committee: Deputies' Voices from 'Women of Russia' ". In *Post-Soviet Women: From the Baltic to Central Asia*, ed. Mary Buckley (Cambridge: Cambridge University Press), pp. 157-85.
Budgeon, Shelley (2001) "Emergent Feminist Identities: Young Women and the Practice of Micropolitics", *European Journal of Women's Studies*, 8, no. 1: 7-28.
Buffotot, Patrice and David Hanley (1998) "Chronique d'une défaite anoncée: Les élections legislatives des 25 mai et 1er juin 1997", *Modern and Contemporary France* 6, no. 1: 5-20.
Bundesministerium für Familie, Senioren, Frauen und Jugend (2006) *Geschichte des Ministeriums*. Available from http://www.bmfsfj.de/bmfsfj/generator/Kategorien/Ministerium/geschichte.html; accessed 28 January 2007.
Burns, Nancy, Kay Lehman Schlozman and Sidney Verba (2001) *The Private Roots of Public Action: Gender, Equality, and Political Participation* (Cambridge, MA: Harvard University Press).
Burrell, Barbara (2004) *Women and Political Participation: A Reference Handbook* (Santa Barbara, CA: ABC-CLIO).
Bussemaker, Jet and Kees van Kersbergen (1999) "Contemporary Social- Capitalist Welfare States and Gender Inequality". In *Gender and Welfare State Regimes*, ed. Diane Sainsbury (Oxford: Oxford University Press), pp. 15-46.
Campbell, Rosie (2002) *Gender and Voter Turnout in the 2001 British General Election*. Available from http://www.essex.ac.uk/ECPR/events/jointsessions/paper-archive/ turin/ws22/Campbell; accessed 7 December 2005.
Campbell, Rosie (2004) "Gender, Ideology and Issue Preference: Is there such a Thing as a Political Women's Interest in Britain?", *British Journal of Politics and International Relations* 6, no. 1: 20-44.
Campbell, Rosie (2006) *Gender and the Vote in Britain* (Colchester, Essex: ECPR Press).
Carroll, Susan J. (1988) "Women's Autonomy and the Gender Gap: 1980 and 1982". In *The Politics of the Gender Gap: The Social Construction of Political Influence*, ed. Carol M. Mueller (Newbury Park, CA: Sage), pp. 236-57.
Carroll, Susan J. (1994) *Women as Candidates in American Politics* (Bloomington, IN: Indiana University Press).
Carroll, Susan J. (2004) *Gender Gap Persists in 2004 Election*. Available from http://www.cawp.rutgers.edu/Facts/Elections/GG2004Facts; accessed 6 December 2005.
Caul, M. (2001) "Political Parties and the Adoption of Candidate Gender Quotas: A Cross-National Analysis", *Journal of Politics* 63, no. 4: 1214-29.
Center for American Women and Politics (2005a) *Women's Vote 2004*. Available at http://www.cawp.rutgers.edu/Facts/Elections/Womensvote2004.html; accessed 10 April 2006.

Center for American Women and Politics (2005b) *Archives: Did You Know?* Available at http://www.cawp.rutgers.edu/factoidarchive; accessed 23 April 2006.

Center for American Women and Politics (2005c) *Women who Succeeded Their Husbands in Congress.* Available at http://www.cawp.rutgers.edu/Facts/Officeholders/widows; accessed 23 April 2006.

Center for American Women and Politics (2006a) *Officeholders.* Available at http://www.cawp.rutgers.edu/Facts/Officeholders/fedcab; accessed 1 May 2006.

Center for American Women and Politics (2006b) *Women Officeholders: Fact Sheets and Summaries.* http://www.cawp.rutgers.edu/Facts/Officeholders/mayors-curr; accessed 28 January 2007.

Center for Reproductive Rights (2007) *Female Genital Mutilation: Legal Prohibitions Worldwide.* Available at http://www.reproductiverights.org/pub_fac_fgmicpd.html; accessed 27 March 2007.

Chaney, Paul (2004) "Women and Constitutional Change in Wales", *Regional and Federal Studies* 14, no. 2: 281–303.

Chappell, Louise A. (2002) "The 'Femocrat' Strategy: Expanding the Repertoire of Feminist Activists", *Parliamentary Affairs* 55, no. 1: 85–98.

Charles, Nickie (2000) *Feminism, the State and Social Policy* (Basingstoke: Palgrave Macmillan).

Childs, Sarah (2001) "'Attitudinally Feminist?' The New Labour Women MPs and the Substantive Representation of Women", *Politics* 21, no. 3: 178–85.

Childs, Sarah (2002) "Hitting the Target: Are Labour Women MPs 'Acting for' Women?" *Parliamentary Affairs* 55, no. 1: 143–53.

Childs, Sarah (2004) *New Labour's Women MPs: Women Representing Women* (London: Routledge).

Childs, Sarah and Mona Lena Krook (2006) "The Substantive Representation of Women: Rethinking the 'Critical Mass' Debate.' Political Studies Association Conference at Reading, UK, April 2006. Available at http://www.psa.ac.uk/Journals/pdf/5/2006/Childs.pdf; accessed 31 March 2007.

Childs, Sarah, Joni Lovenduski and Rosie Campbell (2005) *Women at the Top 2005: Changing Numbers, Changing Politics* (London: Hansard Society).

Childs, Sarah and J. Withey (2004) "Women Representatives Acting for Women: Sex and the Signing of Early Day Motions in the 1997 British Parliament", *Political Studies* 52, no. 3: 552–64.

Chiva, Cristina (2005) "The Nation and Its Pasts: Gender, History and Democratisation in Romania". In *Nation and Gender in Contemporary Europe*, ed. Vera Tolz and Stephenie Booth (Manchester: Manchester University Press), pp. 80–95.

CIA (2006) World Factbook. http://www.odci.gov/cia/publications/factbook/index; accessed 14 February 2006.

Clift, Eleanor and Tom Brazaitis (2000) *Madam President: Shattering the Last Glass Ceiling* (New York: Scribner).

Coalition of Labor Union Women (2006) *History Timeline* available at http://www.cluw.org/about-historytimeline.html; accessed 8 August 2006.

Collins, James and Val Singh (2006) "Exploring Gendered Leadership". In *Women in Leadership and Management*, ed. Duncan McTavish and Karen Miller (Cheltenham: Edward Elgar Publishing), pp. 11–31.

Connell, Robert W. (1987) *Gender and Power: Society the Person and Sexual Politics* (Cambridge: Polity Press).

Conover, Pamela Johnston (2006) "Feminists and the Gender Gap", reprinted from 1988 in *Gendering American Politics: Perspectives from the Literature*, ed. Karen O'Connor, Sarah Brewer and Michael Philip Fisher (New York: Pearson Longman), pp. 111–20.

Cook, Elizabeth Adell and Clyde Wilcox (2006) "Feminism and the Gender Gap: A Second Look", reprinted from 1991 in *Gendering American Politics: Perspectives from the Literature*, ed. Karen O'Connor, Sarah Brewer and Michael Philip Fisher (New York: Pearson Longman), pp. 121–6.

Council of European Municipalities and Regions (2005) *Women's Political Participation in CEMR Members*. Available at http://www.ccre.org/news_detail_en.htm?ID=456; accessed 28 January 2007.

Cowley, Philip and Sarah Childs (2003) "Too Spineless to Rebel? New Labour's Women MPs", *British Journal of Political Science* 33, no. 3: 345–65.

Curtin, Jennifer. (1997) *The Gender Gap in Australian Elections*. Available from http://www.aph.gov.au/library/pubs/rp/1997–98/98rp03; accessed 9 November 2005.

Dahlerup, Drude (1984) "Overcoming the Barriers: an Approach to How Women's Issues are Kept from the Political Agenda". In *Women's Views of the Political World of Men*, ed. Judith Stiehm (Dobbs Ferry, NY: Transnational Publishers), pp. 31–66.

Dahlerup, Drude (1988) "From a Small to a Large Minority: Women in Scandinavian Politics". *Scandinavian Political Studies* 11, no. 4: 257–98.

Dahlerup, Drude (1992) "Confusing Concepts, Confusing Reality: a Theoretical Discussion of the Patriarchal State". In *Women and the State*, ed. Anne Showstack-Sassoon (London: Routledge), pp. 93–127.

Dahlerup, Drude (ed.) (2006) *Women, Quotas and Politics* (New York: Routledge).

Dahlerup, Drude and Lenita Freidenvall (2005) "Quotas as a 'Fast Track' To Equal Political Representation for Women: Why Scandinavia is no Longer the Model", *International Feminist Journal of Politics* 7, no. 1: 26–48.

Darcy, R., Susan Welch and Janet Clark (1994) *Women, Elections and Representation* (Lincoln: University of Nebraska Press).

Dauphin, Sandrine and Jocelyne Praud (2002) "Debating and Implementing Gender Parity in French Politics", *Modern and Contemporary France* 10, no. 1: 5–11.

Davidson, Marilyn J. and Ronald J. Burke, eds (2000) *Women in Management Current Research Issues*, vol. 2 (London: Sage).

Davies, C. (1999) "The Masculinity of Organisational Life". In *Women and Public Policy: The Shifting Boundaries between Public and Private Spheres*, ed. S. Baker and A. Van Doorne Huiskes (Aldershot: Ashgate), pp. 35–56.

Del Carmen Feijoó, Maria (1994) "From Family Ties to Political Action, Women's Experiences in Argentina". In *Women and Politics Worldwide*, ed. Barbara J. Nelson and Najma Chowdhury (New Haven, CT: Yale University Press), pp. 60-72.
Della Porta, Donatella, Hanspeter Kriesi, and Dieter Rucht (1999) *Social Movements in a Globalizing World* (New York: St Martin's Press).
Delmar, Rosalind (1986) "What is Feminism?" In *What is Feminism?*, ed. Juliet Mitchell and Ann Oakley (Oxford: Basil Blackwell), pp. 8-33.
Dex, Shirley, Holly Sutherland and Heather Joshi (2000) "Effects of Minimum Wages on the Gender Pay Gap". *National Institute Economic Review*, no. 173: 80-8.
Diamond and Nancy Hartsock (1998) "Beyond Interests in Politics: A Comment on Virginia Sapiro's 'When are Interests Interesting?' The Problem of Political Representation of Women". In *Feminism and Politics*, ed. Anne Phillips (Oxford: Oxford University Press), pp. 193-202.
Diem-Wille, Gertraud and Judith Ziegler (2000) "Traditional or New Ways of Living". In *Gendering Elites: Economic and Political Leadership in 27 Industrialised Societies*, ed. Mino Vianello and Gwen Moore (Basingstoke: Palgrave Macmillan), pp. 169-76.
Dietz, Mary G. (1998) " 'Context is All': Feminism and Theories of Citizenship". In *Feminism and Politics*, ed. Anne Phillips (Oxford: Oxford University Press), pp. 378-400.
Dodson, Debra L. (2005) "Making a Difference: Behind the Scenes". In *Women and Elective Office: Past, Present, and Future*, ed. Clyde Wilcox and Sue Thomas (New York: Oxford University Press), pp. 129-51.
Dodson, Debra L. (2006) *The Impact of Women in Congress* (Oxford: Oxford University Press).
Dolan, Julie A., Melissa M. Deckman and Michele L. Swers (2006) *Women and Politics: Paths to Power and Political Influence* (Upper Saddle River, NJ: Pearson Prentice Hall).
Dolan, Kathleen (2005) "How the Public Views Women Candidates". In *Women and Elective Office: Past, Present, and Future*, 2nd edn, ed. Clyde Wilcox and Sue Thomas (New York: Oxford University Press), pp. 41-59.
Drew, Eileen, Gwen Moore, Renata Siemienska and Mino Vianello (2000) "A Theoretical Framework". In *Gendering Elites: Economic and Political Leadership in 27 Industrialised Societies*, ed. Mino Vianello and Gwen Moore (Basingstoke: Palgrave Macmillan), pp. 3-10.
Duchen, Claire (1994) *Women's Rights and Women's Lives in France, 1944-1968* (London: Routledge).
Duerst-Lahti, Georgia (1998) "The Bottleneck: Women becoming Candidates". In *Women and Elective Office: Past, Present and Future*, 1st edn, ed. Sue Thomas and Clyde Wilcox (New York: Oxford University Press), pp. 15-25.
Duerst-Lahti, Georgia and R. M. Kelly, eds (1995) *Gender Power, Leadership and*

Governance (Ann Arbor, MI: University of Michigan Press).
Duerst-Lahti, Georgia and Dayna Verstegen (1995) "Making Something of Absence: The 'Year of the Woman' and Women's Political Representation". In *Gender, Power, Leadership and Governance*, ed. Georgia Duerst-Lahti and Rita Mae Kelly (Michigan, MI: University of Michigan Press), pp. 213-38.
Duncan, Simon (1996) "The Diverse Worlds of European Patriarchy". In *Women of the European Union*, ed. Maria Dolors Garcia-Rowan and Janice Monk (London: Routledge), pp. 74-110.
EEOC (2004) Equal Employment Opportunity Commission, USA *Celebrating the 40th Anniversary of Title VII* available at http://www.eeoc.gov/abareeoc 40th/parcel/expanding.html; accessed 31 March 2007.
EFILWC (European Foundation for the Improvement of Living and Working Conditions) (2006a) *Fourth European Working Conditions Survey*. Available at http://eurofound.europa.eu/pubocs/2006/78/en/1/ef0678en.pdf; accessed 18 January 2007.
EFILWC (European Foundation for the Improvement of Living and Working Conditions) (2006b) *The Gender Pay Gap: Background Paper*. Available at http://eurofound.europa.eu/pubdocs/2006/101/en/1/ef06101en.pdf; accessed 18 January 2007.
Einhorn, Barbara (1992) "German Democratic Republic: Emancipated Women or Hard-Working Mothers?" In *Superwomen and the Double Burden*, ed. Chris Corrin (London: Scarlet Press), pp. 125-54.
Einhorn, Barbara (2005) "Citizenship, Civil Society and Gender Mainstreaming: Contested Priorities in an Enlarging Europe". In conference on *"Gendering Democracy in an Enlarged Europe"*, Prague 20 June 2005; available at http://qub.ac.uk/egg/ accessed 31 March 2007.
Einhorn, Barbara (2006) Citizenship in an Enlarging Europe (Basingstoke: Palgrave Macmillan).
Eisenstein, H. (1996) I*nside Agitators: Australian Femocrats and the State* (Philadelphia, PA: Temple University Press).
Elections (2003) *Parties and Elections*. http://www.paties-and-elections.de/nireland2; accessed 11 January 2007.
Ellis, Evelyn (1996) "Equal Pay for Equal Work: The United Kingdom's Legislation Viewed in the Light of Community Law". In *Sex Equality Law in the European Union*, ed. Tamara Hervey and David O'Keefe (Chichester: John Wiley), pp. 8-19.
Epstein, Michael J., Eichard G. Niemi and Linda W. Powell (2005) "Do Women and Men State Legislators Differ?" In *Women and Elective Office: Past, Present, and Future Second Edition*, ed. Clyde Wilcox and Sue Thomas (New York: Oxford University Press), pp. 94-109.
Equal Opportunities Commission (2005) *Submission to the Women and Work Commission: Part One: Occupational Segregation*. Available at http://www.eoc.org.uk/pdf/WWC_occ_seg.pdf; accessed 12 January 2007.
Esping-Andersen, Gøsta (1999) *Social Foundations of Postindustrial Economies* (Oxford

and New York: Oxford University Press).
European Commission (2000) *Commission Communication concerning a Community Framework Strategy on Gender Equality*, 2001–05. Com (2000) 325.
European Commission (2003) *Commission Staff Working Paper: Gender Pay Gaps in European Labour Markets*. SEC (2003) 937.
European Commission (2006) *Press Release IP/06/493 of 12 April 2006*
European Industrial Relations Observatory (2006) *Pay Developments 2005*. Available at http://www.eiro.eurofound.eu.int/2006/06/update/tn0606101u.html; accessed 18 January 2007.
European Union (2006) *Database on Men and Women in Decision-Making*. Available at http://europa.eu.int/comm/employment_social/women_men_stats/out/measures_out4211_en.htm; accessed 13 April 2006.
Eurostat (2005) *Comparable Time Use Statistics: National Tables from 10 European Countries 2005 Edition*. Available at http://www.uni-mannheim.de/edz/pdf/eurostat/ 05/KS-CC-05-001-EN.pdf; accessed 31 March 2007.
Eurostat (2006a) News release 59/2006 May.
Eurostat (2006b) *EU Labour Force Survey – Principal Results 2005*. Available at http://epp.eurostat.ec.europa.eu/; accessed 1 October 2006.
Evans, Judith (1981) "USA". In *The Politics of the Second Electorate*, ed. Joni Lovenduski and Jill Hills (London: Routledge), pp. 33–51.
Eveline, Joan (2005) "Woman in the Ivory Tower: Gendering Feminised and Masculinised Identities". *Journal of Organizational Change Management* 18, no. 6: 641–58.
Ezekiel, Judith (2002) "Open Forum le Women's Lib: Made in France". *European Journal of Women's Studies* 9, no. 3: 345–61.
Fairhall, David (2006) *Public and Private: The Dichotomies of Citizenship* (London: I.B. Tauris).
Fawcett, Millicent Garrett (1925) *What I Remember* (London: T. F. Unwin).
Fawcett Society (2004) *Women and the Criminal Justice System* (London: The Fawcett Society). Available at http://www.fawcettsociety.org.uk/index.asp?PageID=95; accessed 15 March 2006.
Fearon, Jane (2002) *Northern Ireland Women's Coalition: Institutionalizing a Political Voice and Ensuring Representation*. Available from http://www.c-r.org/accord/peace/accord13/nor.shtml accessed 11 January 2005.
Federation of Canadian Municipalities (2005) *Women in Municipal Politics*. Available from http://www.fcm.ca/english/policy/women.html; accessed 28 January 2007.
Ferguson, K. E. (1984) *The Feminist Case against Bureaucracy* (Philadelphia: Temple University Press).
Fletcher, J. K. (1999) *Disappearing Acts* (Cambridge, MA: MIT Press).
Flexner, Eleanor (1976) *Century of Struggle: The Women's Rights Movement in the United States* (Cambridge, MA: Belknap Press of Harvard University Press).
Fogarty, Michael P., Isobel Allen and Patricia Walters (1981) *Women in Top Jobs 1968–1979* (London: Heinemann).
Footitt, Hilary (2002) *Women, Europe and the New Languages of Politics* (London:

Continuum).
Forbes, Ian (1996) "The Privatisation of Equality Policy in the British Employment Market for Women". In *Sex Equality Policy in Western Europe*, ed. Frances Gardiner (London and New York: Routledge), pp. 161-79.
Fox, Richard L. and Jennifer L. Lawless (2004) "Entering the Arena? Gender and the Decision to Run for Office". *American Journal of Political Science* 48, no. 2: 264-80.
Fox, Richard L. and Jennifer L. Lawless (2006) "Family Structure, Sex Role Socialization and the Decision to Run for Office"; reprinted from 2003 in *Gendering American Politics*, ed. Karen O'Connor, Sarah Brewer and Michael Philip Fisher (New York: Pearson Longman), pp. 87-95.
Frader, Laura L. (1998) "Doing Capitalism"s Work: Women in the Western European Industrial Economy". In *Becoming Visible: Women in European History*, 3rd edn, ed. Renate Bridenthal, Susan Mosher Stuard and Merry E. Wieser (New York: Houghton Mifflin Company), pp. 295-326.
Frazer, Elizabeth and Kenneth Macdonald (2003) "Sex Differences in Political Knowledge in Britain". *Political Studies* 51, no. 1: 67-83.
Freedman, Jane (1997) *Femmes Politiques: Mythes et Symboles* (Paris: L'Harmattan).
Freedman, Jane (2001) *Feminism* (Milton Keynes: Open University Press).
Freeman, Jo (2000) *A Room at a Time: How Women Entered Party Politics* (New York: Rowman and Littlefield).
Friedan, Betty (1965) *The Feminine Mystique* (Harmondsworth: Penguin Books).
Friedman, Milton and Rose D. Friedman (1980) *Free to Choose: A Personal Statement* (Harmondsworth: Penguin Books). Galbi, Douglas (1993) International Aspects of Social Reform in the Interwar Period: Center for Population and Development Studies (Cambridge, MA: Harvard University). Available at http://www.galbithink.org/isr.pdf; accessed 15 June 2006).
Galligan, Y. (1998) *Women and Politics in Contemporary Ireland: From the Margins to the Mainstream* (London: Pinter).
Garcia, Ada and Isabella Dumont (2003) *Women in Trade Unions: Making the Difference* (European Trade Union Confederation). Available at http://www.etuc.org/a/234; accessed 7 August 2006.
Geddes, Andrew (2003) *The Politics of Migration and Immigration in Europe* (London: Sage).
Geller-Schwarz, Linda (1995) "An Array of Agencies: Feminism and State Institutions in Canada". In *Comparative State Feminism*, ed. Amy Mazur and Dorothy M. Stetson (Thousand Oaks, CA: Sage Publications), pp. 40-58.
Gilligan, Carol (1982) I*n a Different Voice* (Cambridge, MA: Harvard University Press).
Gingras, François-Pierre (1995) *Gender and Politics in Contemporary Canada* (Toronto: Oxford University Press).
Githens, Marianne (2003) "Accounting for Women's Political Involvement: the Perennial Problem of Recruitment". In *Women and American Politics*, ed. Susan J. Carroll (Oxford: Oxford University Press), pp. 33-52. Glen, Nancy E. and Meredith Reid

Sarkees (2001) "Foreign Policy Decision-Makers: the Impact of Gender". In *The Impact of Women in Public Office*, ed. Susan J. Carroll (Bloomington: Indiana University Press), pp. 117–48.

Goldin, Claudia (1990) *Understanding the Gender Gap: An Economic History of American Women* (New York: Oxford University Press).

Goot, Murray and Elizabeth Reid (1975) "Women: if not Apolitical, then Conservative". In *Women and the Public Sphere*, ed. Janet Siltanen and Michelle Stanworth (London: Hutchinson), pp. 122–39.

Gosnell, Harold Foote (1930) *Why Europe Votes* (Chicago, IL: University of Chicago Press).

Green, Manda (2004) "Women and the National Assembly in France: an Analysis of Institutional Change and Substantive Representation with Special Reference to the 1997–2002 Legislature", unpublished thesis, University of Stirling.

Greenfield, Lawrence A. and Tracy L. Snell; Bureau of Justice Statistics: Special Report (1999) *Women Offenders*. Available at http://www.ojp.usdoj.gov/bjs/pub/pdf/wo.pdf; accessed 15 March 2006.

Grimshaw, Damian and Jill Rubery (1997) *The Concentration of Women's Employment and Relative Occupational Pay:A Statistical Framework for Comparative Analysis*. Organisation for Economic Co-operation and Development, OCDE/GD(97)186. Available at http://www.olis.oecd.org/OLIS/1997DOC.NSF/LINKTO/OCDE-GD(97)186; accessed 12 November 2006.

Grimshaw, Damian and Jill Rubery (2001) *The Gender Pay Gap: A Research Review* (Manchester: Equal Opportunities Commission).

Guerrina, Roberta (2005) *Mothering the Union: Gender Politics in the EU* (Manchester: Manchester University Press).

Guigou, E., P. Favier and M. Martin Roland (2000) *Une Femme au Coeur de l'Etat* (Paris: Fayard).

Hafner-Burton, Emilie and Mark A. Pollack (2002) "Mainstreaming Gender in Global Governance". *European Journal of International Relations* 8, no. 3: 339–73.

Hague, Rod and Martin Harrop (2004) *Comparative Government and Politics*, 6th edn (Basingstoke: Palgrave Macmillan).

Hakim, Catherine (2004) *Key Issues in Women's Work: Female Diversity and the Polarisation of Women's Employment* (London and Portland, OR.: GlassHouse).

Halford, Susan and Pauline Leonard (2001) *Gender, Power and Organisations* (Basingstoke: Palgrave Macmillan).

Harford, Barbara and Sarah Hopkins (1984) *Greenham Common: Women at the Wire* (London: Women's Press).

Hartmann, Susan M. (1989) *From Margin to Mainstream: American Women and Politics since 1960* (Philadelphia: Temple University Press).

Hartsock, Nancy (1998) "The Feminist Standpoint Revisited". In *The Feminist Standpoint Revisited and Other Essays*, ed. Nancy Hartsock (Boulder, CO: Westview Press).

Heath, Mary (2005) *The Law and Sexual Offences against Adults in Australia*,

Australian Centre for the Study of Sexual Assault, Issue 4. Available at http://www.aifs.gov.au/acssa/pubs/issue/i4.html; accessed 20 March 2005.
Held, David (1996) *Models of Democracy* (Cambridge: Polity).
Heldman, Caroline, Stephanie Olson and Susan J. Carroll (2000) "Gender Differences in Print Media Coverage of Presidential Candidates: Elizabeth Dole's Bid for the Republican Nomination". American Political Science Association annual confference, 31 August-3 September 2000. Available at http://cawp.futgefs.edu/research/report/dole.pdf; accessed 31 March 2007. (Washington DC).
Hernes, Helga M. (1992) "Women and the Welfare State: the Transition from Private to Public Dependence". In *Women and the State*, ed. Anne Showstack Sassoon (London: Routledge), pp. 72-92.
Henig, Ruth and Simon Henig (2001) *Women and Political Power: Europe since 1945*. London: Routledge.
Heywood, Andrew (1994) *Political Ideas and Concepts* (London and Basingstoke: Macmillan).
Hilden, Patricia (1986) *Working Women and Socialist Politics in France* (Oxford: Oxford University Press).
Højgaard, Lis (2002) "Tracing Differentiation in Gendered Leadership: an Analysis of Differences in Gender Composition in Top Management in Business, Politics and the Civil Service". *Gender, Work and Organization* 9, no. 1: 15-35.
Holli, Anna Maria and Johanna Kantola (2005) "A Politics for Presence: Finland". In *State Feminism and Political Representation*, ed. Joni Lovenduski (Cambridge: Cambridge University Press), pp. 62-84.
Home Office (United Kingdom) (2005) "Criminal Statistics 2004". *Home Office Statistical Bulletin 19/05*. Available at http://www.homeoffice.gov.uk/rds/pdfs05/hosb1905.pdf; accessed 27 March 2007.
Hoskyns, Catherine (1996) *Integrating Gender: Women, Law and Politics in the European Union* (London: Verso).
IDEA (Institute for Democracy and Electoral Assistance) (2006) *Global Database of Quotas for Women*. Available at http://www.quotaproject.org/; accessed 14 February 2006.
Inglehart, R. and Pippa Norris (2003) *Rising Tide: Gender Equality and Cultural Change around the World* (Cambridge: Cambridge University Press).
Institute for Women's Policy Research (2005) *Fact Sheet: The Gender Pay Ratio* available at http://www.iwpr.org/pdf/C350.pdf; accessed 10 July 2006.
International Labour Organisation (2006) *History*. Available at http://www.ilo.org/public/english/about/history.htm; accessed 15 June 2006.
Inter-Parliamentary Union (2000) *Politics: Women's Insight* (Geneva: Inter-Parliamentary Union). Available at http://www.ipu.org/PDF/publications/womeninsight_en.pdf; accessed 23 January 2006.
Inter-Parliamentary Union (2006) *Women in Parliament on 31 January 2001* available at http://www.ipu.org/wmn-e/arc/classif300101.htm; accessed 9 January 2006.
Jenson, Jane and Mariette Sineau (1995) *Mitterrand et les Françaises* (Paris:

Presses de la Fondation Nationale des Sciences Politiques).
Jones, Kathleen B. (1993) *Compassionate Authority: Democracy and the Representation of Women* (New York: Routledge).
Judt, Tony (2005) Postwar (London: William Heinemann). Kanter, Rosabeth Moss (1993) *Men and Women of the Corporation*, new edn (New York: HarperCollins: Basic Books).
Kaplan, Gisela (1992) *Contemporary West European Feminism* (London: UCL Press).
Kaplan, Temma (1997) *Crazy for Democracy: Women in Grassroots Movements* (New York: Routledge).
Kathlene, Lyn (2001) "Words that matter: Women's Voices and Institutional Bias". In *The Impact of Women in Political Office*, ed. Susan T. Carroll (Bloomington, IN: Indiana University Press), pp. 22-48.
Kathlene, Lyn (2005) "In a Different Voice: Women and the Policy Process". In *Women and Elective Office: Past, Present, and Future Second Edition*, ed. Clyde Wilcox and Sue Thomas (New York: Oxford University Press), pp. 213-29.
Katzenstein, Mary Fainsod (2003) "The Reconfigured US State and Women's Citizenship". In *Women's Movements Facing the Reconfigured State*, ed. Lee Ann Banaszak, Karen Beckwith and Dieter Rucht (Cambridge: Cambridge University Press), pp. 203-18.
Kaufmann, Karen M. and John R Petrocik (1999) "The Changing Politics of American Men: Understanding the Sources of the Gender Gap". *American Journal of Political Science* 43, no. 3: 864-87.
Keith, Kristen and Paula Malone (2005) "Housework and the Wages of Young, Middle-Aged, and Older Workers". *Contemporary Economic Policy* 23, no. 2: 224-41.
Kenworthy, Lane and Melissa Malami (1999) "Gender Inequality in Political Representation: a Worldwide Comparative Analysis". *Social Forces* 78, no. 1: 235-69.
Kessler-Harris, Alice (1990) *A Woman's Wage: Historical Meanings and Social Consequences* (Lexington, KY: University Press of Kentucky).
Kimmel, Michael S. (2000) *The Gendered Society* (Oxford: Oxford University Press).
Kingham, Tess (2001) "Comment & Analysis: Cheesed Off by Willy-Jousters in a Pointless Parliament". *Guardian*, 20 June, 16.
Klugman, Barbara (1994) "Women in Politics under Apartheid: A Challenge to the New South Africa". In *Women and Politics Worldwide*, ed. Barbara J. Nelson and Najma Chowdhury (New Haven: Yale University Press), pp. 640-58.
Kodz, J., H. Harper, and S. Dench (2002) *Work-Life Balance: Beyond the Rhetoric* (Falmer, Brighton: Institute for Employment Studies IES Report 384).
Kolinsky, Eva (1989) *Women in West Germany* (London: Berg).
Kolinsky, Eva (1993) "Party Change and Women's Representation in West Germany". In *Gender and Party Politics*, ed. Joni Lovenduski and Pippa Norris (London: Sage), pp. 113-46.
Kostadinova, Tatiana (2003) "Women's Legislative Representation in Post-Communist Bulgaria". In *Women's Access to Political Power in Post-Communist Europe*, ed. Richard E. Matland and Kathleen A. Montgomery (Oxford: Oxford University

Press), pp. 304-20.
Krupavic̆ius, Algis and Irmina Matonytė (2003) "Women in Lithuanian Politics: from Nomenklatura Selection to Representation". In *Women's Access to Political Power in Post-Communist Europe*, ed. Richard E. Matland and Kathleen A. Montgomery (Oxford: Oxford University Press), pp. 81-104.
Kruse, Lenelis and M. Wintermantel (1986) "Leadership Ms.-Qualified: the Gender Bias in Everyday and Scientific Thinking". In *Changing Conceptions of Leadership*, ed. Carl F. Graumann and Serge Moscovici (New York: Springer-Verlag), pp. 171-97.
Kymlicka, Will (2000) "Introduction". In *Citizenship in Diverse Societies*, ed. Will Kymlicka and Wayne Norman (Oxford: Oxford University Press), pp. 99-123.
Kymlicka, Will (2002) *Contemporary Political Philosophy* (Oxford: Oxford University Press).
Lubier, Claire (ed.) (1990) *The Condition of Women in France, 1945 to the present: A Documentary Anthology* (London: Routledge).
Lawrence, Elizabeth (1994) *Gender and Trade Unions: Gender and Society* (London: Taylor & Francis).
Leijenaar, Monique (1993) "A Battle for Power: Selecting Candidates in the Netherlands". In *Gender and Party Politics*, ed. Joni Lovenduski and Pippa Norris (London: Sage), pp. 204-30.
Levine, Philippa (1987) *Victorian Feminism, 1850-1900* (London: Hutchinson).
Levy, Darline Gay, Harriet Branson Applewhite and Mary Durham Johnson (1979) *Women in Revolutionary Paris, 1789-1795: Selected Documents* (Urbana, ILL: University of Illinois Press).
Levy, Roger and Anne Stevens (2006) "Gender in the European Commission". In *Women in Leadership and Management: A European Perspective*, ed. Karen Miller and Duncan McTavish (Cheltenham: Edward Elgar Publishing), pp. 204-20.
Lewis, Jane (2001) "The Decline of the Male Breadwinner Model: Implications for Work and Care". *Social Politics*, Summer: 152-69.
Lister, Ruth (2003) *Citizenship: Feminist Perspectives*, 2nd edn (Basingstoke: Palgrave Macmillan).
Lobby, European Women's (2006) *Working Towards Parity Democracy in Europe*. Available at http://www.womenlobby.org/site/1abstract.asp?DocID=183&v1ID=&RevID=&namePage=&pageParent=&DocID_sousmenu=&parentCat=16; accessed 21 September 2006.
Lovenduski, Joni (1986) *Women and European Politics* (Brighton: Harvester Wheatsheaf).
Lovenduski, Joni (1998) "Gendering Research in Political Science". *American Review of Political Science* 1: 335-56.
Lovenduski, Joni (2005) *Feminizing Politics* (Cambridge: Polity).
Lovenduski, Joni ed. (2005a) *State Feminism and Political Representation* (Cambridge: Cambridge University Press).
Lovenduski, Joni and Pippa Norris eds. (1993a) *Gender and Party Politics* (London:

Sage Publications).
Lovenduski, Joni and Pippa Norris (1993b) "Gender and Party Politics in Britain". In *Gender and Party Politics*, ed. Joni Lovenduski and Pippa Norris (London: Sage Publications), pp. 35-59.
Lovenduski, Joni and Pippa Norris (2003) "Westminster Women: the Politics of Presence". *Political Studies* 51, no. 1: 84-102.
Lovenduski, Joni and Vicky Randall (1993) *Contemporary Feminist Politics* (Oxford: Oxford University Press).
Lovenduski, Joni, C. Baudino, M. Guadagnini, P. Meier and D. Sainsbury (eds) (2005) *State Feminism and the Political Representation of Women* (Cambridge: Cambridge University Press).
Lovenduski, Joni, Pippa Norris and Rosie Campbell (2004) *Gender and Political Participation* (London: Electoral Commission); available at http://www.electoralcommission.org.uk/templates/search/document.cfm/9470; accessed 1 February 2006.
Lowndes, V. (2004) "Getting On or Getting By? Women, Social Capital and Political Participation". *British Journal of Politics and International Relations* 6, no. 1: 45-64.
Lucas, Jeffrey W. (2003) "Status Processes and the Institutionalization of Women as Leaders". *American Sociological Review* 68, no. 3: 464-80.
Ludi, Regula (2005) "Gendering Citizenship and the State in Switzerland after 1945". In *Nation and Gender in Contemporary Europe*, ed. Vera Tolz and Stephenie Booth (Manchester: Manchester University Press), pp. 53-79.
Lukes, Steven (1974) *Power: A Radical View* (London and Basingstoke: Macmillan).
Lyon, Dawn and Alison E. Woodward (2004) "Gender and Time at the Top: Cultural Constructions of Time in High-Level Careers and Homes". *European Journal of Women's Studies* 11, no. 2: 205-21.
MacInnes, John (1995) "Analysing Patriarchy Capitalism and Women's Employment in Europe". *Innovation: The European Journal of Social Sciences* 11, no. 2: 227-48.
Mackay, Fiona (2001) *Love and Politics: Women Politicians and the Ethics of Care* (London and New York: Continuum).
Mackay, Fiona (2004) "Gender and Political Representation in the UK: The State of the Discipline". *British Journal of Politics and International Relations* 6, no. 1: 99-120.
Maddock, S. and D. Parkin (1993) "Gender Cultures: Women's Choices and Strategies at Work". *Women in Management Review* 8, no. 2: 3-9.
Mansbridge, Jane (1998) "Feminism and Democracy". In *Feminism and Politics*, ed. Anne Phillips (Oxford: Oxford University Press), pp. 142-58.
Mansbridge, Jane (1999) "Should Blacks Represent Blacks and Women Represent Women? A Contingent 'Yes'." *Journal of Politics* 61, no. 3: 628-57.
Mansbridge, Jane (2000) "What Does a Representative Do? Descriptive Representation in Communicative Settings of Distrust, Uncrystallized Interests and Historically

Denigrated Status". In *Citizenship in Diverse Societies*, ed. Will Kymlicka and Wayne Norman (Oxford: Oxford University Press), pp. 99–123.

Mansbridge, Jane (2006) "Why We Lost the ERA." In *Gendering American Politics*, ed. Karen O'Connor, Sarah Brewer and Michael Philip Fisher (New York: Pearson Longman), pp. 33–42.

Marchbank, Jen (2005) "Power, Non-Decision Making and Gender", unpublished paper for Economic and Social Research Council Workshop, Edinburgh University 8 June 2005.

Marshall, T. H. and Tom Bottomore (1992) *Citizenship and Social Class* (London: Pluto).

Marx Ferree, Myra (1995) "Making Equality: the Women's Affairs Offices in the Federal Republic of Germany". In *Comparative State Feminism*, ed. Amy Mazur and Dorothy M. Stetson (Thousand Oaks, Calif.: Sage Publications), pp. 95–113.

Mason, Bertha (1912) *The Story of the Women's Suffrage Movement* (London: Sherratt and Hughes).

Mateo Diaz, Mercedes (2005) *Representing Women? Female Legislators in West European Parliaments* (Colchester: ECPR Press).

Matland, Richard E. (2003) "Women's Representation in Post-Communist Europe". In *Women's Access to Political Power in Post-Communist Countries*, ed. Richard E. Matland and Kathleen A. Montgomery (Oxford: Oxford University Press), pp. 321–42.

Matland, Richard and Kathleen Montgomery (eds) (2003a) *Women's Access to Political Power in Eastern Europe* (Oxford: Oxford University Press).

Matland, Richard E. and Kathleen A. Montgomery (2003b) "Recruiting Women to National Legislatures: a General Framework with Applications to Post-Communist Democracies". In *Women's Access to Political Power in Post-Communist Europe*, ed. Richard E. Matland and Kathleen A. Montgomery (Oxford: Oxford University Press), pp. 19–42.

Mazey, Sonia (1988) "European Community Action on Behalf of Women: the Limits of Legislation". *Journal of Common Market Studies* 27, no. 1: 63–84.

Mazey, Sonia (1989) *Women and the European Community: Polytechnic of North London European Dossier Series* (London: The PNL Press).

Mazur, Amy G. (2001) *State Feminism, Women's Movements and Job Training: Making Democracies Work in a Global Economy* (London and New York: Routledge).

Mazur, Amy G. (2002) *Theorizing Feminist Policy* (Oxford: Oxford University Press).

Mazur, Amy G. and Dorothy M. Stetson (1995) *Comparative State Feminism* (Thousand Oaks, CA: Sage Publications).

McLaughlin, Janice (2003) *Feminist Social and Political Theory* (Basingstoke: Palgrave).

Meehan, Elizabeth (1993) *Citizenship and the European Community* (London: Sage).

Meinhof, U. H. (1986) "Subversion and its Media Representation". In *Women, State and Revolution*, ed. Siân Reynolds (Brighton: Harvester Wheatsheaf), pp. 141–60.

Melucci, Alberto (1996) *Challenging Codes: Collective Action in the Information*

Age (Cambridge: Cambridge University Press).

Merriam, Charles Edward and Harold Foote Gosnell (1924) *Non-Voting: Causes and Methods of Control* (Chicago, IL: University of Chicago Press).

Meyer, David (2003) "Restating the Women Question: Women's Movements and State Restructuring". In *Women's Movements Facing the Reconfigured State*, ed. Lee Ann Banaszak, Karen Beckwith and Dieter Rucht (Cambridge: Cambridge University Press), pp. 275–94.

Michels, Robert (1958) *Political Parties: A Sociological Study of the Oligarchial Tendencies of Modern Democracy* (Illinois: Free Press).

Mill, John Stuart (1985) *The Subjection of Women* (London: Dent Everyman).

Miller, Arthur H., Patricia Gurin, Gerald Gurin and Oksana Malanchuk (1981) "Group Consciousness and Political Participation". *American Journal of Political Science* 25, no. 3: 494–511.

Molyneux, Maxine (1986) "Mobilization without Emancipation: Women's Interests, State and Revolution". In *Transition and Development: Problems of Third World Socialism*, ed. Richard R. Fagen, Carmen Diana Deere and José Luis Coraggio (Boston, MA: Monthly Review Press), pp. 283–4.

Molyneux, Maxine (1996) "Women's Rights and the International Context in the Post-Communist States". In *Mapping the Women's Movement*, ed. Monica Threlfall (London: Verso), pp. 232–59.

Montgomery, Kathleen A. (2003) "Introduction". In *Women's Access to Political Power in Post-Communist Europe*, ed. Richard E. Matland and Kathleen A. Montgomery (Oxford: Oxford University Press), pp. 1–18.

Moser, Robert G. (2003) "Electoral Systems and Women's Representation: the Strange Case of Russia". In *Women's Access to Political Power in Post-Communist Europe*, ed. Richard E. Matland and Kathleen A. Montgomery (Oxford: Oxford University Press), pp. 153–95.

Mossuz-Lavau, Janine (1997) "L' Evolution du Vote Des Femmes". *Pouvoirs*, no. 82: 35–44.

Mossuz-Lavau, Janine (1998) *Femmes/Hommes: Pour La Parité* (Paris: Presses de Sciences Po.).

Mossuz-Lavau, Janine and Mariette Sineau (1983) *Enquête sur les Femmes et la Politique en France* (Paris: Presses Universitaires de France).

Mueller, Carol M. and John D. McCarthy (2003) "Cultural Continuity and Structural Change: the Logic of Adaptation by Radical, Liberal and Socialist Feminists to State Reconfiguration". In *Women's Movements Facing the Reconfigured State*, ed. Lee Ann Banaszak, Karen Beckwith and Dieter Rucht (Cambridge: Cambridge University Press), pp. 219–41.

Munro, Anne (1999) *Women, Work, and Trade Unions* (New York: Mansell).

Nash, K. (2002) "A Movement Moves . . . is there a Women's Movement in England Today?" *European Journal of Women's Studies* 9, no 3: 311–28.

National Assembly, France (2006) Available at http://www.assembleenationale.fr/connaissance/delegation-femmes.asp; accessed 7 June 2006.

Nelson, Barbara J. and Najma Chowdhury (eds) (1994) *Women and Politics Worldwide* (New Haven, CT: Yale University Press).

Nelson, Barbara J., Najma Chowdhury, Kathryn Carver, Nancy J. Johnson, and Paula O'Loughlin (1994) "Redefining Politics: Patterns of Women's Engagement from a Global Perspective". In *Women and Politics Worldwide*, ed. Barbara J. Nelson and Najma Chowdhury (New Haven: Yale University Press), pp. 3–24.

Newman, Janet (1996) "Gender and Cultural Change". In *Gender, Culture and Organizational Change: Putting Theory into Practice*, ed. Catherine Itzin and Janet Newman (London; New York: Routledge), pp. 11–29.

Norris, Pippa (1996a) "Legislative Recruitment". In *Comparing Democracies : Elections and Voting in Global Perspectives*, ed. Lawrence LeDuc, Richard G. Niemi and Pippa Norris (Thousand Oaks, CA: Sage Publications), pp. 184–215.

Norris, Pippa (1996b) "Women Politicians: Transforming Westminster?" In *Women in Politics*, ed. Joni Lovenduski and Pippa Norris (Oxford: Oxford University Press), pp. 91–104.

Norris, Pippa (1996c) "Mobilising the Women's Vote: the Gender-Generation Gap in Voting Behaviour". *Parliamentary Affairs* 49, no. 2: 333–42.

Norris, Pippa (1997a) *Electoral Change in Britain since 1945* (Oxford: Blackwell).

Norris, Pippa (1997b) "Women Leaders Worldwide: a Splash of Colour in the Photo-Op?" In *Women, Media, and Politics*, ed. Pippa Norris (New York, NY and Oxford: Oxford University Press), pp. 149–65.

Norris, Pippa (ed.) (1997c) *Women, Media, and Politics* (New York, NY and Oxford: Oxford University Press).

Norris, Pippa (2002) "Women's Power at the Ballot Box". In *Voter Turnout Since 1945: A Global Report*, ed. Rafael López Pintor and Maria Gratschew (Stockholm: International Institute for Democracy and Electoral Assistance (International IDEA).

Norris, Pippa (2003) "The Gender Gap: Old Challenges, New Approaches". In *Women and American Politics: New Questions, New Directions*, ed. Susan J. Carroll (Oxford: Oxford University Press), pp. 146–70.

Norris, Pippa (2004) *Electoral Engineering: Voting Rules and Political Behaviour* (New York: Cambridge University Press).

Norris, Pippa and Joni Lovenduski (1995) *Political Recruitment: Gender, Race and Class in the British Parliament* (Cambridge: Cambridge University Press).

Norris, Pippa and Ronald Inglehart (2005) "Women as Political Leaders Worldwide: Cultural Barriers and Opportunities". In *Women and Elective Office: Past, Present, and Future. Second Edition*, ed. Clyde Wilcox and Sue Thomas (New York: Oxford University Press), pp. 244–63.

Noss, Cecilie Ostensen and Venice Commission Council of Europe (2005) *Gender Equality in Norway*. Available at http://www.venice.coe.int/docs/2006/CDL-JU(2006)028-e.asp; accessed 12 November 2006.

Nowotny, Helga (1981) "Women in Public Life in Austria". In *Access to Power: Cross National Studies of Women and Elites*, ed. Cynthia F. Epstein and R. L.

Coser (London: Allen and Unwin), pp. 147–56.
nzhistorynet. Available at http://www.nzhistory.net.nz/politics/suffragebriefhistory; accessed 21 December 2006.
Oakley, Ann (1997) "A Brief History of Gender". In *Who's Afraid of Feminism? Seeing Through the Backlash*, ed. Ann Oakley and Juliet Mitchell (London: Hamish Hamilton), pp. 29–55.
O'Connor, Sandra, Sarah Brewer and Michael Philip Fisher (eds) (2006) *Politics: Perspectives from the Literature* (New York: Pearson Longman).
O'Donovan, Katherine (1985) *Sexual Divisions in Law* (London: Weidenfeld & Nicolson).
O'Donovan, Katherine (1993) *Family Law Matters* (London: Pluto Press).
OECD (Organisation for Economic Cooperation and Development) (2002) OECD Employment Outlook 2002 - *Surveying the Jobs Horizon* available at http://www.oecd.org/home/0,2605,en_2649_201185_1_1_1_1_1,00.html; accessed 30 July 2006.
Offen, Karen (1998) "Contextualising the Theory and Practice of Feminism in Ninteenth-Century Europe". In *Becoming Visible: Women in European History*, 3rd edn, ed. Renate Bridenthal, Susan Mosher Stuard and Merry E. Wieser (New York: Houghton Mifflin), pp. 327–55.
Olsson, Su and Judith K. Pringle (2004) "Women Executives: Public and Private Sectors as Sites of Advancement". *Women in Management Review* 19, no. 1: 29–9
Ondercin, Heather L. and Susan Welch (2005) "Women Candidates for Congress". In *Women and Elective Office: Past Present and Future*, 2nd edn, ed. Sue Thomas and Clyde Wilcox (Oxford: Oxford University Press), pp. 60–80.
Opello, Katherine A. R. (2006) *Gender Quotas, Parity Reform and Political Parties in France* (Lanham, MD: Lexington Books).
Orloff, Ann (1996) "Gender in the Welfare State". *Annual Review of Sociology* 22: 51–78.
Oshagbemi, Titus and Roger Gill (2003) "Gender Differences and Similarities in the Leadership Styles and Behaviour of UK Managers". *Women in Management Review* 18, no. 6: 288–98.
Oswald, Andrew and Nattavudh Powdthavee (2005a) "Daughters and Left- Wing Voting". University of Warwick paper. Available at http://www2.warwick.ac.uk/fac/soc/economics/research/phds/n.powdthavee/daughtersospowd2005.pdf, accessed 16 December 2005.
Oswald, Andrew and Nattavudh Powdhavee (2005b) "Further Results on Daughters and Left-wing Voting: Germany, 1985–2002" University of Warwick paper. Available at http://www2.warwick.ac.uk/fac/soc/economics/research/phds/n.powdthavee/daughtersospowd2005.pdf. Accessed 20 January 2006.
Outshoorn, Joyce (ed.) (2004) *The Politics of Prostitution: Women's Movements, Democratic States and the Globalisation of Sex Commerce* (Cambridge: Cambridge University Press).
Parry, Geraint (1969) *Political Elites*, Studies in Political Science no. 5 (London:

Allen & Unwin).
Pateman, Carole (1994) "Three Questions about Womanhood Suffrage". In *Suffrage and Beyond: International Feminist Perspectives*, ed. Carol Daley and Melanie Nolan (Auckland NZ: Auckland University Press), pp. 17-31.
Paxton, Pamela (1997) "Women in National Legislatures: a Cross-National Analysis". *Social Science Research* 26: 442-64.
Paxton, Pamela and Sheri Kunovitch (2003) "Women's Political Representation: the Importance of Ideology". *Social Forces* 82, no. 1: 87-114.
Pedersen, Susan (1993) Family, *Dependence and the Origin of the Welfare State: Britain and France*, 1914-1945 (Cambridge: Cambridge University Press).
Penn, Shana (2005) *Solidarity's Secret* (Ann Arbor, MI: University of Michigan Press).
Pfall Effinger, Birgit (1998) "Gender Cultures and the Gender Arrangement - A Theoretical Framework for Cross-National Gender Research". *Innovation: The European Journal of Social Sciences* 11, no. 2: 147-66.
Phillips, Anne (1991) *Engendering Democracy* (Cambridge: Polity Press).
Phillips, Anne (1995) *The Politics of Presence* (Oxford: Oxford University Press).
Phillips, Anne (ed.) (1998a) *Feminism and Politics* (Oxford: Oxford University Press).
Phillips, Anne (1998b) "Democracy and Representation". In *Feminism and Politics*, ed. Anne Phillips (Oxford: Oxford University Press), pp. 224-40.
Phillips, Anne (1999) *Which Equalities Matter?* (Cambridge: Polity).
Phillips, Anne (2002) "Multiculturalism, Universalism and the Claims of Democracy". In *Gender Justice, Development and Rights*, ed. Maxine
Molyneux and S. Razavi (Oxford: Oxford University Press), pp. 115-39. Pitkin, Hanna F. (1972) *The Concept of Representation* (Berkeley, CA: University of California Press).
Public Service Human Resources Management Agency of Canada (2003-04) *Employment Equity in the Federal Public Service:* Available at http://www.hrma-agrh.gc.ca/ reports-rapports/dwnld/EE03-04_e.pdf; accessed 13 April 2006.
Putnam, Robert D. (2002) *Democracies in Flux: The Evolution of Social Capital in Contemporary Society* (Oxford: Oxford University Press).
Puwar, N. (2004) "Thinking about Making a Difference". *British Journal of Politics and International Relations* 6, no. 1: 65-80.
Radcliff, Pamela Beth (2001) "Imagining Female Citizenship in the 'New Spain': Gendering the Democratic Transition, 1975-1978" *Gender and History* 13, no. 3, pp. 498-525.
Randall, Vicky (1982) *Women and Politics: An International Perspective* (London: Macmillan).
Randall, Vicky (1991) "Feminism and Political Analysis", *Political Studies* 39, no. 3: 513-32.
Randall, Vicky (1987) *Women and Politics: An International Perspective*, 2nd edn (London: Macmillan).
Randall, Vicky (2002) "Feminism". In *Theory and Methods in Political Science*, ed. David Marsh and Gerry Stoker (Basingstoke: Palgrave Macmillan), pp.

109-30.
Rawls, John (1999) *A Theory of Justice*, rev. edn (Oxford: Oxford University Press).
Rees, Theresa (1992) *Women and the Labour Market* (London and New York: Routledge).
Rees, Theresa (1998) *Mainstreaming Equality in the European Union: Education, Training and Labour Market Policies* (London and New York: Routledge).
Reinalda, Bob (1996) "*Deus ex Machina* or the Interplay between National and International Policy-Making: A Critical Analysis of Women in the European Union". In *Sex Equality Policy in Western Europe*, ed. Frances Gardiner (London and New York: Routledge), pp. 197-215.
Reynolds, Siân (1986) "Marianne's Citizens? Women, the Republic and Universal Suffrage in France". In *Women, State and Revolution*, ed. Siân
Reynolds (Brighton: Harvester Wheatsheaf), pp. 102-22.
Reynolds, Siân (1988a) "The French Ministry of Women's Rights, 1981-1986". In *France and Modernisation*, ed. John Gaffney (Aldershot: Brookfield CT: Ashgate), pp. 149-69.
Reynolds, Siân (1988b) "Whatever Happened to the French Ministry of Women's Rights?" *Modern and Contemporary France* 33, pp. 4-9.
Reynolds, Siân (1996) *France between the Wars: Gender and Politics* (London: Routledge).
Robinson, O. F. (1988) "The Historical Background". In *The Legal Relevance of Gender*, ed. Sheila McLean and Noreen Burrows (London: Macmillan), pp. 40-60.
Rosanvallon, Pierre (1992) *Le Sacre du Citoyen, Histoire du Suffrage Universel en France* (Paris: Gallimard).
Rosenthal, Cindy Simon (2005) "Women Leading Legislatures: Getting There and Getting Things Done". In *Women and Elective Office: Past, Present, and Future*, 2nd edn, ed. Clyde Wilcox and Sue Thomas (New York: Oxford University Press), pp. 197-212.
Ross, Karen (2002) "Women's Place in Male Space: Gender and Effect in Parliamentary Contexts". *Parliamentary Affairs* 55: 189-201.
Rossi, Alice S. ed. (1974) T*he Feminist Papers* (New York: Bantam Books).
Rossilli, Mariagrazia (2000) "Introduction: The European Union's Gender Policies". In *Gender Policies in the European Union*, ed. Mariagrazia Rossilli, (New York: Peter Lang).
Rossilli, Mariagrazia (ed.) (2000) "Gendered Rationality? A Geneaological Exploration of the Philosophical and Sociological Conception of Rationality, Masculinity and Organisation". *Gender Politics in the European Union* (New York: Peter Lang), pp. 1-21.
Ross-Smith, Anne and Martin Kornberger (2004) *Gender, Work and Organization* 11, no. 3, 280-305.
Rubery, Jill, Damian Grimshaw and Hugo Figueirido (2002) *The Gender Pay Gap and Gender Mainstreaming Pay Policy in EU Member States* (Manchester: Manchester School of Management, UMIST).
Rucht, Dieter (2006) "Political Participation in Europe". In *Contemporary Europe*,

2nd edn, ed. Richard Sakwa and Anne Stevens (Basingstoke: Palgrave Macmillan), pp. 110-37.

Ryan, Michelle K. and S. Alexander Haslam (2005) "The Glass Cliff: Evidence that Women are Over-Represented in Precarious Leadership Positions". *British Journal of Management* 16: 81-90.

Sainsbury, Diane (1999) "Gender and Social Democratic Welfare States". In *Gender and Welfare State Regimes*, ed. Diane Sainsbury (Oxford: Oxford University Press), pp. 15-46, 245-75.

Sanbonmatsu, Kira (2002) "Political Parties and the Recruitment of Women to State Legislatures". *Journal of Politics* 64, no. 3: 791-801.

Sapiro, Virginia (1998) "When Are Interests Interesting?" In *Feminism and Politics*, ed. Anne Phillips (Oxford: Oxford University Press), pp. 161-92.

Sawer, Marian (2002) "The Representation of Women in Australia: Meaning and Make-Believe". *Parliamentary Affairs* 55, no. 1: 5-18.

Sawer, Marian (2003) "Women's Policy Machinery in Australia". In *Mainstreaming Gender, Democratising the State: Institutional Mechanisms for the Advancement of Women*, ed. Shirin M.Rai (Machester: Manchester University Press), pp. 243-63.

Sawer, Marian and Marian Simms (1993) *A Woman's Place: Women and Politics in Australia* (North Sydney: Allen & Unwin).

Sawer, Marian, Manon Tremblay, and Linda J. Trimble (2006) "Introduction: Patterns and Practice in the Parliamentary Representation of Women". In *Representing Women in Parliament: A Comparative Study*, ed. Marian Sawer, Manon Tremblay and Linda J. Trimble (London: Routledge), pp. 1-24.

Schlozman, Kay Lehman, Nancy Burns, Sidney Verba and Jesse Donahue (1995) "Gender and Citizen Participation: Is There a Different Voice?" *American Journal of Political Science* 39, no. 2: 267-83.

Schnabel, Claus and Joachim Wagner (2005) *Determinants of Union Membership in 18 EU Countries: Evidence from Micro Data*, 2002/03. Available at ftp://repec.iza.org/RePEc/Discussionpaper/dp1464.pdf; accessed 26 July 2006.

Schreiber, Ronnee (2006) "Injecting a Woman's Voice: Conservative Women's Organisations, Gender Consciousness and the Expression of Women's Policy Preferences". Reprinted from 2002 in *Gendering American Politics: Perspectives from the Literature* (2002), ed. Karen O'Connor, Sarah Brewer and Michael Philip Fisher (New York: Pearson Longman), pp. 141-50.

Schwartz, Paula (1989) "Partisanes and Gender Politics in Vichy France". *French Historical Studies* 16, no. 1.

Scott, J. W. (2005) "French Universalism in the Nineties". In *Women and Citizenship*, ed. Marilyn Friedman (New York and Oxford: Oxford University Press), pp. 35-51.

Sevenhuijsen, Selma (1998) *Citizenship and the Ethics of Care* (London: Routledge).

Shaw, Jo (1999) "Gender and the Court of Justice". Conference paper; available at http://eucenter.wisc.edu/conferences/Gender/shaw.htm; accessed 4 July 2006.

Siaroff, A. (2000) "Women's Representation in in Legislatures and Cabinets in Industrial Democracies". *International Political Science Review* 21, no. 2: 197-215.

Siim, B. (2000) *Gender and Citizenship: Politics and Agency in France, Britain, and Denmark* (Cambridge: Cambridge University Press).

Simms, Marian (1981) "Australia". In *The Politics of the Second Electorate*, ed. Joni Lovenduski and Jill Hills (London: Routledge), pp. 83-111.

Simms, Marian (1993) "Two Steps Forward, One Step Back: Women and the Australian Party System". In *Gender and Party Politics*, ed. Joni Lovenduski and Pippa Norris (London: Sage), pp. 16-34.

Sineau, Mariette (1997) "Les Femmes Politiques sous La Ve République". *Pouvoirs* 82: 45-57.

Sineau, Mariette (2001) *Profession: Femme Politique: Sexe et Pouvoir sous la Cinquième République* (Paris: Presses de Sciences P.).

Skjeie, Hege (1993) "Ending the Male Political Hegemony: the Norwegian Experience". In *Gender and Party Politics*, ed. Joni Lovenduski and Pippa Norris (London: Sage), pp. 231-62.

Sloat, Amanda (2005) "The Rebirth of Civil Society: the Growth of Women's NGOs in Central and Eastern Europe". *European Journal of Women's Studies* 12, no. 4: 437-52.

Smith, D. (1999) *Writing the Social: Critique, Theory and Investigations* (Toronto: University of Toronto Press).

Sones, Boni (2005) *The New Suffragettes* (London: Politico's).

Squires, Judith (1999) *Gender in Political Theory* (Cambridge: Polity).

Squires, Judith and Mark Wickham-Jones (2001) *Women in Parliament: A Comparative Analysis* (Manchester: Equal Opportunities Commission). Available at www.eoc.org.uk/research; accessed 15 September 2005.

Stacey, Margaret and Marion Price (1981) *Women, Power and Politics* (London and New York: Tavistock Publications).

Stanford, Jane H., Barbara R. Oates and Delfina Flores (1995) "Women's Leadership Styles: a Heuristic Analysis". *Women in Management Review* 10, no. 2: 9-19.

Statistics Canada (2003) *Fact Sheet on Unionization*. Available at http://www.statcan.ca/english/freepub/75-001-XIE/75-001-XIE2003108.pdf; accessed 16 January 2007.

Statistics Canada (2006a) *Average Earnings by Sex and Work Pattern*. Available at http://www40.statcan.ca/l01/cst01/labor01b.htm; accessed 10 July 2006.

Statistics Canada (2006b) Labour Force 2005. Available at http://www.statcan.-ca/english/reference/professional.htm; accessed 5 October 2006.

Stephenson, M. A. (1998) *The Glass Trapdoor: Women, Politics and the Media during the 1997 General Election* (London: Fawcett Society).

Stetson, D. M. (2001) *Abortion Politics, Women's Movements, and the Democratic State: A Comparative Study of State Feminism* (Oxford: Oxford University Press).

Stevens, Anne (1986) "Women Politics and Government in Contemporary Britain, France and Germany". In *Women State and Revolution*, ed. Siân Reynolds (Brighton: Harvester Wheatsheaf), pp. 123-40.
Still, Leonie (2006) "Where are the Women in Leadership in Australia?" *Women in Management Review* 21, no. 3: 180-94.
Stivers, Camilla (1993) *Gender Images in Public Administration* (London: Sage Publications).
Stokes, Wendy (2005) *Women in Contemporary Politics* (Cambridge: Polity).
Studlar, D. T. (2002) "Electoral Systems and Women's Representation: a Long-Term Perspective". *Representation* 39, no. 1: 3-14.
Studlar, Donley and Richard E. Matland (2004) "Determinants of Legislative Turnover: a Cross National Comparison". *British Journal of Political Science* 34, no. 1: 87-108.
Studlar, D. T. and I. McAllister (2002) "Does a Critical Mass Exist? A Comparative Analysis of Women's Legislative Representation since 1950". *European Journal of Political Research* 41, no. 2: 233-54.
Swedish Government (2007) *Factsheet: Equality Between Men and Women*. Available at http://www.sweden.se/templates/cs/BasicFactsheet_4123.aspx; accessed 28 January 2007.
Swers, Michele L. and Carin Larson (2005) "Women in Congress: Do They Act as Advocates for Women's Issues?" In *Women and Elective Office: Past, Present, and Future*, 2nd edn. ed. Clyde Wilcox and Sue Thomas (New York: Oxford University Press), pp. 110-28.
Taylor, Robert (2001) *The Future of Work-Life Balance: Economic and Social Research Council*. Available at http://www.esrcsocietytoday.ac.uk/ESRCInfoCentre/about Corporate Information: Corporate Publications: Research Publications; accessed 10 July 2006.
Thomas, Sue (2005) "Introduction". In *Women and Elective Office: Past, Present, and Future*, 2nd edn. ed. Clyde Wilcox and Sue Thomas (New York: Oxford University Press), pp. 3-25.
Threlfall, Monica (1996) "Feminist Politics and Social Change in Spain". In *Mapping the Women's Movement: Feminist Politics and Social Transformation*, ed. Monica Threlfall (London: Verso), pp. 115-51.
Tremblay, Manon and Linda J Trimble, eds (2003) *Women and Politics in Canada* (New York: Oxford University Press).
Trimble, Linda J. (2006) "When Do Women Count? Substantive Representation of Women in Canadian Legislatures". In *Representing Women in Parliament: A Comparative Study*, ed. Marian Sawer, Manon Tremblay and Linda J. Trimble (London: Routledge), pp. 120-33.
Trimble, Linda and Jane Arscott (2003) *Still Counting: Women in Politics across Canada* (Peterborough Ontario: Broadview Press).
Tronto, Joan C. (1993) *Moral Boundaries: A Political Argument for an Ethic of Care* (New York and London: Routledge).

Turner, Bryan S. (1990) "Outline of a Theory of Citizenship". *Sociology* 24, no. 2: 189-217.
UNDAW (United Nations Division for the Advancement of Women) (2006) *Short History of Cedaw Convention*. Available at http://www.un.org/womenwatch/daw/cedaw/history.htm; accessed 18 January 2007.
UNECE (United Nations Economic Commission for Europe) (2006) *Statistical Database: Gender and Social Statistics: Families and Households;* Available at http://w3.unece.org/pxweb/Dialog/statfile1_new.asp; accessed 5 October 2006.
UNESCAP (United Nations, Economic and Social Commission for Asia and the Pacific) (2001) *Country Reports on the State of Women in Urban Local Government: Australia*. Available at http://www.unescap.org/huset/women/reports/australia.pdf; accessed 13 March 2007.
United Nations Statistics Division (2006) *Demographic and Social Statistics*. Available at http://unstats.un.org/unsd/demographic/default.htm consulted on 5 October 2006.
US Department of Labor (2006) *Bureau of Labor Statistics;* available at http://www.bls.gov/news.release/union2.t01.htm; accessed 16 January 2007.
United States Office of Personnel Management (2004) "Federal Civilian Workforce Statistics the Fact Book". Available at http://www.opm.gov/feddata/factbook/2004/factbook.pdf; accessed 10 April 2006.
Valiente, Celia (2003) "The Feminist Movement and the Reconfigured State in Spain (1970s-2000)". In *Women's Movements Facing the Reconfigured State*, ed. Lee Ann Banaszak, Karen Beckwith and Dieter Rucht (Cambridge: Cambridge University Press), pp.30-47.
Vianello, Mino (2000) "Exercising Power". In *Gendering Elites: Economic and Political Leadership in 27 Industrialised Societies*, ed. Mino Vianello and Gwen Moore (Basingstoke: Palgrave Macmillan), pp. 141-54.
Visser, Jelle (2006) "Union Membership Statistics in 24 Countries". *Monthly Labour Review*, January 2006: pp. 38-49.
Voet, Rian (1998) Feminism and Citizenship (London: Sage).
Vogel-Polsky, Eliane (1994) "Les Impasses de l'égalité ou Pourquoi les Outils Juridiques Visant à l'égalité des Femmes et des Hommes Doivent être Repensés en Termes de Parité". *Parité-Infos*, May 1994.
Vogel-Polsky, Eliane (1999) *Interiew*. Available at http://www.eurplace.org/other-half/interviste/eliane.html; accessed 5 March 2004.
von Wahl, Angelika (2005) "Liberal, Conservative, Social Democratic or . . . European? The European Union as Equal Employment Regime". *Social Politics - International Studies in Gender State and Society* 12, no. 1: 67-95.
Walby, Sylvia (1997) *Gender Transformations* (London: Routledge).
Ward, Ian (1996) "Beyond Sex Equality: the Limits of Sex Equality Law in the New Europe". In *Sex Equality Law in the European Union*, ed. Tamara Hervey and David O'Keefe (Chichester: John Wiley and Sons), pp. 369-82.

Weitz, Margaret Collins (1995) *Sisters in the Resistance: How Women Fought to Free France, 1940-1945* (New York: J. Wiley).

Wilcox, Clyde, Beth Stark and Sue Thomas (2003) "Popular Support for Electing Women in Eastern Europe". In *Women's Access to Political Power in Post-Communist Europe*, ed. Richard E. Matland and Kathleen A. Montgomery, pp. 43-62.

Williams, Beryl (1986) "Kollontai and After: Women in the Russian Revolution". In *Women, State and Revolution*, ed. Siân Reynolds (Brighton: Harvester Wheatsheaf), pp. 60-80.

Wollstonecraft, Mary (1975) *Vindication of the Rights of Woman*, reprinted from 1792 (London: Penguin Books).

Woodward, Alison E. and Dawn Lyon (2000) "Gendered Time and Women's Access to Power". In *Gendering Elites: Economic and Political Leadership in 27 Industrialised Societies*, ed. Mino Vianello and Gwen Moore (Basingstoke: Palgrave Macmillan), pp. 91-103.

Yeatman, Anna (1990) *Bureaucrats, Femocrats, Technocrats: Essays on the Contemporary Australian State* (Boston, MA: Allen and Unwin).

Young, Iris Marion (1998) "Polity and Group Difference: a Critique of the Ideal of Universal Citizenship". In *Feminism and Politics*, ed. Anne Phillips (Oxford: Oxford University Press), pp. 401-29.

Young, Iris Marion (2000) *Inclusion and Democracy* (Oxford: Oxford University Press).

찾아보기

(1)
1표제(one-ballot system) 173

(2)
2표제(two-ballot system) 173

(5)
5월 혁명 241

(6)
68혁명 223

(E)
EU 20, 29
EU 집행위원회(European Commission) 204, 302, 329

(O)
OECD 국가 17, 20, 22, 62

(U)
UN 인권선언문 41
UN 개발계획(Development Programme) 300
UN 여성지위위원회 316

(ㄱ)
가부장제 12, 226, 228
가족계획 운동(Family Planning Movement) 220
가족주의적(familialistic) 62
각료회의(Council of Ministers) 302
강제 메커니즘(enforcement mechanism) 298
개방형(開放形) 정당명부제 127
개별 부양자소득자(individual carer-earner) 정책 모델 71
게이트키퍼 233
경쟁의 왜곡(distortions to competition) 301
경쟁적 엘리트(competitive elitist) 101
경제협력개발기구(OECD: Economic Co-operation and Development) 2
공공 지출(public spending) 260
공공 행정 200
공급 측면(supply-side) 157
공민권(civil rights) 33, 41
공화주의적 보편주의자 107

과소성(under-representation) 106
관료주의 197, 199
국가페미니즘(state feminism) 317
국제노동기구(ILO: International Labour Organization) 297-298, 301; ILO 협약 제100호 298
국제여성의해(International Women's Year) 2, 300
국제의원연맹(IPU: Inter-Parliamentary Union) 132
굿프라이데이 협정(Good Friday Agreement) 151
권력 14
근로기준법 13
근로복지(workfare) 60, 70
근로시간 계좌제 291
급진적 페미니즘 226
기독교 사상 52
기술적 다원주의 모델(descriptive pluralist model) 109
기술적 대의제(descriptive representation) 103, 105, 253
기능분화(functional differentiation) 294

(ㄴ)

남녀동수법(parité legislation, parity) 56, 158, 161, 168, 171-172, 174, 176, 273, 339, 344
남녀 홀짝명부제 164, 166
남녀평등 헌법수정안(Equal Rights Amendment) 42-43, 312
남성 생계부양자 체제(male breadwinner regime) 63
남성 지배(masculine domination) 8
남성다움(masculinity) 34
남성적 민주주의(masculine democracy) 34
노동의 성별분리(sexual division of labour) 18, 112
노동조합 216; 노동조합주의 241

(ㄷ)

다수제(단순다수대표제) 126, 162, 164
다수의 횡포(tyranny of the majority) 108
다원적(pluralist) 민주주의 101
다중회귀분석법(multivariate regression analysis) 120
당사자 주의(adversarial system) 45
대리(agency)론 109
대선거구제 126
대의제(representation) 99, 101, 107; 대의모델(Delagate Model) 104, 108; 대의민주주의(representative democracy) 99-100, 105, 118
대표(representatives) 101
동일임금론(論) 294
동일임금법(Equal Pay Act) 43, 223, 311, 324
동일가치업무 동일임금 원칙 294
동일가치노동 동일보수 300
드프렌(Gabrielle Defrenne) 사건 324
디칼리스트(노동조합주의자) 234

(ㄹ)

러시아 여성당(Women of Russia) 153
레지스탕스 운동 246
로마조약(Treaty of Rome) 302-303; 로마조약 119조 324-325
루아얄(Ségolène Royal) 20
리더십 타임(Leadership Time) 201, 203
리스본 어젠다(Lisbon Agenda) 338

(ㅁ)

마스트리히트 조약(Maastricht Treaty) 32, 315
모성 13

문화접변(acculuration) 269
미국독립선언문 41, 42
미망인 트랙(widow's track) 188
민족주의 38, 57

(ㅂ)

반핵운동 249
베르사이유 평화조약(Versailles peace treaty) 297
보수주의 모델 61; 보수주의 이데올로기 335
본질주의(essentialism) 9
보편주의(universalism) 10, 40
복지국가 체제(welfare state regimes) 60
부부 강간(marital rape) 49
북아일랜드 여성연대(NIWC: Nothern Ireland Women's Coalition) 150-151
블랙 새시(Black Sash) 246
비례대표제(PR: proportional representation) 102, 124, 126-127, 163, 176
비전통적인(non-traditional) 정치적 행동 216
비제도적 정치 참여 216
빈민구호법(poor law) 54

(ㅅ)

사적인 영역 10
사회공학(social engineering) 295, 331
사회권 59
사회자본 244
사회적 파트너(social partner) 242, 308
사회적 피선거자격 집단(social eligibility pool) 123
사회주의 복지모델 61
사회주의 사상(socialist thought) 54
사회주의 페미니즘 219, 226
사회화 290

상징적 성차별 209
상호교차성(intersectionality) 227
생명권 41
생식 권리(reproductive rights) 300
생태운동 249
생태페미니스트(eco-feminists) 112
선거권 54
선택 투표제(Alternative Vote) 162
성 정체성(gender identities) 107, 109, 217
성 중립적(gender-neutral) 12, 45-46
성별 고용 분리 235
성별 노동 분리 109
성별 불균형(gender imbalance) 160
성별 임금격차 27
성별 재편(gender relignment) 84
성별 직종분리 24, 27
성별 차이(Gender Gap) 83-84, 86, 96; 성별-세대별 차이(gender-generation gap) 86
성별 투표율 76-77, 344
성인지 결산제도(gender auditing) 322
성인지 예산제도(gender budgeting) 322
성차별 선거후보법(Sex Discrimination Electral Candidates Act) 167-168, 170
세계여성대회(World Conference on Women) 2, 300
세계인권선언(Universal Declaration of Human Rights) 298
세네카 폴스(Seneca Falls) 56
섹스(Sex) 7-8
소극론(negative arguments) 107-108
소극적 조치(negative action) 294
소극적인 차이(negative gap) 83
소선거구 126; 소선거구제 176
수요 측면(demand-side) 157
수직적 성별분리(vertical segregation) 22

찾아보기 // 375

수평적 성별분리(horizontal segregation) 25
수혜권(entitlements) 59
시민 동반자법(civil partnership laws) 47
시민권(citizenship) 32-34, 38-41, 68, 71, 293
신공공관리론(New Public Management) 200, 320
신생(新生) 의회 277
신자유주의 이데올로기 335
신체권 37
신탁모델(trustee model) 104-105
심의 민주주의(deliberative democracy) 110
실질적 대의(substantive representation) 103, 253
실질적 대표성(substantive representation) 288

(ㅇ)

아일랜드 상원(Seanad Éireann) 102
아프리카민족회의(African National Congress) 246
안전한 공간(Safe Space) 272
암스테르담 조약 303
양성 불평등(gender inequality) 8
양성 평등(sexual equality) 24, 124, 141, 284, 302
양성 평등, 개발, 평화를 위한 UN여성10년(United Nations Decade for Women: Equality, Development, and Peace) 300
양육자 소득자 체제(individual carer-earner regime) 63
얼리데이 모션(Early Day Motions) 283
에밀리 조직(EMILY: Early Money Is Like Yeast) 160
에밀리 리스트(Emily's list) 169
여성 과소 대표성 120
여성다움(feminine) 7-8, 34
여성대표 105, 109-110, 120, 122, 124-125, 129, 134, 154-157, 177, 179, 267, 345; 여성대표의 과소성 137; 여성대표의 비율 116
여성노동자 234
여성운동 345
여성명부(women's lists) 152
여성문제(women question) 152
여성부서 156
여성운동(women's movement) 216-217, 226-228, 233, 238
여성위원회 274, 275
여성의 이해관계(interests) 112
여성의 해(the year of the woman) 2
여성의원 99, 106, 108, 110, 117-118, 122-127, 129, 132, 140, 143, 146-148, 154, 166, 169, 257, 258, 260, 268, 278-281, 338
여성전용 후보자 명단(all-women shortlists) 164-165, 167, 316
여성전용구 167
여성정당 151, 153
여성정책기구 316-317, 320, 322-323, 330
여성정치인 255
여성주의 관료(femocrat) 322-323
여성지위위원회(Commission on the Status of Women) 299
여성지위향상과(Division for the Advancement of Women) 300
여성차별철폐선언문(Declaration on the Elimination of Discrimination against Women) 299
여성차별철폐협약(CEDAW: Convention on the Elimination of All Forms of

Discrimination against Women) 299, 330
여성할당제(quotas) 152, 158-159, 162, 163, 266, 338
여성해방운동(women's lib) 227
여성후보 141, 143
역할모델(role model) 106
연쇄반응(chain reaction) 266
우선 명부(priority list) 159
움콘토 웨 시즈웨(Umkhonto we Sizewe) 246
울스톤크래프트(Mary Wollstonecraft) 21, 51
위임모델(mandate model) 104, 108
유럽경제공동체(ECC) 301
유럽사법재판소(European Court of Justice) 324-326, 329
유럽인권협약 41
유럽 평의회(Council of Europe) 49
유럽의회 259
유리 천장(glass ceiling) 155
유사모델(Resemblance) 104
유엔(UN) 2
음주 절제 74
의식제고(consciousness raising) 223
이념형(ideal type) 198
이데올로기(ideology) 111, 113
이미지 정치 207
이익단체(interest group) 110
임계집단(critical mass) 110
임파워먼트(empowerment) 6
일과 생활의 균형(work-life balance) 6, 71, 334
입증책임(burden of proof) 315

(ㅈ)

자매결연(twinning) 167
자유권 41
자유민주주의 이론 41
자유주의 36, 52, 57, 198; 자유주의 모델 61; 자유주의 이론(liberal theory) 73; 자유주의 페미니즘 219, 226
자율(Autonomy) 9, 11
재산권 37
적극론(positive arguments) 107
적극적 조치(positive action) 158-159, 294, 315
적극적 차이(positive gap) 83
전국여성연맹(NOW: National Organisaton of Women) 43, 291
전염(contagion) 효과 149, 164
정당명부식 비례대표제 102, 126, 162, 166
정당명부식 선거제도 165
정실주의(patronage) 143, 158
정치권(political rights) 33, 41, 59
정치기회구조 276, 290
정치적 성별 차이(political gender gap) 82
제1물결 페미니즘(first-wave feminism) 80
제2물결 페미니즘(second-wave feminism) 123, 152, 221, 226, 232, 274
제도(institution) 197; 제도적 성차별 143, 264
젠더(Gender) 7-9; 젠더 관계 9; 젠더 계약(gender contract) 18; 젠더 구조 18, 22, 31; 젠더 레짐(gender regime) 263, 299, 304, 315; 젠더 문화 18, 30; 젠더 분리(gender segregation) 24; 젠더 역할(gender roles) 17; 젠더 정체성 279; 젠더 질서 18, 20; 젠더 차이(gender differences) 40; 젠더 효과(gender effects) 309; 젠더정책 체제(gender policy regimes) 63

젠더정치와 국가 연구네트워크(Research Network on Gender Politics and the State) 4, 346
주류화(mainstreaming) 295, 300
중선거구제 126
지배적 가치 179
지배체제(ruling regime) 214
지위특징이론(status characteristics theory) 193
직능 대표제(functional representation) 233
진출의 정치(politics of presence) 264
집단동일시(group identification) 113
집단의식(group consciousness) 113

(ㅊ)

차이(difference) 12, 44, 73, 64, 337; 차이 접근법(difference approach) 201
차별 반대법(Anti-discrimination Laws) 48
차별금지 및 고용기회확대 위원회(HALDE: Haute Autorité de Lutte contre les Disciminations et pour l'Egalité) 329
차별금지심사위원회(Equality and Anti-discrimination Tribunal) 328
차별반대법 315
철의 여인(iron lady) 207
최저임금(minimum wage) 305; 최저임금 직종 25, 27; 최저임금법 27, 301, 313
추가의석제(additional member system) 162-163

(ㅋ)

카리스마(charisma) 186-187
크리티컬 매스(critical mass) 264, 266, 269, 272
크리티컬 행동 266

칼란케 (Kalanke) 사건 316, 326
캐나다 권리자유헌장(Canadian Charter of Rights and Freedoms) 303

(ㅌ)

탄력근무시간제 240
탈물질주의 가치(post-materialistic values) 95
토큰 여성(token women) 143

(ㅍ)

페모크라트 201
페미니스트 220, 223, 272; 페미니스트 사상 3; 페미니스트 정치학 6; 페미니스트 운동 151, 216
페미니즘(feminism) 6, 14, 216, 219, 238
평등(equality) 12, 44, 64, 73, 337; 평등 임금 239; 평등정책 201
평등, 발전, 평화를 위한 UN여성 10년(United Nations Decade for Women: Equality, Development and Peace) 2
평등고용 293, 304; 평등고용법 305, 309, 312, 316, 335; 평등고용정책(equal employment policy) 293-298, 304-305, 308-309, 312-313, 316, 323, 329-330, 335, 335
평화운동 249
폐쇄형(閉鎖形) 정당명부제 127
포스트 페미니즘 231, 232
폴란드 자유노조(Solidarity Trade Union) 246
프랑스 국민의회(French National Assembly) 110
프랑스 인권 선언(Declaration of the Rights of Man) 51
피선거권 54; 피선거인 풀(eligibility pool) 129

필라델피아 선언(Declaration of Philadelphia) 298

(ㅎ)

합리적 선택이론(rational choice theory) 93
할당제 124, 160, 168, 168, 173, 174, 176, 331
행복 추구권 41
현직효과(incum- bency effect) 145
호선(互選, co-option) 118
홀짝 순번(zipped) 144
환경운동 247, 248
회전문 신드롬(revolving door syndrome) 145-147

번역자 약력

| 김영신

경희대 영어영문학과 졸업 (학사)
한국외국어대 통번역대학원 한국어·영어 통역번역학과 졸업 (석사)
헬싱키대학교 크리스티나 연구소 여성학 수학 (핀란드 정부초청 장학생)
한국외국어대 대학원 영어영문학과 번역전공 (박사)

현 안양대 관광학부 관광영어통역전공 전임강사
현 한국외국어대학교 통번역센타 등록 전문 통번역사

계명대 통번역대학원 초빙전임강사
한국외국어대 영어학부 강사 역임

_주요 번역서

『글로벌이슈 - 세계화의 도전과 대응』(명인문화사, 공역)
『현대동아시아의 이해』(2008, 명인문화사, 공역) 외 다수